Б. 1264.
С. 49. д. 9.

COLLECTION
DES MÉMOIRES

RELATIFS

A L'HISTOIRE DE FRANCE.

HISTOIRE DES CROISADES, PAR GUIBERT DE NOGENT. — VIE DE GUIBERT DE NOGENT, PAR LUI-MÊME.

PARIS, IMPRIMERIE DE A. BELIN,
rue des Mathurins-Saint-Jacques, n. 14.

COLLECTION
DES MÉMOIRES

RELATIFS

A L'HISTOIRE DE FRANCE,

DEPUIS LA FONDATION DE LA MONARCHIE FRANÇAISE JUSQU'AU 13ᵉ SIÈCLE ;

AVEC UNE INTRODUCTION, DES SUPPLÉMENS, DES NOTICES
ET DES NOTES ;

Par M. GUIZOT,
PROFESSEUR D'HISTOIRE MODERNE A L'ACADÉMIE DE PARIS.

A PARIS,
CHEZ J.-L.-J. BRIÈRE, LIBRAIRE,
RUE SAINT-ANDRÉ-DES-ARTS, Nº. 68.

1825.

HISTOIRE
DES CROISADES,

Par GUIBERT DE NOGENT.

NOTICE

SUR

GUIBERT DE NOGENT.

« Telle est, dit Guibert, la disposition de mon
« esprit qu'il recherche avec empressement ce
« qui est un peu obscur et embarrassé, et évite
« une diction commune et négligée. J'estime beau-
« coup plus ce qui doit exercer mon esprit que
« ce qui est trop facilement saisi pour se graver
« bien avant dans ma mémoire, toujours avide
« de nouveauté. Dans toutes les choses que j'ai
« écrites, et que j'écris sans cesse encore, je ban-
« nis tous les hommes de ma pensée, ne cherchant
« dans ces occupations que mon avantage parti-
« culier, et ne me souciant nullement de plaire
« aux autres. En conséquence, j'ai pris mon parti
« des opinions du monde; et, tranquille ou indif-
« férent pour moi-même, je m'attends à être ex-
« posé à toutes sortes de propos, et comme battu
« de verges. Je poursuis donc mon entreprise,
« bien décidé à supporter avec égalité d'humeur

« les jugemens de tous ceux qui viendront aboyer
« après moi[1]. »

L'abbé Guibert a peint, par ce peu de mots, son tour d'esprit et son caractère. Sauf quelques dates, nous n'avons rien à ajouter non plus au récit qu'il nous a laissé lui-même de sa vie. Né en 1053, probablement à Clermont en Beauvaisis, il prit l'habit religieux dès l'âge de onze ans, en 1064, dans le monastère de Flaix ou Flay, autrement dit de Saint-Gérémar ou Saint-Germer, et y demeura jusqu'en 1104, époque de son élection à la charge d'abbé de Notre-Dame de Nogent sous Coucy, dans le diocèse de Laon, qu'il occupa jusqu'en 1124, date de sa mort. Une vie passée de la sorte semble bien froide et monotone; on verra, dans l'ouvrage où Guibert en a recueilli les souvenirs, à combien d'agitations elle pouvait être en proie. Il est divisé en trois livres. Les deux premiers, malgré leur pesant bagage de subtilités théologiques, d'allusions obscures, de visions puériles et de réflexions laborieusement contournées, sont une peinture fidèle, non seulement de l'intérieur des cloîtres, mais de l'état des ames que le cloître disputait au monde, et en qui les idées ou les règles de la vie monastique livraient aux

[1] *Histoire des Croisades*, liv. v, pag. 154 de ce volume.

passions humaines un continuel combat. Une mère noble, belle et riche, abandonnant, pour se retirer dans un monastère, un fils de huit à neuf ans, qu'elle aime avec la plus vive tendresse; cet enfant renfermé lui-même, un ou deux ans après, dans les murs d'une abbaye voisine, et déplorant déjà avec tant d'amertume les désordres de sa vie qu'il se fait moine, à onze ans, pour les expier; tant d'exaltation et d'austérités, impuissantes pourtant à étouffer les penchans de la nature qui se développent avec violence dans le jeune moine sans amortir à leur tour la ferveur de sa foi; une perpétuelle alternative de desirs et de remords; un goût très-vif pour les pensées licencieuses s'alliant aux élans d'une piété sincère; toutes les contradictions, toutes les agitations intérieures d'une ame passionnée, qui porte impatiemment le joug de sa situation, sans jamais concevoir l'idée qu'elle puisse le secouer, sans jamais cesser de le croire légitime : tel est le spectacle que nous présente l'ouvrage de l'abbé Guibert, et qui sans doute se renouvelait fréquemment de son temps. Le talent lui a manqué pour peindre clairement et vivement ce qui se passait en lui; il a voulu imiter les confessions de saint Augustin, et est resté bien loin de son modèle; mais son récit n'en est pas moins un monument très-curieux de l'état moral du xie. siècle, et du prodigieux empire qu'exerçaient alors sur les hommes des croyances et des habitudes qui pourtant ne parvenaient guères à les réformer ni à les calmer.

Le troisième livre *de Vita sua* offre un intérêt d'un autre genre, et plus facile à saisir de nos jours. C'est l'histoire de la formation de la commune de Laon et de sa lutte avec Gaudri son évêque : histoire plus vivante et plus détaillée que celle d'aucune autre commune française à cette époque, et dans laquelle nos meilleurs historiens sont bien loin d'avoir puisé, sur l'état du peuple au xie. siècle, toutes les lumières qu'elle aurait pu leur fournir. Nous avions espéré que ce troisième livre pourrait entrer, avec les deux premiers, dans la livraison que nous publions; mais il aurait porté ce volume à une grosseur démesurée ; on le trouvera dans la prochaine livraison, en tête du volume qui fera suite à celui-ci.

La *Vie de Guibert* aurait dû naturellement précéder son *Histoire des Croisades ;* mais, pour n'apporter aucun retard dans nos publications, nous avons été obligés d'imprimer d'abord ce dernier ouvrage, dont la traduction se trouvait seule terminée. L'*Histoire des Croisades*, de Guibert, contient un assez grand nombre de faits curieux et caractéristiques qu'on ne rencontre point ailleurs; par exemple, les combats des petits enfans Chrétiens et Turcs sous les murs d'Antioche, incident bizarre, et qui montre peut-être mieux que tout autre à quel point l'expédition de la Terre-Sainte avait ébranlé toutes les imaginations. Elle a d'ailleurs ce caractère particulier que la croisade y est vue d'Europe, et racontée par un homme qui la suivait en pensée pendant qu'elle s'accomplissait, et en recueillait tous les récits à mesure qu'ils arrivaient en Occident; en sorte que, si elle fait moins bien connaître les impressions des Croisés eux-mêmes, en revanche elle nous associe à celles de leurs compatriotes qui n'avaient pu les accompagner, mais pour qui leurs aventures étaient, à coup sûr, un continuel sujet d'intérêt et d'entretien.

L'abbé Guibert a écrit plusieurs autres ouvrages; les principaux sont:

1°. Un traité sur la prédication (*Liber quo ordine sermo fieri debeat*);

2°. Dix livres de commentaires moraux sur la Genèse;

3°. Des commentaires sur les prophètes Osée, Amos, et sur les Lamentations de Jérémie;

4°. Un traité sur les reliques des Saints (*de pigneribus sanctorum*), destiné à prouver qu'une infinité de fausses reliques ont usurpé la vénération des fidèles;

Et plusieurs autres traités théologiques que Dom Luc d'Achery a recueillis dans son édition des *Œuvres complètes de Guibert, abbé de Notre-Dame de Nogent*[1].

F. G.

[1] Paris 1651, in-fol.

LETTRE

DE GUIBERT A LYSIARD,

ÉVÊQUE DE SOISSONS.

Au Père et Seigneur de la sainte église de Soissons, évêque Lysiard, Guibert, à jamais son débiteur pour sa libéralité, offre toute sa tendresse et son unique affection.

Comme quelques amis m'ont souvent demandé pourquoi je n'attachais pas mon nom à ce petit ouvrage, j'ai repoussé jusqu'à présent ces insinuations, craignant de souiller une sainte histoire en y joignant le nom d'un homme indigne. Jugeant toutefois que cette histoire, importante par elle-même, pourrait le devenir encore plus sous la protection d'un homme illustre, je suis enfin arrivé à vous, et j'ai mis un brillant luminaire en avant d'un ouvrage obscur par le nom de son auteur. Votre science dans les lettres, votre douceur toute particulière, et la sagesse de vos mœurs s'ajoutant à votre très-antique noblesse, on doit croire que Dieu a voulu, dans ses sages dispensations, honorer les fonctions pontificales par l'éclat de vertus si dignes de respect. Que l'ouvrage suivant soit donc orné de votre nom si aimable; que, mal fait en lui-même, il soit relevé par la faveur de celui pour qui il est écrit, et consolidé par l'autorité de l'office qui vous élève au dessus des autres. Certes, il ne manquait pas de prélats et d'autres hommes qui avaient pris connaissance de mon écrit, et des autres écrits que j'ai composés, ou qui en avaient entendu parler; mais, les laissant de côté, mon plus vif désir a été de recourir à vous. Vous aurez à considérer, en lisant cet ouvrage, que s'il m'arrive quelquefois de m'éloigner des usages de la grammaire vulgaire, je l'ai fait afin de réformer les vices, et le fond même d'un style toujours à fleur de terre, tel que celui dont on s'est servi dans les histoires antérieures; quand je voyais les campagnes, les villes, les bourgs se livrer avec ardeur à l'étude de la grammaire, je n'aurais pas voulu, autant du moins qu'il était en moi, rester à une trop grande distance des historiens de l'antiquité. Pensez enfin qu'au milieu des soins de mes affaires particulières et des procès auxquels je suis souvent tenu d'assister, j'étais toujours dévoré du desir de dicter, et, ce qui est plus important encore, de transcrire, et que, tandis que j'étais forcé d'entendre au dehors toutes sortes de choses, non sans en être cruellement importuné, il me fallait retenir fermement au dedans de moi la série des choses que j'avais entrepris de raconter. Que personne ne s'étonne si j'ai employé un style bien différent de celui dont je me suis servi dans mes *Expositions de la Genèse*, ou dans d'autres petites dissertations. Il est permis en effet, et même convenable, d'orner l'histoire d'un style élégant et soigné, tandis que les mystères des sujets saints ne doivent point être traités en un bavardage poétique, mais plutôt avec toute la simplicité de l'Église. Je vous demande donc de recevoir ce livre gracieusement, et de le conserver comme un monument élevé à jamais à la gloire de votre nom.

PRÉFACE
DE L'AUTEUR.

En entreprenant d'écrire ce petit ouvrage, j'ai mis ma confiance, non dans ma science littéraire, laquelle est sans aucun doute infiniment légère, mais bien plutôt dans l'autorité d'une histoire toute spirituelle. Cette histoire, que j'ai toujours considérée comme accomplie par la seule puissance de Dieu, et par les mains des hommes qu'il a voulu choisir, je n'ai pas douté non plus qu'elle ne pût être écrite, même par les hommes grossiers qu'il lui plairait de désigner. Dieu ayant guidé ses serviteurs dans leur expédition, à travers tant d'obstacles, et ayant dissipé devant eux tant de périls toujours imminens, je n'ai pu hésiter à croire qu'il me ferait connaître la vérité sur les événemens passés, de la manière qui lui conviendrait le mieux, et m'accorderait l'élégance du langage, selon les convenances du sujet. Il est vrai que cette histoire existait déjà, mais écrite en termes plus négligés que de raison, qui souvent d'ailleurs offensent les règles de la grammaire, et sont capables par leur insipidité habituelle de dégoûter fréquemment le lecteur. Sans doute, la nouveauté du sujet rend ce récit suffisamment intéressant à ceux qui sont peu instruits ou qui ne s'arrêtent pas à considérer le mérite du style, et je reconnais que l'auteur n'a pas dû parler autrement que ces personnes-là ne comprennent. Mais ceux qui se plaisent à se nourrir d'éloquence s'endorment ou sourient, selon les paroles du poète, lorsqu'ils voient un récit peu soigné dans des sujets où il est certain que la narration eût dû être plus fleurie, lorsqu'ils rencontrent une relation succincte là où il eût fallu mettre de la faconde et une ingénieuse variété, lorsque l'histoire qu'on a entrepris de raconter se traîne péniblement, et dénuée de tout ornement ; enfin, ils prennent en dégoût le méchant discours d'un écrivain téméraire, lorsqu'ils en viennent à reconnaître qu'il eût fallu traiter son sujet d'une toute autre façon. Il n'est pas douteux que le langage des orateurs doit s'adapter toujours à la nature des objets dont ils s'occupent ; ainsi les faits de la guerre doivent être racontés avec une certaine âpreté de paroles, et ce qui se rapporte aux choses divines doit être dit d'un style plus doux et plus calme. Si mes moyens répondaient à ma volonté, je devrais dans cet ouvrage avoir satisfait à cette double condition, en sorte que l'orgueilleux dieu de la guerre ne trouvât rien dans mes récits qui fût indigne de ses illustres exploits, et que jamais, lorsqu'il s'agit de choses sacrées, la sagesse de Mercure ne rencontrât rien de contraire à la gravité que prescrit un tel sujet. Quoique je n'aie pu réussir à mettre ces préceptes en pratique, je ne saurais cependant reconnaître pour bon ce qu'a fait un autre écrivain, et encore moins suivre son exemple. Ainsi donc je m'expose, dans ma témérité insolente, et uniquement poussé par mon attachement à la foi, à encourir les jugemens des étrangers ; et peut-être, lorsqu'ils apprendront que je me suis livré à une telle entreprise, dans l'intention de faire une réforme, trouveront-ils la seconde expérience plus malheureuse que la première. Voyant que de tous côtés on se livre avec fureur à l'étude de la grammaire, et que le nombre toujours croissant des écoles en rend l'accès facile aux hommes les plus grossiers, j'ai eu honte de ne pas raconter, sinon comme j'aurais dû, du moins comme j'ai pu, la gloire de notre temps, et d'en abandonner l'histoire à la rouille d'un écrit tout-à-fait mal rédigé. Ayant vu le Seigneur faire de nos jours des choses plus merveilleuses qu'il n'en a fait en aucun siècle, et ces pierres précieuses enfouies dans la plus honteuse poussière, je n'ai pu souffrir plus long-temps de tels témoignages de mépris, et j'ai cherché, dans le langage que j'ai pu trouver, à retirer ces richesses, plus précieuses que l'or, de l'oubli dans lequel elles étaient jetées. Ce n'est pas cependant par le seul entraînement de mes pensées que j'ai osé entreprendre une pareille tâche ; j'ai cédé aussi aux demandes de quelques personnes, qui m'en ont vivement exprimé le désir. Quelques-unes voulaient que j'écrivisse en prose, la plupart me demandaient de composer mon ouvrage en vers, sachant que dans ma jeunesse je m'étais livré à ce genre de travail, plus peut-être que je n'aurais dû. Maintenant plus avancé en âge et en expérience, je n'ai point cru qu'il fallût dire ces choses en un langage sonore, ni employer le retentissement de la versification ; j'ai pensé au contraire, si j'ose le dire, que s'il était un homme à qui Dieu daignât accorder la faveur d'écrire convenablement sur un tel sujet, cet homme devait chercher à prendre un ton plus grave que n'ont fait tous les historiens des guerres de Judée. Je ne nie point qu'après la prise de Jérusalem, et du moment où ceux qui ont assisté à cette grande expédition ont commencé à revenir dans leur patrie, j'avais formé le projet d'écrire cette histoire ; quelques circonstances importunes m'en ont fait différer l'exécution. Mais puisqu'enfin, par la permission de Dieu, je ne sais si ce sera avec son approbation, j'ai trouvé le moyen d'accomplir ma volonté, je me suis engagé dans cette pieuse entreprise, peut-être pour être moqué de tous, mais dédaignant les éclats de rire et les plaisanteries de quelques-uns, pourvu qu'il me soit possible de réaliser, à travers toutes sortes de criailleries, les vœux depuis long-temps enfermés dans mon cœur. S'il est quelqu'un qui en rie, qu'il ne blâme pas cependant celui qui a agi selon ses facultés et dans de bonnes intentions, qu'il ne condamne pas trop précipitamment mon langage, et s'il le méprise absolument, qu'il laisse de côté une vaine contestation de paroles, qu'il refasse ce qui aura été mal fait, et qu'il nous donne des modèles pour bien écrire. Que si quelqu'un m'accuse d'avoir parlé quelquefois d'une manière un peu obscure, qu'il craigne de signaler luimême la nullité de son intelligence; car, je tiens pour certain que, sur toutes les choses que j'ai dites dans cet ouvrage, nul homme un peu versé dans les lettres ne peut être fondé à me faire un tel reproche. Ayant donc voulu offrir dans cette histoire un modèle pour réformer les autres, je ne sais si l'on dira pour les gâter, j'ai cru d'abord devoir exposer les motifs et les circonstances qui rendaient urgente une telle expédition, tels que je les ai entendu énoncer, et, après avoir rapporté ces raisons, je suis entré dans le récit des événemens. Les nombreuses différences que l'on trouvera entre mon rapport et ceux de l'auteur qui a écrit avant moi, et que j'ai suivi, je les ai puisées dans les relations des hommes qui ont assisté à cette expédition. Tout ce qui était rapporté dans ce livre, je l'ai comparé très-souvent avec les paroles de ceux qui ont vu les faits, et je me suis assuré des discordances; quant à ce que j'ai ajouté, ou je l'ai appris de ceux qui ont vu, ou j'en ai acquis la conviction par moi-même. Que si l'on reconnaît des choses rapportées autrement qu'elles n'ont été dans la réalité, vainement un rusé censeur voudrait-il m'accuser de mensonge ; car je puis prendre Dieu à témoin que je n'ai absolument rien dit dans l'intention de tromper. Est-il donc étonnant que nous nous trompions, en rapportant des faits auxquels nous sommes étrangers, lorsque nous ne pouvons même, je ne dis pas exprimer par des paroles, mais seulement recueillir dans le calme de notre esprit, nos propres pensées et nos propres actions ? Que dirai-je donc des intentions, qui sont presque toujours tellement bien cachées que l'homme doué de l'esprit le plus pénétrant peut à peine les discerner en lui ? Ainsi, que l'on ne nous accuse point trop sévèrement, si nous tombons dans l'erreur par ignorance ; la seule chose digne d'un blâme irrémissible est de tresser artistement des faussetés, soit dans l'intention de tromper, soit par l'effet de toute espèce de corruption. J'ai rencontré de grandes difficultés au sujet des noms d'hommes, de provinces et de villes ; je sais même, et j'ai eu occasion de m'assurer que quelques-uns de ces noms de pays si éloignés, et par conséquent d'autant plus inconnus, ont été mal énoncés par l'auteur que j'ai suivi ; et cependant je n'hésite point à les adopter dans leur imperfection. Par exemple, nous prononçons tous les jours le nom des Turcs, et nous donnons à un certain pays la dénomination toute nouvelle de Khorazan : partout où les noms antiques sont inconnus, comme ayant complétement disparu, nous avons évité toute recherche sur l'antiquité, quand même elle nous aurait mené à des résultats évidens, et nous n'avons voulu employer que les noms qui sont connus et répétés dans tout le public. Ainsi si je disais les Parthes, comme le veulent quelques personnes, et non les Turcs, le Caucase et non le Khorazan, en affectant ainsi de ne prendre que les dénominations bien authentiques, je deviendrais obscur, et m'exposerais au blâme qu'encourent ceux qui élèvent des contestations sur les noms même des provinces de leur pays. A ce sujet je dois surtout faire remarquer que, puisqu'il est certain que dans nos régions même, les provinces ont reçu aussi de nouveaux noms, nous ne devons pas hésiter à croire que les mêmes changemens ont pu s'opérer dans les pays étrangers. Si des accidens quelconques font appeler maintenant Normandie la province qui était autrefois la Neustrie, Lorraine celle qui était auparavant l'Austrasie, pourquoi ne croirait-on pas que les mêmes variations ont pu arriver dans l'Orient? Selon l'assertion de quelques hommes, par exemple, l'antique Memphis d'Égypte est la même ville que l'on appelle maintenant Babylone. J'ai donc mieux aimé adopter en quelques occasions les dénominations vulgaires que demeurer obscur ou élever des contestations en donnant des noms différens. J'ai long-temps hésité au sujet du nom de l'évêque du Puy; à peine ai-je pu en être assuré, quand je suis arrivé à la fin de mon travail, car ce nom ne se trouvait pas dans l'exemplaire de l'ouvrage que j'avais à ma disposition. Que le lecteur ait quelque indulgence pour les négligences qu'il remarquerait dans mon style, sachant positivement que je n'ai eu pour composer que le temps qu'il me fallait pour écrire, que je n'ai pu par conséquent repasser avec soin mes tablettes, et que j'ai confié cet écrit au parchemin, dans l'état où il s'est trouvé, et honteusement couvert de ratures. J'ai donné à mon ouvrage un titre sans prétention, mais qui doit servir à honorer notre nation : *Gesta Dei per Francos, les Gestes de Dieu par les Francs.*

HISTOIRE DES CROISADES.

LIVRE PREMIER.

Quelques hommes ont, non pas toujours, mais assez souvent, la mauvaise habitude de dénigrer les actions des modernes, et d'exalter les siècles passés. Sans doute on peut justement vanter chez les anciens un bonheur fondé sur la modération, et une activité dirigée par les conseils de la sagesse; mais nul homme sensé ne saurait penser que l'on puisse, en aucune façon, mettre ces prospérités, toutes mondaines, au dessus d'aucune des vertus de notre temps. Si d'un côté des vertus sans tache ont brillé avec éclat parmi les anciens, d'un autre côté cependant les dons de la nature ne se sont point desséchés parmi nous, quoique nous soyons venus à la fin des siècles. On célèbre avec justice, à raison de la jeunesse de la race humaine, les choses qui se sont faites dans les temps antiques; mais celles qui sont faites par des hommes grossiers, et qui ont amené de si brillans résultats, lorsque le monde va tombant en décrépitude, sont bien plus dignes d'être exaltées. Nous vantons les royaumes étrangers qui s'illustrèrent jadis par de grandes guerres, nous admirons les scènes de carnage de Philippe, et ses victoires toujours cruelles, et où le sang ne cessait de couler à grands flots; nous célébrons en termes pompeux les fureurs d'Alexandre, parti de son petit foyer de Macédoine, pour aller embraser tout l'Orient; nous évaluons les troupes de Xerxès au passage des Thermopyles, celles de Darius combattant Alexandre, d'après l'épouvantable anéantissement d'un nombre infini de nations. Nous admirons dans Trogue-Pompée, et dans plusieurs écrivains illustres, l'orgueil des Chaldéens, la véhémence des Grecs, la souillure des Égyptiens, la mobilité excessive des peuples d'Asie; enfin nous considérons les premières institutions des Romains comme ayant servi utilement les intérêts généraux de l'État, et favorisé l'agrandissement de sa puissance. Et cependant, si l'on veut examiner à fond le caractère de ces temps divers, en même temps que tous les hommes vaillans y trouveront de justes sujets de vanter le courage de ceux qui y vécurent, on reconnaîtra aussi qu'il est juste de flétrir à jamais d'infamie cette fureur opiniâtre de faire partout la guerre, laquelle ne se fondait sur aucun autre motif que sur la passion de gouverner le monde. Regardons de près, et avec attention, à la lie fangeuse de ces siècles, que nous ne voyons que de loin, et nous pourrons reconnaître, pour emprunter la phrase ridicule d'un roi, que notre petit doigt même est plus gros que le dos de nos pères, et que nous les exaltons beaucoup plus qu'il n'est raisonnable de le faire. En effet, si nous examinons avec soin les guerres des Gentils, si nous recherchons l'histoire des royaumes envahis par la force de leurs armes, nous reconnaîtrons que leurs efforts, non plus que leurs succès, ne sauraient être, en aucune façon, comparés à ceux qui ont illustré les nôtres, par la grâce de Dieu. Nous avons appris que Dieu fut glorifié par le peuple Juif; mais nous devons reconnaître, par des preuves irrécusables, que comme Jésus-Christ a existé et prévalu jadis parmi nos ancêtres, de même il existe et prévaut aujourd'hui parmi les modernes. Les rois, les princes, les dictateurs, les consuls, rassemblèrent jadis les essaims des peuples pour aller combattre en tous lieux, et, par la puissance de leurs édits, ils levèrent de toutes parts et chez toutes les nations de très-nombreuses armées. Mais les hommes qui formaient ces armées ne se réunissaient ainsi que lorsqu'ils y étaient contraints par la terreur. Que dirai-je donc de ceux qui, marchant sans maître, sans chef suprême, par la seule impulsion de Dieu, s'avançant, non seulement hors des frontières de leur pays natal et du royaume auquel ils devaient leur origine, mais en outre au-delà d'une multitude de nations intermédiaires qui parlent des langues diverses, partis enfin des extrémités de l'Océan Britannique, sont allés porter leur camp et leurs armes jusqu'au centre même de la terre? Je parle ici de la victoire incomparable remportée récemment dans l'expédition de Jérusalem, victoire tellement glorieuse aux yeux de quiconque n'est pas insensé, que nous ne saurions assez nous réjouir de voir acquis à notre siècle des titres d'illustration que n'ont point obtenus les siècles passés. Nos contemporains n'ont point été poussés à cette entreprise par le desir d'une vaine renommée, par l'avidité d'acquérir des richesses ou de reculer les limites de leur territoire, motifs sur lesquels se fondent ou se sont fondés presque toujours ceux qui portent ou ont porté leurs armes en quelque lieu que ce soit, en sorte qu'on est en droit d'appliquer à ces derniers ces paroles du poète :

> *Quis furor, ó cives, quæ tanta licentia ferri*
> *Gentibus invisis proprium præbere cruorem?*

et celles-ci encore :

> *Bella geri placuit nullos habitura triumphos.*

S'ils eussent pris les armes pour défendre la liberté ou la chose publique, certes ils trouveraient dans de tels motifs une honorable justification; car, lorsqu'on a lieu de craindre une invasion des nations barbares ou des Gentils, nul chevalier ne peut à bon droit se dispenser de combattre ; et à défaut de ces circonstances, on fait également une guerre légitime lorsqu'on entreprend de défendre la sainte Église. Mais comme les hommes avaient cessé d'être animés d'aussi pieuses intentions, comme leurs cœurs étaient exclusivement possédés du desir effréné d'acquérir, Dieu a suscité de notre temps des guerres saintes, afin d'offrir de nouveaux moyens de salut aux chevaliers et aux peuples, qui, à l'exemple des anciens païens, s'entre-déchiraient et se massacraient les uns les autres, afin qu'ils ne se vissent plus contraints, pour renoncer au siècle, d'embrasser, selon la coutume, la vie monastique ou toute autre profession religieuse, mais que plutôt ils pussent, en demeurant dans leurs habitudes et en remplissant leurs devoirs accoutumés, parvenir, du moins jusqu'à un certain point, à mériter la faveur de Dieu. Ainsi, et par l'effet des inspirations de Dieu, nous avons vu les nations s'agiter, et, fermant leurs cœurs à toutes les influences des habitudes et des affections humaines, se lancer dans l'exil pour renverser les ennemis du nom du Christ, franchir le monde latin et les limites du monde connu, avec plus d'ardeur et de joie que n'en ont jamais montré les hommes en se rendant à un festin ou en allant célébrer des jours de fête. Les honneurs les plus grands, les seigneuries des châteaux et des villes étaient dédaignés; les femmes les plus belles étaient méprisées comme des corps desséchés ou corrompus; les gages de l'union des deux sexes, plus précieux naguère que les pierres les plus précieuses, semblaient devenus des objets de dégoût; et, dans cette transformation subite de toutes les volontés, chacun se portait spontanément à une entreprise que nul homme n'eût pu imposer par la force, ni même faire réussir par les voies de la persuasion. Nulle personne ecclésiastique n'avait besoin de déclamer dans les églises pour encourager les peuples à cette expédition, car chacun proclamait ses vœux de départ dans sa maison ainsi qu'au dehors, et animait tous les autres par ses paroles autant que par son exemple. Tous montraient la même ardeur, et les hommes les plus dénués de ressources semblaient en avoir trouvé pour entreprendre ce voyage, autant que ceux à qui la vente de leurs immenses possessions ou leurs trésors depuis long-temps amassés assuraient les plus riches approvisionnemens. On voyait s'accomplir dans toute leur exactitude ces paroles de

Salomon : « Les sauterelles n'ont point de roi, et « toutefois elles marchent toutes par bandes[1]. » Ici les sauterelles n'avaient fait aucun saut, aucunes bonnes œuvres, tant qu'elles étaient demeurées engourdies et glacées dans leur longue iniquité ; mais, dès qu'elles furent embrasées par les rayons du soleil de justice, elles prirent leur vol par la simple impulsion de leur nature, abandonnant leurs maisons paternelles et leurs familles, adoptant de nouvelles mœurs, et se sanctifiant par l'intention. Elles n'eurent point de roi, car chaque fidèle n'eut d'autre guide que Dieu seul ; chacun se considérait comme l'associé de Dieu même, nul ne doutait que le Seigneur ne marchât devant lui, se félicitant d'entreprendre ce voyage par sa volonté et sous son inspiration, et se réjouissant de l'espoir de l'avoir pour appui et pour consolateur dans tous ses besoins. Et ce mouvement qui porte les sauterelles à sortir par bandes, qu'est-ce autre chose que l'impulsion spontanée qui détermine les peuples les plus nombreux à desirer une seule et même chose? Tandis que les invitations du siége apostolique semblaient presque spécialement adressées à la nation des Français, quel peuple, vivant sous le droit chrétien, ne sortit aussitôt par bandes, et, croyant devoir à Dieu la même fidélité que les Français, ne fit tous ses efforts pour s'associer à eux et prendre part à tous leurs périls ? On vit les Écossais, sauvages chez eux et ne sachant faire la guerre, la jambe nue, vêtus de casaques de poil hérissé, portant leurs sacs pour les vivres suspendus sur leurs épaules, accourir en foule de

[1] Proverbes, chap. XXX, v. 27.

leur pays couvert de brouillards, et ceux dont les armes eussent été ridicules, du moins par rapport aux nôtres, venir nous offrir le secours de leur foi et de leurs vœux. Je prends Dieu à témoin que j'ai entendu dire qu'il était arrivé, dans l'un de nos ports de mer, des hommes de je ne sais quelle nation barbare, qui parlaient un langage tellement inconnu que, ne pouvant se faire comprendre, ils mettaient les doigts l'un sur l'autre en forme de croix, montrant par leurs signes, à défaut de paroles, qu'ils voulaient partir pour la cause de la foi. Mais peut-être trouverai-je une meilleure occasion de parler de ces choses avec plus de détail. Maintenant je dois m'occuper de faire connaître quelle était à cette époque la situation de l'Église de Jérusalem ou d'Orient.

La fidèle Hélène, mère de l'empereur Constantin, avait fait jadis construire des basiliques dans les lieux illustrés par des souvenirs de gloire, ou par le sang des martyrs, et avait institué dans chacune d'elles des services dignes de leur destination. L'histoire ecclésiastique nous apprend qu'après la mort des souverains que je viens de nommer, les établissemens qu'ils avaient fondés se perpétuèrent longtemps dans l'empire Romain. Mais la foi des Orientaux, toujours chancelante, mobile, errant en tous sens à la recherche des nouveautés, et dépassant toujours les bornes de la véritable croyance, secoua l'autorité des premiers pères de l'Église. Les hommes même de ce pays, plus légers de corps, et par suite doués de plus de vivacité d'esprit, à raison de la pureté de l'atmosphère et du ciel sous lequel ils vivent, sont enclins à user sans cesse toutes les ressources de leur intelligence en de vaines imaginations, et, dédaignant de se soumettre à l'autorité de leurs ancêtres ou de leurs contemporains, ils vont sans cesse sondant l'iniquité, et l'iniquité n'a point de fond pour eux. De là des hérésies et de monstrueuses et funestes inventions en tout genre, qui ont formé un labyrinthe tellement inextricable que le territoire le plus inculte et le plus fertile à la fois ne pourrait présenter nulle part un plus grand amas de ronces ou d'orties. Que l'on parcoure les catalogues de toutes les hérésies, que l'on recueille tous les livres écrits par les anciens contre les hérésiarques, et je suis bien surpris si l'on en trouve guères, dans l'étendue du monde latin, autre part qu'en Orient et en Afrique. J'ai lu, je ne sais où, qu'il exista, si je ne me trompe, un hérétique breton nommé Pélasge ; mais personne, à ce que je crois, n'a jamais pu constater ses erreurs ni quelles conséquences elles ont produites. Mais les autres pays furent, par l'œuvre de leurs maîtres, la terre de malédiction, qui ne rend que des ronces et des chardons sous les mains de ceux qui la travaillent. Arius sortit d'Alexandrie et Manès de la Perse. Les fureurs de l'un déchirèrent et ensanglantèrent la robe de la sainte Église, demeurée jusques-là sans taches et sans plis, à tel point que la persécution même de Dèce ne saurait lui être comparée ni pour l'étendue ni pour la durée ; car, non seulement la Grèce, mais en outre l'Espagne, l'Illyrie et l'Afrique, succombèrent complétement sous ses coups ; et les fables de l'autre, quelque ridicules qu'elles fussent, se présentèrent comme armées de prestiges qui fascinèrent de tous côtés les yeux même les plus exercés. Que dirai-je des Eunomiens, des

Eutychiens, des Nestoriens et de mille autres sectes monstrueuses, qui s'élevèrent contre la foi des nôtres avec une folle obstination, sur lesquelles on eut tant de peine à remporter la victoire, et qui ne purent être exterminées que par le glaive et les verges? Si nous recherchons dans l'histoire ancienne l'origine des royaumes, si nous examinons la ridicule condition des rois dans l'Orient, nous ne pourrons assez nous étonner de la légèreté asiatique, en voyant les révolutions subites qui renversaient et élevaient tour à tour les princes de ces contrées. Que celui qui desirera mieux connaître cette honteuse mobilité repasse l'histoire des Antiochus et des Démétrius, changeant sans cesse d'États, expulsés et rappelés tour à tour; en sorte qu'on voit souvent celui qui la veille était en pleine prospérité dans son empire, victime le lendemain de l'extrême légèreté des peuples qui lui obéissaient, et non seulement privé de ses dignités, mais en outre exilé et rejeté loin du sol de la patrie. Cette inconsistance de mœurs ayant prévalu chez les Orientaux à l'égard de leur profession de foi, aussi bien que pour les affaires du monde, ils en sont venus maintenant à ce point de n'avoir presque plus rien de commun avec nous, pas même pour la célébration de l'Eucharistie et pour la soumission au siége apostolique. Ainsi, lorsqu'ils célèbrent les sacremens avec des pains fermentés, ils cherchent à défendre cet usage par un raisonnement auquel ils donnent les couleurs de la vraisemblance, disant que l'acte que l'on fait en toute sincérité de foi ne saurait être entaché par l'emploi d'une matière fermentée; que lorsque le Seigneur, mettant un

terme aux anciennes cérémonies, mangea l'agneau avec le pain azime et célébra le sacrement de son corps avec le même pain, c'était parce qu'il n'y en avait pas d'autre et parce qu'on ne pouvait, selon la loi qu'il accomplissait, en prendre d'autre ; l'emploi, inévitable en ces circonstances, du pain azime ne leur paraît donc pas lié entièrement à l'institution du mystère, de même que le *morceau trempé* que Jésus donna à Judas n'était pas le signe de l'institution du sacrement, mais seulement le témoignage de la trahison de Judas. Mais si de tels raisonnemens ou d'autres semblables peuvent être proposés, que diront du Saint-Esprit ceux qui, entretenant les restes de l'hérésie d'Arius, soutiennent en profanes que le Saint-Esprit est moindre que le Père et le Fils, et qui se séparant, par le sentiment et par l'action, des saints canons institués par leurs ancêtres et des pieux usages de l'Église d'Occident, mettent le comble à leur damnation en faisant un dieu boiteux, auquel ils infligent l'infirmité de leur propre nature ? En effet, s'il faut, selon le précepte du fils de Dieu, baptiser au nom du Père, du Fils et du Saint-Esprit, et cela précisément parce qu'on affirme que ces trois personnes ne sont qu'un seul Dieu, si l'on affirme que l'une des trois, quelle que ce soit, est moindre que les deux autres, celle-là certes ne saurait être Dieu. Mais lorsque quelques uns des nôtres, excités par ces discussions qu'entretenaient les Grecs, eurent publié des livres pleins de lumière pour montrer comment procède le Saint-Esprit, « ils dissipè-
« rent ce troupeau de taureaux et de jeunes vaches
« qui avaient conspiré de chasser ceux qui ont été

« éprouvés comme l'argent¹. » Et comme Dieu présente la pierre d'achoppement à ceux qui pèchent volontairement, la terre même d'Orient repoussa ses propres habitans, dès qu'ils commencèrent à perdre la connaissance de la véritable foi, et par la suite ils furent à juste titre entièrement exclus de toutes leurs possessions territoriales. Tandis qu'ils abandonnaient la foi de la Trinité, comme ceux qui sont dans la souillure et s'y enfoncent encore plus, ils en vinrent peu à peu à souffrir les plus grands dommages de la part des Gentils; la peine du péché s'aggravant sans cesse, les étrangers les attaquèrent et leur enlevèrent le sol même de leur patrie, ou, s'il arriva que quelques uns des indigènes eussent la faculté d'y demeurer, ils furent du moins contraints de se soumettre et de payer tribut aux étrangers. Des villes d'une noblesse illustre, Antioche, Jérusalem et Nicée, des provinces même, la Syrie, la Palestine et la Grèce, d'où étaient sortis en abondance les premiers germes de la nouvelle grâce, perdirent entièrement leur vigueur primitive, tandis que les peuples qui tiraient de là leur origine, les habitans de l'Italie, de la Gaule et de la Bretagne étaient en pleine prospérité. Je ne parlerai point de tous les abus qui se sont élevés au milieu de ces églises tombant, pour ainsi dire, en lambeaux. Ainsi, par exemple, dans la plupart de ces contrées, nul n'est élevé aux fonctions du sacerdoce s'il n'a d'abord pris une femme, comme pour accomplir les paroles de l'apôtre saint Paul, au sujet de « celui qui doit être élu et qui ne doit avoir qu'une « femme², » tandis qu'il a été constamment reconnu.

¹ Ps. 67, v. 33. — ² 1ʳᵉ. Épitre de saint Paul à Timoth., chap. III, v. 2.

par l'autorité de l'Église d'Occident, que ces paroles ne s'appliquent point à celui qui prend une femme et s'en sert, mais à celui qui a eu déjà une femme et l'a renvoyée. Je ne parlerai pas non plus de cet usage contraire à celui des Latins, selon lequel des personnes de l'un ou de l'autre sexe, qui ont l'honneur d'être chrétiennes, sont achetées indistinctement, enlevées comme de vils animaux, et, pour comble de cruauté, envoyées loin de leur patrie pour être vendues et livrées en esclavage aux Gentils. Un autre usage, pire encore que tous ceux-là, est généralement consacré parmi ces peuples par une loi de l'empire, laquelle, autorisant le déréglement en quelque sorte à un prix déterminé, veut que les filles des citoyens soient livrées à la prostitution. Si un homme, par exemple, a trois ou quatre filles, l'une d'elles est exposée dans un lieu de débauche, et le produit honteux du déshonneur de ces malheureuses est attribué en partie (je ne sais dans quelle proportion) au fils du misérable empereur, tandis qu'on retient le reste pour les dépenses de celle qui s'est ainsi avilie. A ce récit, un cri d'horreur et d'effroi s'élève jusqu'au trône du Seigneur des armées. J'ai entendu dire en outre que, dans la plupart des mêmes lieux, les prêtres, auxquels est confié le soin de célébrer les divins sacremens, préparent le corps du Seigneur après leur repas et le présentent en communion à quiconque est encore à jeûn. Mais tandis que ces peuples s'abandonnaient dans leur malice à ces erreurs et à d'autres semblables, et allaient marchant dans leurs égaremens, Dieu établit sur eux un nouveau législateur, « afin que les peuples sachent qu'ils

« ne sont que des hommes mortels¹. » Ayant transgressé sciemment les limites dans lesquelles leurs pères s'étaient maintenus, ces hommes furent justement entraînés à se couvrir d'opprobre, en se livrant à des emportemens inconnus même aux animaux. C'est ici le cas de rapporter avec quelque détail quelle fut l'autorité sur laquelle s'appuyèrent jadis les Orientaux, lorsqu'ils abandonnèrent le culte chrétien, pour rentrer dans le paganisme.

C'est une opinion populaire qu'il exista jadis un homme, lequel, si je m'exprime bien, était nommé *Mathomus* (Mahomet), qui éloigna entièrement les peuples d'Orient de la croyance au Fils et au Saint-Esprit, leur apprit à ne reconnaître que la personne du Père, comme dieu unique et créateur, leur dit que Jésus n'était qu'un homme, et, pour terminer en peu de mots sur les dogmes qu'il enseigna, institua la circoncision, et lâcha les rênes à toutes sortes d'impuretés. J'ai lieu de croire que l'existence de cet homme profane ne remonte pas à une grande antiquité, par la seule raison que je n'ai pu découvrir qu'aucun docteur de l'Église ait écrit contre ses infamies. Comme je n'ai pas appris non plus que l'on ait rien écrit sur sa vie et sa conduite, nul ne doit s'étonner que je rapporte ici ce que j'ai entendu dire communément à son sujet, par quelques-unes des personnes qui parlent le mieux. Ce serait en vain que l'on voudrait établir une discussion pour reconnaître si ces rapports sont faux ou vrais, puisqu'il ne s'agit ici que de savoir quel fut ce nouveau précepteur qui ne s'est illustré que par de grands forfaits, et j'ajoute

---

¹ Psaume 9, v. 21.

en outre que l'on peut en toute sécurité parler mal de celui dont la méchanceté a toujours été fort au dessus de tout le mal qu'on en dirait.

Un patriarche d'Alexandrie étant mort, je ne sais en quel temps, l'Église vacante se trouva, comme de coutume, partagée en un grand nombre d'avis divers, et plus chacun était entraîné par son penchant à favoriser la personne qu'il desirait faire nommer, plus il se prononçait avec ardeur contre ceux qui pensaient différemment. Non loin de là demeurait un ermite, en faveur duquel s'était réuni le plus fort parti. Quelques hommes des plus adroits qui allaient le visiter très-souvent, afin de l'étudier plus à fond et de mieux connaître sa science et ses talens, découvrirent par ses entretiens qu'il n'était pas d'accord avec eux dans sa manière d'entendre la foi catholique. Dès qu'ils eurent acquis cette assurance ils renoncèrent entièrement à l'élection qu'ils avaient entreprise, et travaillèrent, à leur grand regret, à le faire repousser. Dédaigné et blessé au vif dans ses sentimens, pour n'avoir pu s'élever au but de son ambition, l'ermite, semblable à Arius, médita dans son anxiété sur les moyens de répandre au dehors son perfide venin et de se venger en cherchant à tout hasard à pervertir les dogmes de l'Église catholique. Car les hommes qui n'ont d'autre but que d'obtenir une gloire mondaine sont blessés mortellement et rugissent avec fureur, lorsqu'ils se voient atteints d'une manière quelconque dans leur considération. Alors l'antique ennemi de l'homme, saisissant cette occasion de succès, alla trouver son misérable ermite, et lui parla en ces termes : « Si tu veux obtenir quelque conso-

« lation à tes chagrins et exercer un ministère beau-
« coup plus grand que celui de patriarche, prends
« bien soin de remarquer, parmi ceux qui viendront
« bientôt à toi, un jeune homme vêtu de telle ma-
« nière, portant tel visage, telle tournure et tel nom.
« Il a l'esprit ardent et propre à l'accomplissement de
« tes desseins : imprègne-le de la doctrine qui re-
« pose au fond de ton cœur ; il recueillera fidèlement
« tes enseignemens, et les répandra au loin sous ta
« direction. » Encouragé par ces prédictions, l'ermite
rechercha dans la foule de ceux qui se rendaient auprès de lui, les signes qui lui avaient été indiqués,
et ayant reconnu le jeune homme, il le traita affec-
tueusement, lui souffla le poison qui le dévorait lui-
même, et comme il était pauvre et ne pouvait, à cause
de cela, prendre beaucoup d'autorité, l'ermite trouva
moyen de lui procurer des richesses. Une femme très-
riche, qui avait perdu son mari, était demeurée depuis
lors en état de veuvage : le misérable ermite résolut
de l'unir à son disciple, et lui proposa de se marier
une seconde fois. Elle lui répondit qu'elle ne connaissait personne avec qui elle pût contracter une
union sortable, et alors l'ermite lui déclara qu'il
avait trouvé un prophète qui lui conviendrait parfaitement, et avec lequel, si elle voulait y consentir,
elle pourrait à l'avenir vivre dans une complète félicité. Il s'attacha en même temps à éblouir l'esprit de
cette femme en l'enveloppant de toutes sortes de séductions, et lui promettant que les dons prophétiques
du jeune homme lui serviraient grandement dans le
présent siècle et dans les siècles futurs ; il parvint ainsi
à ouvrir son cœur à l'amour pour un homme qu'elle ne

connaissait même pas. Séduite par l'espoir de connaître à l'avance tout ce qui devait arriver, cette femme s'unit donc à son devin, et Mahomet, naguère misérable, entouré maintenant de trésors magnifiques, se trouva, comme à l'improviste, élevé à une grande fortune, non sans doute sans en éprouver lui-même un étonnement inexprimable. Mais tandis qu'un seul et même lit recevait souvent le nouveau couple, il arriva que l'illustre prophète commença à être pris, sous les yeux même de sa prophétesse, d'attaques, quelquefois très-violentes, du mal d'épilepsie, que nous appelons vulgairement mal caduc, et sa femme même était remplie d'effroi en voyant ses yeux tournés, son visage décomposé, ses lèvres écumantes, et ses dents se choquant à grand bruit. Épouvantée de ces accidens inattendus, elle va trouver l'ermite, l'accuse de ses malheurs, et lui déclare, dans le trouble de son esprit, qu'elle aime mieux subir la mort que le supplice de vivre auprès d'un tel forcené; puis elle l'accable de mille plaintes et lui reproche amèrement les mauvais conseils qu'il lui a donnés. Mais celui-ci, rempli d'une astuce incomparable : « Femme légère, lui dit-il, tu es folle sans doute de
« regarder comme un affront ce qui fait précisément
« ton illustration et ta gloire. Que tu es dépourvue de
« pénétration! Tu ne sais donc pas que toutes les fois
« que Dieu s'insinue dans l'esprit des prophètes, toute
« la masse du corps humain est ébranlée, parce que
« l'infirmité de la chair ne peut soutenir l'union de
« la majesté divine? Reviens enfin à toi, ne te laisse
« plus effrayer par ces visions extraordinaires, et
« vois au contraire avec reconnaissance ces bienheu-

« reuses convulsions du saint homme, surtout puis-
« qu'en de tels momens l'esprit qui s'empare de lui
« lui enseigne toutes les choses qu'il nous convient
« de savoir et de faire dans l'avenir. » Fortifiée par ces
paroles, la femme légère cessa dès ce moment de
trouver insupportable, et regarda même comme sacré et digne de respect, ce qui naguère lui avait paru si honteux et si méprisable. Cependant, et par l'intervention du diable, l'ermite hérétique remplit son élève de ses dogmes profanes, et, marchant devant lui comme son héraut, il le proclama et le fit accueillir partout comme prophète. Déjà sa renommée se répandait de toutes parts et lui faisait aux yeux de tous les hommes une grande célébrité; lorsqu'il vit que, dans les provinces environnantes, et même d'autres plus éloignées, les peuples se portaient avec zèle à recevoir ses enseignemens, le prophète, tenant conseil avec son docteur, écrivit une loi par laquelle il permettait à ses sectateurs toutes sortes de turpitudes, afin de les mieux engager à sa suite. Puis il assembla une multitude infinie, et, afin de séduire plus sûrement ces cœurs encore incertains dans l'attente de la religion qu'il annonçait, il prescrivit à ceux qui le suivaient un jeûne de trois jours, les invitant à demander avec zèle à Dieu de leur accorder une loi, et leur déclarant en même temps que, s'il plaisait à Dieu de leur donner cette loi, il la leur donnerait d'une manière extraordinaire et inattendue. Mahomet possédait une vache qu'il avait accoutumée à le suivre, de telle sorte que, dès qu'elle entendait sa voix ou qu'elle le voyait, rien ne pouvait l'empêcher de courir à lui avec une ardeur irrésistible. Il attacha donc le petit

livre qu'il avait écrit aux cornes de cet animal, et enferma ensuite celui-ci dans la tente qu'il habitait. Le troisième jour il parut au milieu du peuple qui s'était réuni autour de lui, et, montant sur un siége élevé, il commença à haranguer l'assemblée à haute voix. Mais à peine la vache l'eut-elle entendu parler, qu'elle sortit tout à coup de la tente voisine, et, s'avançant à travers la foule du peuple, portant le livre attaché sur ses cornes, elle vint se coucher aux pieds de l'orateur, comme pour lui faire ses félicitations. Tous les assistans furent remplis d'admiration, le livre fut aussitôt déroulé et présenté à la foule haletante d'impatience, et les désordres autorisés par cette loi coupable furent accueillis avec des transports de joie. Que dirai-je de plus? le livre miraculeusement offert fut célébré par des louanges infinies. On répandit de toutes parts, comme autorisée par le ciel même, la permission de se livrer sans retenue à tout l'emportement des sens; et plus on s'abandonnait à l'excès de ces prostitutions désormais permises, plus on en dissimulait l'infamie, en exaltant la grâce de Dieu, qui accordait, dans son indulgence, des temps plus faciles. Toute la sévérité du christianisme fut condamnée et livrée aux insultes publiques; les préceptes d'honnêteté et de vertu qu'avaient répandus les évangiles furent taxés de dureté, d'exigeance cruelle, et par contre ceux que la vache avait apportés furent appelés les préceptes généraux et reconnus comme seuls d'accord avec la liberté instituée par Dieu même. Ni l'antique loi de Moïse, ni la nouvelle loi catholique ne purent conserver aucun crédit; tout ce qui avait été écrit avant la loi, sous la loi, sous le régime de la grâce, fut accusé d'une fausseté irrémédiable ; et, pour me servir, quoique bien improprement, du langage du psalmiste, on répéta partout que « Dieu « n'avait point traité ainsi toutes les autres nations[1], » et que depuis le commencement des siècles il n'avait manifesté ses jugemens à nul autre peuple. La concession d'une plus grande liberté de se livrer aux desirs de la chair, et de s'abandonner à la volupté plus que ne font même les animaux, non par voie de mariage, mais par tous les excès d'une débauche effrénée, cette concession fut recouverte du prétexte de favoriser la naissance d'un plus grand nombre d'enfans. Mais, tandis que l'on ne mettait aucune borne à l'emportement des sens, même dans les relations les plus naturelles, on en vint bientôt à se livrer à des désordres qu'il n'est pas même décent de rapporter et que les bêtes brutes ignorent entièrement. Cependant ces honteuses et criminelles institutions détruisirent celles du christianisme, et aujourd'hui encore elles enveloppent presque entièrement les contrées les plus reculées de l'Afrique, de l'Égypte, de l'Éthiopie, de la Lybie, et jusqu'à l'Espagne même, quoique plus rapprochée de nous.

Racontons maintenant la fin de ce grand et merveilleux législateur. J'ai déjà dit qu'il était sujet à des attaques d'épilepsie : un jour qu'il se promenait seul, il tomba frappé de l'une de ces convulsions, et, tandis qu'il en était tourmenté, des pourceaux, l'ayant rencontré, le dévorèrent si complètement qu'on ne trouva que ses talons pour débris de tout son corps. Voilà donc cet excellent législateur qui, tandis qu'il cherche à res-

[1] Psaume 146, v. 20.

susciter, ou plutôt qu'il ressuscite en effet le pourceau d'Épicure, que les véritables stoïciens, c'est-à-dire, les adorateurs du Christ, avaient mis à mort, pourceau lui-même, est livré aux pourceaux et dévoré par eux, afin que son ministère d'obscénité fût terminé, comme il était juste, par la fin la plus obscène. Et certes, lorsqu'il laissa ses talons, ce fut sans doute à bon droit, et afin qu'il demeurât aux ames qu'il avait misérablement séduites un témoignage de sa perfidie et de ses turpitudes. Nous avons composé sur le sujet de ces talons un quatrain qui sera, selon l'expression d'un poète, *ære perennius, regalique situ pyramidum altius,* « plus durable que l'airain, et plus « élevé que les royales pyramides; » afin que cet homme illustre, plus heureux désormais que tout pourceau, puisse dire aussi avec le même poète : *Non omnis moriar, multaque pars mei vitabit Libitinam* : « Je ne mourrai point tout entier, et une bonne portion de moi-même échappera à la mort. » Voici ce quatrain.

Manditur ore suum, qui porcum vixerat; hujus
Membra beata cluunt, podice fusa suum.
Cum talos ori, tum quod sus fudit odori,
Digno qui celebrat cultor honore ferat.

« Celui qui avait vécu en pourceau est dévoré par « les dents des pourceaux; ses membres bienheureux, « devenus les excrémens des pourceaux, sont resplen- « dissans.

« Que celui qui veut l'adorer dignement porte à sa « bouche les talons qui restent de lui, et à son nez ce « que les pourceaux ont rendu. »

Que s'il y a quelque vérité dans la doctrine de la

secte des Manichéens, au sujet de la purification des souillures, lorsqu'ils disent qu'il y a dans tout ce qu'on mange une certaine dose de divinité, mais que cette dose est souillée, qu'elle se purifie par la trituration des dents et par la digestion de l'estomac, et se convertit alors en une substance d'ange, laquelle sort ensuite du corps de l'homme par l'effet des nausées et des flatuosités; combien d'anges peut-on croire qu'il ait été créé, lorsque ces pourceaux se furent repus de la chair de ce prophète! Mais, laissant de côté ces plaisanteries qui ne sont dites ici qu'en dérision des sectateurs de Mahomet, ajoutons que ces derniers ne le considèrent point comme un Dieu, ainsi que quelques personnes le pensent parmi nous, mais seulement comme un homme juste, et un patron par le moyen duquel les lois divines leur ont été communiquées. Ils disent en outre qu'il fut enlevé aux cieux, ne laissant à ses fidèles d'autre souvenir de lui que ses talons; et en conséquence ils les visitent encore avec une profonde vénération; enfin, et comme de raison, ils repoussent avec mépris l'opinion que leur maître ait été livré aux pourceaux et dévoré par eux.

A la suite d'un long temps, et après que les erreurs du paganisme qu'ils avaient adopté se furent répandues sur un grand nombre de générations, les peuples des pays que j'ai déjà nommés envahirent la Palestine, Jérusalem et le sépulcre du Seigneur, et s'emparèrent aussi de l'Arménie, de la Syrie et d'une partie de la Grèce, presque jusqu'à la mer que l'on appelle le bras de Saint-George. Parmi tous les royaumes de l'Orient, l'empire de Babylone était le plus puissant depuis une haute antiquité, et avait subjugué un grand nombre d'autres empires. Celui des Parthes cependant, que nous appelons Turcs par corruption de langage, lui est supérieur, non par l'étendue du territoire (car il est plus petit), mais par le talent militaire, le caractère chevaleresque et la force d'ame qui distinguent ses habitans. L'empereur de Babylone avait donc occupé avec une grande armée les provinces que je viens de nommer; mais par la suite des temps il les perdit, lorsque les Turcs, devenus plus nombreux, eurent vaincu les Assyriens. Plus habiles et plus audacieux dans le maniement des armes, les Turcs serraient de près l'empire de Constantinople, et semblaient même sur le point de se précipiter pour mettre le siége devant cette dernière ville, lorsque l'empereur des Grecs, effrayé par leurs fréquentes menaces et leurs continuelles invasions, envoya des députés en France, et écrivit à Robert l'ancien, comte de Flandre, une lettre dans laquelle il lui exposa tous les motifs qui pouvaient le déterminer à secourir la Grèce dans ses périls. Il le sollicitait vivement, non qu'il crût qu'il pût seul, quoique fort riche et capable de lever une grande armée, assurer le succès d'une telle entreprise, mais parce qu'il savait bien que, si un homme aussi puissant se mettait en route, le seul attrait de la curiosité ferait partir à sa suite, comme auxiliaires, un grand nombre d'individus de notre nation. Autant ce comte était habile pour les affaires de guerre, autant il avait l'esprit agréable et bien cultivé. Il était allé avant cette époque à Jérusalem pour y faire ses prières, et le hasard l'ayant conduit à Constantinople,

il s'était entretenu avec l'empereur lui-même, et celui-ci ayant pris une grande confiance en lui, se détermina dans la suite à lui demander directement ses secours. Je ne crois pas devoir insérer en entier dans ce petit ouvrage la lettre que l'empereur écrivit à cette occasion, mais j'en rapporterai quelque fragmens, toutefois en prêtant à l'auteur mes expressions et mon langage. L'empereur donc se plaignait dans cette lettre « de ce que les Gentils, en détruisant le chris-
« tianisme, s'emparaient des églises et en faisaient
« des écuries pour leurs chevaux, leurs mulets et
« leurs autres bêtes de somme : il était également vrai
« qu'ils employaient aussi ces églises à la célébration
« de leur culte, en les appelant des *mahomeries* ou
« *mosquées*, et ils faisaient en outre dans ces mêmes
« lieux toutes sortes de turpitudes et d'affaires, en
« sorte que les églises se trouvaient transformées en
« halles et en théâtres. Il serait superflu, ajoutait-il,
« de parler des massacres des catholiques, puisqu'il
« est certain que ceux qui meurent dans la foi reçoi-
« vent en échange la vie éternelle, tandis que ceux
« qui leur survivent traînent leur existence sous le
« joug d'une misérable servitude, plus dure pour eux
« que la mort même, comme j'ai lieu de le croire. En
« outre les vierges fidèles, lorsqu'elles sont prises par
« eux, sont livrées à une prostitution publique; car
« ils n'ont aucun sentiment de respect pour la pudeur
« et ne ménagent point l'honneur des épouses. Les
« mères sont forcées de s'abandonner à la brutalité des
« hommes, sous les yeux même de leurs filles, et
« celles-ci se voient contraintes à chanter et à danser
« au milieu de telles horreurs. Mais! ô honte et dou-

« leur ! les mêmes maux sont réservés à ces filles, et
« ces nouvelles scènes de prostitution sont également
« célébrées au bruit des chants de leurs mères infor-
« tunées. Enfin tout ce qui porte le nom de chrétien
« est livré à ces infamies, et lorsqu'ils ont ainsi abusé
« de toutes les femmes (excès qui du moins peuvent
« trouver quelque excuse dans les penchans de la
« nature), les Gentils méconnaissent toutes les lois de
« l'humanité, celles même que les animaux ne trans-
« gressent point, et vont jusqu'à assouvir leur fureur
« sur les hommes. » A cette occasion, et pour rapporter un exemple horrible, et à peine croyable, de
cette perversité qui s'exerçait communément sur les
individus de moyenne ou de basse condition, il raconte que les Gentils étaient allés jusqu'à abuser de
la personne même d'un évêque. « Et comment, ajou-
« te-t-il, comment cette passion emportée, pire que
« toutes les autres espèces de folies, qui méconnaît
« tout sentiment de sagesse et de pudeur, qui s'en-
« tretient par sa propre impulsion, et se ranime d'au-
« tant plus ardemment qu'elle est plus fréquemment
« assouvie, pourrait-elle se modérer à l'égard de l'es-
« pèce humaine, lorsqu'elle se porte sur les animaux
« même, à des excès inouïs, qu'une bouche chré-
« tienne ne saurait raconter? Ainsi donc il ne suffit
« pas à ces misérables d'avoir autorisé parmi eux la
« pluralité des femmes, il faut encore qu'ils se livrent,
« dans leurs fureurs brutales, à des désordres plus
« honteux. Aussi n'est-il pas étonnant que Dieu n'ait
« pu supporter patiemment de telles impuretés, et
« que la terre, selon l'antique usage, ait vomi au loin
« ces hommes de funeste conduite, excrémens de la

« race humaine. » En traitant longuement et avec beaucoup de lamentations le sujet du siége de Constantinople, qu'il redoutait par dessus tout et dont il était sans cesse menacé dès que ses ennemis auraient franchi le bras de Saint-George, l'empereur disait entre autres choses. « Que si l'on ne voyait parmi les « nôtres aucun autre motif de se porter à son secours, « on s'y déterminât du moins pour défendre les six « apôtres dont les corps avaient été ensevelis dans « cette ville, pour empêcher les impies de les livrer « aux flammes ou de les précipiter dans les gouffres « de la mer; ensuite il faisait valoir l'illustration de la « ville qu'il habitait, et disait qu'elle était bien digne « d'être défendue par toutes sortes de moyens. » Et certes, rien n'est plus vrai; car cette ville est illustrée non seulement par les monumens qui renferment les corps de ces saints, mais aussi par le mérite et le nom de celui qui l'a fondée, et qui, en vertu d'une révélation d'en haut, transforma un petit bourg antique en cette Cité, digne des respects du monde entier, seconde Rome, où tous les hommes de l'univers devraient accourir, s'il était possible, pour l'honorer de leurs éloges. Après avoir fait mention des apôtres, l'empereur poursuit, et dit : « Qu'il « a aussi chez lui la tête du bienheureux Jean-Bap« tiste, laquelle, ajoute-t-il (quoique ce ne soit qu'une « fausseté), est encore aujourd'hui recouverte de la « peau et des cheveux, et ressemble à une tête de « vivant. » Si cette assertion était vraie, il faudrait donc demander aux moines de Saint-Jean-d'Angely quel est le Jean-Baptiste dont ils se vantent aussi d'avoir la tête, puisqu'il est certain, d'une part, qu'il n'a existé qu'un Jean-Baptiste; et, d'autre part, qu'on ne saurait dire sans crime qu'un seul homme ait pu avoir deux têtes. A cette occasion, je crois devoir signaler une erreur pernicieuse sans doute, mais fort répandue, principalement dans les églises de France, au sujet des corps des Saints. Tandis que les uns se targuent de posséder le corps d'un martyr ou d'un confesseur de la foi, les autres prétendent aussi avoir ce même corps; et cependant un corps entier ne saurait être en deux endroits simultanément. Ces prétentions contradictoires viennent toujours du tort que l'on a de ne pas laisser les Saints jouir en paix du repos qui leur est dû dans une tombe immuable. Je suis bien persuadé que ce n'est que par un sentiment de piété qu'on est dans l'usage de recouvrir leurs corps d'argent et d'or; mais l'étalage que l'on fait de leurs ossemens, et l'habitude où l'on est de colporter leurs cercueils pour ramasser de l'argent, sont des preuves trop certaines d'une coupable avidité; et ces inconvéniens n'existeraient pas si l'on avait soin, ainsi qu'il fut fait pour le sépulcre du Seigneur Jésus, de sceller solidement les tombeaux qui renferment les corps des Saints.

Reprenons maintenant la suite de notre narration.

L'empereur disait après tout cela, « que si les « hommes de notre pays n'étaient pas déterminés à « lui porter secours par le desir de mettre un terme « à tant de maux, et par leur amour pour les saints « apôtres, du moins ils devaient se rendre à l'es- « poir de s'emparer de l'or et de l'argent que les « Gentils possédaient en des quantités incalculables. » Enfin il terminait par un autre argument, qu'il était bien inconvenant de proposer à des hommes sages et tempérans, et cherchait à attirer ceux qu'il sollicitait « en exaltant la beauté des femmes de son pays : » comme si les femmes grecques étaient douées d'une si grande supériorité en ce point qu'elles dussent incontestablement être préférées aux Françaises, et que ce motif pût seul déterminer une armée de Français à se rendre dans la Thrace. Mais lorsqu'il proposait de pareils argumens, cet odieux tyran eût dû se souvenir que les maux dont il se plaignait pour lui et pour les siens provenaient précisément de la même cause, puisqu'il avait ordonné par un édit célèbre, publié dans tout son empire, que tous ceux qui avaient plusieurs filles en livrassent une à la prostitution, et qu'une partie du produit de ce honteux trafic fût versée dans son propre fisc. Ajoutons encore qu'il prescrivit aussi par un autre édit que, dans les familles où il y aurait plusieurs fils, l'un d'eux fût réduit à l'état d'eunuque, énervant ainsi et rabaissant à la condition des femmes un grand nombre d'hommes, qui devenaient par là incapables de tout service militaire ; et pour mettre le comble à ces maux, détruisant ainsi en eux l'espoir de toute progéniture, et arrêtant un accroissement de population qui eût pu lui être utile contre ses ennemis. Aussi celui qui volontairement avait condamné les siens, se voyait-il réduit par un juste retour à implorer les secours des étrangers. Je dois dire en outre que ce n'était point en qualité de légitime héritier que cet empereur possédait la pourpre. Il était compté parmi les officiers du palais, sous le règne d'un prince, qui se nommait Michel, si je ne me trompe : il commandait le corps le plus considérable des chevaliers de l'Occident, que leur valeur naturelle a rendus spécialement recommandables aux empereurs Grecs, et qui font plus particulièrement un service de garde auprès de leurs personnes. Il employa à son profit le courage des chevaliers qu'il commandait, et résolut de tenter quelque entreprise contre son prince même. En conséquence il envahit la ville de Constantinople, en se révoltant contre l'empereur, s'empara de sa personne, lui fit sur-le-champ crever les yeux, l'envoya dans une place forte ou il fut étroitement gardé, et usurpa tous ses droits à l'empire, sans avoir lui-même aucun titre à les posséder. Plus tard, cédant à la force des circonstances, que j'ai déjà rapportées, il sollicita les secours des Français; mais lorsqu'il vit accourir tant de chevaliers et de seigneurs d'une haute illustration, si distingués en outre par leur sagesse et par leurs talens militaires, il se méfia de cette multitude d'étrangers et redouta surtout leur habileté. Quand ceux-ci furent parvenus au but de leurs efforts, l'empereur, en voyant leurs succès, conçut contre eux une plus vive inimitié; et lorsqu'ils se furent emparés de Jérusalem, il craignit qu'ils n'en vinssent à tourner contre lui leurs armes victorieuses, attendu surtout qu'ils avaient appris à le reconnaître pour leur plus redoutable ennemi, parmi les nations dont ils étaient entourés. J'ai entendu dire aussi d'une manière positive que la mère de cet empereur, qui se mêlait de prédire l'avenir, lui avait annoncé fort souvent, même avant que l'on eût entrepris l'expédition d'Orient, qu'un homme originaire de la France lui enleverait l'empire et la vie. Boémond cherchait peut-être à accomplir lui-même cette prédiction, lorsqu'il attaquait l'empereur si vivement, lui livrant de fréquens combats, le forçant souvent à prendre la fuite, lui enlevant même et soumettant à sa domination un grand nombre de ses provinces. On sait que Boémond est originaire de la Normandie, laquelle fait partie de la France; et il a encore un titre bien plus formel à être considéré comme Français, puisqu'il a épousé la fille du roi des Français.

LIVRE SECOND.

Le pape Urbain, qui se nommait Eudes avant d'être élevé à la papauté, issu d'une illustre famille de France, né dans le territoire et membre du clergé de Rheims, fut, à ce qu'on rapporte, et sauf erreur, le premier pape français. De clerc il devint moine de Cluny, après l'abbé de glorieuse mémoire qui assista Hugues.........[1] Peu de temps après, il remplit les fonctions de prieur; puis, poussé par son mérite, il fut promu à l'évêché de la ville d'Ostie, par les ordres du pape Grégoire VII, et parvint enfin à la dignité de souverain pontife du siége apostolique. La grandeur de son ame se montra par l'impulsion qu'il sut donner à cette entreprise ; il fut le premier qui trouva les moyens de la réaliser, et le monde entier l'admira avec étonnement. De nombreux témoignages prouvent que la fin de sa vie fut illustrée par des miracles. L'évêque qui lui avait succédé à Ostie a écrit qu'après qu'il fut mort et enseveli, et à la suite même de plusieurs miracles, un jeune homme se présenta devant son sépulcre, et appela sur lui-même avec imprécations la perte de quelqu'un de ses membres, s'il était vrai qu'aucun miracle eût été fait ou dût être fait à l'avenir par les mérites d'Urbain, auparavant appelé

[1] Il manque un mot.

Eudes. Mais avant qu'il eût levé le pied pour se retirer, il fut privé de l'usage de la parole et frappé de paralysie sur tout un côté de son corps, et mourut le lendemain, rendant lui-même témoignage de la puissance d'Urbain. L'empereur des Grecs, Alexis, ne cessait d'honorer cet illustre pontife par de riches offrandes, et de lui adresser des prières ; mais, touché bien plus encore des périls auxquels la chrétienté était journellement exposée, par l'effet des invasions des Gentils, et instruit en outre que l'Espagne ne cessait d'être désolée par les irruptions des Sarrasins, le pape résolut de faire un voyage en France pour solliciter à ce sujet les hommes de sa nation. Dès long-temps les pontifes du siége apostolique sont dans l'usage, lorsqu'ils éprouvent quelque tracasserie de la part d'un peuple voisin, de demander des secours aux Français. Sous les règnes de Pepin et de Charles, les pontifes Étienne et Zacharie se réfugièrent l'un et l'autre auprès de ces rois : Pepin fit une expédition jusque sur les bords du Tésin, rétablit l'Église en possession de son patrimoine, remit le pontife Étienne sur son siége, et contraignit le roi Didier, par la force de ses armes, à rendre au pape ce qu'il lui avait enlevé par la violence. La nation des Français parut toujours plus soumise et plus humble que toutes les autres nations envers le bienheureux Pierre et les décrets des pontifes romains, et ne montra point, comme les autres, la prétention téméraire de s'emparer de la liberté contre Dieu même, pour voiler de méchantes intentions. Nous voyons depuis longues années les Teutons, ou pour mieux dire le royaume entier de Lorraine, s'efforcer, avec une obstination presque barbare, de résister aux commandemens du bienheureux Pierre et de ses pontifes, et, dans leur ardeur de parvenir à ce but, ils aiment mieux demeurer sous le coup d'un anathême prolongé, ou même éternel, que ployer une seule fois. L'année dernière je m'entretenais avec un archidiacre de Mayence au sujet de la rebellion des siens, et je l'entendais vilipender notre roi et le peuple, uniquement parce que le roi avait bien accueilli et bien traité partout le seigneur pape Pascal ainsi que ses princes : il se moquait des Français à cette occasion, jusqu'à les appeler par dérision *Francons*. Je lui dis alors : « Si « vous tenez les Français pour tellement faibles ou lâ- « ches que vous croyiez pouvoir insulter par vos plai- « santeries à un nom dont la célébrité s'est étendue « jusqu'à la mer Indienne, dites-moi donc à qui le « pape Urbain s'adressa pour demander du secours « contre les Turcs? N'est-ce pas aux Français? Si ceux- « ci n'eussent eu la supériorité, s'ils n'eussent, par « l'activité de leur esprit et la fermeté de leur cou- « rage, opposé des barrières aux progrès toujours « croissans des nations barbares, tous vos Teutons, « dont le nom même n'est pas connu, eussent-ils été « de quelque utilité dans de telles circonstances? » Et je le quittai après ces mots.— Je reconnais cependant, et tout le monde le croira sans peine, que Dieu même avait réservé cette nation des Français pour une si grande entreprise ; car nous savons d'une manière certaine que, depuis le moment où ils ont adopté le signe de la foi que leur apporta le bienheureux Remi, ils n'ont jamais été atteints un seul moment d'aucune de ces contagions perfides par lesquelles toutes les autres nations ont vu la pureté de leur croyance plus ou moins altérée. Remarquons encore que ces mêmes Français, qui conquirent par les armes les champs des Gaulois devenus chrétiens, tandis qu'eux-mêmes étaient encore soumis aux erreurs du paganisme, s'abstinrent cependant de persécuter ou de faire périr aucun Gaulois à raison de sa foi en Christ, et que leur libéralité naturelle les porta à combler d'or et d'argent, de pierres précieuses et d'ambre fin, ceux que les Romains, dans leur sévérité, avaient frappés par le fer et par le feu. Et ce n'est pas seulement pour ceux qui vivent au milieu d'eux qu'ils se montrent sans cesse empressés à les combler d'honneurs ; ceux qui leur arrivent d'Espagne, d'Italie ou de tout autre pays, sont aussi accueillis par eux avec les témoignages de la plus vive affection : leur amour pour les martyrs et les confesseurs de la foi, auxquels ils demeurèrent toujours fidèles avec une ardeur extrême, les a constamment illustrés, a maintenu chez eux le flambeau de la foi sans aucune interruption, et les a conduits enfin aux plus beaux triomphes par la conquête de Jérusalem. Et comme cette nation a porté le joug dès son adolescence, elle demeurera toujours distinguée, et sera toujours, au milieu de toutes les autres, une nation noble, sage, belliqueuse, magnifique et parfaitement pure. Aussi les hommes, de quelque pays que ce soit, sont-ils honorés en recevant ou en empruntant comme surnom le nom même qui appartient en propre aux hommes de cette race. Quels sont en effet les Bretons anglais, les Italiens, que nous n'appelions sur-le-champ *des hommes Francs*, lorsque nous les voyons distingués par leur bonne conduite? — Je reprends maintenant la suite de mon récit.

Aussitôt que le pape Urbain eut mis le pied sur le territoire de notre royaume, les villes, les bourgs, les campagnes, l'accueillirent avec des transports de joie, et au milieu d'un immense concours de peuple, d'autant plus que nul homme vivant ne se souvenait que le chef suprême du siége apostolique fût jamais venu visiter ces contrées. L'année mil quatre-vingt-dix-sept de l'Incarnation du Verbe s'approchait de sa fin, lorsque cet évêque se hâta de convoquer un concile, en assignant le rendez-vous dans la cité d'Auvergne, qui a changé de nom et s'appelle maintenant Clermont, illustrée par Sidoine, le plus éloquent des évêques. Ce concile fut d'autant plus célèbre qu'on éprouvait la plus grande impatience de voir les traits, d'entendre les paroles d'un personnage aussi éminent, et qu'on n'avait pas coutume de rencontrer. Aussi, outre les évêques et les abbés, qui siégèrent sur les bancs les plus élevés, au nombre de quatre cents environ, d'après le compte qu'en firent quelques personnes, on vit affluer à Clermont tous les hommes lettrés de la France entière et des comtés qui en dépendent, et l'on put voir en cette occasion ce pape rempli d'habileté présider l'assemblée avec une gravité calme, une politesse mesurée, et, pour emprunter les expressions même de Sidoine, répondre avec une éloquence piquante à toutes les objections proposées. On remarqua aussi l'extrême bonté avec laquelle cet homme très-illustre supporta les bavardages de ceux qui soutenaient leurs procès avec emportement, et se montra attentif à ne faire aucune acception de personnes, si ce n'est selon la loi de Dieu.

Le roi Philippe se trouvait alors dans la trente-septième année de son règne; il avait abandonné sa femme légitime Berthe, pour s'unir à la femme du comte d'Anjou, nommé Bertrade. Le pape excommunia le roi des Français avec une grande fermeté, dédaignant les sollicitations de personnes respectables et les offres des plus riches présens, et ne se laissant point intimider par la considération qu'alors même il se trouvait dans l'intérieur du royaume.

Ainsi qu'il l'avait résolu avant son départ, et attendu que c'était le principal motif de son voyage en France, le pape, dans ce même concile, adressa à tous ceux qui étaient présens une grande harangue, dans laquelle, entre autres objets divers qu'il traita, et dont aucun auditeur n'eût pu garder un souvenir complet, il disserta longuement sur ses projets. Son éloquence facile secondait sa science littéraire, et il s'exprimait en latin avec autant de facilité qu'en peut montrer un avocat quelconque à parler sa langue maternelle. La grande affluence des plaideurs n'émoussa nullement le génie de l'orateur; et, quoiqu'il fût entouré de ce qu'il y avait de grammairiens les plus distingués par leur habileté, quoiqu'il semblât qu'il dût être écrasé sous la masse des procès qui survenaient de tous côtés, il fut reconnu que le pape s'élevait, par son éloquence, au-dessus de tous les orateurs, et que l'élégance littéraire de ses discours était bien supérieure aux agrémens que l'on pouvait trouver dans les autres discours, quels qu'ils fussent.

Voici donc la harangue qu'il prononça, sinon dans les mêmes termes, du moins dans le même esprit:

« Si parmi les églises répandues dans le monde en-
« tier, les unes méritent d'obtenir plus de respect que
« les autres, à raison des personnes ou des localités;
« à raison des personnes, dis-je, attendu que l'on
« accorde de plus grands priviléges aux siéges apos-
« toliques; à raison des localités, attendu que les
« villes royales, comme la ville de Constantinople,
« par exemple, doivent obtenir les mêmes distinc-
« tions que les personnes, nous devrions surtout té-
« moigner un respect tout particulier à cette Église,
« d'où nous est venue la grâce de la Rédemption, et
« qui est le berceau de toute la chrétienté. S'il est
« vrai, ainsi que l'a dit le Seigneur, que le salut vient
« des Juifs[1], et que le dieu des armées nous a livré une
« semence, afin que nous ne soyons point comme So-
« dome, et que nous ne ressemblions pas à Gomorrhe,
« le Christ est cette semence, dans laquelle sont enfer-
« més le salut et la bénédiction de toutes les nations;
« et la terre et la ville qu'il a habitées, et où il a souf-
« fert, sont appelées saintes, conformément au té-
« moignage des Écritures. En effet, nous lisons dans
« les pages sacrées et prophétiques que cette terre
« était l'héritage de Dieu et le temple saint, même
« avant que le Seigneur l'eût foulée de ses pieds, et
« y eût souffert. Quel accroissement de sainteté, quels
« nouveaux titres à nos respects n'a-t-elle pas obte-
« nus, lorsque Dieu, dans sa majesté, y a été incar-
« né, nourri, élevé, et l'a parcourue en tous sens,
« vivant d'une vie corporelle; lorsque, pour renfer-

[1] Évangile selon saint Jean, chap. IV, v. 22.

« mer dans une concision digne de son objet tout ce
« qui pourrait être dit en plus longs discours, le sang
« du fils de Dieu, plus saint que le ciel et la terre,
« y a été répandu ; lorsque son corps, mis à mort au
« milieu du trouble des élémens, y a reposé en paix
« dans un sépulcre ? Si, peu de temps après la mort
« de Notre-Seigneur lui-même, et lorsque les Juifs
« en étaient encore en possession, cette cité a été ap-
« pelée sainte par l'évangéliste, qui a dit : « Plusieurs
« corps des saints qui étaient morts ressuscitèrent ;
« et, étant sortis de leurs sépulcres, après sa résur-
« rection, ils entrèrent dans la sainte cité, et ils furent
« vus de plusieurs personnes [1] ; » si le prophète Isaïe
« avait dit déjà : « Son sépulcre sera glorieux [2], »
« comme cette sainteté, attribuée une fois à cette
« cité par le sacrifice de Dieu même, ne peut être
« désormais anéantie, quels que soient les maux qui
« surviennent, et comme il est également certain que
« la gloire du sépulcre ne saurait être détruite ; ô
« frères très-chéris, s'il est vrai que vous aspiriez à ce-
« lui qui est l'auteur de cette sainteté et de cette
« gloire, si vous chérissez, si vous desirez ardemment
« connaître les lieux de cette terre où se retrouvent
« ses traces, c'est à vous qu'il appartient de faire les
« plus grands efforts, avec le secours de Dieu, qui
« marchera devant vous, et combattra pour vous,
« afin de purger cette cité sainte et ce glorieux sé-
« pulcre des souillures qu'y amassent les Gentils par
« leur présence, autant du moins qu'il est en leur
« pouvoir. Si la piété des Macchabées mérita jadis les

[1] Évangile selon saint Matthieu, chap. XXVII, v. 52 et 53.
[2] Isaïe, chap. XI, v. 10.

« plus grands éloges, parce qu'ils combattirent pour
« les cérémonies et pour le temple ; s'il vous est per-
« mis, chevaliers chrétiens, de prendre les armes
« pour défendre la liberté de la patrie, si vous esti-
« mez que l'on doive faire les plus grands efforts pour
« visiter les temples des apôtres ou de tout autre saint,
« que tardez-vous de relever la croix, le sang, le mo-
« nument du Seigneur, de le visiter, de vous consa-
« crer à ce service pour le salut de vos ames ? Jus-
« qu'à présent vous avez fait des guerres injustes ;
« dans vos fureurs insensées vous avez lancé récipro-
« quement sur vos maisons les traits de la cupidité ou
« de l'orgueil, et par là vous avez attiré sur vous les
« peines de la mort éternelle et d'une damnation cer-
« taine. Maintenant nous vous proposons des guerres
« qui portent en elles-mêmes la glorieuse récompense
« du martyre, qui seront à jamais l'objet des éloges
« du temps présent et de la postérité. Supposons un
« moment que le Christ n'ait été ni mis à mort, ni
« enseveli à Jérusalem, et n'y ait même jamais vécu ;
« certes, quand tous ces faits nous manqueraient,
« ce seul fait, que la loi est sortie du livre, et la pa-
« role du Seigneur de Jérusalem, devrait suffire pour
« vous porter à marcher au secours de la terre et de
« la cité sainte. En effet, si Jérusalem est la source
« d'où découla tout ce qui se rapportait à la prédica-
« tion du christianisme, les petits ruisseaux qui se
« sont dispersés de tous côtés, et sur toute la surface
« de la terre, doivent remonter dans les cœurs de
« tous les fidèles catholiques, afin que ceux-ci se pé-
« nètrent bien de tout ce qu'ils doivent à cette source
« si abondante. Si les fleuves retournent au lieu d'où

« ils sont partis, afin qu'ils coulent encore [1]. Selon
« le langage de Salomon, il doit vous paraître glo-
« rieux de travailler à purifier le lieu d'où il est cer-
« tain que vous sont venus le baptême qui purifie et
« les enseignemens de la foi. Voici encore une autre
« considération à laquelle vous devez attacher une
« extrême importance, c'est que Dieu, agissant par
« vous, emploie vos efforts à faire refleurir le culte
« chrétien dans l'église, mère de toutes les églises;
« il est possible que ce soit avec l'intention de réta-
« blir la foi dans quelques portions de l'Orient, pour
« les faire résister aux temps de l'Antechrist qui s'a-
« vancent; car il est évident que ce n'est point contre
« les Juifs ni les Gentils que l'Antechrist fera la guerre;
« mais que, conformément à l'étymologie même de
« son nom, il attaquera les Chrétiens; et s'il ne trouve
« aucun chrétien en ces lieux, comme à présent on
« n'y en rencontre presque plus, il n'y aura personne
« qui lui résiste, ou qu'il ait lieu d'attaquer; car,
« selon Daniel le prophète, et Jérôme son interprète,
« il dressera ses tentes sur le mont des Oliviers. Il est
« certain, puisque l'apôtre l'a dit, qu'il siége à Jéru-
« salem dans le temple de Dieu, voulant passer pour
« un Dieu [2], et le même prophète Daniel a dit en-
« core que, sans aucun doute, trois rois, savoir, ceux
« d'Égypte, d'Afrique et d'Éthiopie seront les pre-
« miers tués par lui, à raison de la foi du Christ [3].
« Et certes, cela ne pourrait nullement arriver si le
« christianisme n'était établi aux lieux où règne main-

---

[1] Ecclésiaste, chap. 1, v. 7.
[2] IIe. Épître de saint Paul aux Thessaloniciens, chap. 11, v. 4.
[3] Daniel, chap. vii, v. 24.

« tenant le paganisme. Si donc, dans votre zèle pour
« ces pieux combats, vous vous efforcez, après avoir
« reçu de Jérusalem les principes de la connaissance
« de Dieu, de les rétablir dans ces mêmes lieux, en
« signe de reconnaissance, afin de travailler à répandre
« au loin le nom catholique, qui doit résister aux entre-
« prises perfides de l'Antechrist et des antichrétiens,
« qui pourrait douter que Dieu, dont la puissance est
« bien supérieure à toutes les espérances des hommes,
« ne consume ces champs couverts des roseaux du
« paganisme, à l'aide de la flamme allumée dans vos
« cœurs, afin que l'Égypte, l'Afrique et l'Éthiopie, qui
« ne sont pas dans la communion de notre croyance,
« soient enfermées dans les règles de cette loi, et que
« l'homme du péché, le fils de perdition, trouve de
« nouveaux rebelles? Voici l'Évangile, qui nous crie
« que Jérusalem sera foulée par les nations, jusqu'à ce
« que le temps des nations soit accompli [1]. Ces paro-
« les, « le temps des nations, » peuvent s'entendre de
« deux manières. Elles veulent dire que les nations ont
« dominé les Chrétiens à leur gré et se sont roulées,
« selon l'emportement de leurs passions, dans la fange
« de toutes les turpitudes sans rencontrer aucun ob-
« stacle; car on dit ordinairement que ceux-là ont leur
« temps à qui toutes choses réussissent selon leurs
« vœux, comme dans cet exemple : « Mon temps n'est
« pas encore venu, mais le temps est toujours propre
« pour vous [2]; » et l'on dit aussi habituellement aux
« voluptueux : « Vous avez votre temps. » Ou bien
« encore ces paroles, « le temps des nations, » signi-

---

[1] Évangile selon saint Luc, chap. XXI, v. 24.
[2] Évangile selon saint Jean, chap. VII, v. 6.

« fient la plénitude des nations, qui seront appelées
« à la foi avant qu'Israël soit sauvé. Peut-être, ô frères
« très-chéris, ces temps seront-ils accomplis lorsque
« les puissances païennes seront repoussées par vous,
« avec la coopération de Dieu ; car la fin du siècle
« s'approche, et les nations cessent d'être converties
« au Seigneur, parce qu'il faut, selon les paroles de
« l'apôtre, « que la révolte soit arrivée auparavant¹. »
« Cependant, et conformément aux paroles des pro-
« phètes, il est nécessaire qu'avant la venue de l'Ante-
« christ l'empire du christianisme soit renouvelé dans
« ces lieux, ou par vous, ou par ceux qu'il aura plu
« à Dieu de commettre, afin que le chef de tous
« maux, celui qui établira le siége de son règne, y
« trouve quelque élément de foi contre lequel il puisse
« combattre. Réfléchissez donc en vous-même que
« le Tout-Puissant vous a peut-être destinés pour re-
« lever par vous Jérusalem de l'état d'avilissement
« dans lequel elle est foulée aux pieds ; et, je vous le
« demande, jugez quels cœurs pourront suffire aux
« torrens de joie dont ils seront inondés, si nous
« voyons la Cité sainte relevée par votre assistance,
« et ces oracles prophétiques, ou plutôt divins, ac-
« complis de notre temps ? Souvenez-vous encore de
« ces paroles de Dieu même qui a dit à l'Église : « J'a-
« menerai vos enfans de l'Orient, et je vous rassem-
« blerai de l'Occident². » Dieu a amené vos enfans de
« l'Orient, puisque ce pays de l'Orient a doublement
« produit les premiers principes de notre Église, et
« il les rassemble de l'Occident en réparant les maux

¹ II⁰. Épître de saint Paul aux Thessaloniciens, chap. II, v. 3.
² Isaïe, chap. XLIII, v. 5.

« de Jérusalem par les bras de ceux qui ont reçu les
« derniers les enseignemens de la foi, c'est-à-dire,
« par les Occidentaux, parce que nous pensons que
« ces choses pourront se faire par vous, avec l'assis-
« tance du Seigneur. Que si les paroles des Écritures
« ne vous déterminent pas, si nos invitations ne pé-
« nètrent pas jusque dans le fond de vos ames, que
« du moins l'extrême misère de tous ceux qui desi-
« rent visiter les lieux saints, vous émeuve et vous
« touche. Voyez ceux qui entreprennent ce péleri-
« nage, et vont dans ce pays à travers les terres :
« s'ils sont riches, voyez à combien de redevances,
« à combien de violences ils se trouvent assujétis ;
« presqu'à chaque mille de leur route ils sont con-
« traints de payer des impôts et des tributs ; à cha-
« cune des portes de la Cité, à l'entrée des églises et
« des temples, il faut qu'ils acquittent des rançons,
« et toutes les fois qu'ils se transportent d'un lieu
« dans un autre, sur une accusation quelconque, ils
« se voient forcés de se racheter à prix d'argent, et
« en même temps les gouverneurs des Gentils ne
« cessent d'accabler cruellement de coups ceux qui
« refusent de leur faire des présens. Que dirons-nous
« de ceux qui, n'ayant rien du tout, et se confiant
« en leur dénûment absolu, entreprennent ce voyage
« parce qu'ils semblent n'avoir rien à perdre que leur
« propre personne ? On les soumet à des supplices
« intolérables pour leur arracher l'argent qu'ils n'ont
« pas ; on leur déchire, on leur ouvre les talons pour
« voir si par hasard il n'y aurait rien de cousu en des-
« sous, et la cruauté de ces scélérats même va en-
« core bien plus loin. Dans l'idée que ces malheu-

« ;eux peuvent avoir avalé de l'or ou de l'argent, ils
« leur font boire de la scammonée jusqu'à exciter le
« vomissement, ou même jusqu'à leur faire rendre
« les organes de la vie; ou, ce qui est plus horrible
« encore, ils leur ouvrent le ventre avec le fer, font
« déployer les enveloppes des intestins, et pénètrent
« par d'affreuses incisions jusque dans les replis les
« plus secrets du corps humain. Rappelez-vous, je vous
« prie, tant de millions d'hommes qui ont péri de la
« manière la plus déplorable ; prenez ensuite parti pour
« les saints lieux, d'où vous sont venus les premiers
« élémens de la piété, et croyez sans aucun doute
« que le Christ marchera devant ceux qui iront faire
« la guerre pour lui, qu'il sera votre porte-étendard,
« et servira de précurseur à chacun d'entre vous. »

Lorsque cet homme très-éminent eut fini de parler, il donna l'absolution, par la puissance du bienheureux Pierre, à tous ceux qui faisaient vœu de partir, et la confirma en vertu de son autorité apostolique. Il institua ensuite un signe propre à distinguer ceux qui prendraient cette honorable résolution, et à leur servir en quelque sorte de ceinture de chevaliers ; ou plutôt, imprimant à tous ceux qui devaient combattre pour Dieu le sceau de la Passion du Seigneur, il leur prescrivit de coudre sur leurs tuniques, leurs vêtemens de bure ou leurs manteaux, une petite pièce d'une étoffe quelconque, coupée en forme de croix. Que si, après avoir pris cette marque distinctive, ou après avoir prononcé son vœu publiquement, quelqu'un venait à renoncer à ces bonnes intentions, en cédant à de coupables regrets, ou aux sollicitations de quelqu'un des siens, le pape ordonna qu'il fût à jamais et entièrement mis hors la loi, à moins qu'il ne vînt à résipiscence et n'accomplît le vœu qu'il aurait honteusement négligé. En même temps le pape frappa d'un terrible anathême tous ceux qui, pendant l'espace de trois années, oseraient faire le moindre mal aux femmes, aux enfans, aux propriétés de ceux qui se seraient engagés dans cette entreprise. Enfin le pape confia le soin de diriger l'expédition à un homme digne des plus grands éloges, l'évêque du Puy, dont je regrette beaucoup de n'avoir pu découvrir ni entendu prononcer le nom. Il lui donna tous ses pouvoirs pour instituer des Chrétiens, de quelque lieu de la terre qu'ils vinssent se présenter, lui imposa les mains, à la manière des Apôtres, et lui donna aussi sa bénédiction. L'issue de cette admirable entreprise fait voir avec quelle habileté le prélat s'acquitta de ses fonctions.

Dès qu'on eut terminé le concile de Clermont, qui se tint dans le mois de novembre, vers l'octave de la fête du bienheureux Martin, il s'éleva une grande rumeur dans toutes les provinces de la France, et aussitôt que la renommée portait à quelqu'un la nouvelle des ordres publiés par le pontife, il allait solliciter ses voisins et ses parens de s'engager dans « la « voie de Dieu; » car c'est ainsi qu'on désignait l'expédition projetée. Déjà les comtes des palais étaient préoccupés du désir d'entreprendre ce voyage, et tous les chevaliers d'un rang moins élevé cédaient à la même impulsion ; mais voici, les pauvres eux-mêmes furent bientôt enflammés d'un zèle si ardent qu'aucun d'entre eux ne s'arrêta à considérer la modicité de ses revenus, ni à examiner s'il pouvait lui convenir de renoncer à sa maison, à ses vignes ou à ses champs; et chacun se mit en devoir de vendre ses meilleures propriétés à un prix beaucoup moindre que s'il se fût trouvé livré à la plus dure captivité, enfermé dans une prison, et forcé de se racheter le plus promptement possible. Il y avait à cette époque une disette générale, les riches même éprouvaient une grande pénurie de grains, et quelques-uns d'entre eux, quoiqu'ils eussent beaucoup de choses à acheter, n'avaient cependant rien, ou presque rien, pour pourvoir à ces acquisitions. Un grand nombre de pauvres gens essayaient même de se nourrir de la racine des herbes sauvages, et comme le pain était fort rare, ils cherchaient de tous côtés de nouveaux alimens pour compenser la privation qu'ils s'imposaient en ce point. Les hommes même les plus puissans se voyaient menacés de la misère dont on se plaignait de toutes parts, et chacun, témoin des tourmens qu'éprouvait le petit peuple par l'excès de la disette, s'imposait avec beaucoup de soin une extrême parcimonie, dans la crainte de dilapider ses richesses par trop de facilité. Les avares, toujours insatiables, se réjouissaient d'un temps qui favorisait leur cruelle avidité, et, jetant les yeux sur leurs boisseaux de grains conservés depuis long-temps, ils faisaient sans cesse de nouveaux calculs pour évaluer les sommes qu'ils auraient à ajouter à leurs monceaux d'or après avoir vendu ces grains. Ainsi, tandis que les uns éprouvaient d'horribles souffrances, et que les autres se livraient à leurs projets d'avidité, semblable « au souffle « impétueux qui brise les vaisseaux de la mer[1], » le

---

[1] Psaume 47, v. 8.

Christ occupa fortement tous les esprits, et celui qui délivre ceux qui sont enchaînés par des chaînes de diamant, brisa tous les liens de cupidité qui enlaçaient les hommes dans cette situation désespérée. Comme je l'ai déjà dit, chacun resserrait étroitement ses provisions dans ce temps de détresse; mais lorsque le Christ inspira à ces masses innombrables d'hommes le dessein de s'en aller volontairement en exil, les richesses d'un grand nombre d'entre eux ressortirent aussitôt, et ce qui paraissait fort cher tandis que tout le monde demeurait en repos, fut tout-à-coup vendu à vil prix lorsque tous se mirent en mouvement pour entreprendre ce voyage. Et comme un grand nombre d'hommes se hâtaient pour terminer leurs affaires, on vit, chose étonnante à entendre, et qui servira pour donner un seul exemple de la diminution subite et inattendue de toutes les valeurs, on vit sept brebis livrées en vente pour cinq deniers. La disette des grains se tournait aussi en abondance, et chacun, uniquement occupé de ramasser plus ou moins d'argent d'une manière quelconque, vendait tout ce dont il pouvait disposer, non d'après l'évaluation qu'il en faisait, mais d'après celle de l'acheteur, afin de n'être pas le dernier à embrasser la voie de Dieu. Ainsi l'on voyait en ce moment s'opérer ce miracle que tout le monde achetait cher et vendait à vil prix : on achetait cher, au milieu de cette presse, tout ce qu'on voulait emporter pour l'usage de la route, et l'on vendait à vil prix tout ce qui devait servir à satisfaire à ces dépenses. Naguère les prisons et les tortures n'auraient pu leur arracher aucune des choses qu'ils livraient maintenant pour un petit nombre d'écus. Mais voici un autre fait non moins plaisant : la plupart de ceux qui n'avaient fait encore aucun projet de départ se moquaient un jour et riaient aux éclats de ceux qui vendaient ainsi à tout prix, et affirmaient qu'ils feraient leur voyage misérablement et reviendraient plus misérables encore, et le lendemain ceux-là même, frappés soudainement du même désir, abandonnaient pour quelques écus tout ce qui leur appartenait, et partaient avec ceux qu'ils avaient tournés en dérision. Qui dirait les enfans, les vieilles femmes qui se préparaient à aller à la guerre? qui pourrait compter les vierges et les vieillards tremblans et accablés sous le poids des ans? Tous célébraient la guerre en même temps, sans vouloir cependant y prendre part. Mais ils se promettaient le martyre, qu'ils allaient chercher avec joie au milieu des glaives : « Vous jeunes gens, disaient-ils, vous « combattrez avec l'épée ; qu'il nous soit permis à « nous de conquérir le Christ par nos souffrances. » Et comme ils se montraient animés d'un ardent désir de posséder Dieu, quoique dépourvus de science, Dieu qui souvent donne une heureuse issue aux plus vaines entreprises, donna le salut aux plus simples esprits, à raison de leurs bonnes intentions. Vous eussiez vu en cette occasion des choses vraiment étonnantes et bien propres à exciter le rire : des pauvres ferrant leurs bœufs à la manière des chevaux, les attelant à des chariots à deux roues, sur lesquels ils chargeaient leurs minces provisions et leurs petits enfans, et qu'ils traînaient ainsi à leur suite; et ces petits enfans, aussitôt qu'ils apercevaient un château ou une ville, demandaient avec empressement si c'était là cette Jérusalem vers laquelle ils marchaient.

A cette époque, et avant que les peuples se fussent mis en mouvement pour cette grande expédition, le royaume de France était livré de toutes parts aux troubles et aux plus cruelles hostilités. On n'entendait parler que de brigandages commis en tous lieux, d'attaques sur les grands chemins et d'incendies sans cesse répétés : partout on livrait des combats qui n'avaient d'autre cause que l'emportement d'une cupidité effrénée ; et pour tout dire en peu de mots, toutes choses qui s'offraient aux regards des hommes avides étaient livrées au pillage, sans aucun égard pour ceux à qui elles pouvaient appartenir. Bientôt les esprits se trouvèrent complétement changés, d'une manière étonnante et même inconcevable, tant elle était inattendue, et tous se hâtaient pour supplier les évêques et les prêtres de les revêtir du signe de la croix, selon les ordres donnés par le pontife de Rome. Et comme le souffle d'un vent impétueux ne peut être calmé que par une pluie douce, de même ces querelles et ces combats de tous les citoyens ne furent apaisés que par une inspiration intérieure, qui provenait sans aucun doute du Christ lui-même.

Pendant que les princes qui avaient besoin des services de tous les hommes attachés à leur suite faisaient fort longuement et ennuyeusement leurs préparatifs de départ, le petit peuple dénué de ressources, mais fort nombreux, s'attacha à la personne d'un nommé Pierre l'Ermite, et lui obéit comme à son maître, du moins tant que les choses se passèrent dans notre pays. J'ai découvert que cet homme, originaire, si je ne me trompe, de la ville d'Amiens, avait mené d'abord une vie solitaire sous l'habit de moine, dans je ne sais quelle partie de la Gaule supérieure. Il partit de là, j'ignore dans quelles intentions ; mais nous le vîmes alors parcourant les villes et les bourgs, et prêchant partout ; le peuple l'entourait en foule, l'accablait de présens et célébrait sa sainteté par de si grands éloges, que je ne me souviens pas que l'on ait jamais rendu de pareils honneurs à toute autre personne. Il se montrait fort généreux dans la distribution de toutes les choses qui lui étaient données. Il ramenait à leurs maris les femmes prostituées, non sans y ajouter lui-même des dons, et rétablissait la paix et la bonne intelligence entre ceux qui étaient désunis, avec une merveilleuse autorité. En tout ce qu'il faisait ou disait, il semblait qu'il y eût en lui quelque chose de divin ; en sorte qu'on allait jusqu'à arracher les poils de son mulet, pour les garder comme reliques : ce que je rapporte ici, non comme ayant un fond de vérité, mais pour satisfaire au goût du vulgaire qui aime toutes les choses extraordinaires. En plein air il portait une tunique de laine, et par-dessus un manteau de bure, qui lui descendait jusqu'aux talons ; il avait les bras et les pieds nus, ne mangeait point ou presque point de pain, et se nourrissait de vin et de poissons. Cet homme donc ayant rassemblé une immense armée, tant par l'effet de l'entraînement de l'opinion que par ses prédications, résolut de diriger sa marche à travers la terre des Hongrois. Le peuple indocile trouva en grande abondance dans ce pays toutes les choses nécessaires à la vie, et ne tarda pas à se livrer aux plus énormes excès contre la population, fort douce, des indigènes. Ainsi qu'il est d'usage dans ce pays, les récoltes en grains de plusieurs années étaient ramassées au milieu des champs en tas (que nous appelons meules chez nous), et qui s'élevaient comme des tours; on trouvait en outre sur cette terre extrêmement fertile, des viandes de toute espèce et toutes sortes d'autres denrées; mais non contens de la bonté avec laquelle ils étaient accueillis, et poussés par une inconcevable démence, les étrangers en vinrent bientôt à fouler aux pieds les habitans même du pays, et tandis que ceux-ci, chrétiens, offraient avec bienveillance à leurs frères chrétiens tout ce qu'ils avaient à vendre, les autres ne pouvant contenir leurs passions emportées, et oubliant l'hospitalité et la bienfaisance des Hongrois, leur firent la guerre sans aucune espèce de motif, espérant que ceux-ci n'oseraient rien entreprendre contre eux, ou qu'ils seraient entièrement hors d'état de soutenir leur résistance. Poussés par une fureur exécrable, ils mettaient le feu à ces greniers publics dont j'ai déjà parlé, ils enlevaient et livraient les jeunes filles à toutes sortes de violences; ils déshonoraient les mariages, en ravissant les femmes à leurs époux; ils arrachaient ou brûlaient la barbe à leurs hôtes; nul ne songeait plus à acheter les choses dont il pouvait avoir besoin, chacun vivait comme il le pouvait, de meurtre et de pillage, et tous se vantaient avec une effronterie inconcevable qu'ils en feraient autant chez les Turcs. En poursuivant leur marche, ils rencontrèrent un certain château qu'il leur fut impossible d'éviter, se trouvant engagés à l'entrée de ce pays dans un défilé tel qu'il n'y a aucun moyen de l'écarter, ni à droite ni à gauche. Ils entreprirent d'attaquer ce château avec leur insolence accoutumée; mais au moment où ils allaient s'en rendre maîtres, ils se trouvèrent tout à coup écrasés, sans que je puisse dire par suite de quel événement. Les uns périrent sous le glaive, d'autres se noyèrent dans les eaux d'un fleuve, d'autres retournèrent en France abîmés de fatigue, sans argent, dans le plus affreux dénûment et encore plus accablés de honte. Et comme ce château était appelé Moyssons, de retour auprès des leurs, ils disaient qu'ils étaient allés jusqu'à Moyssons, et tout le monde les accabla de toutes sortes de railleries.

Cependant Pierre ne pouvant par ses exhortations contenir ce peuple indiscipliné ni le gouverner, comme on eût gouverné des prisonniers ou des esclaves, s'échappa comme il put avec un corps d'Allemands et quelques-uns des nôtres, qui demeurèrent auprès de lui, et arriva dans la ville de Constantinople vers les calendes d'août. Il avait été précédé par un corps considérable d'Italiens, Liguriens, Lombards et autres peuples des pays situés au delà des Alpes, lesquels avaient résolu d'attendre en cette ville l'arrivée de Pierre et des autres princes de la France, ne se croyant pas assez forts pour entreprendre de s'avancer au delà des provinces grecques, et de se hasarder contre les Turcs. L'empereur rendit un édit pour leur accorder à tous la faculté d'acheter selon leur gré toutes les choses qui se vendaient dans la ville, et leur conseilla en même temps de ne pas traverser le bras de mer dit de Saint-George, qui les séparait du pays occupé par les Turcs, disant qu'ils ne pourraient, à raison de leur infériorité, s'exposer sans danger à la rencontre des forces innombrables des Turcs. Cependant ni l'hospitalité des habitans des provinces grecques, ni l'affabilité même de l'empereur ne purent adoucir les pélerins; ils se conduisaient avec une extrême insolence, renversaient les palais de la ville, mettaient le feu aux édifices publics, enlevaient les plombs qui couvraient les toits des églises, et revendaient ensuite ces plombs aux Grecs. Effrayé de cet excès d'audace, l'empereur leur donna l'ordre de traverser le bras de Saint-George sans aucun délai. Arrivés sur l'autre bord, ils continuèrent à tenir la même conduite, et ceux qui s'étaient engagés par leurs vœux à faire la guerre aux païens, renversèrent de tous côtés les églises, enlevèrent aux chrétiens tout ce qu'ils possédaient, et combattirent avec férocité contre les hommes de la même foi. Et comme ils n'avaient point de roi dont ils pussent éprouver la sévérité, ni qui réprimât les écarts par une justice vigoureuse, comme ils ne conservaient aucun respect pour la loi divine, dont les enseignemens profondément médités arrêtent la légèreté des esprits, ils tombèrent promptement dans la perdition; car la mort est toujours près de ceux qui se montrent indisciplinés, et rien de ce qui sort des bornes de la modération ne saurait être de quelque durée.

. Enfin, parvenus à Nicomédie, les Italiens, les Lombards et les Allemands se séparèrent des Français, ne pouvant supporter plus long-temps leur insolence. Les Français en effet, ainsi que leur nom l'indique, sont remarquables par une excessive vivacité, et au milieu des autres nations ils se montrent arrogans plus qu'il ne convient, à moins qu'une main ferme ne les contienne dans le devoir. Les habitans des pays au delà des Alpes s'étant donc séparés des Français, prirent pour chef un nommé Renaud, et entrèrent dans la province appelée Romanie. Ils s'avancèrent à quatre journées de marche au delà de Nicomédie, et rencontrèrent sur leur chemin un château que son fondateur se plut à appeler *Exorogorgum*, et comme il était ouvert et abandonné de ses habitans, les Italiens s'y précipitèrent en foule et sans retard. Remplis de crainte à leur approche, les habitans de ce lieu avaient pris la fuite, et tremblans pour leur propre vie, ils n'avaient pas même songé à transporter au dehors tous leurs approvisionnemens. Les Chrétiens y trouvèrent donc des vivres en grande abondance, et s'en servirent pour réparer entièrement leurs forces. Cependant les Turcs informés que les Chrétiens s'étaient emparés du château vinrent l'investir et l'assiéger. Il y avait devant la porte du fort un puits, et en dessous de celui-ci, non loin des murailles, une autre fontaine auprès desquels le duc Renaud plaça des hommes en embuscade, pour veiller de plus près sur les Turcs. Mais ceux-ci accoururent aussitôt, le jour où l'on célèbre la mémoire du bienheureux Michel; ils attaquèrent le duc et ses compagnons, tuèrent un grand nombre d'entre eux, et forcèrent les autres à se retirer honteusement derrière les remparts du château. Bientôt les Turcs l'investirent de si près et en si grand nombre qu'il ne fut plus possible aux assiégés d'aller puiser de l'eau. Alors ils éprouvèrent une si grande soif qu'ils se virent contrains de saigner leurs chevaux et leurs ânes, pour boire le sang de ces animaux. Les uns plongeaient leurs ceintures et leurs haillons dans une piscine, et les tordaient ensuite au dessus de leur bouche, pour chercher quelque adoucissement à leurs souffrances; d'autres, ce qui est horrible à dire, buvaient leur urine; d'autres faisaient des trous en terre, s'y enfonçaient tout entiers, et recouvraient leur poitrine embrasée de la terre fraîchement remuée, espérant pouvoir tempérer par un peu d'humidité la chaleur qui les dévorait intérieurement. Les évêques et les prêtres, qui étaient présens et souffraient les mêmes maux, ne manquaient pas de leur offrir des consolations; et plus ils les voyaient exposés à d'affreux périls et dénués de tout secours humain, plus ils s'efforçaient de leur promettre les secours du ciel, pour soutenir leur courage. Cette calamité se prolongea huit jours de suite; et tandis qu'ils étaient tous livrés aux mêmes maux, tous ne cherchaient pas de la même manière à gagner la miséricorde de Dieu, et ceux qui avaient été leurs chefs négociaient pour eux en particulier, et s'efforçaient de se sauver par une perfidie. Renaud, qui les avait commandés dans la prospérité, ne rougit pas de se réconcilier en secret avec les Turcs, et leur promit de leur livrer toutes les troupes qu'il gouvernait. Il marcha donc vers eux comme pour les combattre; mais en conduisant son corps d'armée sous ce prétexte, il s'enfuit vers les Turcs avec plusieurs des siens, pour demeurer à jamais auprès d'eux, et tous les autres furent faits prisonniers. Quelques-uns d'entre eux furent attaqués au sujet de leur foi et reçurent l'ordre de renier le Christ; mais ils confessèrent le Seigneur d'une ame inébranlable et d'une voix ferme, et furent décapités. Le Christ aura été honoré comme il le fut dans les temps antiques, et notre siècle aura été illustré par de nouveaux martyrs. Ceux qui se préparent à souffrir un moment du fer qui leur ouvre les veines, souffrent pour conquérir un laurier embaumé, semblable à ceux qui furent cueillis dans des temps illustres. J'appellerai donc heureux ceux qui ont souffert quelques instans, puisqu'ils ont acquis l'assurance de vivre éternellement, et il est permis de l'espérer pour ces quelques-uns des nôtres qui ont donné un exemple que si peu de gens oseraient imiter. Parmi les prisonniers que les Turcs se partagèrent entre eux, ceux-ci accordèrent aux uns la faculté, ou plutôt leur imposèrent par la violence l'obligation de vivre, ou pour mieux dire de mourir plus péniblement, et de languir dans une fatale servitude sous des maîtres cruels. D'autres abandonnés çà et là servirent en quelque sorte de but aux flèches qu'on tirait sur eux; d'autres furent donnés comme un butin qu'on distribue aux soldats; d'autres furent vendus. Ceux à qui ces chrétiens étaient donnés les emmenaient chez eux; les uns furent traînés dans le pays que l'on appelle le Khorazan, les autres dans la ville d'Antioche, et tous se trouvèrent condamnés à subir le plus misérable esclavage sous les maîtres les plus barbares. Je reconnais que ceux-là ont souffert un supplice beaucoup plus long que ceux dont le glaive a fait tomber la tête sans le moindre délai. Les premiers sont tourmentés par des maîtres cruels et condamnés à de pénibles travaux : partout des hommes pieux ne servent que des ingrats; celui qui fait l'empressé est battu, et le fidèle qui montre

5

le plus de zèle n'en demeure pas moins exposé à toutes sortes de tourmens; ce qu'il voit, ce qu'il entend, ce qu'il fait chaque jour, tout lui devient une occasion d'opprobres et de tortures. Aussi je n'hésite point à croire que ceux qui ont ainsi souffert sont plus cruellement éprouvés qu'ils n'auraient pu l'être trois jours de suite par le fatal chevalet. Tels furent les premiers martyrs que fit Dieu, du moins à notre connaissance.

Cependant Pierre dont j'ai déjà parlé, fatigué de toutes les folies de ses compagnons, et désolé des fréquens massacres qu'il voyait, avait donné le commandement de son peuple à un homme né au-delà de la Seine, nommé Gautier, issu d'une famille connue, et vaillant de sa personne, afin que ceux qu'il n'avait pu diriger par ses exhortations fussent du moins comprimés par la vigueur de l'autorité militaire. Gautier voulut se hâter de marcher avec son armée de fous vers la ville de Civitot, située, dit-on, au dessus de celle de Nicée. Mais les Turcs qui veillaient sur tous les mouvemens des nôtres, en ayant été informés, se dirigèrent promptement vers le même lieu avec de mauvaises intentions. Vers le milieu du chemin, ils rencontrèrent Gautier avec toute sa suite, et le tuèrent ainsi qu'un grand nombre des siens. Pierre, que l'on surnomma l'Ermite, ne pouvant parvenir à calmer la folle effervescence des hommes qu'il avait conduits, et craignant de se trouver lui-même enveloppé dans leurs entreprises téméraires, s'était sagement retiré à Constantinople. Les Turcs attaquèrent donc les Chrétiens à l'improviste. Ils en trouvèrent quelques-uns endormis; d'autres n'avaient sous la main ni leurs armes ni même leurs vêtemens, et furent massacrés tout aussitôt. Un prêtre entre autres fut trouvé célébrant la messe, et mis à mort au moment même où il accomplissait le saint mystère; il immolait à Dieu, lorsque les ennemis l'immolèrent lui-même aux pieds de son autel. Quelle victime pouvoit être plus agréable au Seigneur que celle de l'homme qui lui offrait sa chair en sacrifice? Quelles ferventes prières il prononça du fond de son cœur, tandis que la trompette des combats résonnait autour de lui? Les vainqueurs exterminent tout, les armes retentissent, les fuyards se précipitent en foule, poussant d'affreux hurlemens. Le prêtre excellent avait embrassé l'autel; il pressait tendrement sur son cœur la victime sacrée. « Jésus, « dit-il, vous êtes mon bon refuge! Puisque je vous « possède déjà, périsse tout espoir de fuite! Je m'u- « nirai à vous d'une alliance éternelle. Je meurs! « Dieu terminera le sacrifice commencé! » Tous ceux qui parvinrent à s'échapper prirent la fuite et se sauvèrent dans la ville de Civitot. Les autres qui ne purent y réussir se plongèrent dans les gouffres de la mer, aimant mieux choisir eux-mêmes le genre de leur mort, que périr de celle qui leur était destinée. D'autres gagnèrent les montagnes et se cachèrent au milieu des rochers. D'autres encore s'enfoncèrent dans l'épaisseur des bois. Après avoir fait prisonniers ou frappé de mort ceux qu'ils rencontrèrent en dehors, les Turcs allèrent sans le moindre retard attaquer et assiéger ceux qui s'étaient réfugiés dans le château, et charrièrent aussitôt du bois pour y mettre le feu. Ils allumèrent en effet ces bois; mais tandis que les Turcs comptaient brûler tous ceux qui étaient enfermés dans le fort, Dieu voulut que tous les efforts de la flamme se tournassent contre eux-mêmes; quelques-uns d'entre eux furent brûlés, et aucun des nôtres ne fut atteint. Cependant les Turcs pressèrent le siége et s'emparèrent de la place. Tous les chrétiens vivans furent pris, distribués entre les vainqueurs, comme les autres l'avaient été auparavant, et condamnés à être envoyés en exil perpétuel dans les provinces d'où les ennemis mêmes étaient venus. Les événemens que je viens de raconter arrivèrent pendant le mois d'octobre. Le perfide empereur ressentit une joie criminelle en apprenant les malheurs des fidèles, et prescrivit de donner à ceux qui avaient survécu la permission de repasser le bras de Saint-George, et de se retirer dans la Grèce citérieure. Lorsqu'il les vit rentrés dans la terre soumise à sa domination, abusant de sa situation, il exigea que leurs armes lui fussent vendues. Telle fut l'issue de l'expédition de Pierre l'Ermite. Nous avons raconté son histoire sans aucune interruption, pour faire voir que, loin d'avoir été utile aux autres Chrétiens, cette expédition ne fit que donner plus d'audace aux Turcs. Je reviens maintenant à ceux que j'avais laissés de côté, et qui prirent aussi la route que Pierre avait tenue, mais qui la suivirent avec beaucoup plus de sagesse et de succès.

Le duc Godefroi, fils du comte Eustache de Boulogne, a eu deux frères, savoir, Baudouin, qui fut d'abord gouverneur de la ville d'Edesse, devint ensuite roi de Jérusalem après la mort de son frère, et règne maintenant dans la Cité sainte, et Eustache qui gouverne le comté de ses pères. Le père de ces trois frères était puissant et habile dans les affaires du monde. Leur mère, distinguée, si je ne me trompe, par ses connaissances dans les lettres, et issue d'une noble famille de Lorraine, était encore plus remarquable par la douceur naturelle de son caractère et par son extrême dévotion envers Dieu ; aussi pensons-nous que le bonheur que lui donnèrent des fils si recommandables était dû aux sentimens religieux qu'elle ne cessa de nourrir dans son cœur. Godefroi, dont je parle en ce moment, reçut de l'héritage de sa mère un duché situé en Lorraine. Dignes héritiers des vertus de leur mère, les trois frères se distinguèrent par leurs succès à la guerre, autant que par la douceur de leurs mœurs. Leur illustre mère racontait souvent, en admirant l'issue de l'expédition et la fortune de ses fils, qu'elle avait vu jadis son fils le duc en avoir le pressentiment, bien long-temps avant que l'on entreprît ce pèlerinage. Il disait souvent qu'il desirerait aller à Jérusalem, non point tout simplement, comme les pèlerins y allaient d'ordinaire, mais de vive force et à la tête d'une nombreuse armée, s'il en avait les moyens. Dans la suite, la fortune favorisa merveilleusement l'accomplissement de cette divine inspiration. Les trois frères, oubliant tous les honneurs dont ils jouissaient, partirent donc ensemble. Mais autant le duc Godefroi était supérieur à ses frères par sa sagesse, autant il le fut par sa puissance et par le nombre des chevaliers qui le suivirent. Baudouin, comte de Mons, fils de Robert oncle paternel du jeune comte de Flandre, se joignit à Godefroi. Ils partirent tous avec une pompe digne d'aussi illustres chevaliers, et suivis d'un corps nombreux de jeunes gens pleins de valeur, et ils entrèrent sur le territoire de Hongrie, maintenant parmi leurs chevaliers une discipline que Pierre n'avait point su établir au milieu des siens. Ils arrivèrent à Constantinople deux jours avant la Nativité du Seigneur, lorsqu'aucun des princes de France n'y était encore rendu, et ils logèrent en dehors de la ville. Effrayé de l'arrivée du très-illustre duc, le perfide empereur lui donna des témoignages de respect que la crainte seule put lui arracher, et lui accorda la faculté de demeurer en avant des murailles et dans le faubourg de la ville. Lorsqu'ils eurent fait leur établissement, conformément à l'invitation de l'empereur, le duc et chacun des siens envoyèrent leurs écuyers chercher de tous côtés la paille et les fourrages nécessaires pour la nourriture de leurs chevaux. Tandis que les écuyers se croyaient autorisés à se porter partout où ils voudraient sans avoir rien à craindre, le méchant prince donna ordre à ceux qui l'entouraient de chercher les serviteurs du duc, et de les mettre à mort, sans exception de personne, partout où ils pourraient les atteindre. Baudouin, frère du duc, en ayant été informé, se plaça en embuscade, et ayant vu les siens exposés aux violences des Turcopoles, il attaqua ces derniers avec la vigueur convenable. Protégé de Dieu, il remporta la victoire, et fit soixante prisonniers dont les uns furent tués et les autres conduits en présence du duc. Dès que le perfide empereur eut connaissance de cet événement, il en éprouva une vive indignation. Le duc de son côté prit de nouvelles précautions, sortit du faubourg, et alla dresser son camp en dehors du territoire de la ville. Mais l'empereur conservant sa rancune forma une armée de tout ce qu'il put rassembler, et lorsque le jour commençait à tomber, il alla avec ses troupes provoquer le duc au combat. Le duc le reçut avec une grande vigueur, et l'ayant mis en fuite, il le poursuivit, le força à rentrer dans la ville, et lui tua sept hommes. Après ce succès, le duc rentra dans son camp; il y demeura cinq jours de suite et se réconcilia enfin avec l'empereur. Mais celui-ci, frappé de crainte, exigea de lui qu'il passât le bras de Saint-George, et lui promit de donner les ordres nécessaires pour qu'on lui portât toutes sortes de denrées, comme il pourrait les avoir à Constantinople, et de faire en outre distribuer des aumônes à ses pauvres. Ces promesses furent en effet réalisées.

Après avoir raconté comment le duc Godefroi arriva jusqu'aux lieux que je viens de dire, il me reste encore à parler des grands de l'intérieur de la France; et je dirai maintenant en peu de mots quels ils furent, quels chemins ils suivirent, et comment s'accomplit leur voyage.

L'évêque du Puy, homme admirable par sa conduite, sa science, ses lumières et son habileté pour la guerre, partit suivi d'une foule innombrable de gens de son pays, et traversa la terre des Slaves. J'ai dit plus haut combien je regrettais de ne pas connaître son nom, et de n'avoir pu l'apprendre par l'histoire, dont je suis ici comme l'interprète. Je suis parvenu enfin à le savoir de ceux qui ont fait partie de cette expédition, et qui ont vu et fréquenté cet évêque de précieuse mémoire : il se nommait Aimar[1].

[1] Adhémar.

Je crois devoir nommer en tête de tous les autres princes Hugues-le-Grand, frère de Philippe, roi des Français : quelques autres, sans doute, lui étaient supérieurs en richesses et en puissance ; mais il ne le cédait à aucun pour l'éclat de la naissance et l'honnêteté de la conduite. Sa vaillance à la guerre, l'élévation de la race à laquelle il appartenait, son humilité envers tous les membres de l'ordre sacré, et l'honorable modération de son caractère l'ont illustré à juste titre. Quelques grands seigneurs s'attachèrent à lui, dans l'intention de le reconnaître pour leur roi, s'ils parvenaient, après avoir vaincu les Gentils, à prendre possession de quelque territoire.

Après lui venait le comte Etienne, homme tellement puissant que l'on disait de lui qu'il possédait autant de châteaux que l'on compte de jours dans l'année. Tant qu'il vécut dans son pays, il ne cessa de montrer une grande générosité, qui le rendit cher à tous les habitans ; il portait dans les conseils une sagesse parfaitement mesurée, et il se distingua tellement dans tout ce qui se rapportait aux affaires de la chevalerie, que toute la sainte milice le choisit pour son dictateur et son maître, tant qu'il porta les armes contre les Turcs. Il avait épousé une femme de beaucoup d'esprit, fille du roi Guillaume l'ancien, qui avait conquis les royaumes des Anglais et des Ecossais. Mais en vantant la sagesse, la générosité, la magnificence et la richesse de cette dame, je crains de porter quelque atteinte à la réputation de cet homme illustre, qui s'obscurcit lorsqu'il fut devenu veuf. Robert le jeune, fils de Robert l'ancien, auquel l'empereur de Constantinople avait adressé la lettre que j'ai rapportée, se joignit à ces princes avec toute l'ardeur de son âge, abandonnant le comté de Flandre qu'il avait gouverné avec une grande illustration militaire, pour être le compagnon d'armes de ceux qui préféraient aller en exil pour l'amour du Christ. La suite de cette histoire fera voir avec quelle persévérance il s'attacha à l'accomplissement de son entreprise. Tous ces princes quittant les objets des plus tendres affections, des femmes illustres et des enfans charmans, leur préférèrent un exil lointain. Je ne parle pas des honneurs et des possessions auxquelles ils renoncèrent, biens qui ne sont qu'extérieurs. Mais ce qui doit exciter notre plus grand étonnement, c'est que les maris et les femmes unis, et en quelque sorte attachés les uns aux autres, par les tendres liens de leur progéniture, aient pu se séparer ainsi, sans les plus grands malheurs pour les uns ou les autres.

Enfin je ne dois point omettre de parler de Robert, comte de Normandie. Après avoir cédé à l'entraînement des sens, montré une extrême faiblesse de volonté, dépensé ses trésors en prodigalités de table, et passé tour à tour d'une excessive indolence à toutes sortes d'emportemens qui le rendirent célèbre, il expia ses erreurs par la persévérance de son zèle et par la bravoure qu'il déploya dans l'armée du Seigneur. La clémence était en lui une vertu tellement naturelle, qu'il ne voulait pas même se venger de ceux qui s'étaient rendus coupables de trahison envers lui, et avaient encouru une sentence de mort; si même il leur arrivait quelque malheur, il versait des larmes sur eux. Nous serions fondé à louer son courage dans les combats, à dire qu'il ne prit jamais aucune part à ces coupables machinations, dont nous voyons que tant d'autres se sont souillés, s'il ne convenait de passer sous silence quelques actions indignes de lui et qu'on est en droit de lui reprocher. Mais toutes ces choses doivent lui être pardonnées maintenant, puisque Dieu lui a infligé des peines temporelles, en punition de ces fautes et d'autres du même genre, en lui enlevant son comté, et le réduisant à la dure condition de vivre dans une prison.

Une foule de princes de moindre distinction marchèrent à la suite des plus illustres, avec lesquels chacun de ceux que je viens de nommer sortit de ses Etats. Nous nous abstenons en ce moment de les énumérer, soit parce que nous ne saurions les connaître, soit parce que nous trouverons sans doute, dans la suite de ce récit, des occasions plus convenables d'en parler. Qui pourrait en effet compter tous les seigneurs d'un, deux, trois ou quatre châteaux? Leur nombre était si grand qu'on peut douter qu'il s'en fût jamais rassemblé autant au siége même de Troie. A l'époque où les principaux seigneurs du royaume commençaient à s'occuper de cette expédition, et tenaient des conférences à Paris avec Hugues-le-Grand en présence du roi Philippe, au mois de février, et le onzième jour de ce mois, la lune, voilée par une éclipse avant le milieu de la nuit, fut peu à peu couverte de taches de sang, et devint enfin horriblement rouge; mais lorsque le crépuscule du matin eut commencé, son cercle brilla de nouveau, environné d'un éclat extraordinaire. A la suite d'une journée chaude, et vers le soir, on vit l'horizon tout en feu du côté du nord, en sorte que beaucoup de gens sortirent de leurs maisons, demandant quels étaient les ennemis qui livraient les pays voisins aux flammes. Peu de temps après, et pendant le mois d'avril, on vit au milieu de la nuit une grande quantité d'étoiles tombant du ciel, et formant comme une pluie serrée. La plupart des églises considérèrent ces faits comme de véritables prodiges, composèrent des litanies pour éloigner les maux qu'ils semblaient annoncer, et consignèrent ces événemens, ainsi que leur date précise, dans leurs archives. Au mois d'août, et le huitième jour de ce mois, un peu avant le coucher du soleil, beaucoup de gens virent encore de leurs propres yeux la moitié du disque de la lune se couvrir d'une teinte noire; et c'est ici le lieu de remarquer que, quoiqu'il soit très-naturel que la lune, lorsqu'elle est dans son plein, se trouve exposée à des éclipses, ces changemens de couleur ne laissent pas d'indiquer quelque prodige; aussi sont-ils exactement consignés dans les livres pontificaux et dans les archives des rois. On vit encore beaucoup d'autres choses que je crois inutile de rapporter.

Enfin je nomme en dernière ligne le comte Raimond de Saint-Gilles, non pour témoigner aucun mépris à son égard, mais plutôt pour en finir de cette nomenclature. Comme il demeurait à l'une des extrémités de la France, et comme ses œuvres nous avaient été jusqu'alors moins connues, l'éclat de son courage et sa persévérance dans cette expédition, depuis le commencement jusqu'à la fin, honoreront d'autant plus les récits qui devront être consignés dans le cours de cette histoire. Il laissa le gouvernement de son comté à un fils naturel, et emmena avec lui sa femme et le seul fils qu'il eût eu de ce mariage. Il était plus âgé que tous ceux de nos princes que j'ai déjà nommés, et son armée ne parut inférieure à aucune autre, si ce n'est cependant en ce qu'on peut reprocher aux habitans de la Provence, touchant leur excessive loquacité.

Lorsque les nombreux et vaillans chevaliers qui faisaient partie de cette expédition furent arrivés dans la Pouille, après avoir suivi la route que nous prenons d'ordinaire pour aller à Rome, les chaleurs extraordinaires de la saison, le mauvais air et le changement de nourriture amenèrent parmi eux un grand nombre de maladies et de morts. Il se rendirent dans divers ports pour traverser la mer. La plupart allèrent à Brindes, d'autres à Scodra, où aucune route ne conduit; d'autres à Bari, renommée par ses poissons.

Cependant Hugues-le-Grand se rendit en toute hâte et fort imprudemment au port de Bari, sans attendre ni les chevaliers, ni les princes ses compagnons, s'embarqua et arriva après une heureuse traversée à Durazzo. Il aurait dû considérer, avant de partir si promptement, que la nouvelle de l'approche de tant d'illustres personnages et de tant de milliers de chevaliers et de gens de pied, avait, pour ainsi dire, agité la Grèce jusque dans ses fondemens; et, quoique d'autres grands seigneurs fussent, à juste titre, estimés parmi nous beaucoup plus considérables que lui, sa qualité de frère du roi des Français lui avait acquis une grande célébrité auprès des étrangers, et principalement chez les Grecs, les plus faibles des hommes, et sa renommée l'avait dès long-temps précédé. Aussi lorsque le délégué de l'empereur, dans la ville de Durazzo, vit un homme aussi important sans une suite nombreuse autour de lui, il ne tarda pas à former le perfide projet de profiter d'une si bonne occasion; et, l'arrêtant aussitôt, il donna ordre de le conduire à Constantinople, auprès de l'empereur, avec beaucoup de précautions et de témoignages de respect, dans la seule intention de lui faire promettre, à ce prince timide, qu'il ne chercherait à attenter ni à sa vie, ni à son honneur. La mésaventure de cet homme illustre porta plus tard un grand préjudice aux braves seigneurs qui arrivèrent après lui; car l'empereur, rempli d'artifice, les contraignit tous, soit de vive force, soit secrètement, soit par des sollicitations réitérées, à faire pour lui ce qu'il avait exigé d'abord de Hugues-le-Grand.

Il est temps maintenant que je mette fin à ce livre.

LIVRE TROISIÈME.

Lorsque cette innombrable armée, composée des peuples venus de presque toutes les contrées de l'Occident, se fut rassemblée dans la Pouille, Boémond, fils de Robert, que l'on surnommait Guiscard, ne tarda pas à en être informé. Il faisait en ce moment le siége de la ville d'Amalfi. Il demanda au messager qui lui portait ces nouvelles le motif d'une telle expédition, et apprit que les Chrétiens allaient enlever Jérusalem, ou plutôt le sépulcre du Seigneur et les lieux saints, à la domination insultante des Gentils. On ne lui cacha point non plus les noms et le nombre considérable de ces hommes d'une grande distinction, qui, abandonnant, pour ainsi dire, les honneurs souverains, se portaient à cette entreprise avec une ardeur inconcevable. Il demanda s'ils transportaient des armes, des provisions, quelles enseignes ils avaient adoptées pour ce pélerinage d'un genre nouveau, enfin quels cris de guerre leur serviraient de signe de ralliement. On lui répondit qu'ils portaient leurs armes à la manière des Français; qu'ils faisaient coudre sur leurs vêtemens, au dessus de l'épaule ou sur tout autre point, une croix faite de drap ou de toute autre étoffe, ainsi que cela leur avait été prescrit; qu'enfin ils avaient renoncé à toute diversité de cris de ralliement, comme n'étant qu'un témoignage d'orgueil, et que, pendant la guerre, ils s'écriaient tous avec la même humilité et la même fidélité : « Dieu « le veut! » Touché jusqu'au fond du cœur en entendant ces réponses, et inspiré de Dieu, Boémond prit aussitôt sa résolution; il fit apporter son plus beau manteau, en fit faire un grand nombre de petites croix, en prit une pour lui et distribua les autres à tous les siens, qui s'engagèrent par les mêmes vœux; car les chevaliers qui le suivaient au siége d'Amalfi éprouvèrent aussi la même impulsion de cœur, et résolurent de suivre la route dans laquelle leur seigneur allait entrer. Il y en eut bientôt un si grand nombre que le frère de Boémond, Roger, comte de Sicile, s'en affligea infiniment, et se plaignit d'être si subitement privé, au milieu de ses opérations de siége, du secours de presque tous ses fidèles.

Je dois maintenant rapporter en peu de mots l'origine de Boémond, et dire par quels degrés il était parvenu aux suprêmes honneurs.

Robert, que l'on surnomma Guiscard, était originaire de Normandie, et de naissance assez obscure. Etant sorti de sa patrie, sans que je sache s'il la quitta volontairement ou s'il en fut expulsé, il se rendit à pied dans la Pouille, et se procura comme il put des chevaux et des armes pour se présenter en chevalier; puis, ayant rassemblé de tous côtés des brigands qui pussent le seconder dans ses entreprises, il s'empara d'abord de quelques châteaux, non sans s'entacher de quelques actes de trahison, fit de continuelles incursions contre plusieurs autres châteaux, s'en empara à force de persévérance, assiégea bientôt des villes riches, et les força de reconnaître sa puissance. Pour tout dire en peu de mots, cet homme, tout nouveau, étendit sa domination sur tant de lieux, remporta si bien la victoire sur tous ceux qu'il voulut attaquer, qu'on put faire pour lui ces vers composés pour son épitaphe : « Il chassa de Rome celui que « les Liguriens, Rome et le lac Léman reconnaissent « pour roi; » savoir l'empereur Henri, homme célèbre par ses victoires innombrables et presque continuelles. Le Parthe, l'Arabe, la Phalange macédonienne ne protégèrent point contre Guiscard cet Alexis, prince des Grecs, dont j'ai déjà parlé souvent. Robert le vainquit à diverses reprises, et si le poison n'eût terminé brusquement sa carrière, l'on assure qu'en peu de temps il aurait placé sur sa tête la couronne de Constantinople, au milieu même de cette ville. Aujourd'hui tout le monde peut voir de ses propres yeux la puissance de son fils Boémond, qui, faisant oublier l'obscurité de ses ancêtres, s'est uni en mariage à la fille de Philippe, roi des Français, et a tenté de s'emparer de vive force du trône d'Alexis.

Roger, frère de Boémond, retourna en Sicile, désolé d'avoir perdu si promptement presque tous ses fidèles, et de les voir partir pour Jérusalem. Boémond, après avoir rassemblé tous les approvisionnemens nécessaires pour un si grand voyage, s'embarqua avec son armée, et, poussé par un vent favorable, alla aborder heureusement sur les côtes de la Bulgarie. Il avait à sa suite un grand nombre de braves chevaliers et des princes d'une grande distinction. On remarquait parmi ceux-ci Tancrède, fils d'un certain marquis, et, si je ne me trompe, d'une sœur de Boémond.

Le frère de Tancrède, nommé Guillaume, était parti avant lui et avec Hugues-le-Grand. Il y avait encore dans la suite de Boémond un autre prince qui s'appelait Richard, homme très-beau de sa personne, et que nous avons vu venir auprès du roi de France, député par Boémond pour lui demander en mariage sa fille Constance. Boémond et les siens étant entrés dans la Bulgarie y trouvèrent toutes sortes de vivres en grande abondance. Ils arrivèrent dans la vallée d'Andrinople, et s'y arrêtèrent pour attendre l'arrivée de leur flotte. Lorsque toute l'expédition fut réunie, Boémond tint conseil avec ses grands, et, du consentement de tous, il ordonna à ceux qui le suivaient de se conduire avec sagesse et douceur en traversant les pays habités par des nations chrétiennes, de ne point dévaster les terres de ceux pour l'amour desquels ils avaient entrepris ce voyage, de ne prendre que les choses dont ils auraient besoin pour leur subsistance, en n'excitant aucun trouble et en payant un juste prix. Ils partirent alors, et, allant de ville en ville, de campagne en campagne, de place en place, ils trouvèrent partout une grande facilité de commerce, et entrèrent bientôt dans la province dite Castorée ; ils y célébrèrent la fête solennelle de la Nativité du Seigneur, et y demeurèrent quelques jours. Ils demandèrent aux habitans du pays la faculté de commercer pour leurs besoins ; mais ceux-ci, saisis de crainte, la leur refusèrent, croyant qu'ils venaient en combattans et non en pélerins, et qu'ils voulaient livrer toute la contrée au pillage et massacrer ceux qui l'habitaient. Alors l'armée de Boémond, tournant en fureur la modération qu'elle avait montrée jusqu'à ce jour, enleva les chevaux, les bœufs, les ânes, et tout ce dont elle eut besoin. Les pèlerins, en sortant de la Castorée, entrèrent dans la Pélagonie : ils y rencontrèrent un fort occupé par des hérétiques, l'attaquèrent de tous côtés, le forcèrent à se rendre, y mirent le feu, et brûlèrent aussi tous ceux qui y étaient enfermés. De là ils arrivèrent sur les bords du fleuve appelé Bardarius. Boémond se porta en avant avec une partie de ses chevaliers, et confia le reste de sa troupe à l'un de ses comtes. L'armée impériale qui résidait non loin de là, instruite de cette division, alla attaquer le comte, privé désormais du secours de Boémond qui l'avait devancé, et les compagnons du comte furent tous troublés par cette aggression imprévue des ennemis. Le vaillant Tancrède en est aussitôt informé, il revient sur ses pas, plus prompt que la parole, se jette dans les eaux du fleuve, arrive à la nage auprès de ses compagnons qui venaient d'être attaqués, et rassemble en toute hâte deux mille hommes au plus, qui avaient traversé le fleuve sur ses traces. Il atteint les ennemis, qui déjà se battaient vigoureusement contre ses alliés, il les attaque avec la plus grande ardeur, et remporte bientôt la victoire. Un grand nombre des ennemis furent pris, conduits en présence de Boémond et chargés de fers. Boémond s'adressant à eux : « Pourquoi, leur dit-il, « poursuivez-vous mon peuple, qui est le peuple du « Christ ? Je ne médite point la guerre contre votre « empereur. » — Ils lui répondirent : « Nous n'agis- « sons point de notre propre mouvement. Nous nous « sommes engagés au service pour gagner la solde de « l'empereur, et il faut par conséquent que nous fas-

« sions tout ce qu'il nous prescrit. » Aussitôt qu'il eut entendu ces réponses, l'excellent Boémond ordonna de les relâcher, sans les punir et sans leur imposer de rançon. Ce combat eut lieu le mercredi des cendres, que les Chrétiens appellent *le commencement du jeûne.*

L'empereur Alexis, informé de la belle action de Boémond, manda à l'un de ses délégués, en qui il avait la plus entière confiance, de rendre les plus grands honneurs au magnanime duc et à son armée, et de les accompagner sur son territoire, jusqu'à ce qu'ils fussent arrivés en sa présence à Constantinople. A mesure que l'armée traversait les places et les villes de l'empire, un édit impérial prescrivait à tous les habitans d'apporter en hâte aux pèlerins toutes les choses qu'ils pourraient avoir besoin d'acheter. On s'empressait en effet de les fournir à l'armée de Boémond, afin qu'aucun de ceux qui s'étaient réunis à lui n'entrât dans les villes fermées de murailles. Les chevaliers voulurent tenter de pénétrer de vive force dans un château, où se trouvait en abondance tout ce qui pouvait leur être nécessaire en ce moment ; mais l'illustre Boémond le leur défendit, tant pour respecter les droits de ce territoire que pour ne point offenser l'empereur par une imprudence, et ne point violer le traité qu'il venait de conclure avec lui par l'entremise de ses délégués. Irrité contre ceux qui avaient déjà commencé cette sotte entreprise, et particulièrement contre Tancrède, il les empêcha de continuer. Cet événement s'était passé le soir. Le lendemain matin les habitans du château en sortirent précédés des bannières de la croix, et vinrent se présenter humblement et religieusement devant Boémond, qui les accueillit avec affabilité et douceur, les assura de sa bienveillance, et les renvoya tout joyeux. De là les pèlerins se rendirent dans une ville appelée Séora; ils y dressèrent leurs tentes, et rien ne leur manqua pendant qu'ils demeurèrent en ce lieu. Boémond se réconcilia avec deux préfets du palais, et, pour mieux exécuter son nouveau traité, et afin de maintenir les droits de la province, il donna l'ordre de restituer aux habitans tout ce qu'on leur avait enlevé. Ils arrivèrent ensuite sur le territoire d'une autre ville appelée Rusa : la population grecque se porta en foule et pêle-mêle à la rencontre du noble prince, et apporta à son armée tout ce qui pouvait être vendu à cette époque. Ils y dressèrent leur camp trois jours avant celui de la cène du Seigneur. Boémond, quittant alors son escorte particulière, se rendit à Constantinople, suivi seulement d'un petit nombre de chevaliers, pour avoir une conférence avec l'empereur. Tancrède conduisit l'armée, et, voyant ses provisions épuisées, trouvant des difficultés à se procurer les vivres nécessaires, il résolut de quitter la grande route et de se porter avec tous les siens dans un pays moins fréquenté par la foule des voyageurs, afin que les pèlerins pussent trouver en plus grande abondance les choses dont ils auraient besoin. Il sortit donc de la voie publique, et, attentif surtout à soigner les intérêts des pauvres, il entra dans une vallée où ils trouvèrent en grande abondance toutes sortes de vivres. Le peuple et Tancrède célébrèrent en ce lieu la Pâque du Seigneur, avec la dévotion convenable. Pendant ce temps, Alexis, instruit de l'approche de Boémond, ordonna de lui témoigner le plus grand respect à son arrivée, et de lui fournir des logemens dans le faubourg de la ville. Dès qu'il y fut entré, l'empereur l'invita à une conférence ; Boémond se rendit secrètement auprès de lui, et en fut bien accueilli.

Cependant le duc Godefroi, son frère Baudouin et le comte de Saint-Gilles, conduisant chacun une forte armée, arrivèrent aussi aux faubourgs de Constantinople. Mais le perfide Alexis, qui naguère s'était montré si empressé à solliciter des secours contre les Turcs, frémit de colère, et chercha dans le fond de son cœur par quels artifices il pourrait parvenir à hâter la ruine de ces chevaliers, par qui il se croyait menacé. Mais Dieu, qui protégeait la marche de ces pieux bataillons, les défendit si bien que le méchant ne put trouver aucune occasion de leur faire le mal qu'il desirait, et voyant au contraire qu'il lui était impossible d'y parvenir, le misérable éprouva de vives craintes. Les habitans de Constantinople s'effrayèrent aussi de l'affluence des pèlerins, et se rassemblèrent pour chercher le meilleur parti à prendre. Craignant que leur ville ne fût opprimée par la multitude des arrivans, et que leurs provinces ne fussent livrées à la dévastation, ils jugèrent nécessaire que l'empereur exigeât des Francs le serment de ne jamais rien entreprendre qui pût être nuisible à lui ou aux siens. Aussitôt que ce projet fut connu de nos princes, ils s'en moquèrent beaucoup, et en témoignèrent un grand mépris. Ils calculèrent avec raison que, s'il arrivait d'une manière quelconque que les premières armées vinssent à renoncer à leur entreprise, tant et de si illustres chevaliers, devenus pauvres et dénués de ressources, seraient nécessairement réduits à faire la guerre au perfide empereur, malgré les sermens qu'ils auraient prononcés. « Et quand même nous n'aurions aucun sujet « de crainte pour l'avenir, disaient nos princes, ce « serait pour nous une honte éternelle d'avoir été « forcés par ces pauvres petits Grecs, les plus faibles « des hommes, à prêter le serment qu'ils nous de- « mandent, et il n'est pas douteux qu'ils ne man- « queraient pas de dire que, bon gré mal gré, nous « nous sommes soumis à leurs volontés. » L'empereur, sur ces entrefaites, alla trouver le vaillant Boémond, dans l'espoir de séduire par ses présens celui qu'il redoutait le plus ; car Boémond l'avait souvent vaincu, et Alexis desirait le gagner plutôt que tout autre, le regardant plus spécialement comme un rival dangereux. Il lui promit donc de lui donner en deçà de la ville d'Antioche un territoire d'une étendue de quinze journées de marche en longueur, et de huit journées en largeur. La fermeté de l'illustre Boémond échoua devant de telles offres. Aussitôt il prêta serment à l'empereur, et comme Hugues-le-Grand avait juré, cédant à la nécessité et à la séduction des sommes d'argent qui lui furent données, de même Boémond s'engagea, sous la condition cependant que, si Alexis violait quelqu'une des stipulations arrêtées, lui-même se trouverait aussi dégagé des promesses auxquelles il souscrivait. Que si l'on demande pourquoi ce prince et plusieurs autres renoncèrent à leur ferme résolution, et prêtèrent serment à l'empereur, que l'on sache que ces seigneurs vinrent par là au secours de leurs compagnons d'armes qui étaient leurs frères dans le Seigneur, et qui se seraient trouvés dans une grande détresse, si on leur eût refusé leur solde quand il fallait aller au marché. De son côté Alexis s'engagea par serment envers les nôtres « à par-« tir avec eux à la tête de son armée, à les aider par « terre et par mer, à donner des ordres pour que l'on « portât de toutes parts les vivres que les pèlerins au-« raient besoin d'acheter, à les indemniser sans aucune « réserve de toutes les pertes qu'ils pourraient éprou-« ver, enfin à ne souffrir jamais, autant qu'il serait en « son pouvoir, qu'aucun de ceux qui feraient partie « de l'expédition fût vexé, maltraité ou massacré. »

Le comte de Saint-Gilles ayant établi son camp dans le faubourg de Byzance, même avant que tous les chevaliers de sa suite s'y fussent réunis, l'empereur commença par lui adresser un messager, pour l'inviter à faire lui-même comme avaient fait les autres, et à lui rendre hommage. Tandis que le tyran plein d'insolence lui faisait porter ces propositions astucieuses, l'illustre comte cherchait déjà dans sa sagesse les moyens de se venger des prétentions de ce méchant. Mais les princes, savoir le duc Godefroi, Hugues-le-Grand, Robert de Flandre et d'autres lui déclarèrent qu'ils ne porteraient jamais les armes contre un homme qui était censé appartenir à la chrétienté ; Boémond ajouta encore que, si le comte faisait la guerre à l'empereur, et refusait de lui prêter serment pour lui donner un gage de sécurité, lui-même prendrait le parti de ce dernier. Alors le comte, après avoir aussi tenu conseil avec les fidèles, jura à l'impie Alexis de respecter sa vie et ses dignités, et de ne travailler à sa ruine, ni directement, ni en prêtant secours à autrui ; mais lorsqu'on voulut lui reparler de la proposition de rendre hommage à l'empereur, il répondit qu'il aimerait mieux exposer sa tête aux plus grands dangers que s'engager d'une pareille manière. Cependant l'armée de Boémond s'approchait des tours de Constantinople ; Tancrède ayant appris quels sermens l'empereur exigeait des princes, se hâta de traverser le bras de Saint-George avec la presque totalité des forces qu'il conduisait. L'armée du comte de Saint-Gilles se dispersa, et dressa ses tentes dans les environs de la ville, et le comte se disposa à y faire quelque séjour. Boémond demeura auprès de l'empereur afin de veiller plus aisément à l'expédition de l'édit impérial, par lequel il devait être enjoint, aux peuples habitant au-delà de Nicée, de rassembler des vivres de toutes parts. Le duc Godefroi qui s'était porté en avant, arriva avec Tancrède à Nicomédie, ville fondée par Nicomède, qui, dit-on, remporta sur un illustre César une victoire qui ne fut point accompagnée du triomphe. Ces deux princes demeurèrent trois jours dans cette ville avec toutes leurs troupes. Le duc ayant appris que les routes présentaient de grands obstacles, et qu'une armée aussi nombreuse ne pourrait les traverser, dans l'état où elles se trouvaient, pour arriver à Nicée ; sachant en outre qu'il serait impossible à un si grand rassemblement d'hommes de suivre les chemins qu'avaient suivis les compagnons de Pierre l'Ermite ; le duc, dis-je, envoya en avant trois mille hommes armés de haches et de coignées, pour désencombrer les chemins, et les rendre plus praticables, en faisant des ouvertures sur les points trop étroits. La route, en effet, était inconcevablement difficile, tant à cause des pierres qui la couvraient, que des montagnes qui la dominaient à une hauteur effrayante. Ceux qui se portèrent en avant l'élargirent en taillant dans les rochers, et plantèrent des croix de fer et de bois sur des pieux élevés, afin d'établir des signaux pour maintenir les nôtres dans le bon chemin. Enfin les pèlerins arrivèrent à Nicée, métropole de toute la Romanie, capitale de la Bythinie, illustrée par un concile de trois cent dix-huit Pères, plus illustrée encore par l'orthodoxe assertion de l'égalité des trois personnes divines et la condamnation d'Arius; et le 6 mai, le troisième jour après leur départ de Nicomédie, ils dressèrent leur camp sur le territoire de Nicée. On dit qu'avant l'arrivée de l'armée de Boémond, ils éprouvèrent une grande disette de pain, et qu'un seul pain se vendait depuis trente jusqu'à cinquante deniers. Mais Boémond amena à sa suite, par terre et par mer, une grande quantité de toutes sortes de vivres, et les armées eurent tout à coup en une extrême abondance toutes les choses nécessaires à la vie.

Le jour donc de l'Ascension du Seigneur, les Chrétiens commencèrent à se répandre de tous côtés autour des remparts de la ville, à construire des machines, à dresser des tours en bois, à préparer des javelots, et à attaquer avec des balistes les murailles et les tours, sur toute l'enceinte de la place. Les travaux furent entrepris et conduits avec une telle ardeur que dans l'espace de deux jours seulement les murailles se trouvèrent minées. Les Turcs qui occupaient la ville expédièrent des messagers à toutes les villes voisines pour demander du secours à leurs habitans, les invitant à se réunir, à s'avancer sans crainte par la porte du midi, qui n'était pas assiégée, et vers laquelle ils ne devaient rencontrer aucun obstacle pour entrer dans la place. Cependant, le jour même du sabat qui suivit celui de l'Ascension du Seigneur, le comte de Saint-Gilles et l'évêque du Puy occupèrent les avenues de cette porte, et il arriva sur ce point un événement mémorable. Le comte, illustre par sa foi dans le Seigneur autant que par sa vaillance et son habileté à la guerre, et entouré d'une armée non moins bien exercée, vit bientôt en face de lui les bataillons auxiliaires des ennemis qui se rendaient en hâte vers la ville. Plein de courage et se confiant en la puissance divine, il attaqua et vainquit les Turcs, les mit en fuite, et leur tua la plus grande partie de leur monde. Repoussés honteusement, les Turcs rassemblèrent de nouvelles troupes pour recommencer le combat avec une nouvelle ardeur, et ils apportèrent en même temps des cordes, dans l'intention de saisir nos hommes et de les conduire enchaînés dans le pays du Khorazan. Enorgueillis par cette folle espérance, ils commencèrent à descendre l'un à la suite de l'autre, et à pied, du haut de la montagne qui domine la ville. Mais les nôtres les accueillirent avec des transports de joie comme il était convenable, et les Turcs leur laissèrent un grand nombre de leurs têtes en témoignage de la victoire qu'ils remportèrent sur eux. Après que les Turcs eurent pris la fuite, les nôtres lancèrent dans la ville avec leurs frondes et leurs balistes les têtes qu'ils avaient coupées, afin de répandre la terreur parmi les Gentils.

Cependant l'évêque du Puy de bienheureuse mémoire et le comte Raimond de Saint-Gilles, toujours occupés de hâter la destruction de la ville, entreprirent d'attaquer une tour située dans le voisinage de leur camp, en faisant pratiquer des mines pour l'ébranler dans ses fondemens. En conséquence, ils placèrent des fossoyeurs soutenus dans leurs travaux par des arbalêtriers, des archers et des frondeurs Baléares. Ils dégagèrent le sol jusques aux fondemens de la tour, appliquèrent des poutres et des pièces de bois sur les murailles déjà chancelantes, et, lorsque l'édifice se trouva entièrement miné par le bas, ils mirent le feu aux poutres. La nuit obscure amena l'heure du repos dans le camp ennemi. La tour, ne pouvant plus se soutenir tomba subitement en ruines; mais comme les heures de la nuit sont peu propres aux combats, les Francs suspendirent leurs efforts et n'attaquèrent pas les Turcs. Ceux-ci cependant remplis de sollicitude pour leur sûreté, se levèrent en toute hâte, et relevèrent la muraille avec une si grande solidité et une telle promptitude que le lendemain les nôtres ne purent plus trouver aucun moyen de leur faire le moindre mal. Sur ces entrefaites, le comte Robert de Normandie et le comte Etienne de Chartres dont j'ai déjà parlé, illustrés tous deux par la gloire de leurs armes et par leurs richesses, arrivèrent au camp, suivis des chevaliers qui s'étaient rassemblés autour d'eux, et l'armée du Seigneur les accueillit avec des transports de joie.

Boémond assiégea la ville de front, et Tancrède

par le côté; après lui, le duc Godefroi prit position, puis le comte de Flandre, puis le comte de Normandie, et enfin le comte de Saint-Gilles et l'évêque du Puy. On vit alors réunie en masse la fleur de la chevalerie française, illustre par sa noblesse, son habileté et la force de ses armes : tous ces chevaliers étaient ornés de leurs cuirasses et de leurs casques, et ceux qui ont l'habitude d'évaluer la force des armées pensèrent qu'ils étaient rassemblés au nombre d'environ cent mille. Je ne crois point que personne ait pu faire le compte de la population des gens de pied, non plus que de ceux qui étaient à la suite des chevaliers. Et non seulement ceux-ci remplissaient les devoirs que remplissent d'ordinaire les serviteurs ou les esclaves auprès des personnes de cette condition, mais, en outre, ils déployaient dans les siéges et dans les combats une ardeur et un courage de lion, comme peuvent le faire, dans d'autres occasions, les hommes les plus considérables, lorsqu'ils prennent les armes, ou tout autre instrument, pour faire la guerre, ou pour tenter quelque entreprise.

Il serait impossible d'énumérer dans ce récit tous les hommes puissans par leurs armes qui se trouvèrent réunis à cette époque. Aucun point de la terre n'a jamais vu rassembler une si noble troupe. Quand même on passerait en revue tous les royaumes, quand on raconterait toutes les guerres qui ont été faites, on ne trouverait aucune armée qui pût être comparée à celle-ci pour l'illustration ou pour la force. Abandonnant les demeures de leurs pères, tous fuyaient les liens du mariage ; les gages qu'ils en avaient reçus étaient mis en oubli ; rester dans leurs maisons eût été pour eux comme un châtiment. Tout chevalier n'était plus occupé que du desir brûlant de rechercher le martyre; et lorsque la foule entière cédait à cet entraînement, dans l'espoir de verser son sang, qui eût pu trouver un homme lâche? Chacun portait un cœur de lion. Tous se plaisaient à voir les murs de Nicée investis de toutes parts. La plaine était couverte de brillans chevaux, ornés de beaux caparaçons, qui brillaient et résonnaient de la manière la plus agréable : les rayons du soleil redoublaient d'éclat en se réfléchissant sur les cuirasses; les casques et les boucliers, garnis de bronze doré, jetaient un éclat éblouissant. On voyait nos gens, semblables à la tempête, diriger contre les murailles les coups redoublés de leurs béliers. Les Francs opposaient leurs lances aux flèches des ennemis, et leurs épées portaient des coups plus rudes que ces armes d'os. Du haut des tours en bois on cherchait à chasser les Turcs loin de leurs murailles élevées. Là on combattait de plus près, des deux parts on se lançait des traits dont aucun ne frappait en vain. La mort renversait les combattans à l'improviste. L'espoir de gagner le Ciel redoublait le courage des nôtres; et, lorsque leur sort s'accomplissait, ils se réjouissaient de la mort qui assurait leur récompense. Tout homme timide devenait intrépide, et acceptait avec joie l'espérance d'une meilleure vie. Les cœurs étaient exempts de toute ambition d'une vaine gloire. Chacun, en trouvant l'occasion d'illustrer son nom dans les combats, croyait ne la devoir qu'au Christ, et nul ne s'attribuait à lui-même tout ce qu'il pouvait faire d'honorable[1].

[1] Ce paragraphe est en vers dans l'original.

Les compagnons d'Annibal massacrèrent les citoyens romains à trois reprises consécutives, et les firent tomber sous leurs coups comme les grains tombent sous la faulx; mais, vaincus enfin, ils furent obligés de renoncer à la ville de leurs ennemis. Ici l'œuvre fut promptement accomplie, et toutes choses réussirent à souhait, parce que Dieu était avec les combattans. Une entreprise est justifiée par son heureuse issue. Ceux que la mort atteignit reçurent en partage la gloire du martyre. Quiconque se trouvait dans cette extrémité pensait que la peine remet le crime[1].

Un lac s'étendait sur l'un des côtés de la ville; à l'aide de ce lac les ennemis, montant sur leurs bateaux, sortaient de la place et y rentraient librement, transportant ainsi les bois, les fourrages et toutes les choses dont ils avaient besoin. Dans cette occurrence, nos grands, ayant tenu conseil, résolurent d'un commun accord d'adresser une députation au prince de Constantinople, pour l'inviter à envoyer un grand nombre de navires jusqu'à la ville et au port de Civitot, et à faire rassembler ensuite en ce lieu beaucoup de paires de bœufs pour transporter ces navires à travers les montagnes et les forêts, et les établir sur le lac. Aussitôt après la délibération, l'accomplissement de cette entreprise fut hâté par les ordres du prince, qui envoya en même temps ceux que l'on appelle les Turcopoles, et qui ne sont autres que les chevaliers de sa maison. Le jour même que les navires arrivèrent, en vertu des ordres de l'empereur, on demeura en silence; mais, pendant la nuit, les bâtimens furent lancés sur le lac et

---

[1] Ce paragraphe est aussi en vers.

montés par les Turcopoles, habiles dans le maniement des armes. Le matin la flotte s'étant formée s'avança tout doucement vers la ville, comme si elle eût été chargée de provisions qui lui fussent destinées. Les Turcs, qui la voyaient arriver, étaient dans l'étonnement, ne sachant encore si ces navires étaient les leurs ou ceux de l'empereur ; mais, lorsqu'ils les reconnurent pour ennemis, ils furent saisis d'une frayeur mortelle, et se répandirent en lamentations, tandis que les nôtres se livraient aux transports de leur joie et rendaient grâce au Seigneur de ses bienfaits. Dans cette malheureuse conjoncture les ennemis perdirent tout courage, et, ne comptant plus désormais sur leurs forces ni sur celles de leurs auxiliaires, ils envoyèrent des députés à l'empereur, et lui promirent de lui remettre leur ville, s'il pouvait obtenir des Francs de les laisser sortir avec leurs femmes, leurs enfans et leurs effets. L'empereur accueillit ces propositions avec bienveillance, et, non content d'assurer aux Turcs l'impunité, il les attira à Constantinople pour se les attacher par les liens d'une tendre affection. En prenant cette perfide résolution, l'empereur avait principalement en vue d'avoir à sa disposition des hommes qu'il pût opposer avec succès aux Francs, si dans un moment quelconque ceux-ci se trouvaient en proie à quelque grand péril. Le siége de Nicée les occupa pendant sept semaines et trois jours, et dans cet intervalle un grand nombre reçurent la couronne du martyre. On ne saurait douter que ceux qui trouvèrent ainsi la mort en défendant la foi légitime n'aient été admis auprès du Seigneur dans les rangs de ceux qui gagnèrent jadis les récompenses célestes au prix de leur sang ; et je ne puis croire que ceux qui succombèrent aux horreurs de la famine (il en périt un grand nombre de cette manière dans le même lieu) soient demeurés en arrière des précédens. S'il est vrai, comme dit un prophète, « qu'il vaut mieux « mourir par le glaive que par la faim, » on ne peut penser que ces derniers, qui certainement ont éprouvé de plus longues souffrances avant de mourir, soient privés de la couronne du martyre.

Après la reddition de la ville, et après que les Turcs eurent été conduits à Constantinople, le despotique empereur, comblé de joie par cet événement, fit distribuer d'innombrables présens aux principaux seigneurs de notre armée, et répandit d'abondantes aumônes parmi les pauvres. Les personnes d'une condition moyenne, qui n'eurent aucune part à ces largesses, en éprouvèrent une extrême jalousie, et conçurent de la haine contre les princes. Et cependant ce n'était pas, jusqu'à un certain point, une offense qui leur fût faite, car les princes seuls avaient fait la guerre, eux seuls avaient poussé le siége et amené les résultats ; ils avaient fait transporter tous les gros matériaux, dresser les machines et les balistes, et, pour tout dire en un mot, ils avaient supporté tout le poids et la fatigue de l'entreprise. Le premier jour que l'armée sortit de Nicée après sa reddition, elle arriva devant un pont, dans les environs duquel elle s'arrêta pendant deux jours. Le troisième jour, dès les premières lueurs du crépuscule, nos pélerins se levèrent, et, s'avançant en aveugles, à peine guidés par une lumière incertaine, ils se séparèrent à un embranchement de route, et marchèrent pendant deux

jours entiers en deux corps détachés. Dans l'un de ces corps étaient Boémond, Robert de Normandie et Tancrède avec de nombreux chevaliers; tandis que le comte de Saint-Gilles, le duc Godefroi, l'évêque du Puy, Hugues-le-Grand et le comte de Flandre conduisaient à travers champs l'autre portion de l'armée. Enfin le troisième jour Boémond et ses compagnons rencontrèrent à l'improviste une multitude de Turcs, innombrable, terrible et presque irrésistible. Vous auriez vu ceux-ci se railler de la frayeur qu'ils supposaient que cette rencontre inopinée avait répandue parmi les nôtres, et, selon leur coutume, pousser leurs cris de guerre dans leur langage inconnu, avec des voix épouvantables. Attaqué par des forces immenses, l'illustre Boémond ne se laissa point intimider; il ordonna aussitôt de suspendre la marche, de déployer les pavillons, et de dresser un camp en toute hâte. Avant que ces ordres fussent exécutés, s'adressant à ses propres chevaliers : « Si vous vous souvenez, leur dit-il, des de-
« voirs de votre profession, voyez l'extrême danger
« qui nous presse, marchez vigoureusement à la ren-
« contre des Turcs, défendez votre honneur en même
« temps que votre vie; et vous gens de pied, déployez
« les tentes en diligence. » A peine avait-il dit ces mots, voilà que les Turcs les enveloppent subitement en voltigeant autour d'eux, leur lancent des dards, et combattent, selon leur usage, en fuyant et tirant des flèches sur ceux qui les poursuivent. Les Francs, fidèles à leurs résolutions et se souvenant de leur brillante valeur, faisaient les plus grands efforts pour résister avec vigueur aux fureurs de leurs en-

nemis, quoiqu'ils ne pussent s'empêcher de reconnaître leur extrême infériorité numérique. En cette occasion le comte de Normandie, se souvenant, comme il était convenable, de la valeur de son père et de l'illustration de ses aïeux, porta partout ses armes avec la plus grande activité, repoussa les ennemis, et donna l'exemple de la résistance à notre armée, qui ne laissait pas d'éprouver quelque sentiment de crainte. Dieu voulut aussi que les femmes qui accompagnaient les pélerins leur fussent fort utiles en cette occurrence ; elles portaient sans cesse de l'eau aux chevaliers pour les rafraîchir ; mais leurs paroles et leurs exhortations avaient encore plus d'effet pour redoubler leur courage que l'eau qu'elles leur présentaient pour leur donner de nouvelles forces. Dès que Boémond eut reconnu l'extrême inégalité de ce combat, il expédia un messager à ceux qui suivaient une autre route, savoir à Raimond comte de Saint-Gilles, au duc Godefroi, à Hugues-le-Grand, à l'évêque du Puy et à leurs autres compagnons, pour les inviter à venir en toute hâte prendre part à la bataille : « S'ils veulent, dit-il à son messager, voir le « commencement d'un combat contre les Turcs, dis-« leur qu'ils trouveront ce qu'ils souhaitent ; mais « qu'ils se hâtent de venir. » Bientôt Godefroi, le modèle de la chevalerie, et bien digne du titre de duc qu'il portait, et Hugues-le-Grand, vaillant comme il convenait à un homme issu d'une race de rois, doué ainsi que son père d'un courage semblable, pour ainsi dire, à celui du léopard, accoururent avec autant d'empressement qu'ils en eussent montré pour se rendre à un festin. L'évêque du Puy vint ensuite ren-

forcer les bataillons chrétiens, non seulement par les troupes au milieu desquelles il s'avançait avec éclat, mais encore par ses exhortations et ses prières sacrées, et sa présence eût suffi pour les remplir d'ardeur s'ils eussent eu quelque crainte. Plus chargé d'années, doué de plus d'expérience, et ayant par conséquent plus de maturité dans ses conseils, le comte Raimond de Saint-Gilles arriva enfin, entouré de ses compagnies de Provençaux. En voyant de près l'armée des ennemis, les nôtres furent frappés d'étonnement, ne pouvant concevoir parmi quelles nations, sur quelles terres on pouvait avoir rassemblé une si grande masse d'hommes. Il y avait parmi eux des Arabes, des Turcs et des Sarrasins : ces derniers étaient supérieurs aux autres en nombre autant qu'en noblesse ; le reste de l'armée ennemie se composait de troupes auxiliaires et de peuples moins renommés. Vous auriez vu les cimes des montagnes et les hauteurs des collines entièrement couvertes de ces essaims de profanes, et toute la plaine inondée de leurs innombrables corps. Alors les princes de notre armée adressèrent des paroles d'encouragement à ceux qui marchaient sous leurs ordres : « Si vous avez consacré à Dieu, leur
« disaient-ils, vos services de chevaliers ; si vous avez
« dédaigné votre patrie, vos maisons, vos femmes,
« vos enfans, votre propre corps ; si même ces corps
« doivent être seuls exposés à un glorieux martyre ;
« dites-nous donc en quoi vous pourriez être effrayés
« à la vue de ceux qui sont devant nous, lorsque la
« confiance d'un seul d'entre vous en son Dieu est
« bien supérieure aux superstitions de tout ce vil

« peuple? Si vous devez périr en ce lieu, le royaume
« céleste vous attend, vous mourrez d'une mort heu-
« reuse. Si vous devez vivre, la victoire vous est as-
« surée, pourvu que vous vous reposiez dans votre
« foi. Après la victoire la gloire, après la gloire un
« nouveau courage, et enfin une extrême abondance
« par les richesses des ennemis. Ainsi donc, quoi
« qu'il arrive, vous trouvez partout une sécurité par-
« faite; d'aucun côté il n'y a absolument rien à crain-
« dre. N'ayez par conséquent ni regrets, ni hésita-
« tion. Que vos esprits et vos corps s'attachent avec
« confiance à la croix du Seigneur. Prenez les armes
« pour marcher contre cet amas de paille, contre
« ces hommes si petits qu'ils en sont presque entiè-
« rement nuls. » Après ces discours, les princes disposèrent les corps, chacun dans son rang. A l'aile
gauche étaient le magnanime Boémond, le comte
de Normandie, chevalier très-vaillant, Tancrède et
Richard. L'évêque du Puy s'avançait en même temps
d'un autre côté à travers les montagnes, pour tourner l'armée turque. A la droite, le duc Godefroi,
Robert de Flandre, Hugues-le-Grand et les autres
princes se disposèrent à combattre pour le Christ. O
Dieu rempli de bonté qui lis dans le fond des ames,
que de larmes furent répandues devant toi, au milieu de ces grands préparatifs! Quelle pieuse componction! Combien de confessions s'élevèrent jusques à toi des cœurs de tous ces fidèles! Qui pourrait apprécier dignement les élans de courage qui
animaient ces généreux guerriers, ne se confiant qu'en
l'espoir qu'ils avaient en toi? O Christ! avec quels
profonds sentimens de douleur les justes et les pé-

cheurs élevèrent leurs cris vers vous! Tous avaient pleuré, tous invoquaient encore le Christ très-saint en poussant de religieux soupirs, lorsque voici l'étendard de la croix qui paraît marchant devant tous les rangs de ces hommes, remplis d'un courage, je ne dirai pas de lions, mais ce qui est plus convenable, de martyrs, et les bannières sont dirigées contre les ennemis. Bientôt les Arabes, les Persans, les Turcs farouches fuient de toutes parts, et présentent le dos aux peuples du Christ. Ils fuient, et leur misérable troupeau est renversé de tous côtés. Les Arabes se sauvent aussi rapidement que les lièvres. A mesure qu'ils s'échappent en déroute, on en fait un massacre prodigieux, et les glaives des nôtres ne peuvent suffire à donner la mort. L'épée de chaque chrétien s'émousse à force de frapper sur des membres humains, et les pélerins font tomber leurs ennemis, comme la faux fait tomber la moisson. L'un abat une tête, l'autre coupe un nez; celui-ci perce un homme à la gorge, celui-là fait tomber les oreilles, ou ouvre le ventre à un infidèle. Tout ce qui se présente prend la fuite. Les mains sont saisies de stupeur, les bras se roidissent à force de carnage. Aucun des ennemis ne repousse les vainqueurs ; chacun préfère mourir sans se défendre, et, saisis d'une sorte de stupidité, les infidèles reçoivent en aveugles les coups qui viennent les frapper.

On rapporte que les ennemis qui furent vaincus en cette journée étaient au nombre de quatre cent soixante mille, sans compter les Arabes dont la multitude était si grande, que les nôtres ne pouvaient même la concevoir. Dès le principe ils poussèrent des cris de désespoir, et tremblans ils se sauvèrent en toute hâte vers leurs tentes. Là, ayant pris tout ce qu'ils rencontrèrent sous leurs mains, ils s'enfuirent aussitôt. Les nôtres les poursuivirent vivement pendant une journée entière, se chargeant en même temps des dépouilles qu'ils leur ravissaient; et après avoir versé des torrens de sang, ils se reposèrent au milieu des immenses sommes d'argent, des vêtemens précieux et des nombreux bestiaux qu'ils avaient enlevés aux fuyards. Ce combat ou plutôt ce massacre des Arabes dura depuis la troisième heure jusqu'à la neuvième heure du jour. Deux de nos princes d'un nom respectable, un nommé Geoffroi, surnommé de Mont-Scabieuse, et Guillaume, frère de Tancrède, dont j'ai déjà parlé, et beaucoup d'autres encore dont les noms ne sont connus que de Dieu seul, succombèrent dans cette journée. C'est ici que nous reconnaissons pleinement les effets de la puissance du Christ, et qu'en voyant ce combat si inégal d'un petit nombre d'hommes contre des masses innombrables, nous sommes forcément amenés à en attribuer l'issue à son assistance spéciale. Car s'il a été dit dans les anciens écrits, au sujet des Juifs lorsqu'ils ne s'étaient pas encore séparés de Dieu, « qu'un seul en « poursuivait mille, et que deux en mettaient dix « mille en fuite [1], » il me semble qu'on peut le dire de même de cette victoire où les spéculations et les calculs humains étaient entièrement insuffisans pour faire triompher ce petit nombre sur une multitude incalculable. Mais peut-être quelqu'un objectera-t-il que l'armée ennemie n'était qu'une masse grossière

---

[1] Deutéronome, chap. XXXII, v. 30.

formée du rebut de la population, de simples soldats rassemblés sans choix en tous lieux. Cependant les Francs eux-mêmes, qui affrontèrent un si grand danger, reconnaissent qu'ils n'ont vu aucune race d'hommes qui puisse être comparée à celle des Turcs, pour la finesse de l'esprit et pour la vaillance dans les combats; et de plus lorsque les Turcs commencèrent à se battre contre eux, ils furent presque réduits au désespoir, par l'étonnement que leur causèrent les armes dont ceux-ci se servaient, et dont les nôtres n'avaient aucune connaissance. Les Francs ne pouvaient non plus se faire aucune idée de leur extrême dextérité dans le maniement des chevaux et de la promptitude avec laquelle ils évitent les attaques et les coups de leurs ennemis, ayant l'habitude de ne combattre et de ne lancer leurs flèches qu'en fuyant. De leur côté, les Turcs se regardent comme ayant la même origine que les Francs, et pensent que la supériorité militaire appartient de droit à ces deux peuples parmi toutes les autres nations.

Tandis qu'ils étaient ainsi repoussés et fuyaient devant les Francs durant tout le jour et toute la nuit, le prince qui commandait à Nicée, et à qui la frayeur avait fait perdre la tête, s'étant échappé de cette ville après que le siége fut terminé, rencontra un corps de dix mille Arabes, qui lui dirent : « Pourquoi donc « prends-tu misérablement la fuite, frappé d'une si « grande terreur? — J'avais cru, leur répondit-il, « avoir dispersé et détruit entièrement les Francs. « Je pensais avoir livré toutes leurs forces à une éter- « nelle captivité, et tandis que j'espérais qu'ils n'ar- « riveraient plus que par petites bandes, qu'il me

« serait facile de soumettre et d'emmener chargées
« de chaînes dans les terres lointaines, tout à coup
« j'ai vu paraître des armées tellement nombreuses,
« que leur immense multitude couvrait les plaines
« et les montagnes, et qu'il semblait que nos con-
« trées ne dussent jamais en être délivrées. » Ce
qu'il disait au sujet des Francs qu'il avait réduits
en captivité doit s'entendre de l'armée de Pierre
l'Ermite, et cette immense multitude qui arriva ensuite, d'après le même récit, est l'armée qui avait
récemment conquis la ville de Nicée. « Ainsi donc,
« continua-t-il, lorsque nous avons vu ces peuples
« accourir en si nombreux essaims, croissant sans
« cesse comme les grains dans les champs, nous n'a-
« vons point osé leur résister de vive force; il n'y
« eût eu aucune sûreté dans une telle entreprise, et
« nous avons pensé qu'il valait mieux éviter d'un pied
« léger une mort si prochaine. Aussi, je l'avoue, quoi-
« qu'éloigné maintenant, le cruel souvenir de ce que
« j'ai vu me trouble encore, et je redoute encore
« cette ardeur des Francs, dont je n'ai fait cependant
« qu'une expérience de quelques instants. Si vous
« vouliez vous confier à mes paroles, vous vous reti-
« reriez promptement de ces lieux; car s'il vous ar-
« rive de tomber entre leurs mains, il n'est que trop
« certain que vous porterez doublement la peine de
« votre imprudence. » Après avoir entendu ce discours, les Arabes jugeant qu'il convenait de s'en rapporter à ceux qui parlaient d'après ce qu'ils avaient
vu, retournèrent promptement sur leurs pas et se dispersèrent dans toute la Romanie.

Les nôtres cependant continuaient à poursuivre les

Turcs dans leur fuite, et ceux-ci, en traversant les villes et les châteaux, se vantaient partout d'avoir vaincu les Francs, et trompaient les habitans des pays qu'ils parcouraient, en leur adressant ces paroles mensongères : « Nous avons repoussé les bataillons « chrétiens, ils ont perdu tout courage pour de nou-« veaux combats. Admettez-nous donc dans vos villes, « accueillez avec reconnaissance ceux qui vous ont si « bien défendus. » Alors ils entraient dans les villes, pillaient les ornemens des Églises, enlevaient les richesses renfermées dans les édifices publics, l'or et l'argent, et cherchaient à s'emparer des animaux de toute espèce et de toutes les choses dont ils pouvaient avoir besoin. Ils emmenaient aussi comme esclaves les fils des chrétiens ; ce qu'ils ne pouvaient prendre, ils le livraient aux flammes et se portaient toujours en avant, dans la crainte d'être rejoints par les nôtres. Ceux-ci, cherchant partout les infidèles dans les lieux déserts et hors des routes fréquentées, entrèrent dans un pays inhabité, impraticable et dépourvu d'eau, et n'en sortirent qu'avec beaucoup de peine. La faim et la soif les dévoraient, ils ne pouvaient trouver aucune espèce de vivres, et n'avaient d'autre ressource, pour calmer leurs cruelles souffrances, que des gousses d'ail dont ils se frottaient les lèvres de temps en temps. Il est certain que plusieurs nobles chevaliers périrent dans ces lieux ; les chevaux mouraient aussi dans ces déserts inconnus, et les personnes faibles succombaient à la fatigue de la marche. Après avoir perdu un grand nombre de chevaux et de chariots, on fut forcé de charger les bœufs, les boucs, les béliers, et ce qui est plus étonnant encore, les chiens même, et chacun de ces animaux eut à transporter un fardeau plus ou moins pesant et proportionné à ses forces. De là les Chrétiens entrèrent dans une province abondamment pourvue de toutes les choses nécessaires à la vie, et arrivèrent devant la ville d'Iconium, illustrée par la résidence et par les écrits de Paul l'apôtre. Les habitans du pays les engagèrent à prendre leurs précautions, et à emporter de l'eau dans leurs outres, parce qu'ils devaient demeurer une journée entière sans en rencontrer une goutte. Ils en prirent en effet, et arrivèrent ensuite sur les bords d'un fleuve, où ils s'arrêtèrent pendant deux jours. Ceux qui formaient l'avant-garde se rendirent de là à Héraclée, où une forte armée turque s'était rassemblée, pour attendre l'occasion favorable de jeter le désordre dans les troupes du Christ. Mais les nôtres ayant reconnu les ennemis, les attaquèrent avec leur intrépidité accoutumée, et ceux-ci prirent la fuite et partirent rapidement, comme la flèche lancée par l'arbalète. Alors les Chrétiens entrèrent dans la ville sans obstacle et y demeurèrent quatre jours. Là Tancrède, neveu de Boémond, et Baudouin, frère du duc Godefroi, se séparèrent de l'armée, non pour fuir les occasions de combattre, mais plutôt entraînés par leur bouillant courage, et pénétrèrent dans une vallée que les Turcs appelent dans leur langue *Botentroh*. Tancrède ne pouvant supporter un compagnon de voyage, se sépara du frère du duc Godefroi, et alla avec les siens attaquer la ville de Tarse, illustrée par la précieuse naissance de notre apôtre par excellence. Les Turcs sortirent de la ville pour marcher à la rencontre des arrivans et les combattre ; mais, dès qu'ils se virent près de les atteindre, ils rentrèrent pour se mettre à l'abri derrière leurs remparts. Tancrède lança son cheval à leur poursuite et bloqua la porte de la ville, en dressant son camp à peu de distance. Baudouin arriva bientôt et s'établit d'un autre côté pour entreprendre aussi le siége : il demanda à Tancrède de l'admettre à prendre part à l'occupation de la place, et à y travailler avec son armée. Mais Tancrède, qui desirait établir à Tarse sa propre autorité et remporter seul la victoire, se refusa à cette demande, en témoignant une vive indignation. La nuit survint, et toute la population turque ne pouvant supporter le siége, et connaissant la valeur et l'opiniâtreté de celui qui l'attaquait, prit aussitôt la fuite. Ceux qui demeurèrent dans la ville, les infidèles du pays, c'est-à-dire ceux qui professaient le christianisme, se rendirent vers les nôtres cette même nuit, et les appelant à grands cris : « Francs, leur dirent-ils, hâtez-vous « d'entrer dans la ville : les étrangers se sont enfuis, « tant ils sont frappés de crainte et redoutent votre « valeur. » Dès que le jour parut, les principaux habitans livrèrent la ville volontairement, et ayant appris que les Chrétiens se disputaient entre eux à qui en prendrait possession : « Nous choisissons, dirent- « ils, pour notre chef celui que nous avons vu hier « attaquer les Turcs avec tant d'ardeur. » Mais Baudouin insistait toujours auprès de Tancrède, et lui demandait instamment d'entrer avec lui dans la ville, afin que chacun pût prendre dans le pillage une part proportionnée à ses forces. Tancrède lui répondit très-sagement : « Mon projet est de combattre les Turcs « en tout lieu et non de dépouiller les Chrétiens, sur-

« tout puisqu'ils m'ont choisi librement, et ne veulent
« d'autre chef que moi. » Quoi qu'il eût dit, Tancrède
considérant que Baudouin était plus fort, et avait sous
ses ordres une armée plus nombreuse, se vit forcé,
bon gré mal gré, de lui céder pour le moment; il se
retira et alla prendre possession de deux belles villes
qui se rendirent à discrétion, Adène et Mamistra, et
de plusieurs châteaux.

Comme il est possible que je ne rencontre, dans la
suite de mon récit, aucune autre occasion de parler de
ce même Baudouin, je veux dire ici en peu de mots
comment il parvint à une grande fortune.

Suivant les rapports que m'en ont fait ceux qui ont
vécu dans ces contrées, il y avait à Edesse, ville de
Mésopotamie, un homme qui était parvenu à la dignité de duc, et qui conservait la province chrétienne
qu'il gouvernait, moins en repoussant par la force des
armes les invasions des Gentils qu'en la rachetant
sans cesse à prix d'argent. Cet homme, déjà chargé
d'années et d'infirmités, avait une femme aussi âgée
que lui et point d'enfans. Ayant appris que les Francs
étaient arrivés près des frontières de la Mésopotamie,
il désira vivement de trouver parmi les nobles un
homme qu'il pût adopter, et qui se chargeât de défendre, par les armes et avec ses troupes, le pays
que lui-même ne gardait qu'à force de sacrifices
d'argent. Un chevalier de sa maison, informé de ses
projets, eut une conférence avec Baudouin lui-même.
Il lui fit entrevoir l'espoir d'obtenir ce gouvernement,
s'il consentait à être adopté par le vieillard; le comte
prit confiance en lui et se rendit avec lui à Edesse.
Accueilli avec beaucoup plus de bonté qu'il n'avait

osé l'espérer, Baudouin fut adopté pour fils par le vieillard et sa femme; et voici ce que l'on rapporte de la formule consacrée par l'usage de ce pays pour une adoption. Le vieillard le fit passer tout nu sous le vêtement de lin qu'il portait lui-même, et que nous appelons la chemise, il le serra dans ses bras et confirma cet engagement par un baiser. Sa femme en fit de même après lui. Ces cérémonies terminées, les principaux habitans de la ville, se souvenant de quelques injures qu'ils avaient reçues du vieillard, et le voyant déchu du faîte des honneurs dont il avait si long-temps joui, conspirèrent secrètement contre lui et assiégèrent le palais dans lequel il résidait avec Baudouin. Déjà son fils adoptif se disposait à résister aux assaillans avec le courage d'un Français; mais le vieillard, admirablement fidèle à son amitié, l'en empêcha, en lui assurant que les habitans ne le renverseraient pas lui-même, tandis qu'en cherchant à le défendre, Baudouin pourrait s'exposer personnellement à de grands dangers. A force de prières il détermina enfin Baudouin à renoncer à toute résistance, et comme ce dernier versait des larmes, répétant sans cesse qu'il aimait mieux mourir avec son père adoptif, le vieillard le repoussa, alla se mêler à la foule du peuple qui l'assiégeait, les supplia d'épargner du moins le nouveau prince, et d'accepter plutôt, s'il le fallait, le sacrifice de sa propre vie. En effet, il fut mis à mort; Baudouin se maintint par son courage dans le pouvoir que l'adoption lui avait conféré, et, se souvenant de la conspiration, il eut soin de se faire garder par des chevaliers Français, et de n'employer que des serviteurs de la même race. Peu de temps après, et le jour même de la Nativité du Seigneur, les habitans tramèrent une seconde conspiration, pour se délivrer de leur nouveau prince. Baudouin fut aussitôt informé de ces manœuvres. Il donna l'ordre à tous les Français de sa suite, savoir, aux chevaliers d'assister aux cérémonies de l'église, revêtus de leurs cuirasses et de leurs casques, et tout prêts pour le combat, et aux fantassins de se munir de leurs lances, de leurs glaives et de leurs haches, et de se montrer en tous lieux avec leurs armes. Les habitans reconnurent alors que le duc les avait prévenus, et lui-même se rendit à l'église et assista à l'office divin, au milieu d'une nombreuse escorte d'hommes armés. Ce jour-là cependant il garda le silence. Le lendemain il convoqua les Edessiens, dénonça la conspiration, et faisant intervenir les lois pour contraindre ceux qui y avaient pris part à le reconnaître, il ne laissa à aucun d'eux la possibilité de nier ses projets. Les principaux habitans étant ainsi convaincus, Baudouin fit couper les pieds aux uns, aux autres les mains, à d'autres le nez et les oreilles, à quelques-uns la langue et les lèvres ; tous furent en outre soumis à la mutilation des eunuques, et envoyés de tous côtés en exil, chacun dans des lieux divers. Lorsqu'enfin il ne resta plus personne dans la ville qui pût soulever contre lui la masse des habitans, Baudouin commença à jouir en sécurité du bonheur de gouverner un si beau pays. Il vivait au milieu des richesses et dans une grande prospérité, et commandait en outre dans plusieurs villes, parmi lesquelles on remarquait Séleucie, célèbre par son antiquité. Il a passé de ce gouvernement à celui du royaume de Jérusalem, après la mort de son frère Godefroi ; mais loin d'avoir trouvé dans ce changement aucun accroissement de félicité terrestre, il ne cesse de se livrer aux plus rudes travaux pour la gloire de Dieu, et de combattre sans relâche contre les Gentils.

LIVRE QUATRIÈME.

Personne, je pense, ne serait en droit de se moquer de moi à raison de l'entreprise que j'exécute en ce moment. Quoique je n'aie pu aller moi-même à Jérusalem, ni connaître la plupart des personnages et tous les lieux dont il est ici question, l'utilité générale de mon travail ne saurait en être diminuée, s'il est certain que je n'ai appris les choses que j'ai écrites ou que j'écrirai encore, que d'hommes dont le témoignage est parfaitement conforme à la vérité. Si l'on me reproche de n'avoir pas vu par moi-même, on ne saurait du moins me reprocher de n'avoir pas entendu, et je suis fort disposé à croire qu'il vaut autant entendre que voir. Un poète a dit, il est vrai :

Segnius irritant animos demissa per aurem,
Quam quæ sunt oculis subjecta fidelibus.

« L'esprit est moins vivement frappé des choses que
« les oreilles ont entendues, que de celles que les yeux
« mêmes ont vues. »

Et cependant qui ne sait que les historiens, et ceux qui ont publié les vies des saints, ont écrit non-seulement ce qu'ils avaient pu voir, mais encore ce qu'ils avaient appris par les relations d'autrui ? Si l'homme véridique, comme dit saint Jean, rend témoignage de ce qu'il a vu et entendu[1], on ne saurait refuser d'admettre l'authenticité des récits d'un homme sincère, lorsqu'il n'est pas possible de voir par soi-même. Si donc quelqu'un nous blâme ou dédaigne notre travail, il peut choisir librement entre ces deux partis, ou de corriger nos écrits, si cela lui convient, ou d'écrire lui-même, s'il est mécontent de nous.

L'armée du Seigneur, conduite par ses chefs, le comte Raimond de Saint-Gilles, Boémond, Godefroi et un grand nombre d'autres, entra alors en Arménie, et se réjouit toutes les fois que le hasard lui faisait rencontrer les Turcs. Elle trouva, sur son chemin, un château d'un abord si difficile, qu'on jugea que toute tentative sur ce point n'amènerait aucun résultat. Un Gentil, habitant de cette province, et portant un nom chrétien (il s'appelait Siméon), demanda à nos princes le gouvernement de cette contrée, pour la défendre des invasions des Turcs. Nos princes le lui accordèrent aussitôt, et il s'établit dans le pays, afin de le protéger. Les nôtres se portèrent en avant et atteignirent Césarée de Cappadoce. Après être sortis de la province de Césarée, ils arrivèrent auprès d'une ville d'une grande beauté, et située dans un pays très-fertile. Une armée turque l'avait assiégée durant trois semaines, avant l'arrivée des nôtres, mais sans pouvoir réussir à s'en emparer. Dès que les nôtres se présentèrent, les habitants se rendirent volontairement à eux, et les Chrétiens prirent possession de la place. Un chevalier, nommé Pierre des Alpes, supplia instamment nos princes de la lui confier, s'engageant à défendre le pays au nom de

---

[1] Évangile selon saint Jean, chap. III, v. 32.

l'empereur grec et de nos grands, et ceux-ci consentirent avec bonté à sa demande, pour récompenser sa fidélité. La nuit venue, Boémond apprit que les ennemis, qui avaient dernièrement assiégé cette même ville, marchaient en avant des nôtres, en corps très-multipliés, mais peu considérables. Se bornant à prendre avec lui son escorte ordinaire de chevaliers, il se porta aussitôt à leur poursuite, mais sans pouvoir rencontrer ceux qu'il cherchait. L'armée arriva ensuite dans une ville appelée Coxon, où elle trouva en grande abondance toutes les choses nécessaires à la vie. Les habitans ouvrirent leurs portes aux pèlerins, les accueillirent avec empressement et leur fournirent, pendant trois jours, les moyens de réparer leurs forces.

Le comte de Saint-Gilles, informé que les Turcs, qui d'ordinaire faisaient le service de garnison dans la ville d'Antioche, venaient d'en sortir, envoya en avant une partie de son armée, avec ordre d'en prendre possession, et d'y établir son autorité. Il choisit parmi ses principaux compagnons quatre chefs, dont trois portaient le nom de Pierre, et le quatrième appelé Guillaume, de Montpellier, était célèbre parmi nous par ses faits d'armes, et il les fit partir à la tête de cinq cents chevaliers. Non loin de la ville, ils entrèrent dans une vallée, où ils trouvèrent un camp, et ils apprirent en même temps que la place d'Antioche était occupée par une nombreuse armée de Turcs, et que l'on y faisait de grands préparatifs de défense, tant en hommes qu'en armes, pour résister aux Francs, s'ils venaient entreprendre le siége. L'un des chevaliers que j'ai dit se nommer Pierre, et à qui l'on avait donné un surnom emprunté du lieu de Roha, se sépara alors de ses compagnons, et entra dans la vallée, où se trouve une ville appelée Rugia : il rencontra des Turcs et des Sarrasins, se battit contre eux, leur tua beaucoup de monde et poursuivit les fuyards. Informés et joyeux de ses succès, admirant une valeur qui se déployait contre les Turcs d'une manière si extraordinaire, les Arméniens se soumirent à lui. Bientôt il fut reconnu chef dans une ville nommée Rusa, que les habitans lui livrèrent, et il se fit recevoir de même dans plusieurs autres châteaux.

Cependant l'armée chrétienne ayant quitté la ville de Coxon, dont j'ai déjà parlé, s'avança au milieu de montagnes escarpées, en suivant un sentier scabreux, et tellement étroit qu'un homme ne pouvait jamais passer devant celui qui le précédait : chacun était obligé de marcher à pied et à la file. Ce petit chemin, tout hérissé de rochers, s'élevait au dessus d'un immense précipice, en sorte que si un cheval venait à être heurté par un autre, il tombait sans ressource jusque dans le fond de l'abîme. Vous auriez vu tous ces chevaliers, qui auparavant avaient perdu leurs chevaux dans des routes inconnues ou par suite de la disette, et étaient devenus de cavaliers hommes de pied, accablés d'une tristesse mortelle, serrer les poings, s'arracher les cheveux, appeler la mort à grands cris, vendre leurs cuirasses, leurs casques ou toute autre arme, sans aucun égard à leur valeur, pour trois, quatre ou cinq deniers, et s'ils ne trouvaient point d'acheteurs, jeter dans les précipices leurs boucliers et leurs meilleures armures, uniquement occupés dans un si grand danger du soin de leur propre conservation. Enfin ils sortirent du milieu de ces rochers à la suite de fatigues intolérables, et arrivèrent auprès d'une ville appelée Marésie : les citoyens allèrent à leur rencontre avec beaucoup de témoignages de joie, et leur vendirent des denrées en abondance. Les pèlerins réparèrent leurs forces épuisées en séjournant sur cette terre fertile, et ils attendirent l'arrivée du seigneur Boémond, qui était demeuré en arrière.

De là les Chrétiens arrivèrent enfin dans les plaines où est située Antioche, cette célèbre métropole de la Syrie, illustrée par ses avantages temporels, et plus encore par les nombreux témoignages qu'elle a rendus en faveur du christianisme. Le fleuve qui l'arrose se nomme Farfar. Lorsque les nôtres arrivèrent dans les environs d'un pont établi sur ce fleuve, ceux qui étaient chargés de former l'avant-garde rencontrèrent une grande armée de Turcs, chargés d'immenses provisions, et qui se hâtaient de porter secours à la ville qui allait être assiégée. Dès qu'ils les eurent reconnus, les nôtres les attaquèrent avec la vigueur naturelle aux Francs, et en un moment ils remportèrent sur eux la victoire et les dispersèrent de tous côtés. Les malheureux succombant comme s'ils fussent tombés dans une place assiégée sous les coups des béliers, jettent au loin les armes qui naguère eussent pu répandre au loin la terreur; les simples soldats s'enfuient en foule ; dans la confusion de la déroute ils renversent les bataillons de leurs alliés; naguère remplis d'orgueil et maintenant humiliés, ceux qui avaient espéré se livrer avec joie au carnage des Chrétiens, s'estiment heureux de sauver leur vie au prix de leur déshonneur; ils étaient venus porter secours aux habitans d'Antioche, et maintenant ils ne sont plus qu'un monceau de cadavres, et toutes les denrées qu'ils destinaient à l'approvisionnement de la place tombent au pouvoir des assiégeans par un effet de la miséricorde du Tout-Puissant. Tandis qu'ils tombaient de toutes parts, comme les grains tombent sous la grêle, les nôtres enlevaient de riches dépouilles, d'immenses provisions de froment et de vin, et tous ceux qui étaient à pied trouvaient des chevaux, des chameaux et des ânes pour se monter. Nos pèlerins établirent ensuite leur camp sur les rives du fleuve, et Boémond, prenant avec lui quatre mille chevaliers d'élite, alla bloquer l'une des portes de la ville, et veilla toute la nuit pour fermer d'entrée et la sortie de cette porte. Le lendemain, le 21 octobre, le quatrième jour de la semaine et au milieu du jour, l'armée entière arriva et campa devant les murs d'Antioche; elle occupa en toute hâte les avenues de trois des portes de la ville, mais une quatrième porte demeura libre parce qu'il n'y avait aucun moyen de la bloquer, vu la difficulté d'y parvenir à travers les gorges impraticables des hautes montagnes qui l'avoisinaient. Les habitans, et même les Turcs enfermés dans la place, furent saisis d'une si grande terreur qu'aucun d'eux ne se porta à la rencontre des nôtres; on les laissa s'avancer comme s'ils se rendaient au marché; nul ne fit la moindre démonstration hostile, et ces apparences trompeuses durèrent pendant près de quinze jours, comme si la paix eût été partout proclamée. Dans les environs tout s'annonça pour les assiégeans sous les plus heureux auspices : arrivés à la suite des récoltes ils trouvèrent en abondance tout ce dont ils avaient besoin. Chose dont je ne saurais trop m'étonner, à raison de l'époque où l'on se trouvait, les raisins étaient encore suspendus aux branches des vignes ; de tous côtés on découvrait des grains enfermés, non dans des greniers, mais dans des fosses souterraines ; les arbres étaient chargés de fruits ; enfin le sol fertile fournissait en abondance tout ce que l'on peut desirer pour la nourriture. Les Arméniens et les Syriens, qui formaient la population ordinaire de la ville, pour ne pas parler des Turcs, que l'on pouvait considérer en quelque sorte comme des passagers, se prévalant de leur titre de chrétiens, venaient souvent visiter les nôtres, se disant entièrement dévoués à eux, et ils allaient ensuite rapporter aux leurs ce qu'ils avaient découvert parmi les assiégeans. Ils séduisaient adroitement les Francs dans leurs fréquens entretiens, leur disant tout bas, et en y joignant toutes sortes de protestations adulatrices, qu'ils fuyaient devant la face des Turcs, et cependant ils ne permettaient pas à leurs femmes même de sortir de la ville ; en se séparant des Francs ils retournaient auprès d'elles, et rendaient compte ensuite aux Turcs de toutes les imperfections qu'ils avaient pu remarquer dans le camp des Chrétiens. Instruits ainsi de leurs projets et de l'état intérieur de notre armée par les rapports des Syriens, les Turcs sortaient de temps en temps de la ville, dépouillaient ceux des nôtres qu'ils rencontraient errans de côté ou d'autre pour chercher des vivres, observaient les sentiers les plus fréquentés par eux, attaquaient à l'improviste ceux qui se rendaient sur les montagnes ou vers la mer, et ne cessaient de tendre des embûches aux Chrétiens ou de les assaillir à force ouverte.

Non loin de là était un château que l'on nommait Harenc, occupé par des Turcs d'une grande bravoure, à qui l'on avait confié le soin de le défendre, et qui faisaient de fréquentes incursions sur les Francs, lorsque quelques-uns d'entre eux s'aventuraient parfois imprudemment. Nos princes, ne pouvant supporter des affronts si réitérés, rassemblèrent un corps nombreux de chevaliers et de gens de pied et l'envoyèrent à la découverte, pour savoir où se cachaient ordinairement ceux qui leur faisaient tant de mal. Ayant en effet trouvé le lieu de retraite des Turcs, les nôtres se présentèrent d'abord devant eux ; puis, feignant habilement de prendre la fuite, ils se laissèrent poursuivre jusqu'au point où ils savaient positivement que Boémond s'était placé en embuscade. Pendant cette marche rétrograde deux de nos hommes furent tués par les Turcs. Mais Boémond, sortant aussitôt du lieu où il s'était caché, marcha sur les ennemis, animé d'une juste fureur, et ramenant ceux qui naguère semblaient avoir tourné le dos, il engagea de très-près un rude combat. Il tua beaucoup de monde aux Turcs, emmena un grand nombre de prisonniers, et, les traînant à sa suite jusque sous la porte de la ville, il les fit tous décapiter pour effrayer les citoyens qui voyaient de près cette exécution. Quelques-uns de ceux-ci montèrent sur le point le plus élevé de cette porte, et lancèrent sur les nôtres une si grande quantité de flèches, que l'enceinte intérieure du camp de Boémond en fut inondée. Une femme même périt frappée de l'un de ces traits.

Nos princes ayant tenu conseil résolurent alors de construire un fort sur le sommet d'une montagne qu'ils avaient appelée *Malreguard*, pour s'en faire un nouveau point de défense contre les aggressions des Turcs. On se mit donc en devoir de construire ce fort, et vous auriez vu les princes les plus considérables travailler de leurs propres mains à transporter des pierres. Là nul indigent ne pouvait se plaindre d'être opprimé par la puissance des grands, lorsque ceux même qui commandaient ne prenaient aucun moment de repos, et s'adonnaient aux travaux les plus bas. Tous semblaient savoir, par le seul instinct de la bonne nature, ce précepte qu'ils n'avaient pas lu sans doute, et que Marius donnait, au rapport de Salluste : *Si tute, molliter agas, exercitum autem imperio cogas, hoc est dominum, non imperatorem esse.* « Si tu te conduis mollement, en mê-
« me temps que tu accables l'armée de la sévérité de
« ton commandement, tu agis en maître et non en
« général. » Lorsque le château fut terminé, les princes se chargèrent tour à tour de veiller à sa défense.

La fête de la Nativité du Seigneur approchait, et les provisions en grains et en toutes sortes de denrées commençaient à diminuer considérablement. Tout se vendait déjà fort cher dans le camp des nôtres. Il n'y avait aucun moyen de se répandre au loin, pour aller chercher des vivres dans les limites des pays habités par les chrétiens; on ne trouvait plus aucune ressource, et personne n'osait s'aventurer dans les terres des Sarrasins, sans le secours d'une forte troupe. Cependant, comme la disette allait croissant, les grands tinrent conseil, et débattirent entre eux les moyens de pourvoir au salut d'une si grande réunion d'hommes, qui allaient se trouver exposés aux plus affreux malheurs, si l'on ne venait promptement à leur secours. A la suite de longues discussions on jugea convenable qu'une portion de l'armée se mît en mouvement pour ramasser en tous lieux des moyens de subsistance, tandis que le reste suivrait les opérations du siége. Boémond dit alors : « Vaillans chevaliers, si vous le jugez utile, « je partirai avec le comte de Flandre, et nous fe- « rons tous nos efforts pour vous procurer des vi- « vres. » Cette proposition fut accueillie avec d'autant plus de joie que déjà les chrétiens souffraient beaucoup, non pas seulement de la rareté, mais encore du défaut complet de toutes sortes de denrées. Ils célébrèrent donc la Nativité du Seigneur avec toute l'ardeur et la dévotion possible, et le lendemain, qui était le second jour de la semaine, les deux princes partirent avec vingt mille hommes de pied ou chevaliers, pour aller dévaster les provinces occupées par les Sarrasins.

Cependant les Turcs et les Arabes, les Sarrasins et les autres Gentils, qui étaient accourus de Jérusalem, de Damas, d'Alep, et de divers autres pays, et qui, animés de la même ardeur, s'étaient réunis en une armée innombrable, pressaient leur marche pour porter secours à la ville d'Antioche. Ils avaient appris que les chrétiens devaient faire une incursion dans leur pays, pour y enlever des grains et d'autres denrées de première nécessité ; et se formant en ordre de bataille, au moment où le crépuscule commençait à poindre, ils s'avancèrent avec une gaîté qui devait se changer bientôt en une profonde tristesse pour livrer combat aux nôtres, vers les lieux où ils savaient que ceux-ci étaient rassemblés. Les ennemis se formèrent en deux corps, dont l'un devait attaquer les chrétiens en tête, tandis que l'autre ferait un circuit pour envelopper notre armée. Mais le comte de Flandre, se confiant en la force divine et pressant le signe de la croix sur son cœur, et l'illustre comte Boémond marchèrent à la rencontre de l'ennemi, avec un courage digne de leur grande ame. Le combat s'engagea, et dès le premier choc les ennemis prirent la fuite. La guerre fut aussitôt changée en triomphe, et les Gentils ayant tourné le dos, un grand nombre d'entre eux eurent les reins brisés par les épieux qui venaient les atteindre. Les longues lances de frêne frappaient sur les boucliers des ennemis, et maniées avec une grande vigueur, à force de porter des coups, elles se réduisaient à n'être plus que de petites lances. Les casques atteints par la pointe des épées ne défendaient plus les têtes contre de cruelles blessures, tandis que d'autres se plaignaient des trop faibles doublures de leurs cuirasses prétendues impénétrables. Rien ne pouvait suffire à défendre aucune partie du corps; tout ce que les barbares avaient jugé solide était détruit, tout ce que les Francs atteignaient se brisait sous leurs coups. La plaine était jonchée d'une grande quantité de cadavres, de nombreux monceaux de morts rompaient l'uniformité de ces champs, auparavant couverts de grains, et partout on voyait noircir la terre, arrosée du sang odieux des Gentils. Ceux qui survécurent au carnage se sauvèrent en pressant leur fuite, heureux de pouvoir laisser sur le chemin leurs propres dépouilles, non par amour pour les chrétiens, mais pour marcher plus légèrement. Bientôt les dispositions des nôtres furent entièrement changées : la crainte se convertit en courage, le combat en victoire, la tristesse en joie, la famine en abondance ; l'homme nu se trouva chargé de vêtemens, l'homme de pied eut des chariots, le pauvre de l'argent, celui qui était ruiné se vit comblé de biens, et le vainqueur célébra son triomphe par des transports de joie.

Tandis que ces événemens se passaient, les Turcs, qui commandaient à Antioche, n'ignoraient pas que Boémond et le comte de Flandre avaient quitté le camp. Remplis d'une nouvelle confiance par le départ de ces illustres chevaliers, les Turcs sortaient très-souvent pour provoquer les nôtres au combat, et cherchaient à découvrir le côté faible des assiégeans. Un jour, qui était le troisième de la semaine, voyant une occasion favorable pour exercer leur valeur, ils attaquèrent les Chrétiens à l'improviste ; et, tandis que ceux-ci ne redoutaient aucun danger, un grand nombre de leurs chevaliers et de leurs hommes de pied furent massacrés. Le magnifique évêque du Puy perdit, entre autres, l'homme le plus considérable de sa cour, qui était aussi son porte-bannière ; et si le fleuve, sur les rives duquel les Chrétiens avaient dressé leur camp, ne les eût séparés des ennemis, ils auraient encore perdu bien plus de monde.

Cependant Boémond s'étant remis en route pour retourner à Antioche, après avoir ravagé les provinces

des Sarrasins, voulut parcourir les montagnes, au milieu desquelles Tancrède habitait, espérant y trouver les choses dont les assiégeans avaient besoin, quoique les nôtres eussent enlevé tout ce qui s'était présenté à leurs yeux; beaucoup d'entre eux cependant n'avaient rien trouvé, et s'en retournaient à vide, du moins sans provisions de bouche. Boémond, toujours homme de bon conseil, voyant les Chrétiens errer sottement de côté et d'autre, leur adressa la parole en ces termes : « Si vous cherchez à conserver votre
« vie, si, dans l'urgente nécessité qui vous presse, vous
« voulez, avec raison, pourvoir au soin de vos per-
« sonnes, agissez du moins de telle sorte que, tandis
« que vous cherchez des vivres, votre vie ne vous
« soit pas enlevée de toute autre manière. Cessez de
« parcourir des montagnes impraticables, puisque
« vous savez que vos ennemis vous tendent des piéges
« dans ces horribles déserts qui vous sont inconnus.
« Que l'armée s'avance bien unie, car chacun de-
« vient plus fort de la présence d'un autre, afin que
« si l'on attaque une portion d'entre eux, ils puissent
« trouver du secours parmi les autres. Ne sait-on pas
« que les moutons, s'ils vont errer loin de la main ou
« de l'œil du berger, s'exposent à la dent du loup?
« De même le chevalier qui se hasarde seul, loin de
« la société de ses compagnons, s'expose à devenir
« la proie des brigands. Il vaut bien mieux pour vous
« demeurer au milieu des vôtres, en ne prenant que
« de légers repas, que chercher des festins plus abon-
« dans au prix d'une captivité dont vous ne pourriez
« jamais vous délivrer. Aller ensemble, revenir en-
« semble, se plaire aux nombreuses réunions, ne

« rien entreprendre témérairement, telle est la con-
« duite des hommes sages; ceux qui vont errant de
« tous côtés sont ceux qui veulent périr. » Il dit, et se
remit en marche pour rejoindre ses compagnons ;
mais son retour ne ramena point l'abondance dans le
camp des assiégeans. Cependant les rusés Arméniens
et les Syriens, voyant notre armée dépourvue de
vivres, et ne trouvant rien à acheter, allaient parcourant tous les lieux qui leur étaient connus, ramas-
saient des grains de tous côtés, les portaient ensuite
dans le camp des nôtres, et les leur vendaient à des
prix exorbitans, à tel point que la charge de froment
que pouvait porter un âne était payée huit de leurs
byzantins, qu'ils appelaient *pourpris*, et que l'on
estimait valoir cent vingt sous de notre monnaie. On
peut juger par là à quelle horrible extrémité étaient
réduits tous ceux qui n'avaient pas le moyen d'acheter à de tels prix ; et, comme les princes commençaient à éprouver de grands embarras, faute d'argent,
que pouvait faire alors celui qui déjà s'était trouvé
réduit à la plus grande pauvreté, lorsque tous les autres étaient riches encore? Tous les pélerins éprouvaient de grandes angoisses ; le peu de nourriture
qu'ils prenaient les épuisait par degrés ; et lorsqu'ils
avaient perdu leurs forces, la rage de la faim achevait
de les détruire. On ne trouvait plus dans le camp ni
pain, ni viande de bœuf ou de porc. Les grains de
toute espèce avaient été arrachés par les mains des
indigens, et toutes les denrées que l'on avait pu trouver étant consommées, personne ne pouvait plus s'en
procurer. La faiblesse des corps avait amolli les cœurs
et abattu tous les courages. Privés de tous moyens de

nourriture, les hommes voyaient leur peau se tendre et se gonfler. En même temps qu'on manquait d'alimens, on avait perdu toute autre ressource, et ces divers fléaux étaient autant de causes de mort. Cette mort du moins mettait enfin un terme aux angoisses; mais ceux que la faim dévorait demeuraient en proie à la douleur, et plus leur vie se prolongeait, plus ils acquéraient de titres à de meilleures récompenses. Ceux qui mouraient allaient se nourrir du pain des anges, et recueillaient des fruits excellens de leurs maux, d'autant plus sûrement qu'ils avaient plus long-temps langui dans ce cruel supplice. D'autres, pendant ce temps, combattaient et cherchaient des aventures diverses; mais, accablés comme ils étaient, à peine pouvaient-ils trouver quelques occasions favorables, et qui dussent être préférées à la mort : tout autour d'eux ils ne voyaient que des sujets de tristesse. Ainsi ils faisaient leurs efforts pour suivre le Christ, en portant une double croix, et se réjouissaient d'outrepasser même les ordres du maître, qui n'a prescrit que de prendre une seule croix. Tandis que l'horrible faim rongeait ces malheureux, que leurs estomacs desséchés succombaient d'anéantissement, ces souffrances portaient le feu dans les entrailles et atteignaient les cerveaux. Les ames, accablées de ces angoisses du corps, étaient fatiguées de la guerre et de ses horreurs, et les jours et les nuits étaient remplis de douleur. L'esprit était encore ardent, bien que les forces fussent épuisées; quelquefois les tourmens de l'ame ranimaient les forces, et alors les Chrétiens ne redoutaient plus d'aller de nouveau verser leur sang dans les combats.

Il y avait dans l'armée un nommé Guillaume, que l'on surnommait Charpentier, non qu'il fût ouvrier en bois, mais parce qu'il faisait la guerre comme un charpentier, en se retirant toujours. Il était originaire des pays au-delà de la Suisse, homme puissant en paroles, mais petit par ses œuvres, *magni nominis umbra*, n'ayant que l'ombre d'un grand nom, entreprenant toujours les plus grandes choses, et n'en terminant jamais aucune. Au moment où il entreprit le voyage de Jérusalem, il enleva à ses pauvres voisins les petites provisions qu'ils pouvaient posséder, et se fit ainsi à lui-même de honteuses ressources. Ne pouvant souffrir un état de détresse que d'autres, bien plus indigens que lui, supportaient sous ses yeux avec une parfaite fidélité, cet homme prit la fuite secrètement. A la guerre, il n'eut d'autre illustration que celle dont il se vantait par ses discours, et ne se distingua jamais par ses actions. Lorsqu'une expédition de Francs alla en Espagne pour repousser les payens, qui y venaient en foule de l'Afrique, Guillaume, qui n'avait de courage qu'en paroles, se retira honteusement et trompa l'attente d'un grand nombre de personnes. Ce ne fut point, j'en suis convaincu, sans l'expresse volonté de Dieu, que ces hommes, qui jouissaient d'une réputation devenue populaire, se montrèrent, dans l'occasion, les plus mauvais et les plus incapables de supporter toutes les fatigues : cette observation peut s'appliquer non-seulement à celui dont je parle, mais à d'autres encore dont je tairai les noms; et ceux qui avaient eu parmi nous le plus grand renom d'hommes terribles et redoutables par la force de leurs armes, devinrent, dans l'expédition du Seigneur, plus faibles et plus timides que les lièvres même. Plus une telle conduite était contraire à la bonne voie, et plus elle dut attirer le mépris sur ceux qui s'y livrèrent. Lorsqu'ils habitaient dans leur pays, lorsqu'ils combattaient sans en avoir droit, lorsqu'ils dépouillaient criminellement les pauvres, alors en effet ils eussent été fondés à se montrer timides, par la crainte de se damner à jamais : mais toute timidité semblable devenait infiniment coupable alors qu'il y avait pour tous certitude parfaite d'obtenir le salut éternel, quels que fussent les événemens.

En outre, et afin que l'on vît, selon le langage de l'Apocalypse, tomber même les étoiles du ciel, ce Pierre dont j'ai déjà parlé, le célèbre Ermite, atteint aussi de folie, se retira pareillement. O Pierre! qu'as-tu donc fait, et pourquoi oublies-tu ton nom? Si la pierre est l'origine du mot Pierre, tout Pierre doit porter le caractère de la solidité. Pourquoi penses-tu à fuir? La pierre ne se meut que difficilement. Suspends ta marche, souviens-toi de ton antique ermitage et de tes jeûnes! Tant que ta peau demeure attachée sur tes os, roidis ton estomac suspendu comme par un fil, sache te nourrir de l'herbe des troupeaux. Pourquoi veux-tu penser à des festins immodérés? Tels ne sont point les préceptes de l'ordre monastique, ni les enseignemens de ta mère; obéis du moins aux dogmes que tu as professés. Lorsque tu tourmentais les peuples pour entreprendre ce voyage, tu les forçais à se réduire à la pauvreté. Si tu as marché devant eux, observe du moins ce que tu as enseigné à chacun. Jadis Pierre refusait les dons de Cérès, et ne se nourrissait que de poisson et de vin. Un moine se fût mieux sanctifié en ne se nourrissant que de poireaux, de cresson, de navets, de noix et de noisettes, de tisanes, de fruits, de lentilles et d'herbes, en rejetant les poissons et le vin, et en ajoutant cependant à ses repas quelques morceaux de pain.

Ces transfuges, qui fuyaient les pieuses occupations du siége et ses saintes souffrances, furent poursuivis par un homme animé d'une persévérance à toute épreuve pour l'œuvre du Christ, par Tancrède qui les ramena, comme il était juste, non sans qu'ils fussent exposés à toutes sortes d'affronts. D'abord ils lui promirent verbalement de retourner au camp; mais Tancrède ne voulut se fier à eux que lorsqu'ils se furent engagés par serment à rentrer dans le sein de l'armée, et à subir le jugement des princes pour leur désertion des rangs. Guillaume fut donc forcé, bon gré mal gré, de revenir sur ses pas, et on le conduisit à la cour du magnifique Boémond, où il veilla toute la nuit. Le lendemain, dès le point du jour, il fut conduit en présence de ce prince respectable qui, lui faisant honte de sa conduite ainsi qu'il le méritait, lui adressa la parole en ces termes : « Tandis que le nom du roi et du royau-
« me de France s'élève majestueusement au dessus
« des noms de tous les autres royaumes; tandis qu'a-
« près Dieu, chaque mère ne met au monde dans ce
« royaume et n'envoie en tous lieux que des hommes
« accomplis par leur courage et leur fermeté; toi,
« mauvais bavard et le plus impur de tous les hom-
« mes, tu as été produit pour la honte et le déshon-

« neur de cette terre, et tu apparais comme un mons-
« trueux prodige. O père excellent de toutes choses!
« quelle espèce de charpentier avons-nous donc ici?
« Comme l'ouvrier habile abat le bois avec sa do-
« loire, de même celui-ci devait broyer les épau-
« les des Gentils avec sa lance et son glaive. Déjà
« ce fier travailleur avait, à force de coups, émoussé
« mille épées, et seul il avait détruit les peuples
« païens, tandis que nous demeurions dans l'oisiveté.
« Que sont devenues cette vigueur si vantée et ces
« bravades si souvent renouvelées sur les rives de la
« Loire et de la Seine, lorsqu'il est certain que nous
« avons vu si peu d'actions, et que nous entendons
« sans cesse une langue dont la volubilité ressemble
« au roulement du tonnerre? Seul il pouvait secou-
« rir la lune en travail, et cependant nous ne l'avons
« vu produire aucune œuvre de quelque efficace, et
« il a vécu dans un honteux engourdissement. Certes
« après avoir trahi en Espagne la race du Seigneur,
« il était digne de ta haute vaillance que tu misses
« le comble en Syrie à une conduite si honorable.
« Eh bien, soit! tu ne pouvais agir autrement. C'est
« pourquoi, accusé d'un crime si honteux, tu obtien-
« dras le pardon le plus complet. » A la suite de ce
discours, les Francs, qui l'entendirent, rougirent
pour Guillaume; celui-ci ne pouvait revenir de son
étonnement, et ils eurent grand'peine à lui imposer
silence. L'illustre Boémond, sachant mêler la modération à la sévérité, épargna le misérable et se borna
à lui faire promettre par serment de ne plus abandonner la route de Jérusalem, soit que la fortune
fût favorable, soit que l'avenir amenât de nouveaux

revers ; il lui promit même que Tancrède, qui l'avait arrêté dans sa fuite, deviendrait son ami s'il se conduisait désormais avec l'énergie d'un homme. Cet arrangement fut accepté des deux parties ; mais peu de temps après, cet admirable charpentier qui, tant qu'il se voyait en sûreté, menaçait de faire un massacre général des Turcs, oubliant ses sermens et mentant à sa foi, ne tarda pas à s'échapper furtivement et prit la fuite une seconde fois.

Que personne, au reste, ne s'étonne que cette armée, quoique remplie de sentimens de piété, se soit trouvée exposée à de si grandes souffrances ; car il n'est que trop certain que ceux qui la composaient repoussaient par les plus grands crimes la prospérité que le ciel n'eût pas manqué de leur envoyer s'ils se fussent bien conduits. Tandis qu'ils étaient en proie à cette profonde misère, tandis qu'ils se trouvaient ainsi privés de toute espèce d'alimens, s'il arrivait que quelqu'un de l'armée se portât un peu trop loin du camp, et qu'un autre de la même armée vînt à le rencontrer seul, celui-ci mettait l'autre à mort pour le plus petit salaire. Les Chrétiens en étaient venus à ce point de malheur qu'ils avaient à peine mille chevaux à opposer à de si nombreux ennemis. Le défaut absolu de pain les mettait, en outre, au supplice, et loin que ces privations les continssent, quelques-uns, au contraire, en étaient plus vivement poussés au crime. On ne saurait douter cependant que, tandis que ces fléaux du ciel les frappaient, beaucoup d'entre eux n'aient été conduits par la repentance à rentrer en eux-mêmes, et que ne comptant plus sur leurs propres forces, et embrassant de meilleures espérances, ils n'en soient enfin venus, au milieu de leur détresse, à implorer les secours de Dieu seul; car tout ce qui leur arrivait servait à leur mieux démontrer, de jour en jour, que plus leurs ressources s'épuisaient ou plus leur courage s'affaiblissait, et plus ils avaient besoin d'apprendre à recourir, avec une juste humilité, à celui à qui toutes choses sont possibles.

L'un des délégués du despotique empereur, qui se nommait, si je ne me trompe, Tetigus[1] et qui assistait au siége d'Antioche, homme déjà âgé, mais qui ayant eu le nez cassé, je ne sais par quel accident, portait un nez en or, frappé de la crainte des Turcs, et redoutant, en outre, les dangers de la disette, alla trouver les seigneurs, et leur adressa, en un langage fort élégant, ces paroles remplies de mensonges : « La cruelle nécessité exige, ô chefs très-
« illustres, que vous sachiez quelles sont les angois-
« ses qui nous accablent et les motifs de crainte qui
« nous viennent, en outre, du dehors. Tandis que
« l'on combat hors du camp, dans l'intérieur le tour-
« ment de la faim ne cesse de nous mettre au sup-
« plice ; d'aucun côté nous ne voyons aucun refuge,
« nous ne trouvons aucun secours à l'aide duquel
« nous puissions respirer quelques momens. Si donc
« vous le jugez convenable, dans votre sagesse, que
« l'on m'accorde l'autorisation d'aller dans la Roma-
« nie ; je vous ferai porter de ce pays, par le moyen
« d'une nombreuse flotte, du froment, du vin, de
« l'orge, de la viande, de la farine, du fromage, et
« beaucoup d'autres denrées utiles, et j'aurai soin,

[1] Tatin.

« en faisant publier en tout lieu un édit impérial,
« d'organiser par la voie de la mer un service conti-
« nuel de transport pour toutes sortes de provisions.
« Tout le pays des Grecs vous fournira, en outre,
« par la voie de terre, des chevaux, ainsi que tous
« les autres animaux, tous les ustensiles, dont vous
« pourriez avoir besoin. L'empereur lui-même qui,
« jusqu'à présent, a ignoré vos souffrances, s'em-
« pressera, dès qu'il en sera informé, à vous secourir
« dans cette extrême détresse. Pour moi, je m'enga-
« gerai envers vous, par serment, à suivre fidèlement
« et avec persévérance l'accomplissement de tout ce
« que je vous promets, et, lorsque toutes ces dispo-
« sitions seront terminées, je ne craindrai point de
« venir de nouveau m'associer aux fatigues du siège.
« Si cependant vous craignez que je ne veuille fuir
« votre société et les maux de la disette, voici, mes ten-
« tes, mes domestiques demeureront auprès de vous.
« Si je les laisse pour un temps, je ne pourrai, cepen-
« dant, les oublier pour toujours. » Il dit, et sédui-
sit les oreilles de plusieurs des grands par le charme
de son langage apprêté. Il se retira donc et partit sans
redouter nullement l'accusation qu'il appelait sur sa
tête, en se parjurant honteusement. Dès ce moment,
il ne pensa plus à l'exécution des promesses qu'il
avait faites, et fut reconnu menteur en tout point.

Cependant les ennemis commencèrent à presser les
nôtres si vivement qu'aucun de ceux-ci n'osait sortir
de sa tente ou du camp pour quelque affaire que ce
fût. Le défaut de nourriture était, en outre, comme un fléau domestique qui tourmentait les Chrétiens
de la manière la plus déplorable. Si, comme l'a dit

quelqu'un, rien n'est plus fâcheux que la diète imposée par force à un homme, quels tourmens pensons-nous que devaient éprouver ceux qui, constamment attachés sur cette croix, ne trouvaient pas seulement la plus légère consolation dans des espérances même trompeuses, et qui se revoyaient tous les jours en présence de ces murailles impénétrables? Les gens du peuple, dévorés de pauvreté, allaient errans dans divers lieux; les uns se rendaient à Chypre, quelques autres dans la Romanie, d'autres parcouraient au hasard les montagnes, cherchant quelques moyens de suppléer à l'insuffisance de leurs ressources. Mais la route de la mer était entièrement fermée par les fréquentes sorties des Turcs, et nos chevaliers n'avaient aucune possibilité de sortir de leurs retranchemens.

Boémond, ayant appris que de nouvelles et innombrables bandes turques étaient sur le point de venir attaquer le camp des Chrétiens, alla trouver les autres princes et leur dit : « Comme notre armée est
« déjà fort diminuée, à tel point qu'elle semble trop
« faible et trop insuffisante pour livrer une seule ba-
« taille, et qu'il paraît encore plus impossible de la
« diviser en deux corps obligés de combattre en même
« temps, ne devons-nous pas, si nous sommes for-
« cés de marcher avec une portion quelconque de
« cette armée à la rencontre des Turcs qui nous me-
« nacent, ne devons-nous pas, dis-je, déterminer à
« l'avance quels sont ceux que nous laisserons pour
« continuer les travaux du siége de cette place, et
« pour défendre nos tentes? Si votre avis est con-
« forme au mien, nous emploierons la majeure par-

« tie des hommes de pied d'élite à garder les avenues
« de la ville, et nous nous servirons des chevaliers,
« comme des hommes les plus vigoureux, pour les
« opposer aux Turcs insensés. » Il dit, et aucun
prince ne parla contre sa proposition.

Déjà les ennemis avaient dressé leurs tentes auprès
d'un château, situé tout près de la ville, au delà du
fleuve Farfar, que l'on appelait le château de Harenc.
Vers le soir, Boémond, ayant rassemblé tous les chevaliers, sortit du camp, et alla en toute hâte prendre
position entre le fleuve et le lac adjacent. Le lendemain, dès le point du jour, il fit partir promptement
des éclaireurs qu'il chargea de s'assurer de la force
des Turcs, de savoir ce qu'ils faisaient et en quels
lieux ils séjournaient, et de venir au plus tôt lui en
rendre compte. Les éclaireurs s'étaient déjà un peu
avancés, et commençaient à chercher les ennemis
dont l'arrivée faisait grand bruit, quand tout à coup
ils voient paraître leurs innombrables escadrons, divisés en deux corps d'armée, qui avaient sur leurs
derrières l'immense multitude des gens de pied. Dès
qu'ils les eurent reconnus, les éclaireurs revinrent
sur leurs pas en toute hâte : « Les ennemis, di-
« rent-ils, nous menacent ; faites en sorte qu'ils vous
« trouvent bien préparés et dans toute votre force. »
Alors Boémond, s'adressant aux chevaliers, ses compagnons d'armes et ses frères en Jésus-Christ, pour
animer leur courage : « Vaillans chevaliers, leur dit-
« il, vos nombreuses victoires sont des motifs bien
« suffisans pour vous inspirer un grand courage. Jus-
« qu'à présent vous avez combattu pour la foi contre
« la perfidie, et vous êtes sortis avec succès des plus

« grands périls. Vous n'avez pu éprouver aussi sou-
« vent la force du Christ sans un vif sentiment de
« joie, sachant surtout de la manière la plus positive
« que dans les combats les plus périlleux, c'est le Christ
« qui a combattu et non point vous. Comment donc
« pourriez-vous, dans une rencontre quelconque,
« livrer vos ames à de folles craintes, vous qui, par
« l'assistance du Seigneur, avez échappé déjà à des
« maux que nul homme n'avait encore éprouvés,
« vous qui avez remporté des triomphes supérieurs
« aux forces humaines? Je vous supplie donc uni-
« quement de croire à votre propre expérience, afin
« qu'aucune force humaine ne puisse désormais nous
« résister. Que cette confiance rassure vos esprits ;
« avancez-vous avec précaution ; attachez-vous, de
« toute l'ardeur de vos ames, à marcher sur les traces
« du Christ qui, comme d'ordinaire, porte devant vous
« sa bannière ; et invoquez-le par vos cris. » De toutes
parts les chevaliers lui répondirent, avec acclamations,
qu'ils se conduiraient fidèlement et avec l'activité et la
prudence nécessaires ; et comme Boémond avait plus
d'expérience que tous les autres, ils lui confièrent le
soin d'organiser leurs corps. Il prescrivit donc à chaque prince de réunir tous ceux qui dépendaient de
lui et d'en former un corps particulier. Six corps
furent ainsi formés, selon que Boémond l'avait ordonné : chacun d'eux s'organisa séparément en esca-
dron formé en coin, pour attaquer les ennemis, et
les cinq premiers se portèrent en avant avec beaucoup
de précaution. Boémond marcha sur les derrières avec
son sixième corps, afin d'être prêt à porter secours à
ceux qui pourraient en avoir besoin. Tandis que les

nôtres s'avançaient au combat, ainsi distribués en divers corps remplis de courage, et marchant en escadrons serrés, chaque chevalier suppliait instamment son voisin de ne pas laisser languir le combat, autant du moins qu'il dépendrait de lui en particulier. Dès que la bataille s'engagea, nos chevaliers attaquèrent les ennemis avec leurs lances recourbées : bientôt les courages s'échauffent et les combattans pressent leurs chevaux de l'éperon. D'affreuses clameurs s'élèvent des deux côtés et ébranlent les airs : les escadrons se heurtent, les Turcs dardent leurs javelots, les Français lancent leurs traits qui vont frapper les ennemis dans la poitrine. Les glaives s'émoussent à force de frapper ; le plus fin acier se brise en éclats ; les bras vigoureux, avides de répandre un sang impur, brandissent le fer qui porte de tous côtés les blessures. Comme les bandes innombrables de corneilles ou de grives obscurcissent l'éclat de l'astre des cieux, lorsqu'elles prennent leur vol, de même les flèches interceptent les rayons du soleil au milieu des airs, et tombent comme une grêle épaisse. Les armes résonnent de toutes parts, les chevaux se livrent à toute leur impétuosité, le bronze retentit ; les mourans gémissent, les vainqueurs se réjouissent ; de tous côtés, on n'entend que des sons discordans. Cependant, lorsque toute l'armée turque, qui marchait à la suite des premiers corps ennemis, vint enfin prendre part à cet horrible combat, l'ardeur des nôtres commença à se ralentir devant de si puissans renforts, et à mesure que le nombre des ennemis s'accroissait, nos chevaliers fléchissaient un peu et perdaient quelque chose de leur vigueur. Boémond qui veillait toujours sur les derrières pour porter secours aux siens, reconnut leur détresse et frémit de colère. Aussitôt, appelant son connétable, un nommé Robert, fils de Gérard, et l'envoyant vers le champ de bataille : « Va, lui dit-il, déploie en ce moment toute « la grandeur d'ame nécessaire en une si grave occur- « rence, et pensant que nous défendons en ces lieux « la cause de toute la chrétienté, aie sans cesse pré- « sent à ton esprit le but de nos constans efforts, qui « est de reconquérir Jérusalem pour Dieu, et de dé- « livrer son sépulcre. Tu ne sais pas moins bien que « nous qu'il faut compter sur l'assistance du ciel bien « plus que sur celle des hommes. Va donc, emploie « ton courage pour le Christ qui a souffert, ne te laisse « point intimider dans une si belle occasion, que le « Seigneur a suscitée peut-être pour te combler du « plus grand honneur. » Encouragé par ces paroles, et mettant toute sa confiance dans le Seigneur, le connétable s'élance et enfonce avec son glaive les escadrons épais de l'ennemi. Il porte en avant la bannière de son prince, afin de rendre le courage à ceux des nôtres qui éprouvent quelques sentimens de crainte. Semblable à la lionne à qui l'on vient d'enlever ses petits, et qui immole à sa rage tout ce qu'elle rencontre, Robert dans les transports de sa fureur se fraie avec l'épée un passage à travers les rangs les plus serrés, et renversant tout devant lui, il montre le chemin aux escadrons qui le suivent. Les nôtres cependant, reconnaissant la bannière de Boémond, et voyant le connétable emporté par sa fureur et déployant contre les Turcs tout l'effort de son courage, se ranimèrent en même temps, et repoussèrent les ennemis avec une telle vigueur, que ceux-ci n'eurent plus d'espoir que dans une prompte fuite. Nos chevaliers les poursuivirent vivement, et les précipitant en déroute jusqu'à l'étroit défilé du pont de Farfar, ils ne cessèrent d'en faire un grand carnage. A la suite de leur défaite les Turcs se jetèrent dans le château de Harenc, dont j'ai déjà parlé; ils enlevèrent tout ce qu'il renfermait, y mirent le feu, n'y voulant jamais revenir, et prirent de nouveau la fuite. Cependant les Arméniens et les Syriens, hommes perfides qui se tenaient entre les deux armées, attendant l'issue du combat pour s'attacher au parti vainqueur, voyant les Turcs battus, occupèrent aussitôt tous les sentiers et se mirent à massacrer tous ceux qui passaient près d'eux. Les dépouilles que les nôtres enlevèrent aux ennemis les soulagèrent dans leur extrême indigence; ils leur prirent des chevaux et de l'argent; et de plus, fiers de ce nouveau triomphe, ils purent insulter à leurs ennemis vaincus. Après la victoire, ils abattirent cent têtes de ceux qui avaient péri dans le combat, et les suspendirent devant les murs d'Antioche, pour porter l'effroi dans l'ame des assiégés, et pour se conformer à l'usage des Gentils, qui ne manquent jamais de mettre en réserve les têtes de leurs ennemis, et de les porter en triomphe, comme gage de leur victoire.

Tandis que ces événemens se passaient, l'empereur de Babylone envoyait une députation aux princes de notre armée, pour les féliciter de leurs succès contre les Turcs, et leur promettre en outre, quoiqu'il n'en eût point l'intention, de se faire chrétien si les nôtres enlevaient aux Turcs, et lui restituaient ce que ceux-ci avaient usurpé sur son empire. J'ai déjà dit que cet empire de Babylone avait été de beaucoup le plus considérable de tous les empires de l'Orient ; mais que les Turcs, plus belliqueux et animés d'un plus grand courage, en avaient conquis une bonne partie.

Ceux des nôtres qui étaient demeurés devant la place pour continuer les travaux du siége, se battirent aussi avec une grande vigueur contre les habitans d'Antioche, non seulement sur un point, mais presque devant toutes les portes de la ville. Ce fut le 9 février, et la veille du commencement du jeûne, que nos chevaliers remportèrent cette grande victoire sur les Turcs. Et certes, avant de commencer leur jeûne, il était bien juste que les Chrétiens fussent admis au festin qu'ils ambitionnaient le plus, et eussent la joie de se rassasier du sang de leurs méchans ennemis. Les Francs, dans l'ivresse de leur victoire, offrirent au Seigneur qui les avait assistés mille vœux et mille actions de grâces, et rentrèrent dans leur camp, non sans emporter un riche butin. Les Turcs au contraire, frémissant de honte, seraient, s'ils l'avaient pu, retournés dans leurs pays à travers des souterrains.

Cependant les principaux des nôtres, voyant que les assiégés ne cessaient de leur faire toutes sortes d'insultes et de maux, tinrent conseil entre eux, et résolurent, avant que l'armée éprouvât de nouvelles pertes par des accidens quelconques, d'élever un fort en avant de la porte de la ville, où les Turcs avaient leur église, et un pont sur le Farfar, afin de pouvoir contenir ceux-ci dans leurs entreprises. Ce projet fut également approuvé par les plus jeunes chevaliers. Le

comte de Saint-Gilles se présenta le premier : « Je
« pourvoirai, dit-il, et me chargerai aussi de veil-
« ler à la défense du fort ; je vous demande seulement
« de m'aider à le construire. » Boémond dit : « Si les
« princes y consentent, je promets aussi de me rendre,
« avec le comte qui s'est offert le premier, jusqu'au
« port de Saint-Siméon, et de là nous protégerons en
« même temps ceux qui entreprendront la construc-
« tion du fort. Les autres surveilleront les assiégés et
« les empêcheront de sortir de la place. » En conséquence, le comte de Saint-Gilles et Boémond partirent, comme ils l'avaient résolu, pour le port de
Saint-Siméon. Ceux qui demeurèrent commencèrent
à s'occuper de la construction du fort; mais ils furent
interrompus dans leurs premiers travaux par une
violente irruption des Turcs qui s'élancèrent sur
les nôtres à l'improviste, les contraignirent de prendre la fuite, en tuèrent même un grand nombre, et
ce jour fut un jour de deuil pour les Francs. Le lendemain les Turcs apprirent le départ de quelques-
uns de nos princes pour le port de Saint-Siméon.
Aussitôt ils firent de grands préparatifs, et se mirent
en route pour marcher à la rencontre de ceux qui reviendraient du port. Dès qu'ils reconnurent le comte
de Saint-Gilles et Boémond venant vers eux avec leur
escorte de chevaliers, ils commencèrent à parler entre
eux et à pousser d'horribles clameurs; puis, ils enveloppèrent les nôtres de toutes parts, les accablèrent
de traits et de flèches, et les frappèrent cruellement
de mortelles blessures. Surpris par cette attaque violente, les nôtres parvinrent à peine à s'échapper, en
se précipitant dans les montagnes voisines, et partout

où ils pouvaient trouver quelque issue. Ceux qui purent dépasser en célérité des chevaux rapides, pour ainsi dire, comme des oiseaux, échappèrent aux ennemis ; mais ceux que les Gentils remplis d'agilité trouvèrent plus lents, succombèrent sous leurs coups. Dans cette horrible catastrophe, les nôtres perdirent plus de mille hommes tombés morts sur la place. Ceux qui se trouvèrent, selon les paroles de l'apôtre, « approuvés de Dieu [1] » par le témoignage de leur foi, reçurent après leur mort le prix glorieux de leurs souffrances ; ceux qui pouvaient avoir besoin de quelque châtiment à raison de leurs péchés, trouvèrent dans l'effusion de leur sang le plus puissant moyen de les expier.

Cependant Boémond, accablé d'une profonde douleur à la suite de ce déplorable événement, s'étant séparé de ses compagnons et ayant pris un chemin raccourci, arriva au camp devant Antioche avec un petit nombre de chevaliers qu'il avait trouvés rassemblés. Tous les Chrétiens, désespérés du massacre de leurs frères, sanglotant et invoquant le Christ dans l'amertume de leurs cœurs, se rendirent sur le champ de bataille pour attaquer tous à la fois ceux qui leur avaient fait tant de mal. Les cohortes ennemies, fières de leur récente victoire, demeurèrent fermes à la vue des Chrétiens, se croyant en pleine sécurité et comptant qu'il leur serait facile de battre cette nouvelle armée, comme ils se vantaient d'avoir battu le comte de Saint-Gilles et Boémond. Mais, tandis que les méchans faisaient de tels projets dans leur méchanceté, le Dieu de bonté préparait dans sa miséricorde les

[1] Épître de saint Paul à Timoth., chap. II, v. 15.

moyens de soulager les assiégés. Les illustres pèlerins, touchés de compassion et de douleur au souvenir de leurs frères morts, portant sur la poitrine et dans le cœur le signe de la croix du Seigneur, rassemblèrent toutes leurs forces pour s'élancer sur les ennemis. Ceux-ci, voyant l'unanimité de leurs efforts, se retirent aussitôt et se hâtent d'aller franchir le défilé du pont du Farfar. La masse des fuyards se pressait vers cet étroit passage, et à mesure que les corps des hommes de pied et des cavaliers se rassemblaient sur un espace plus resserré, chacun cherchant à dépasser son voisin et son égal, le précipitait dans les eaux. Les nôtres ne manquèrent pas de reconnaître la difficulté de cette position, et, voyant l'affluence toujours croissante des fuyards, ils virent bien qu'il s'agissait bien moins de porter des blessures que de favoriser le désordre et les chutes qui en étaient la suite. Aussi, dès qu'un homme tombé dans l'eau cherchait à en sortir, en remontant péniblement le long des piles du pont ou en nageant pour aborder au rivage, les nôtres qui occupaient les bords du fleuve le repoussaient aussitôt et le forçaient à s'enfoncer dans les ondes. Les Chrétiens firent de cette manière un si grand carnage, en retour des maux qu'ils avaient soufferts, que le Farfar sembla rouler des flots de sang plutôt que de l'eau. Les vaincus et les vainqueurs, les mourans et ceux qui les forçaient à mourir, poussaient de tous côtés de si terribles clameurs que la voûte des cieux en paraissait ébranlée. L'air était obscurci par une immense quantité de flèches et d'autres espèces de dards, et les traits qui volaient de toutes parts, errant au loin, formaient comme un nuage qui interceptait la lumière du soleil. Les femmes chrétiennes qui habitaient la ville, rassemblées sur les remparts, repaissaient leurs yeux d'un tel spectacle; et voyant les Turcs massacrés et livrés à toutes sortes de souffrances, elles s'affligeaient en face, et, détournant ensuite la tête, elles applaudissaient tout bas au triomphe des Francs. Les Arméniens et les Syriens, quoique Chrétiens, se voyaient forcés de lancer des flèches contre les nôtres; quelques-uns d'entre eux cependant le faisaient aussi de plein gré. Les Turcs perdirent dans cette journée douze de leurs principaux magistrats, que l'on appelle *satrapes* en langue chaldaïque, et que ces barbares ont nommés *émirs*: il périt aussi parmi eux un grand nombre d'hommes des plus honorés et des plus habiles, sur qui pesait tout le soin de la défense de la ville, et qui furent, dit-on, au nombre de quinze cents. Ceux des ennemis qui survécurent à ce désastre, cessèrent dès ce moment d'insulter aux Chrétiens, comme ils avaient coutume de le faire : plus de bavardage, plus de propos plaisans, ce jour changea en deuil leur longue joie; la nuit qui survint sépara les deux armées, et les combattans cessèrent d'agiter leurs armes. Cette victoire eut pour les nôtres cet immense résultat que dès lors les ennemis parurent avoir perdu une partie de leurs forces et de leur vigueur, et qu'ils cessèrent entièrement de faire entendre leurs provocations moqueuses. Un grand nombre des nôtres se relevèrent en outre, par la faveur de Dieu, de l'extrême indigence à laquelle ils se trouvaient réduits. Le lendemain au point du jour, quelques Turcs sortirent de la ville et enlevèrent ceux de leurs morts qu'ils purent retrouver, les autres ayant été emportés par le courant du fleuve. Quant aux premiers ils les transportèrent et les ensevelirent auprès de leur église, qu'ils appellent une *mahomerie*, au-delà du pont de Farfar, et près de la porte d'Antioche. Ils déposèrent en outre dans leurs tombes des manteaux, des byzantins d'or, des flèches et des arcs, et beaucoup d'autres instrumens, que je ne m'arrêterai point à décrire. Informés de l'accomplissement de ces cérémonies, les nôtres se rendirent en grand nombre et bien armés vers ce fatal cimetière, et, brisant les sépulcres et en retirant les corps, ils en formèrent un monceau qui fut ensuite poussé tout ensemble dans les profondeurs d'une cavité. Les têtes des morts furent coupées et transportées dans les tentes des Chrétiens, qui voulaient s'assurer plus positivement du nombre de ceux qu'ils avaient tués, sans compter celles qu'ils avaient fait charger sur quatre chevaux, et que les députés de l'empereur de Babylone avaient emportées, pour rendre témoignage de la victoire des Chrétiens sur les Turcs. Ces derniers lorsqu'ils apprirent que ces cadavres avaient été déterrés en furent plus profondément affligés qu'ils ne l'avaient été même de leur défaite. Ils avaient montré jusque-là de la modération dans leur douleur, mais dès ce moment ils s'y abandonnèrent sans mesure et poussèrent d'affreux hurlemens.

Trois jours après, les Chrétiens commencèrent les travaux de leur nouveau fort, et transportèrent pour le construire les pierres des sépulcres des Gentils qu'ils venaient de briser. Lorsque cette redoute fut terminée, la ville assiégée se trouva serrée de plus

près, et bientôt elle éprouva à son tour les maux que les Chrétiens avaient endurés. Les nôtres retrouvèrent dès lors la faculté d'aller librement de tous côtés, et les sentiers des montagnes, naguère si difficiles à aborder, leur étant ouverts, ils purent aisément chercher des vivres en tous lieux. En même temps toutes les routes se trouvèrent fermées pour les Turcs ; un seul point sur le fleuve, du côté où étaient placées une redoute, et tout près de celle-ci l'église des Gentils, semblait encore donner à ceux-ci la possibilité de sortir de la ville et d'y rentrer. Si cette redoute qui appartenait aux nôtres eût été bien fortifiée par eux, les ennemis auraient vainement tenté de se porter hors de la place. En conséquence, nos princes ayant tenu conseil résolurent de choisir l'un d'entre eux, qui serait chargé de garder cette position, de la fortifier avec le plus grand soin, de la défendre fidèlement, afin d'empêcher entièrement les païens d'errer à l'avenir dans les montagnes ou dans la plaine, et de leur interdire toute communication avec le dehors. Tandis qu'on cherchait parmi les princes un homme propre à un emploi si important, Tancrède, jeune homme qui dans les guerres du Seigneur a mérité et mérite encore aujourd'hui une grande réputation d'habileté, emporté par son ardeur, se présente tout à coup, et dit : « Si je savais quels avantages je pourrai reti-
« rer à l'avenir d'une entreprise si difficile, aidé
« du secours de mes hommes, je me chargerais de
« fortifier cette redoute avec toute la sollicitude né-
« cessaire, et je m'efforcerais avec l'assistance de Dieu
« de fermer les chemins par lesquels nos ennemis
« ont encore la faculté de sortir de la ville. » Satis-

faits de son empressement, les princes lui promirent aussitôt de lui donner quatre cents marcs. Peu content de cette offre, qui semblait mesquine, comparée à l'importance de l'entreprise, Tancrède l'accepta cependant, de peur que son refus ne fût imputé à un sentiment de lâcheté; et emmenant aussitôt et sans la moindre hésitation les chevaliers et les vassaux qui s'étaient attachés à son sort, il alla prendre possession de la redoute, et enleva aux ennemis la possibilité de sortir des portes de la place : dès ce moment les Turcs éprouvèrent une grande disette de fourrages pour la nourriture de leurs chevaux; les bois et beaucoup d'autres denrées de première nécessité devinrent aussi fort rares dans la ville. L'illustre guerrier résolut donc de demeurer ferme dans le même lieu, d'intercepter les convois, d'investir la ville et de la bloquer même avec la plus grande célérité. Le jour qu'il s'était établi dans le fort, un corps nombreux d'Arméniens et de Syriens arriva à travers les montagnes, venant porter des vivres aux assiégés ; le vaillant chevalier voulant signaler les commencemens de son entreprise, marcha à leur rencontre, se confiant en l'assistance de Dieu, bien plus encore qu'en sa force, et leur enleva une grande quantité de grains, de vin, d'huile, et beaucoup d'autres denrées non moins utiles. Dès ce moment tout homme sage ne put plus se plaindre d'être oublié par le Ciel, en travaillant à une œuvre si sainte : ce premier succès donna aux nôtres l'assurance de ne plus manquer désormais des choses nécessaires à la vie, et de recueillir plus tard dans le sein du Seigneur les récompenses de l'éternité, après les secours accordés sur cette terre à la chair. Les Turcs perdirent, par suite de cette nouvelle manœuvre, tout moyen de sortir ou d'agir en dehors de leurs murailles, et se virent forcés de se contenter des choses qu'ils pouvaient trouver dans l'intérieur, en attendant que la ville leur fût enlevée par les Chrétiens.

Dans le cours de ce même siége, les pélerins maintinrent la loi du Christ avec une grande vigueur, et, dès qu'un homme était reconnu coupable de quelque crime, il subissait dans toute sa sévérité le jugement et la sentence des princes de l'armée. On prescrivit en outre de venger d'une manière toute particulière les crimes de l'impureté; et certes, ce n'était pas sans de justes motifs. Ceux qui vivaient au milieu de toutes sortes d'affreuses privations, et se voyaient tous les jours exposés au glaive des ennemis, si Dieu ne les protégeait, ne pouvaient raisonnablement se livrer à l'emportement de leurs pensées; comment s'abandonner aux passions des sens, lorsque de toutes parts la crainte de la mort pesait sur eux? Aussi ne permettait-on pas même qu'il fût question d'aucune femme de mauvaise vie, ou d'aucun genre de prostitution; et tous les chrétiens avaient à redouter de tomber sous le glaive, frappés par le jugement de Dieu, s'ils se hasardaient à commettre un si grand crime. Si l'on venait à reconnaître qu'une femme qui n'eût point de mari fût grosse, elle était aussitôt livrée à d'affreux supplices, ainsi que son séducteur. Un moine de l'un des plus célèbres couvens, qui s'était échappé du lieu de sa retraite pour se réunir à l'expédition de Jérusalem, bien plus par légèreté que par piété, fut surpris avec une femme. Convaincu, si je ne me trompe, par l'épreuve du fer rouge, il fut en outre, et en vertu des ordres de l'évêque du Puy et des autres princes, promené avec sa misérable concubine dans toutes les rues du camp, et tous deux, mis à nu, furent rudement fouettés de verges, au grand effroi de tous ceux qui assistèrent à ce spectacle.

De plus, et afin d'inspirer aux Chrétiens plus de patience dans leurs maux, plus de retenue dans leurs vices, l'évêque du Puy allait répétant sans cesse de nouvelles exhortations. Il ne se passait pas un jour de dimanche ou de fête solennelle, sans que la parole divine fût prêchée dans tous les quartiers du camp des chrétiens, et l'évêque du Puy imposait les mêmes obligations aux évêques, aux abbés et aux autres membres du clergé qu'il rencontrait, et qu'il jugeait les plus éclairés.

Puisque ce mot d'abbé s'est trouvé dans mon récit, je crois devoir raconter ici l'histoire d'un abbé, qui au moment où nous nous occupions encore dans notre pays des préparatifs de cette expédition, ayant reconnu qu'il n'avait pas assez d'argent, imagina, je ne sais par quel moyen, de graver sur son front le signe de la croix, que les autres faisaient d'une étoffe quelconque, et portaient ensuite sur leurs vêtemens. Cette croix semblait non seulement peinte, mais même imprimée par le fer, comme à la suite d'une blessure qu'aurait reçue un chevalier; et après cela, pour confirmer son artifice par un mensonge, il publia partout qu'un ange lui avait imprimé cette croix pendant une vision. Il ne tarda pas à recueillir les fruits qu'il avait espérés. Le peuple ignorant et toujours avide de nouveautés, ayant appris ce récit, combla cet homme de présens, dans son pays aussi bien qu'au dehors. Sa tromperie ne put cependant échapper aux regards de ceux qui l'examinèrent avec attention, et qui virent qu'il y avait une suppuration en dessous de cette figure de croix, tracée violemment sur son front. Il partit ensuite pour la Terre-Sainte, assista au siége d'Antioche, y raconta sa feinte mensongère, que d'autres déjà avaient depuis long-temps découverte, et ne dissimula point l'intention qu'il avait eue de gagner de l'argent par ce moyen. Il se conduisit honorablement, et se rendit utile par ses enseignemens à l'armée du Seigneur. Sans doute il avait été poussé par le zèle de Dieu, mais ce zèle s'était montré vide de sagesse. L'abbé cependant s'éleva si bien, qu'après la prise de Jérusalem, il devint abbé de l'église de la bienheureuse Marie, située dans la vallée de Josaphat, et plus tard il fut institué archevêque de Césarée, métropole de la Palestine. Il est un fait dont on ne saurait douter; c'est que si les Chrétiens n'eussent reçu aussi fréquemment les consolations de la parole divine, ils n'eussent pu supporter avec tant de patience et de persévérance tous les maux qu'attiraient sur eux la famine et la guerre. Aussi n'hésitons-nous point à dire que les hommes honorables par leur conduite, illustrés par le savoir, qui vivaient au milieu d'eux, ne furent pas moins utiles et peut-être même furent plus utiles encore que ceux dont les mains portaient les armes contre l'ennemi. Celui qui fortifie par ses exhortations un courage abattu est plus grand sans doute que celui qui puise des forces dans ses paroles, surtout si l'on considère que ceux-là même qui remplissaient de telles fonctions étaient soumis aussi aux souffrances que tous les autres éprouvaient.

Que dirai-je enfin de ceux qui dans le cours de cette même expédition se sanctifièrent en divers lieux par le martyre? Et ce ne furent pas seulement des prêtres, des hommes lettrés, mais même des chevaliers, des hommes du peuple dont on ne devait pas attendre une si glorieuse confession, qui furent appelés à cette destinée. J'ai entendu dire qu'un grand nombre d'entre eux, faits prisonniers par les païens, et recevant l'ordre de renier la foi, aimèrent mieux livrer leur tête au glaive que trahir la foi chrétienne, dans laquelle ils avaient été nourris. Parmi les exemples que je pourrais rapporter, j'ai choisi celui d'un chevalier, noble par sa naissance, mais plus illustre encore par ses vertus que tous les hommes de sa parenté ou de son ordre que je puis avoir rencontrés. Celui-ci m'était connu dès son enfance, et je l'avais vu croître avec les dispositions les plus heureuses; car il était originaire du même lieu que moi, lui et ses parens tenaient des bénéfices de mes parens et leur devaient hommage; il a grandi en même temps que moi, et par conséquent, j'ai pu connaître parfaitement sa vie et son caractère. Lorsqu'il fut élevé au rang de chevalier, il se distingua dans la carrière des armes et sut se maintenir exempt des vices du libertinage. Comme il avait pris l'habitude d'aller partout pour rendre des services, et de voyager sans cesse en pélerin, il était très-connu et très-honoré dans le palais d'Alexis, l'empereur de Constantinople. Quant à sa manière de vivre, comme il était favorisé à l'extérieur des dons de la fortune, il

se montrait généreux dans la distribution des aumônes, et suivait très-assidûment la célébration des divins mystères, en sorte que sa vie était celle d'un prélat plutôt que d'un chevalier. Quand je me rappelle sa régularité pour la prière, la piété de son langage, sa généreuse bonté, je ne puis trop bénir une si sainte conduite, et je me félicite d'avoir pu être moi-même témoin d'une vie si pure qu'elle ne pouvait être couronnée que par une mort de martyr. Certes, je me glorifie, de même que doivent se glorifier tous ceux qui ont pu le connaître, je n'ose dire obtenir son amitié; que quiconque l'a vu sache à n'en pouvoir douter, qu'il a vu en lui un martyr. Fait prisonnier par les païens, qui voulurent le contraindre à renier la foi du Christ, il demanda à ces méchans un délai jusqu'au sixième jour de la même semaine. Ils le lui accordèrent volontiers, pensant que dans cet intervalle il se déterminerait enfin à se rétracter. Le jour fixé étant arrivé, comme les Gentils le pressaient dans leur fureur de se rendre à leurs instances, on rapporte qu'il leur dit : « Si vous pensez
« que j'ai éloigné le glaive suspendu sur ma tête, dans
« l'intention seulement de gagner quelques jours,
« et non plutôt afin de pouvoir mourir le jour même
« que mon Seigneur Jésus-Christ a été crucifié, il est
« juste que je mette aujourd'hui en évidence les pen-
« sées d'une ame chrétienne. Levez-vous donc, ajou-
« ta-t-il, et donnez-moi la mort comme vous le vou-
« drez; je ne demande que de pouvoir remettre mon
« ame à celui pour lequel je meurs, et qui, ce même
« jour, a sacrifié lui-même la sienne pour le salut de
« tous. » A ces mots, il tendit la gorge au fer qui le

menaçait; on lui trancha la tête, et il fut ainsi envoyé auprès du Seigneur, auquel il avait souhaité de ressembler par sa mort. Cet homme se nommait Matthieu, et, conformément à la signification de son nom, il ne voulut se donner qu'à Dieu.

LIVRE CINQUIÈME.

En écrivant ce petit ouvrage, qui peut-être pourra produire aussi pour moi quelques avantages spirituels, mon intention est, en outre, de dire les choses comme je voudrais qu'un autre me les rapportât, s'il écrivait sur le même sujet. Telle est la disposition de mon esprit qu'il recherche avec empressement ce qui est un peu obscur et embarrassé, et évite une diction commune et négligée. J'estime beaucoup plus ce qui doit exercer mon esprit que ce qui est trop facilement saisi pour pouvoir se graver bien avant dans ma mémoire, toujours avide de nouveauté. Dans toutes les choses que j'ai écrites, et que j'écris sans cesse encore, je bannis tous les hommes de ma pensée, ne cherchant dans ces occupations que mon avantage particulier, et ne me souciant nullement de plaire aux autres. En conséquence, j'ai pris mon parti des opinions du monde, et, tranquille ou indifférent pour moi-même, je m'attends à être exposé à toutes sortes de propos, et comme battu de verges. Je poursuis donc mon entreprise, bien disposé à supporter avec égalité d'humeur les jugemens de tous ceux qui viendront aboyer après moi.

Il serait, je pense, impossible à qui que ce soit de rapporter exactement tout ce qui fut fait pendant le siége d'Antioche. Parmi tous ceux qui y assistaient nul, sans doute, n'eût pu voir de ses propres yeux tout ce qui se passa autour des murailles de cette ville, de manière à en saisir tout l'ensemble, et à connaître tous les événemens dans leur ordre ; et comme j'ai déjà rapporté sommairement les souffrances qu'éprouvèrent les Chrétiens, soit par l'effet des privations, soit par les chances diverses de la guerre, je crois qu'il suffira maintenant que je raconte, aussi bien qu'il me sera possible, comment ils parvinrent au terme du siége, et quels furent pour eux les résultats de cette grande entreprise.

En ce temps, notre armée vit paraître, une nuit, dans le ciel, un signe éclatant comme le feu, et qui présentait, à ne pouvoir s'y méprendre, la figure d'une croix. Tous les sages reconnurent dans cette couleur de feu l'annonce des guerres qui se préparaient, et dans la forme de la croix le gage certain du salut et de la victoire.

L'un des principaux Turcs, qui commandait dans la ville, se nommait Pirrus[1]. Cet homme ayant, je ne sais par quel moyen, lié connaissance avec Boémond, entretint avec lui une correspondance suivie par de fréquens messages, et tous deux se communiquèrent très-souvent leur opinion sur les choses qui se feraient de part et d'autre. A mesure que leur affection se consolida par la régularité de leurs communications, la confiance s'établit entre eux, et comme le Turc exerçait dans la ville une portion considérable de pouvoir, Boémond entreprit de l'amener peu à peu à soumettre Antioche à la do-

[1] Phirouz ou Émir-Feïr.

mination chrétienne, et chercha, en outre, à lui persuader d'embrasser lui-même le christianisme, lui promettant, s'il consentait à ces deux propositions, des avantages et des honneurs plus grands qu'il n'en avait possédé jusqu'à ce jour. Ces offres ayant été très-fréquemment reproduites avec adresse, le Turc, séduit par l'espoir des récompenses, consentit enfin à les accepter, et écrivit à Boémond en ces termes : « Je préside à la défense de trois tours : je les livre-« rai à votre seigneurie, et à l'heure qui vous sera « la plus agréable et la plus commode, je recevrai « volontiers dans ces tours ou vous, ou ceux que « vous m'aurez désignés. » Enivré de cette espé-rance, Boémond attendait avec confiance l'occasion d'entrer dans la ville, et la joie qu'en éprouvait son cœur se reproduisait sur sa belle figure. Craignant cependant qu'au moment où il procurerait la prise de la ville, quelqu'un de nos princes ne lui en enle-vât le commandement, il alla adroitement trouver les seigneurs de l'armée : « Vous n'ignorez point, « leur dit-il, ô mes excellens compagnons, combien « de privations, de souffrances, de pénibles services « nous avons eu à supporter en assiégeant cette ville. « Les grands, les petits et les gens de médiocre con-« dition succombent également sous tant de mortels « ennemis, et ne voient aucun remède à leurs maux. « Je vous demande donc de tenir conseil entre vous « et d'examiner si vous seriez disposés à abandonner « la seigneurie de cette ville à quelqu'un d'entre « nous, dans le cas où il parviendrait à la faire livrer « aux Chrétiens. Il me semble que si quelqu'un réus-« sissait à y pénétrer, soit de vive force, soit par une

« négociation secrète, soit par l'effet de ses sollici-
« tations, il serait tout-à-fait convenable que tous re-
« connussent sans hésiter que la seigneurie de cette
« ville lui appartiendrait de droit. » Après avoir entendu ce discours, les princes se montrèrent d'un
avis tout différent, et résistèrent avec dureté à ces
propositions, disant : « Lorsque toutes les fatigues
« et tous les sujets de crainte ont été recherchés
« avec un égal empressement et sans aucun espoir de
« grande récompense, lorsque tous ont bravé les
« mêmes périls, il ne serait pas convenable qu'une
« dignité, conquise par les maux de tant d'hommes
« et d'hommes si grands, fût exclusivement acquise
« à un seul d'entre nous, quel qu'il fût. Qui ne recon-
« naît, en effet, qu'il est juste, lorsque tous ont com-
« battu avec une égale ardeur, que tous aient le droit
« de prendre part au repos commun et aux fruits de
« la victoire? » Vivement blessé de cette réponse,
Boémond se retira alors, méditant sérieusement dans
le fond de son cœur les paroles qu'il venait d'entendre.

Bientôt, cependant, les princes apprirent que les
nations barbares formaient une armée innombrable
pour venir au secours d'Antioche, et chacun changeant
aussitôt de pensée, et allant trouver ses compagnons
d'armes, ils se réunirent de nouveau en conseil et
s'entretinrent ensemble : « Si Boémond, se dirent-ils,
« parvient par quelque artifice à s'emparer de la ville,
« sachons souffrir avec patience qu'il la possède lors-
« qu'elle lui aura été livrée, sous la condition cepen-
« dant que, si l'empereur nous fournit le secours qu'il
« a promis, s'il exécute avec la générosité conve-
« nable les engagemens qu'il a contractés envers nous,

« sous la foi du serment, nous livrerons nous-mêmes
« la ville à la juridiction impériale ; et que s'il nous
« trompe, elle sera entièrement abandonnée à Boé-
« mond, ainsi qu'il le demande lui-même. » Informé
de cette résolution, l'illustre Boémond, désormais
rassuré, renouvela tous les jours ses pressantes sollicitations auprès de Pirrus, cherchant à le cir-
convenir par des promesses séduisantes : « Vois, lui
« disait-il, excellent Pirrus, vois, l'occasion favora-
« ble sourit à notre entreprise : ne diffère plus, je
« t'en supplie, afin que tu ne perdes point le fruit
« des utiles résolutions que nous formons, ensem-
« ble, s'il arrivait, ce que Dieu veuille éloigner, que
« quelqu'un vînt à découvrir nos projets ! » Tout
joyeux du message de Boémond, Pirrus lui répondit
qu'il ne voulait nullement différer de lui prêter son
assistance. Et, afin de ne pas laisser cet homme illustre
dans une pénible incertitude par un plus long retard,
Pirrus lui envoya secrètement son propre fils, pour
l'inviter à compter positivement sur la remise de la
place : « Demain, lui mande-t-il, dès le premier cré-
« puscule, rassemble en un seul corps tous les che-
« valiers Francs : ordonne-leur de se porter un peu
« loin hors du camp, comme s'ils devaient, selon leur
« usage, aller ravager les terres des Sarrasins ; aussi-
« tôt, cependant, ramène-les par la droite à travers
« les montagnes. Moi, j'attendrai ton retour dans
« l'intérieur de la ville, et je serai tout prêt à rece-
« voir sans hésitation ceux que tu auras voulu en-
« voyer, dans les tours qui sont soumises à mon com-
« mandement. »

Boémond s'empresse d'exécuter avec la plus grande

activité le message qu'il vient de recevoir, il appelle l'un de ses fidèles, et lui ordonne de remplir aussitôt les fonctions de héraut, de parcourir le camp des Francs, et d'annoncer à tous qu'ils aient à se préparer en toute diligence, comme s'ils devaient marcher vers la terre des Sarrasins. Le serviteur accomplit avec intelligence, et sans aucun retard, les ordres désormais irrévocables de son prince ; et aucun Franc ne refuse de concourir à leur exécution. Boémond va trouver alors le duc Godefroi, le comte de Flandre, le comte Saint-Gilles, l'évêque du Puy ; il leur annonce les joyeuses espérances qu'il porte dans son cœur, et comptant entièrement sur les promesses de Pirrus, il leur dit enfin que cette nuit même Antioche lui sera livrée. Ces dispositions prescrites dans l'armée étant entièrement terminées, les chevaliers reçoivent l'ordre de se promener dans la plaine, et un grand nombre d'hommes de pied se dirigent en même temps vers les montagnes. Ils suivirent leur marche toute la nuit, et avant que l'on vît poindre le premier crépuscule du matin, ils se trouvèrent devant les tours que l'heureux traître gardait soigneusement, ne cessant de veiller auprès d'elles. Boémond sautant aussitôt à bas de son cheval, et s'adressant aux Francs d'un ton d'autorité qui leur était inconnu : « Avancez, leur dit-il, et respirez enfin des
« longues inquiétudes que vous avez supportées :
« montez sur cette échelle dressée devant vous : que
« je ne vous retienne pas plus long-temps, prenez
« pour vous cette Antioche depuis si long-temps desi-
« rée ; celle qui fut autrefois soumise au joug des
« Turcs sera confiée incessamment à votre garde, si

« Dieu seconde nos espérances. » Les Francs s'avancent alors vers l'échelle dressée contre les murailles, et fortement attachée ; soixante d'entre eux montent aussitôt, et pénètrent dans les tours dont Pirrus leur confie la garde. Mais celui-ci ne voyant arriver qu'un petit nombre d'hommes, tremblant, comme la suite le fit voir, moins pour les nôtres que pour lui-même, et craignant que la nouvelle de sa trahison ne se répandît trop tôt et n'amenât sa ruine, s'adressa en langue grecque à ceux qui étaient devant lui, et leur dit en frémissant, et d'un ton sévère : « Je ne vois « ici que bien peu de Francs. » Puis il appela Boémond vivement, et à haute voix, lui demandant de presser l'exécution de l'entreprise, de peur qu'elle ne fût connue des citoyens, avant que les Francs ne fussent réunis. Un Lombard des serviteurs de Boémond, entendant Pirrus se plaindre de l'absence de celui-ci, court en toute hâte auprès de celui que l'on demandait : « Pourquoi, dit-il, te conduis-tu si « sottement? Pourquoi exécutes-tu si mollement une « tentative si difficile? Voici, déjà nous sommes maî-« tres des trois tours, et toi, tu sembles admirer de « loin, et attendre l'issue encore incertaine de cet « événement! Réveille-toi, porte tes bras en avant, « interviens toi-même dans l'action où nous sommes « engagés. » Boémond s'avance aussitôt vers l'échelle avec les siens, et satisfait ainsi aux desirs du brave traître, et de ceux qui étaient déjà montés. Dès que ces derniers, occupant les tours de Pirrus, voient les Francs arriver en foule de toutes parts, ils donnent eux-mêmes leur signal, en poussant des cris de jubilation : « Dieu le veut! Dieu le veut! Dieu le veut! »

et ceux qui sont aux pieds des murailles, tous prêts à monter, leur répondent par les mêmes acclamations. Chacun en même temps fait les plus grands efforts pour devancer son voisin et monter avant lui ; et tous, dès qu'ils sont parvenus, comme ils ont pu, sur le haut des remparts, se pressent d'occuper les tours et les autres positions. Tous ceux qu'ils rencontrent sur leur chemin sont frappés de mort, et le frère de Pirrus périt lui-même sous leurs coups. L'échelle cependant se brise, et tous les nôtres, tant ceux qui sont encore au pied des murailles que ceux qui se voient déjà parvenus au sommet, éprouvent une grande amertume de cœur, ceux-ci craignant de n'être pas secourus à temps, ceux-là de ne pouvoir porter secours à leurs frères. Mais la nécessité est mère de l'industrie. Une porte fermée et située tout près, vers la gauche, était cachée ; l'obscurité de la nuit empêchait de la trouver, et d'ailleurs placée vers un point peu fréquenté, elle était très-peu connue. Pressés par leurs sollicitudes, les nôtres la trouvent enfin, à force de tâtonner ; ils y courent en foule, brisent les barreaux et les serrures, et ouvrent un chemin aux Francs, qui se précipitent impétueusement.

Aussitôt vous eussiez entendu un horrible fracas dans toute l'enceinte de la ville ; tandis que les uns se réjouissaient du succès d'une si grande entreprise, les autres pleuraient sur le renversement inattendu de toute leur existence. Nulle modération, nul calme chez les vainqueurs non plus que chez les vaincus. Alors, et afin de constater la reddition de la ville entre ses mains, Boémond donna l'ordre de dresser, sur le sommet d'une montagne, en face de la citadelle qui résistait encore, sa propre bannière, bien connue de tous les Turcs, et qu'ils ne pouvaient méconnaître. De tous côtés on entendait dans la ville des lamentations et d'affreux hurlemens. Les habitans, fuyant de toutes parts, rencontraient partout les vainqueurs, animés au carnage, poussant de terribles cris de mort, et croyant ne pouvoir jamais assez frapper, ni assez cruellement punir leurs coupables ennemis, lorsqu'ils rappelaient dans leurs pensées tous les maux qu'ils avaient soufferts pendant le siége, et leurs longues privations, plus tristes encore que la mort. Les Arméniens et les Syriens perfides, assimilés aux païens, étaient enveloppés bien justement dans les mêmes désastres; sachant que, forts de l'appui des Turcs, ils n'avaient cessé de montrer la même ardeur pour la destruction de leurs frères, les nôtres ne voulurent pas les distinguer, ni leur remettre les peines du supplice. Je dois convenir en effet qu'ils eussent ménagé un trop grand nombre d'hommes s'ils se fussent appliqués à faire quelque différence entre les païens et ceux qui professaient notre foi. D'ailleurs le moment et l'importance de l'entreprise répandaient partout une inévitable confusion : on était au milieu de la nuit ; tous les Chrétiens étaient emportés par leur ardeur à prendre possession de la ville ; il était d'ailleurs impossible de se permettre le moindre retard : peut-être aussi au milieu de ce concours immense de barbares, n'y avait-il aucun moyen de les distinguer par leurs vêtemens. Depuis longtemps les nôtres n'avaient cessé de combattre ; leurs joues amaigries et pendantes s'étaient recouvertes d'une horrible crasse, et dans l'insousiance que produisaient les fatigues d'une si longue expédition chacun, négligeant l'usage des Francs, avait cessé de se faire la barbe. L'évêque du Puy s'en aperçut; il craignit qu'ils ne se massacrassent les uns les autres, s'il fallait en venir à se battre, et que, trompés par ce point de ressemblance avec les barbares, ils ne se prissent réciproquement pour des Turcs. En conséquence il prescrivit aussitôt aux Chrétiens de se raser et de suspendre à leur cou des croix en argent ou en toute autre matière, afin qu'aucun d'eux ne pût être frappé par un autre comme étranger.

Ceux des Chrétiens, cependant, qui étaient demeurés dans leurs tentes, ayant entendu dès le matin le violent tumulte qui régnait dans la ville, sortirent de leurs pavillons et virent la bannière de Boémond plantée sur le sommet de la montagne, en avant de la citadelle qui n'était pas encore prise. Aussitôt ils coururent vers les portes, les enfoncèrent, et frappèrent ensuite tous les Turcs et les Sarrasins qu'ils rencontraient : ceux qui s'étaient réfugiés dans la forteresse furent les seuls qui échappèrent au carnage. D'autres Turcs cependant, dès qu'ils eurent appris que les Francs venaient de s'emparer de la ville, se sauvèrent par d'autres portes. Dans l'intérieur de la place on massacra indistinctement les personnes des deux sexes; les enfans de l'âge le plus tendre furent immolés; et puisqu'on n'épargnait pas même les vieillards accablés d'infirmités, est-il besoin de dire avec quelle fureur on détruisait les jeunes gens en état de porter les armes?

Pendant ce temps Cassien, qui avait commandé dans la ville d'Antioche, craignant de tomber dans les mains des Francs, et desirant sauver sa vie par une prompte fuite, arriva avec un grand nombre de gens de suite sur le territoire occupé par Tancrède, non loin d'Antioche. Emportés dans leur fuite rapide, ils épuisèrent promptement les forces de leurs chevaux, et ceux-ci ne pouvant plus avancer, ils allèrent se cacher dans un lieu enfoncé au milieu des montagnes. Mais les Syriens et les Arméniens ayant découvert et reconnu leur cruel ennemi, caché sous une misérable cabane, et poursuivi par la fortune contraire, le saisirent, lui tranchèrent la tête et la portèrent aux pieds de Boémond, dans l'espoir d'en obtenir leur liberté, pour prix d'un si rare présent. Son baudrier et le fourreau de son poignard qu'ils lui avaient enlevés furent estimés soixante byzantins. Ces événemens se passèrent le 5 du mois de juin, le jeudi.

A la suite de tant de massacres, la ville se trouva infectée d'une puanteur insupportable. Les marchés, les places publiques, les porches et les vestibules des maisons, naguère décorés de pavés de marbre dont la surface polie flattait la vue, étaient maintenant souillés de toutes parts d'une teinte noire de sang; on rencontrait çà et là des monceaux de cadavres, spectacle épouvantable! L'air était imprégné de fétides exhalaisons, en sorte que la vue et l'odorat se trouvaient également blessés. Les rues étroites étaient partout jonchées de corps morts et puans; et comme il n'y avait aucun moyen d'enlever promptement un si grand nombre de cadavres, ni aucun asile où l'on pût échapper à l'infection partout répandue, à force de voir et de sentir, on en vint à être moins péniblement affecté de ces horribles fléaux; et bientôt l'habitude donnant une sorte de courage, on ne craignit plus de marcher au milieu des cadavres qui remplissaient toutes les rues.

Un nommé Corbaran, maire du palais ou plutôt général des troupes du roi des Perses, que les anciens appelaient *Sogdien*, comme les Romains donnaient à leurs empereurs le titre de César, habitait dans l'intérieur du royaume de Perse et dans la province que les habitans de ces contrées appellent le Khorazan (quelques personnes prétendent que ce nom de Khorazan a été donné par corruption aux pays situés dans les environs du Caucase), lorsque Cassien, prince de la ville d'Antioche, lui adressa de fréquens messages, pour l'inviter à lui porter secours dans sa position désespérée, lui promettant, s'il parvenait à repousser les Francs, ou de le reconnaître pour seigneur de la ville qu'il aurait délivrée, ou de payer par de magnifiques présens l'assistance qu'il aurait reçue de lui. Séduit par ces propositions, le général des Perses rassembla une immense armée, demanda au pontife qui préside souverainement aux erreurs de son peuple (car ces nations ont aussi leur pape comme nous), la permission de détruire les Chrétiens; et l'ayant obtenue, il se mit en marche, entouré d'une armée innombrable, pour aller faire lever le siège d'Antioche. Le gouverneur de Jérusalem, que les Turcs appellent émir dans leur langue barbare, leva aussi une forte armée et se rallia à Corbaran. Le roi de Damas se réunit pareillement à lui, à la tête d'une

troupe non moins nombreuse. Les nations que ce prince infidèle avait convoquées, indépendamment des Turcs, des Sarrasins, des Arabes et des Perses, plus connus dans l'histoire, portaient des noms tout nouveaux : c'étaient les Publicains, les Curdes, les Azimites, les Agalans et d'autres encore, qu'il ne serait nullement impossible d'énumérer, mais dont les noms étaient fort bizarres. Ceux que l'on appelle Agalans et qui étaient, dit-on, au nombre de trois mille hommes, ne redoutent ni glaives, ni lances, ni flèches, ni aucune autre espèce d'armes, étant eux-mêmes, ainsi que leurs chevaux, entièrement recouverts de fer. Ces mêmes hommes ne se servent dans les combats que d'une seule espèce d'armes, qui est l'épée. Corbaran s'avançait donc, pompeusement entouré de ces peuples divers, pour repousser les Francs loin des murailles d'Antioche. Il n'en était plus qu'à une petite distance, lorsque Samsadol, fils de Cassien, déjà mort, se porta à sa rencontre, et lui dit dans sa profonde tristesse : « Ta grande valeur est partout célé-
« brée, tes victoires t'ont placé au dessus de tout autre
« dans l'esprit de tous les peuples, et je ne saurais
« perdre mes espérances. O homme invincible! alors
« que tu viens à mon secours, comme je n'ai vu per-
« sonne qui te refuse son admiration, comme tes écla-
« tans exploits ont fait partout respecter ta puissance,
« je ne dois point rougir de déplorer mes infortunes
« devant toi; car je tiens pour certain que les suppli-
« cations que je t'adresserai ne demeureront point
« sans effet. Tu te souviens, prince comblé de gloire,
« des nombreux messages que mon père Cassien t'a
« adressés tandis qu'il était assiégé dans Antioche, et

« pendant que tu te préparais à marcher à son se-
« cours, tu as appris que les Francs s'étaient emparés
« de cette ville. Maintenant mon père ayant été tué,
« je suis assiégé moi-même dans la citadelle de la
« place, et je m'attends à subir le sort qu'a subi mon
« père. Si les Francs se sont rendus maîtres d'Antioche,
« s'ils ont également envahi un grand nombre de places
« fortes et de villes de la Romanie et de la Syrie, on
« ne saurait douter qu'ils ne soient résolus à en faire
« autant chez vous, en tous lieux et chez tous les
« peuples de nos contrées ! Que ta vaillance se dé-
« ploie donc; oppose toutes tes forces aux entreprises
« audacieuses de ces furieux, enlève aux plus pau-
« vres des hommes qui veulent tout usurper, jusqu'à
« la possibilité d'y réussir. Accablé de mes infor-
« tunes, c'est en toi seul que repose tout mon es-
« poir. » A ces plaintes violentes, Corbaran répond :
« Si tu veux que je te secoure dans tes pressans dan-
« gers et que je travaille pour ton plus grand avantage,
« livre entre nos mains la citadelle que tu défends,
« et pour laquelle tu m'adresses tes supplications ;
« lorsque j'en aurai confié la garde aux miens, tu
« ressentiras les bons effets de mon intervention. —
« Si tu détruis entièrement les Francs, reprit Samsa-
« dol, si tu me livres leurs têtes séparées de leurs
« corps, je te recevrai dans ma citadelle, et, te ren-
« dant hommage, je la conserverai désormais sous ta
« juridiction. — Tu n'agiras point ainsi avec moi,
« répliqua Corbaran, et tu me remettras sans délai
« cette citadelle. » En un mot, le prince infidèle
triompha de la résistance du jeune homme, et celui-
ci, se dépouillant de la seigneurie du fort, y introdui-

sit celui qui la lui enlevait de vive force, pour n'en pas jouir long-temps lui-même.

Le troisième jour après que les Francs s'étaient emparés d'Antioche venait de paraître, lorsque les éclaireurs des Turcs se présentèrent sous les murailles de la place, et le reste de leur innombrable armée dressa ses tentes en avant du pont du Farfar. D'abord les Turcs attaquèrent la tour qui tenait à ce pont, et l'ayant enlevée à la suite des plus grands efforts, ils massacrèrent tous ceux qu'ils y trouvèrent renfermés, sans faire grâce à personne, si ce n'est au seigneur qui commandait dans la tour, et que les nôtres, après la grande bataille qu'ils livrèrent plus tard aux ennemis, retrouvèrent chargé de chaînes. Le lendemain l'armée turque se porta plus près de la ville, établit son camp entre les deux fleuves, et y demeura deux jours. Après la prise du fort, dont le commandant fut jeté dans les fers, ainsi que je viens de le dire, Corbaran, appelant auprès de lui l'un de ses grands, dont l'intelligence et la fidélité lui étaient connues, lui parla en ces termes : « Va et dé« fends pour moi ce fort, avec la fidélité que tu me « dois, et que j'attends de toi. — Il me sera difficile, « lui répondit l'autre, d'exécuter complétement tes « ordres, et je ne puis me déterminer à ce que tu me « demandes, que sous la condition qu'il me sera per« mis d'abandonner cette position aux Francs, s'ils « viennent à remporter la victoire. — Je connais assez « ta sagesse et ta fermeté, lui répliqua Corbaran, « pour approuver en toute confiance tout ce que tu « croiras devoir faire. » — Après avoir pourvu à la défense du fort, le prince redoutable rentra dans son camp. Quelques-uns de ses Turcs, qui venaient de dépouiller de ses armes un pauvre fantassin de notre armée, les portèrent à Corbaran pour se moquer des Chrétiens. Ces armes consistaient en une épée depuis long-temps rongée de rouille, un arc noir comme la suie et une lance non polie, couverte de fumée depuis longues années. « Voilà, lui dirent-« ils en plaisantant, voilà les armes avec lesquelles « l'armée des Francs doit triompher de nous. » — Souriant à cette vue : « Sont-ce là, s'écria Corbaran, « sont-ce là les armes brillantes et fortes avec les-« quelles ils doivent ravager l'Orient ? Les sommets « du Caucase s'abaisseront-ils devant de tels hom-« mes ? Ces Francs dépourvus d'armes pourront-ils « donc nous enlever les terres que possédèrent an-« ciennement les Amazones, et que nos ancêtres leur « ravirent jadis ? » Il dit, et appelant aussitôt un secrétaire : « Trace, lui dit-il, les mêmes caractères « sur divers linges, afin qu'on les envoie dans les « provinces de la Perse à notre pape, à notre sei-« gneur le roi des Perses, ainsi qu'aux gouverneurs « et à nos compagnons d'armes, dans les diverses « contrées, et qu'on leur porte à tous le message sui-« vant :

« Au magnifique seigneur et roi des Perses, au « pape bienheureux, et à tous ceux qui ont embrassé « la sainte guerre contre les Chrétiens ;

« Corbaran, prince des armées du Roi, salut et « victoire ! Pères et seigneurs, je rends grâce à la « suprême divinité, qui nous prépare des temps de « joie et de prospérité, et nous assure partout la vic-« toire sur les ennemis de nos nations. Nous vous en-

« voyons ces trois armes que nous avons enlevées aux
« Francs, afin que vous voyiez les brillantes défenses
« de ceux qui veulent nous chasser de notre patrie.
« Je veux aussi que vous sachiez que ces Francs, qui
« nous menaçaient tous de la destruction, sont tenus
« par moi assiégés dans cette même Antioche, qu'ils
« avaient prise, et que j'occupe dans l'enceinte de la
« place une citadelle qui la domine entièrement. Il
« dépend tout-à-fait de ma volonté de mettre à mort
« ceux qui sont ainsi enfermés, ou de les réduire à
« un esclavage perpétuel. En attendant mon retour,
« je ne veux point que vous soyez tourmentés par
« votre sollicitude pour nous, et je desire que vous
« sachiez positivement que je suis maître des Francs.
« Livrez-vous donc en toute sécurité aux plaisirs ac-
« coutumés, célébrez les festins les plus magnifiques,
« continuez à propager votre race avec vos femmes
« et vos concubines, afin que le nombre toujours
« croissant de vos enfans puisse s'opposer aux Chré-
« tiens, qui n'en ont déjà plus que le nom. Je prends
« à témoin le Souverain qui porte le tonnerre, qu'avec
« la protection du bienheureux Mahomet, je ne re-
« paraîtrai point devant les yeux de votre Majesté,
« sans avoir réduit en ma puissance la ville royale,
« c'est-à-dire Antioche, la Syrie qui en dépend, les
« Grecs et les Epirotes que l'on appelle Bulgares, et
« sans avoir, pour ajouter un nouveau fleuron à votre
« gloire, subjugué les hommes de la Pouille et de la
« Calabre. Salut ! »

Dans le même temps, la mère de Corbaran lui-
même, qui habitait la ville d'Alep, se rendit auprès
de lui, et l'abordant avec tristesse : « Je voudrais

« savoir, dit-elle, si les choses que la renommée pu-
« blie sur toi sont vraies? — Quelles choses? répon-
« dit son fils. — On dit que tu veux faire la guerre
« aux Francs. — Rien n'est plus vrai. — Mon fils,
« répliqua-t-elle, ô toi le meilleur des hommes, per-
« mets, je t'en conjure au nom de tes nobles ver-
« tus, que j'ose te supplier de ne pas leur faire la
« guerre, de ne pas compromettre ton renom. L'éclat
« de tes armes s'est répandu jusqu'aux extrémités de
« l'Inde supérieure, et tes louanges ont retenti jus-
« que dans la lointaine Thulé. Pourquoi veux-tu
« souiller ton glaive du sang de ces hommes pauvres,
« qu'il est inutile d'attaquer, et sur lesquels il ne se-
« rait pas même glorieux de remporter la victoire?
« Quand tu peux faire trembler les rois les plus éloi-
« gnés, pourquoi vouloir tourmenter de misérables
« étrangers? Je l'avoue, mon fils, tu méprises à bon
« droit leurs personnes; mais sache d'une manière
« certaine que la religion chrétienne possède une
« bien plus grande autorité que la nôtre. Je t'en
« supplie, ne va point entreprendre ce que tu te
« repentirais trop tard d'avoir vainement essayé. »
En entendant ces paroles, Corbaran, jetant sur sa
mère des regards menaçans : « Quels contes de vieille
« femme viens-tu me faire? lui dit-il ; tu rêves, sans
« doute, et, frappée de démence, tu parles sans
« comprendre ce que tu dis. J'ai de mon côté plus
« de seigneurs de villes qu'eux-mêmes ne pourraient
« montrer d'hommes dans toute leur armée, et toi,
« tu penses, dans ta folie, que ces Chrétiens insolens
« jetteront un voile sur les témoignages de ma va-
« leur? — O fils très-chéri, je fais peu de cas des

« hommes dont nous parlons ; mais je te supplie de
« ne pas irriter le Christ, leur maître. Peut-être n'ont-
« ils en eux-mêmes aucun moyen de combattre con-
« tre toi ; mais la victoire de leur Dieu est certaine,
« s'il la veut obtenir. Lui-même a coutume de défen-
« dre les siens, pour sa propre gloire, fussent-ils
« d'ailleurs faibles et lâches, et de veiller à la sûreté
« de ceux dont il se dit le pasteur et même le rédemp-
« teur. Penses-tu que celui qui a soumis tant d'em-
« pires à sa foi, qui jusqu'à ce jour leur a donné la
« victoire sur nous, ne puisse encore renverser fa-
« cilement tous vos projets ? Car le père lui a dit,
« comme à un Dieu qui devait ressusciter du sein des
« morts : *Levez-vous, ô Dieu, pour être le juge de*
« *la terre, car vous aurez toutes les nations pour*
« *héritage*[1]. Si donc il juge lui-même la terre, il
« distingue et met à part quelques hommes sur la
« masse de ceux qui sont perdus ; il possède en hé-
« ritage non toutes les nations, mais parmi toutes les
« nations la portion qu'il sépare de tout. Apprends à
« connaître, ô mon fils, avec quelle sévérité il punit
« ceux qui demeurent, par sa permission, privés de
« sa connaissance. Le prophète David a dit : *Répan-*
« *dez votre fureur sur les nations qui ne vous con-*
« *naissent pas, sur les royaumes qui n'invoquent*
« *pas votre nom*[2]. Vous méprisez ces Francs, non
« parce qu'ils sont étrangers et que vous êtes Gentil ;
« vous les rejetez non à cause de l'obscurité de leurs
« faits d'armes ou de leur vie de mendians, mais plu-
« tôt et seulement parce que vous abhorrez en eux
« le nom chrétien. Celui qui est ainsi méprisé en eux

[1] Psaume 81, v. 8. — [2] Psaume 78, v. 6.

« combattra certainement pour eux dans l'explosion
« de sa colère, s'il est nécessaire qu'il combatte.
« S'il leur a été promis par la bouche des prophètes
« que *des lieux où le soleil se lève jusqu'aux lieux*
« *où il se couche, le nom du Seigneur sera loué* [1],
« parce qu'il sera prêché non seulement parmi les
« Juifs, mais parmi toutes les nations ; si Dieu a dit
« de sa propre bouche : *J'appellerai mon peuple*
« *celui qui n'était pas mon peuple, et la bien-ai-*
« *mée celle qui n'était point la bien-aimée* [2], alors
« que la grâce d'adoption, qui avait été chez les Juifs,
« sera transférée sur toutes les nations, et que de
« tous côtés ceux que Dieu avait délaissés devien-
« dront de nouveaux Juifs, quel homme assez insensé
« oserait entreprendre d'attaquer les enfans de Dieu ?
« Je te prédis que si tu leur fais la guerre, tu te pré-
« pares d'immenses désavantages et l'infamie, que tu
« perdras ton armée, que tu les enrichiras de tes dé-
« pouilles, que tu seras forcé toi-même de t'échap-
« per par une fuite honteuse. La mort, cependant,
« ne t'atteindra point dans ce combat ; mais tiens pour
« assuré que ta vie n'ira point jusqu'à la fin de l'année
« présente. Le Dieu de ces hommes ne venge pas sur-
« le-champ un crime ; quelquefois le châtiment du
« criminel est retardé jusqu'à ce que le crime soit
« parfaitement mûr. C'est pourquoi, ô mon fils, je
« redoute (ce que je voudrais éloigner) que ces re-
« tards même n'augmentent l'horreur de ta mort ! »
Frappé d'étonnement en entendant ces paroles de sa
mère, Corbaran demeura comme pétrifié ; son sang

---

[1] Psaume 112, v. 3.
[2] Épître de saint Paul aux Romains, chap. IX, v. 25.

sembla se retirer; pâle et tremblant en entendant parler de sa mort prochaine : « Et toi, dit-il, je vou-
« drais bien connaître comment tu as pu apprendre
« toutes ces choses, et savoir que cette race chré-
« tienne emploiera ainsi ses forces contre nous,
« qu'elle remportera la victoire dans le combat qui
« se prépare, qu'elle enlèvera nos dépouilles, et que
« dans le cours de l'année présente je tomberai subi-
« tement dans les liens de la mort ? — Mon fils, ré-
« pondit-elle, on sait d'une manière certaine qu'il y
« a cent ans environ on a découvert, dans quelques
« écrits ignorés d'une secte de Gentils, que le peuple
« chrétien se lèverait pour nous faire la guerre, et
« nous subjuguerait entièrement; qu'aux lieux où nous
« exerçons notre domination, les Chrétiens établiraient
« des royaumes, et que les races des Gentils seraient
« soumises aux fidèles. Mais notre science s'arrête à
« ce point que nous ne savons pas si cet oracle doit
« être accompli prochainement, ou dans des temps
« éloignés. Moi, en faisant les recherches les plus
« empressées dans la science astronomique, en exa-
« minant avec le plus grand soin une innombrable
« quantité de chances, et en les comparant scrupu-
« leusement entre elles, j'ai reconnu qu'il était inévi-
« table que nous fussions vaincus par des hommes
« chrétiens. C'est pourquoi je pleure sur toi du fond
« de mon cœur, parce qu'il m'est démontré avec la
« plus grande certitude que dans trop peu de temps
« je demeurerai privée de toi. — Ma mère, je vou-
« drais que tu pusses m'expliquer des choses sur
« lesquelles je suis dans le doute. — Parle, mon
« fils, afin que tu ne doutes point; les choses que je

« saurai, tu les sauras aussitôt. — Je t'en prie, ma
« mère, apprends-moi si Boémond et Tancrède doi-
« vent être regardés comme des dieux, ou s'ils ne sont
« que des hommes ; dis-moi si eux-mêmes donneront
« la victoire aux Francs dans les combats ? — Mon
« fils, Boémond et Tancrède sont comme nous sujets
« à la mort. Mais parce qu'ils combattent pour la foi,
« ils ont acquis la gloire d'un nom illustre, par l'as-
« sistance de Dieu. Ils reconnaissent le Seigneur
« Père, dont ils adorent également le fils qui s'est
« fait homme pour eux, et, selon leur croyance, ces
« deux personnes sont réunies dans l'unité de l'Es-
« prit-Saint. — Ma mère, puisque tu m'attestes qu'ils
« ne sont point des dieux, mais de simples hommes
« et parfaitement semblables à nous, il ne nous reste
« plus qu'à mesurer nos forces avec les leurs dans les
« combats. »

La mère reconnaissant alors que son fils était déterminé à continuer la guerre contre les Francs et à ne
point céder à ses conseils, rassembla les richesses
qu'elle put trouver autour d'elle et se retira dans la
ville d'Alep, devenue désormais l'objet des méfiances
de son fils. Le troisième jour après cet entretien,
Corbaran prit les armes et un grand nombre de Turcs
s'approchèrent avec lui de la ville, vers le côté où
était situé le fort dont ils s'étaient récemment emparés
et qu'ils avaient mis en état de défense. Les nôtres,
croyant pouvoir leur résister, se préparèrent pour le
combat ; mais les Turcs se présentèrent en si grand
nombre, que les nôtres n'eurent ni la force ni le
courage de s'opposer à eux. Ils revinrent donc dans
la ville ; mais comme ils fuyaient en foule pour ren-

trer par la porte, ils se pressèrent tellement dans cet étroit passage, que plusieurs d'entre eux furent étouffés. On était au cinquième jour de la semaine; quelques-uns combattirent encore au dehors de la porte, d'autres dans l'intérieur se battirent aussi contre les habitans, en sorte que la bataille dura toute la journée et jusques au soir.

Comme autrefois, le Christ connaît encore aujourd'hui ceux qu'il a élus. Cette même nuit quelques hommes qui n'étaient pas, pour ainsi dire, de la race de ceux par lesquels le salut devait venir en Israël, voyant que l'armée turque les enveloppait, que la guerre continuait sans relâche et presque sans être arrêtée par les ombres de la nuit, saisis de tremblement, le cœur rempli de terreurs puériles, n'eurent plus sous les yeux que la mort qui les menaçait. Ces lâches hommes crurent voir leur vie suspendue à un fil; dominés par leur crainte, ils ne virent plus que les Turcs et déjà ils se croyaient frappés des ennemis. Chacun d'eux, ne comptant plus sur le secours de ses armes, ne songea plus qu'à la fuite, et ceux qui dédaignaient d'espérer en Dieu, se glissèrent honteusement dans des cloaques infects pour chercher un moyen de fuir. En donnant un tel exemple aux bataillons sacrés, ils trouvèrent une fin digne d'eux. D'abord fuyant en rampant, ils arrivèrent sur les bords de la mer. La peau de leurs mains et de leurs pieds se déchira; leurs os dépouillés de toute chair se heurtèrent sur les rochers, et comme Paul le docteur qui parvint à s'échapper de Damas en se sauvant par la muraille, ceux-ci illustrèrent par leur fuite les cloaques dignes d'eux.

Ceux qui se retirèrent ainsi étaient un nommé Guillaume de Normandie, homme d'une naissance très-noble, et son frère Albéric qui, dans son jeune âge, avait fréquenté les écoles, s'était fait clerc et avait ensuite honteusement apostasié pour devenir chevalier. Je dirais même les lieux dont ils portaient le nom, si, lié d'une amitié particulière avec leur famille, je ne m'étais promis de leur épargner cette honte. Il y avait encore un nommé Gui, surnommé Trussel, puissant et possédant au-delà de la Seine de belles seigneuries ; on le tenait pour illustre dans toute la France, et ce fut lui qui leva l'étendard de la fuite. D'autres transfuges de la milice sacrée retournèrent aussi dans leur patrie, où ils furent couverts de honte et d'exécration, et proclamés infâmes : j'ignore les noms de quelques-uns d'entre eux, et ne veux pas divulguer ceux qui me sont bien connus.

Arrivés au port de Saint-Siméon, ils y trouvèrent des navires et des matelots, et dirent à ceux-ci : « Qu'attendez-vous ici, malheureux? Sachez que tous « ceux à qui vous aviez coutume de porter des vivres « sont dévoués à la mort ; une armée turque assiège « la ville et ceux qui y sont enfermés : nous, ce n'est « qu'avec grand'peine et dans un dénûment presque « absolu que nous nous sommes soustraits à notre « ruine. » Accablés de ces tristes nouvelles et comme frappés de stupeur, les matelots demeurèrent long-temps immobiles ; enfin, cherchant leur salut dans la fuite, tous montèrent sur les vaisseaux et gagnèrent la haute mer. Mais bientôt, tandis qu'ils sillonnaient les flots, les Turcs arrivèrent, massacrèrent tous ceux qu'ils purent atteindre, brûlèrent les navires qu'ils trouvèrent voguant en pleine mer, et enlevèrent les dépouilles de ceux qu'ils avaient mis à mort. Après que ces hommes, indignes de leur race et fuyant l'assistance divine, se furent échappés, selon ce qu'on rapporte, à travers les lieux les plus infects, les autres, qui avaient mieux aimé persévérer, en étaient déjà réduits à ne pouvoir supporter les hostilités continuelles des Turcs. Ils construisirent donc une muraille entre eux et les ennemis, et y établirent des postes qui veillèrent jour et nuit pour la garder. Là les nôtres se trouvèrent bientôt dans une si misérable condition, qu'ils se virent forcés de se nourrir d'alimens infâmes, et de manger de la chair de cheval et d'âne.

Un jour, tandis que les princes de l'armée se trouvaient en face du fort qu'ils assiégeaient dans l'intérieur de la ville, tous horriblement consternés des misères de tout genre qu'ils avaient à souffrir, un prêtre vint se présenter devant eux et leur dit : « Pa« trons et seigneurs, je viens rapporter à vos excel« lences une vision, qui pourra, je l'espère, si vous « y ajoutez foi, vous donner quelque consolation. Une « nuit je dormais dans l'église de la bienheureuse « mère de Dieu, lorsque le seigneur Jésus-Christ « m'apparut avec sa mère très-sainte et le bienheu« reux Pierre, prince des Apôtres, et, se tenant de« vant moi, me dit : Sais-tu qui je suis ? — Nulle« ment, répondis-je. — À peine avait-il parlé, sur les « rayons qui entouraient sa tête, comme on les voit « dans les peintures, apparut aussitôt la forme d'une « croix. Renouvelant alors sa question, la figure du

« Sauveur me dit encore : Ne sais-tu pas maintenant
« qui tu vois ? — Je ne vous reconnais, Seigneur,
« lui dis-je, que parce que je vois au dessus de votre
« tête cet emblême de la croix, qui accompagne
« toujours et spécialement votre face, partout où
« elle est représentée par la peinture. — Tu ne te
« trompes point, reprit-il, c'est moi-même. — Tout
« aussitôt, n'ayant point oublié les maux que nous
« souffrions, je me roulai à ses pieds, et le suppliai
« instamment de soulager les misères de ceux qui
« combattaient pour la foi. — J'ai très-bien vu, me
« dit-il, tout ce que vous souffrez, et ne tarderai
« pas à vous porter secours. C'est par mon inspiration
« que vous avez fait vœu d'entreprendre cette expé-
« dition ; j'ai assiégé cette Nicée que vous avez prise ;
« sous ma conduite vous avez remporté de nom-
« breuses victoires, et, après vous avoir menés jus-
« qu'en ces lieux, j'ai gémi sur les calamités que vous
« éprouviez en assiégeant la ville d'Antioche, sur
« celles dont vous souffrez encore dans l'enceinte
« même de cette ville. Mais, après que je vous ai exal-
« tés par tant de bienfaits et de triomphes, que je vous
« ai introduits en vainqueurs dans cette cité et con-
« servés sains et saufs, vous vous êtes mal conduits
« avec les Chrétiens, vous avez entretenu des rela-
« tions criminelles avec les femmes païennes, et des
« clameurs impies se sont élevées jusqu'aux cieux.

« Alors, cependant, la Vierge, douée d'une compas-
« sion inaltérable, Marie, fidèle interprète du genre
« humain auprès de Dieu, et Pierre, le portier des
« cieux, l'évêque particulier de la ville d'Antio-
« che, se sont précipités aux pieds du Seigneur très-

« miséricordieux, le suppliant instamment d'accor-
« der son secours au peuple travaillé de ces maux.
« — Pierre, digne de votre admiration, dit alors lui-
« même : Seigneur, vous vous souvenez dans votre
« majesté de quelles honteuses souillures les païens
« ont inondé ma maison dans cette ville, se livrant
« dans votre sanctuaire au carnage et à toutes sortes
« de crimes pour insulter à votre divinité. Quoi donc!
« après que, dans votre compassion, vous les avez
« enfin expulsés, et que vous avez ramené la joie dans
« le ciel par cet événement, voudriez-vous, vous re-
« pentant d'une si sainte action, souffrir que ces or-
« gueilleux fussent rétablis contre vous-même dans
« leur prospérité antérieure? — Touché de ces pa-
« roles le Seigneur m'a dit alors : Va, et dis à mon
« peuple qu'il se convertisse sincèrement à moi, et
« moi je promets que je reviendrai à lui de toute la
« tendresse de mes entrailles, et dans cinq jours d'ici
« je lui prêterai un puissant secours. —Qu'on institue
« donc une litanie, que chacun chante ces paroles de
« l'Ecclésiastique : Nos ennemis se sont rassemblés
« et ils se glorifient dans leur force ; écrasez leur
« force, Seigneur, et dispersez-les, afin qu'ils sachent
« qu'il n'y a nul autre que vous, notre Dieu, qui
« combatte pour nous. Dispersez-les dans votre force,
« et détruisez-les, ô Seigneur, notre protecteur. » A
la suite de ce récit le prêtre dit encore : « Si vos es-
« prits conservaient quelque doute sur les choses que
« je viens de dire, pour en attester la vérité, je me
« soumettrai en toute confiance à l'épreuve quel-
« conque que vous voudrez m'imposer, soit du feu,
« soit d'un précipice ; et si je suis blessé, ajoutez à

« ces blessures le châtiment le plus affreux que vous
« pourrez imaginer. » Aussitôt l'évêque du Puy, attentif en toutes choses à observer les canons, ordonna d'apporter les évangiles et la croix, afin que
le prêtre confirmât ses déclarations sous la foi du
serment.

Après cette cérémonie, les princes ayant tenu conseil se jurèrent les uns aux autres de ne déserter le
poste de défense qu'ils occupaient ni pour la vie ni
pour la mort, quelle que fût d'ailleurs la difficulté
des circonstances. Boémond le premier, ensuite le
comte de Saint-Gilles, Hugues-le-Grand, Robert le
Normand, le duc Godefroi et le comte de Flandre,
jurèrent avec une égale ardeur de ne jamais abandonner leur entreprise. Tancrède jura à son tour que
tant qu'il pourrait s'appuyer sur le bras de quarante
chevaliers, non seulement il n'abandonnerait point
la ville dans laquelle il était maintenant assiégé, mais
qu'il ne se laisserait pas détourner de la route de Jérusalem, si la mort ne l'arrêtait dans ses projets. Ces
sermens venus à la connaissance des hommes moins
considérables inspirèrent une grande force à la multitude et ranimèrent tous les courages.

Avant que la ville d'Antioche eût été prise par les
Chrétiens, la figure du bienheureux André l'apôtre
était également apparue à un homme de l'armée,
nommé Pierre, lui disant : « Que fais-tu ? » Frappé
de stupeur, Pierre lui demanda, sans répondre d'abord à la question : « Et toi, qui es-tu ? » Celui-ci ne
lui cacha point qu'il était André l'apôtre. « Sache,
« mon fils, ajouta-t-il, que lorsque les Francs valeu-
« reux seront entrés dans la ville que Dieu leur aura

« ouverte, tu iras à l'église du bienheureux Pierre,
« apôtre comme moi et mon frère, et que tu trou-
« veras en un tel lieu la lance par laquelle notre sei-
« gneur Jésus-Christ a eu le flanc percé, selon ce
« qui est écrit. » Il dit, et se retira sans rien ajouter.
A cette époque, Pierre ne voulut confier à personne
le secret de la vision qu'il avait eue, et lui-même y
fit d'abord peu d'attention, estimant qu'elle n'avait
pas plus de prix que ces songes trompeurs auxquels
nous sommes presque incessamment exposés. Cependant Pierre ne s'était pas complètement oublié
dans son entretien avec l'apôtre, et lui avait dit :
« Seigneur, si j'annonçais aux nôtres ce que vous
« m'ordonnez, quel témoignage aurais-je à rendre
« pour forcer à croire ceux qui hésiteraient encore?»
Sur cette question le glorieux apôtre saisit Pierre et le
transporta en esprit dans la basilique de son bienheureux frère, et dans le lieu où la lance était déposée. Dans la suite, après la prise de la ville, et tandis
que le peuple de Dieu était en proie à tous les maux
dont j'ai déjà parlé, l'illustre apôtre qui déjà avait
veillé au soin de tout ce qui se rapportait à l'ornement de la maison de son frère très-chéri, apparut de
nouveau à Pierre : « Pourquoi, lui dit-il, as-tu différé
« de manifester les choses que je t'avais annoncées?
« Voyant les tiens d'un côté mis en péril par toutes
« sortes de privations, d'un autre côté prêts à suc-
« comber à leur désespoir sous les attaques conti-
« nuelles des Turcs, tu aurais dû leur rapporter
« ce que tu avais appris de moi, car il faut abso-
« lument qu'ils sachent qu'en quelque lieu qu'ils
« portent cette lance, la victoire leur sera assu-

« rée. » Après ce second avertissement de l'apôtre, Pierre commença à rapporter aux nôtres les détails de sa vision et les paroles qu'il avait recueillies. Le peuple, rejetant son récit, le traita d'abord d'imposture, et se voyant de toutes parts entouré de maux, ne put même concevoir l'espérance d'obtenir quelque soulagement par ce moyen. Mais Pierre, insistant toujours et s'appuyant sur l'autorité des paroles de l'apôtre, continuait d'affirmer qu'il lui était réellement apparu en vision et lui avait dit à deux reprises : « Hâte toi, ne diffère plus de dire à la milice
« du Seigneur, dans les périls qui la pressent, qu'elle
« repousse toute crainte, et qu'elle s'attache avec
« une foi robuste à Dieu, qui lui promet ses secours :
« d'ici à cinq jours le Seigneur lui révélera des choses
« qui porteront la joie dans les cœurs et relèveront
« les esprits ; et s'ils ont à livrer un combat, marchant
« sous la conduite de ce signe sacré, ils triomphe-
« ront bientôt des attaques de leurs ennemis. » Cependant la ferme conviction de Pierre donna peu à peu quelque crédit à ses paroles, et les Chrétiens s'encourageant les uns les autres reprirent quelque espérance et éprouvèrent un peu de soulagement. « Nous ne devons pas, disaient-ils entre eux, être
« fous à ce point de croire que Dieu nous livre au
« glaive des Turcs, après nous avoir jusqu'à présent
« accordé la victoire, lorsque nous sommes enfermés
« en ce lieu pour la défense de la foi, lorsque nous
« espérons en lui, lorsque nous aspirons à lui avec
« des cœurs tremblans et remplis de crainte. Croyons
« plutôt et tenons pour certain qu'après les temps de
« tristesse, il fera briller devant nous le flambeau de

« ses miséricordes, et qu'il répandra la crainte de lui-
« même sur les nations qui ne l'ont point recherché. »

Cependant les Turcs, qui défendaient la citadelle, enveloppaient les nôtres et les serraient de toutes parts. Un jour ils bloquèrent trois de nos chevaliers dans une redoute située en face de la citadelle ; ils faisaient sans cesse de nouvelles sorties et des irruptions si violentes que les nôtres étaient tout-à-fait hors d'état de leur résister. Deux des chevaliers qu'ils avaient ainsi enfermés s'échappèrent après avoir été blessés. Le troisième combattit toute la journée pour se défendre ; il tua deux hommes sur le pourtour des remparts, après avoir brisé leurs hallebardes et lorsque ceux-ci lui avaient déjà rompu trois lances dans les mains. Ce chevalier, appelé Hugues, et surnommé l'Insensé, était l'un des suivans d'un nommé Geoffroi, surnommé de Mont-Scabieuse.

Déjà l'illustre Boémond ne pouvait plus même réussir à rassembler quelques hommes pour les conduire à l'attaque de la citadelle ; les uns se cachaient dans leurs maisons où ils n'avaient pas même de pain ; d'autres étaient effrayés par les fureurs des Gentils et par la supériorité de leurs forces. Animé d'une vive colère, Boémond donna l'ordre de mettre le feu dans cette partie de la ville où était le palais de Cassien, mort depuis peu de temps. Tous ceux qui le virent abandonnèrent les édifices qui commençaient à brûler ; les uns s'enfuirent vers la citadelle ; d'autres accoururent en foule à la porte du comte de Saint-Gilles ; quelques-uns se réunirent au duc Godefroi ; chacun se rallia à ceux dont il avait le plus besoin. Bientôt, et pour comble de malheur, il s'éleva un horrible ouragan, et les vents soufflèrent avec une telle violence que personne presque ne pouvait marcher droit. Boémond, cependant, voyant que l'incendie menaçait de détruire entièrement toute la ville, se donna toutes les peines possibles pour sauver l'église du bienheureux Pierre, celle de Sainte-Marie et les autres. La flamme exerça ses ravages depuis la troisième heure du jour jusques au milieu de la nuit, et consuma deux mille édifices, tant églises que maisons. Enfin, vers le milieu de la nuit, la violence de l'incendie se calma.

Les habitans de la citadelle ne cessaient cependant de harceler les nôtres de la manière la plus cruelle; ils les attaquaient nuit et jour; ceux-ci succombaient aux fatigues de la disette et des combats, et les deux armées mesuraient sans cesse leurs glaives et leurs lances. Dans cet état de guerre continuelle, où les nôtres n'auraient pas eu même le temps de manger et de boire, quand ils eussent eu d'ailleurs à leur disposition d'abondantes provisions de vivres, ils construisirent une redoute en ciment et en pierre, et se hâtèrent de l'entourer de nombreuses machines, afin de se mieux séparer des ennemis et d'avoir un peu plus de sécurité. Une partie des Turcs demeura dans la citadelle, d'où ils avaient coutume de sortir à tout moment pour harceler les nôtres et leur livrer combat; les autres campèrent dans un lieu ouvert, pour faire face à la nouvelle redoute. La nuit suivante on vit du côté de l'Occident un feu du ciel qui tomba sur le camp des ennemis, et cet événement parut également miraculeux dans les deux armées. Lorsque le jour fut revenu, les Turcs abandonnèrent au plus tôt la place sur laquelle la flamme du ciel était descendue, et transportèrent leur camp vers la porte que Boémond avait occupée. S'ils eussent eu de l'intelligence, ils auraient prévu, à n'en pouvoir douter, la catastrophe que leur annonçait cette apparition extraordinaire. Cependant les habitans de la citadelle faisaient sans cesse de nouvelles irruptions sur les gens de notre armée; et ne prenant aucun moment de repos, l'arc toujours tendu, ils envoyaient de tous côtés des blessures ou la mort. Ceux des Turcs qui investissaient la ville à l'extérieur, et qui occupaient au loin et de toutes parts le territoire environnant, veillaient assidûment pour intercepter les communications; en sorte qu'on ne pouvait sortir de la place ou y rentrer que pendant la nuit et même avec les plus grandes précautions. Les ennemis étaient innombrables et vivaient entourés de richesses. On ne voyait de toutes parts que des hommes, des tentes, de somptueux ornemens, des vêtemens éclatans et très-variés, des troupeaux de gros et de menu bétail, pour la subsistance de l'armée, des femmes parées, pour ainsi dire, comme au temple. Pour mettre le comble à ce tableau voluptueux, on vit arriver des vierges, portant l'arc et les flèches: nouvelles Dianes qui semblaient reproduire celle de l'antiquité, et qui cependant paraissaient être venues en ces lieux, moins pour combattre que pour mettre des enfans au monde. En effet, à la suite de la grande bataille qui fut livrée entre les Chrétiens et les Turcs, et suivant le rapport de ceux qui y assistèrent, on trouva au milieu des champs et dans les touffes d'arbres, beaucoup d'enfans nouveau-nés, dont ces femmes étaient accouchées pendant le cours de l'expédition. Fuyant les Francs qui les poursuivaient avec impétuosité, impatientes de tout retard ou de tout fardeau, craignant pour elles plus encore que pour leurs enfans, elles les avaient ainsi abandonnés.

Comme les Turcs, ainsi que je l'ai rapporté, empêchaient les nôtres de sortir de la place, et leur enlevaient tout moyen de chercher au dehors les choses dont ils avaient besoin, presque toute l'armée se trouva bientôt en proie aux horreurs de la famine, et les pauvres en particulier éprouvèrent des souffrances atroces et extraordinaires. Lorsque les Francs assiégeaient Antioche, ils s'étaient attachés à enlever aux citoyens toute possibilité de rassembler des vivres, et, après la prise de la ville, ils y trouvèrent d'autant moins de denrées qu'eux-mêmes, pendant qu'ils étaient assiégeans, avaient pris plus de soin pour priver leurs ennemis de ce moyen de défense. Après qu'on eût épuisé tout ce qui put être employé, un petit pain se vendit un byzantin. Le pain étant rare, et les denrées qui servent de pitance se trouvant en petite quantité, il en résulta sur tous les points une extrême pénurie, et un grand nombre d'individus moururent, le corps tout enflé, faute de nourriture. Je ne parlerai point de la privation de vin, car elle atteignait tout le monde sans exception; et, certes, celui qui n'avait rien à manger se serait volontiers nourri du suc de quelques fruits. Au milieu de ce défaut absolu de toute denrée commune, on ne voyait presque personne qui redoutât de manger de la viande de cheval, et beaucoup de Chrétiens même se contentaient tristement de viande d'âne, qu'ils allaient cherchant avec peine sur tous les marchés et qu'ils achetaient fort cher. Un poulet coûtait quinze sous, un œuf deux sous, une noix un denier. Comme il y avait un grand rassemblement d'hommes et une disette complète de denrées, il fallait bien que tout s'élevât à des prix exorbitans. On se servait des feuilles de figuier, de chardon et de vigne pour faire une sorte de bouillie; on ne trouvait plus aucune espèce de fruit sur les arbres, et l'on faisait cuire toutes sortes d'herbes pour les manger en guise de légumes. La viande de cheval, de chameau, d'âne, de bœuf et de buffle était servie sur les tables des personnes les plus riches; après avoir séché la peau de ces animaux, les pauvres la coupaient comme on coupe les sèches; ils la faisaient ensuite bouillir long-temps, et à petit feu, et s'en nourrissaient comme d'un aliment exquis.

Que l'on parcoure l'histoire des villes assiégées et que l'on remonte même aux temps les plus reculés, où trouvera-t-on un peuple qui, exilé ainsi de sa patrie, ait opposé à tant de maux tant de persévérance, d'obstination et de dureté pour lui-même? Si l'on me cite le siége de Troie, célèbre par sa durée de dix ans, je ferai remarquer que l'on convenait fort souvent, entre les deux armées ennemies, de trèves dans lesquelles l'un et l'autre parti trouvait sa sécurité; les combattans réparaient par ce moyen leurs forces épuisées, et la terre et la mer fournissaient en abondance à tous leurs besoins. De plus, s'il est arrivé en tout temps que des assiégés aient eu à supporter les maux de pareilles disettes, du moins ils les supportèrent pour leur liberté, et l'on sait que les hommes doivent préférer à tout le soin de défendre leur personne et leur patrie. Ceux dont je parle au contraire, loin qu'ils eussent quitté la terre de leur naissance pour acquérir plus de richesses, savaient qu'ils allaient s'exposer pour leur Dieu à toutes sortes de privations ; et ce fut pour délivrer les églises de Dieu des affronts qu'elles enduraient, qu'ils bravèrent la faim, les veilles, les bivouacs, les froids, la pluie, et qu'ils s'exposèrent aux tourmens de frayeurs sans cesse renouvelées et telles que personne n'a jamais appris ni lu qu'aucun peuple en ait autant éprouvé. Et ce qui paraîtra bien plus merveilleux encore, ces mêmes hommes, lorsqu'ils habitaient dans l'intérieur de leur pays, ne savaient pas seulement demeurer trois jours de suite sous les tentes et dans l'armée de leur roi, même lorsqu'on ne les forçait pas à sortir de leur province. Nul homme, je crois, parmi ceux qui se trouvèrent exposés à de si grands périls, ne pourrait se rappeler toutes les angoisses que ressentirent les ames, toutes les douleurs qu'éprouvèrent les corps; et cette affreuse situation se prolongea pendant vingt-six jours consécutifs.

En ce temps le comte Étienne de Blois, homme qui avait toujours été d'une grande sagesse et d'excellent conseil, et que toute l'armée avait choisi pour son gouverneur, se disant atteint d'une maladie grave, s'était retiré, avant que les autres eussent pris possession d'Antioche, dans une certaine petite ville, qui se nomme Alexandrette. Mais, lorsque la ville d'Antioche eut été prise par les Chrétiens et assiégée de nouveau par les ennemis, le comte, informé des maux que souffraient les autres comtes dans l'intérieur de la place, différa de leur porter les secours qu'ils attendaient de lui, sans que je sache s'il y fut réellement contraint ou si ce retard provint uniquement de sa volonté. Lorsqu'il apprit que de nombreuses armées turques avaient investi les murailles, il s'avança adroitement dans les montagnes, pour examiner par lui-même les forces des ennemis. Ayant vu les campagnes couvertes d'une innombrable quantité de tentes, il céda à des considérations humaines et se retira, pensant qu'aucune force dans le monde ne pouvait prêter un secours utile à ceux qui se trouvaient enfermés dans la ville. Exempt de légèreté, incapable d'une lâcheté, distingué par son extrême attachement à la vérité, croyant ne pouvoir rendre aucun service à ses frères et ne doutant point, comme toutes les circonstances semblaient concourir à l'annoncer, qu'ils mourraient tous en ce lieu, le comte ne crut point se déshonorer en pourvoyant à sa propre sûreté et en se réservant pour des temps plus favorables. Certes, si l'on peut qualifier de fuite une retraite opérée en un moment où, comme on l'assure, ce comte pouvait alléguer une maladie grave, je pense qu'une fuite, après laquelle une action peu convenable fut réparée au prix du martyre, vaut bien mieux encore que l'endurcissement de ceux qui, en retournant dans leur pays, se plongèrent de nouveau dans les souillures et les crimes de tout genre. Qui pourrait dire que le comte Étienne et Hugues, qui furent en tout temps si honorables, puissent être comparés, pour avoir paru un moment revenir sur leurs pas, à quelques-uns de ceux qui persévérèrent dans leur abandon? Leur fin contribua si puissamment à l'accomplissement des choses au sujet desquelles on les accuse, qu'on peut maintenant chanter leurs louanges en toute assurance, tandis que l'existence des autres fait encore rougir tous les hommes de bien. Portons mes regards sur ceux qui se vantent de la captivité qu'ils subirent à Jérusalem, et nous reconnaîtrons que chacun d'eux semblait ne vouloir être surpassé par aucun autre en crimes, en trahisons, en parjures. Les deux hommes dont je parle eurent une conduite toujours honorable, avant comme après les circonstances que je raconte. Les autres, parce qu'ils ont vu Jérusalem et le sépulcre, pensent qu'ils ont pu se livrer en sécurité à toutes sortes de crimes ; ils reprochent à des hommes saints, si on les compare à eux, de s'être retirés, et tandis qu'eux-mêmes sont entachés d'un nombre infini de forfaits, ils ne veulent pas même convenir que la fin de ces hommes saints soit digne des plus grands éloges. Mais reprenons le fil de notre narration.

En partant d'Alexandrette, le comte Étienne se rendit dans la ville appelée Philomène. Déjà l'on avait annoncé au despotique empereur la prise d'Antioche, et lui-même s'était mis en marche, et s'avançait rapidement avec beaucoup de troupes, espérant que les Francs n'hésiteraient pas à la remettre entre ses mains. Le comte ayant donc rencontré ce prince rempli d'avidité, et celui-ci l'ayant interrogé sur la situation de l'armée chrétienne et de la ville conquise, le comte ne lui cacha point que la place avait été occupée ; mais il lui annonça en même temps que les Turcs retenaient encore la citadelle. « Mais, ô douleur ! ajouta-t-il, la joie de ce succès

« est troublée par un second siége ! Ceux qui na-
« guère avaient assiégé sont maintenant assiégés eux-
« mêmes, par un misérable revers de fortune ; et je
« ne sais ce qu'ils ont fait depuis que je me suis
« retiré de ce lieu. » Telles furent les paroles que le
comte adressa en secret à l'empereur. Celui-ci après
l'avoir entendu, perdant les espérances auxquelles
il s'était attaché, appela auprès de lui Gui, frère germain de Boémond, chevalier illustré par de brillans
faits d'armes, et quelques autres hommes encore, et
leur rapporta ce que le comte lui avait dit, mais en
aggravant son récit. « Que pensez-vous, leur dit-il,
« qu'il faille faire ? Les Francs sont assiégés par les
« Turcs, et enveloppés d'une manière épouvantable ;
« déjà, peut-être, ils ont succombé sous leurs coups,
« ou bien encore ils sont emmenés par eux dans
« leurs diverses provinces, pour y subir une éter-
« nelle servitude. Comme nous n'avons ni le pou-
« voir, ni l'occasion favorable de leur porter secours,
« comme d'ailleurs en nous avançant davantage nous
« serions exposés à rencontrer les Turcs, et à périr
« sous leurs glaives, nous retournerons sur nos pas,
« si vous le jugez convenable dans votre sagesse. » En
disant ces mots, le perfide se réjouissait, sans doute,
dans le fond de son cœur, de la mort de ceux qu'il
avait en horreur non moins que les Turcs eux-mêmes.

Cependant Gui, ses familiers et ses serviteurs, apprenant ainsi les dangers de Boémond et des Francs, se
livrèrent aux plus violentes lamentations, et se croyant
fondés, dans leur audace, à élever leurs plaintes
contre le Seigneur même, ils disaient : « O Dieu Tout-
« Puissant, dont les jugemens ne dévient jamais de la

« droite ligne, qui ne souffrez jamais que les pécheurs
« appesantissent leur domination sur les justes, pour-
« quoi livrez-vous au glaive des hommes criminels,
« dénué du secours de votre protection, ce peuple
« qui a abandonné parens, femmes, enfans, honneurs
« suprêmes, sol natal, et qui, bien plus encore, a bra-
« vé pour l'amour de vous des souffrances de tous les
« jours et la mort? Certes, s'il est reconnu que vous
« avez permis qu'ils fussent ainsi livrés au trépas,
« succombant sous des mains profanes, qui trouverez-
« vous dans la suite qui veuille se soumettre à vos or-
« dres, lorsque tous devront penser que vous êtes dans
« l'impuissance de défendre les vôtres? Eh bien, soit;
« vous avez voulu qu'ils fussent mis à mort pour vous,
« vous les avez couronnés de gloire et d'honneur. Mais
« certes, si vous accordez aux autres des royaumes par
« centaines, vous aurez attiré au milieu des nations un
« opprobre éternel sur les hommes de notre foi. Vous
« aurez plongé tout le monde chrétien dans l'abîme
« du désespoir et de l'incrédulité, vous aurez à jamais
« ranimé contre vous l'audace invincible des hommes
« les plus pervers. Désormais il n'y aura plus personne
« qui ose attendre de vous quelque chose de grand,
« en voyant finir d'une fin si déplorable ceux qui
« croyaient vous être attachés de plus près que tous
« les autres mortels. Dites-nous donc, ô Très-Saint,
« avec quelle confiance vous invoqueront les vôtres,
« lorsqu'ils apprendront une telle issue à de tels évé-
« nemens? » Telles étaient les affreuses plaintes que
leur arrachait, au milieu de leurs angoisses, le sentiment d'une farouche douleur, à tel point que, pendant quelques jours, il n'y eut dans toute l'armée que

conduisait le despote, ni évêques, ni abbés, ni clercs, ni laïques qui osassent invoquer le Seigneur, tant ils étaient absorbés par leur profonde affliction. Gui, lorsqu'il rappelait dans sa mémoire l'affection de son frère, la grandeur d'âme du prince, et toutes les excellentes qualités de cet homme illustre, sentait redoubler ses regrets, et la douleur de son ame s'exhalait en nouvelles lamentations.

L'empereur, prêt à retourner sur ses pas, craignant que les Turcs, après avoir rompu l'obstacle que leur présentaient les Francs, ne vinssent à se répandre de tous côtés en pleine liberté, commanda aux chevaliers qui combattaient pour lui : « Allez, dit-il, sou-
« mettez à mon édit impérial tous les hommes qui
« habitent cette contrée ; dévastez toute la Bulga-
« rie, afin que les Turcs, s'ils veulent se précipiter
« sur nos provinces pour les ravager, ne trouvent au-
« cune des choses dont ils auront besoin. » Qu'ils y eussent ou non consenti, les Chrétiens qui se hâtaient d'aller se réunir aux nôtres, furent forcés de s'en retourner avec l'empereur. Les chevaliers s'empressèrent d'exécuter les ordres du despote; les hommes suivaient péniblement l'armée, et tandis qu'ils faisaient tous leurs efforts pour tenir pied à la cavalerie, ils rencontraient toutes sortes d'obstacles et de maux qui les arrêtaient dans leur marche. Incapables de résister à de telles fatigues on voyait un grand nombre d'entre eux tomber çà et là sur la route, et succomber à leur épuisement. Le despote rentra dans la ville de Constantinople, et tous les Grecs de son armée retournèrent aux lieux d'où ils étaient partis. Mais il est temps de mettre fin à ce livre.

LIVRE SIXIÈME.

Lorsque nous lisons dans les écrits authentiques des saints Pères l'histoire des batailles qui furent livrées sous la protection de Dieu; lorsque nous voyons de si grands événemens accomplis par de si petits hommes dont la foi était en quelque sorte nulle (non cependant que nous appelions de petits hommes les bienheureux Josué, David ou Samuel; leurs mérites furent agréés, comme ceux de tous les autres hommes dont l'Église de Dieu a célébré jusqu'à ce jour les hauts faits); lorsque nous apprenons enfin à mépriser la vanité du peuple Juif, nous pourrions, si la raison ne s'y opposait, être amenés à penser que les plus malheureux des hommes, qui ne servaient Dieu que pour l'amour de leurs entrailles, lui étaient cependant plus agréables que ceux dont la servitude a été toute spirituelle. Ceux-là, en effet, exempts seulement de l'idolâtrie, voyaient prospérer toutes choses entre leurs mains, ils remportaient de fréquentes victoires, ils avaient tout en abondance; ceux-ci au contraire ne triomphaient qu'à travers mille difficultés, la victoire même ne s'achetait que par de grands sacrifices; ils avaient peu de richesses, ils se voyaient sans cesse exposés à des souffrances nombreuses autant que cruelles; ils menaient enfin une vie, non de chevaliers, mais de moines, du moins par la sainteté et par l'obligation continuelle de se soumettre à toutes sortes de privations. Tout cela cependant s'explique par une considération consolante ; car nous savons que « Dieu châtie celui qu'il aime, et il frappe de ses « verges tous ceux qu'il reconnaît pour ses enfants[1] : » ceux à qui il retire les biens temporels, dans la rigueur de ses arrêts, sont aussi ceux à qui il réserve dans son amour les biens spirituels d'une douceur à jamais durable.

Après le récit de Pierre, à qui le bienheureux apôtre André avait, comme je l'ai dit, révélé l'existence de la lance du Seigneur, le peuple chrétien se releva avec des transports de joie, et l'attente d'un si grand événement le tira de l'abîme de désespoir dans lequel il était plongé. D'après les indications de Pierre, tous coururent au lieu qu'il avait désigné, et l'on prescrivit aussitôt de faire une fouille dans l'église du bienheureux Pierre, auprès de l'autel du Seigneur. Depuis le point du jour jusques au soir, treize hommes travaillèrent à enlever la terre qu'on avait soulevée, et Pierre lui-même découvrit la lance. En voyant que les faits se rapportaient exactement à la vision qu'il avait eue, tous les Chrétiens en éprouvèrent une grande joie, et furent animés d'un nouveau courage contre tous leurs ennemis. Ils enlevèrent en grande pompe la lance miraculeusement découverte, et dès ce jour ils s'occupèrent avec confiance de leurs projets de recommencer la guerre. Les princes de l'armée tinrent conseil, cherchant avec un égal empressement ce qu'il y avait à faire dans les circonstances, et ré-

---

[1] Épître de saint Paul aux Hébreux, chap. XII, v. 6.

solurent, avant de combattre, d'envoyer une députation aux Turcs pour les engager à se désister de leurs prétentions sur le territoire des Chrétiens, à ne pas vouloir expulser ou frapper de mort les serviteurs du Christ, et à demeurer tranquillement dans les limites de leurs États. Ayant donc fait appeler Pierre l'Ermite, qui avait pris part aux premiers événemens de l'expédition, et lui ayant adjoint un nommé Herluin, qui connaissait les deux langues et pouvait servir d'interprète, les princes leur enjoignirent de se rendre auprès du prince infidèle, et leur donnèrent des instructions pour leur discours. Arrivés à la tente du Gentil, les deux députés furent admis à voir, non sans horreur, cet homme diabolique, et le haranguèrent en ces termes : « Sachez que nos princes ont été ex-
« trêmement étonnés que vous ayez entrepris si mé-
« chamment et sans aucun sentiment de respect, d'oc-
« cuper et d'usurper une terre possédée dès long-
« temps et en parfaite liberté par la foi chrétienne.
« Vous avez appris, à ne pouvoir en douter, par les
« nombreuses victoires que nous avons remportées
« sur les vôtres, et dont vous avez certainement en-
« tendu parler, que la puissance du Christ n'est nul-
« lement affaiblie ; et comme votre expérience a dû
« vous démontrer suffisamment que vous ne pouvez
« rien contre lui, nos princes se persuadent qu'a-
« près avoir été tant de fois repoussés à la guerre,
« vous ne porterez point la démence jusqu'à oser re-
« commencer encore ces combats contre Dieu. Aussi
« nous pensions unanimement que vous n'étiez venus,
« dans votre sagesse, jusques en ces lieux, que
« dans le desir d'être imbus des dogmes de notre

« foi par les enseignemens des pontifes chrétiens qui
« sont avec nous. Mais nous savons d'une manière
« certaine que vous ne prenez aucun soin de votre sa-
« lut, et que vous voudriez tenter de nouveau la guerre
« contre les croyances catholiques. Cependant, ayant
« égard à votre ignorance, nous vous demandons de re-
« noncer à ces prétentions, car sachez que, par l'assis-
« tance de Dieu, le bienheureux Pierre l'apôtre revendi-
« que pour lui la ville dont il a été le premier évêque,
« et qu'il veut en employant nos bras, quoique nous
« soyions pécheurs, rétablir dans cette ville le culte
« de Dieu qu'il y enseigna le premier. Nos princes
« vous permettent, dans leur extrême générosité,
« d'emporter toutes les provisions que vous avez
« transportées jusqu'ici, et si vous vous retirez pai-
« siblement, aucun des nôtres ne vous fera le moin-
« dre mal. »

Corbaran fut blessé au cœur par ces paroles remplies de grandeur, et tandis que les Turcs qui les
avaient entendues manifestaient un orgueil farouche, il répondit : « Cette terre que vous dites avoir
« été dans les temps antiques sujette de votre foi,
« nous prouverons qu'elle est nôtre et qu'elle nous
« appartient à bon droit, surtout lorsque nous l'au-
« rons enlevée par notre admirable valeur à cette
« race d'hommes que l'on peut à peine comparer à
« des femmes. Nous regardons comme une étrange
« folie que vous veniez des extrémités de la terre
« nous menacer, même avec le déploiement de toutes
« vos forces, de nous chasser des lieux où nous
« habitons, tandis que vous n'avez, pour réussir dans
« une telle entreprise, ni les richesses, ni les armes,

« ni le nombre d'hommes nécessaires. Non seulement
« nous n'accueillons pas le christianisme, mais nous
« le repoussons avec le plus profond mépris. Et, afin
« que je réponde brièvement au message que vous
« apportez, vous qui êtes venus remplir les fonctions
« d'ambassadeurs, retournez au plus tôt auprès de vos
« princes, et dites-leur que s'ils veulent devenir sembla-
« bles à nous, et renier ce Christ auquel ils paraissent
« attachés, non seulement nous leur donnerons cette
« province, mais en outre un territoire beaucoup plus
« riche et plus vaste; et, qu'après leur avoir géné-
« reusement accordé ces châteaux et ces villes, nous
« ne souffrirons pas qu'aucun d'eux demeure à pied,
« que nous ferons d'eux tous, sans exception, au-
« tant de chevaliers, et que dès que nous serons
« réunis par les mêmes rits, nous nous réjouirons
« de leur amitié et de leur voisinage. Mais s'ils se
« déterminent à refuser nos propositions, ils mour-
« ront bientôt, sans aucun doute, d'une mort affreuse,
« ou seront soumis dans l'exil à une éternelle cap-
« tivité, et destinés à servir nous et notre postérité
« dans tous les siècles. » Il dit, et nos députés, re-
partant aussitôt, allèrent rendre compte de tout ce
qu'ils avaient entendu aux chefs des chrétiens.

Cependant l'armée continuait à se trouver dans une
situation infiniment critique, tourmentée d'une part
par une affreuse disette, et d'autre part, en proie aux
craintes que lui inspiraient les Gentils qui l'enveloppaient de tous côtés. Enfin, les Chrétiens se confièrent uniquement aux secours du Ciel, et célébrèrent
un jeûne de trois jours, d'après les ordres de l'illustre
évêque du Puy. On chanta d'église en église des lita-

nies de supplication ; tous se purifièrent par une confession sincère de leurs péchés, les évêques et les prêtres leur donnèrent ensuite l'absolution ; ils reçurent en toute plénitude de foi le sacrement du corps et du sang du Seigneur ; chacun distribua des aumônes selon la mesure de ses facultés, et de toutes parts on implora à grands cris l'office du sacrifice divin. L'accomplissement de ces cérémonies leur ayant inspiré la confiance, ils s'occupèrent des soins de la guerre, et formèrent aussitôt six corps d'armée dans l'intérieur de la ville.

Dans le premier corps destiné à soutenir les premiers efforts des Turcs, on plaça Hugues, véritablement grand comme son nom, et on lui adjoignit tous les escadrons des Français, et, en outre, le comte de Flandre. J'ai entendu raconter, au sujet de cet homme de sang royal, qu'avant qu'on vînt à cette bataille, son intendant lui acheta à grands frais un pied de chameau, qui fut le seul aliment digne de lui qu'il pût trouver en ce moment. Le défaut de nourriture avait exténué cet homme du Seigneur, à tel point qu'il pouvait à peine se tenir à cheval ; et comme on voulait l'engager à ne pas aller au combat, et à demeurer dans la ville avec ceux qui assiégeaient la citadelle : « Dieu m'en garde, « répondit-il vivement, j'irai au contraire, et plaise à « Dieu que j'y puisse trouver une bienheureuse fin « avec ceux qui mourront en ce jour ! »

L'illustre duc Godefroi forma le second corps avec son armée. Le comte Robert de Normandie se mit à la tête du troisième avec tous les siens. Le quatrième était dirigé par le respectable évêque du Puy, qui portait avec lui la lance du Sauveur, récemment découverte. Ce corps était composé de ceux qui marchaient à la suite de l'évêque et du comte Raimond de Saint-Gilles. Celui-ci demeura dans la ville pour continuer à bloquer la citadelle, afin que les habitans ne fissent point d'irruption dans la place. Tancrède commandait le cinquième corps auquel se ralliaient tous les hommes de sa suite ; et Boémond s'avançait enfin à la tête du sixième, conduisant ses chevaliers.

Les évêques, les prêtres, les clercs, les moines, revêtus de leurs ornemens ecclésiastiques, marchaient en avant, portant les croix, empressés à soutenir les combattans de leurs prières et de leurs larmes, et s'attendant eux-mêmes à recevoir la couronne du martyre, si la mort venait frapper quelqu'un d'entre eux. D'autres se placèrent sur les murailles élevées, pour voir l'issue de la bataille. Ils tenaient dans leurs mains les croix du Seigneur, les portaient en avant pour les montrer, et faisaient le signe de la croix sur l'armée qui s'avançait. Marchant donc dans l'ordre que j'ai décrit, les Chrétiens sortirent par la porte située en avant du temple des Gentils, que les nôtres appellent une mahomerie, s'avançant à pied et si lentement qu'une vieille femme infirme n'aurait pas même eu besoin de demander que le pas fût ralenti. O Dieu tout-puissant, quels élans de cœur s'élevaient alors jusques à toi ! Avec quelle rapidité, tandis que les faibles corps étaient épuisés par les fatigues d'une longue abstinence, les témoignages de la douleur de ces malheureux encore remplis de frayeur montaient jusques à tes oreilles ! Que d'angoisses agitaient ces esprits qui semblaient survivre à leur corps ! La faiblesse eût désespéré de la victoire ; le pieux désir de tout supporter pour toi, ô Dieu, soutenait seul tous les courages. Les cœurs étaient brisés de douleur, desséchés par leurs longues souffrances ; les têtes n'avaient plus de larmes à répandre ; l'homme extérieur était comme anéanti ; les desirs spirituels s'agitaient seuls avec violence. O Dieu plein de bonté, quelles choses pouvais-tu refuser, au milieu de ces transports de dévotion, à ceux que tu voyais ou plutôt que tu faisais toi-même brûler de tant de feux ? En voyant tous les Chrétiens portant sur le visage l'air martial des chevaliers, dans le fond du cœur la résignation des martyrs, je pense que dans aucun autre siècle aucune autre armée n'a montré une fermeté comparable à celle-là ; et l'on peut dire en toute vérité qu'ils poussaient leurs acclamations jusqu'aux cieux : on doit reconnaître qu'ils faisaient véritablement résonner les trompettes sacrées, ces hommes qui, dénués alors des forces du corps, ne se distinguaient que par l'intrépidité toute particulière de leur cœur.

Cependant Corbaran les voyant sortir de la ville et s'avancer lentement, l'un après l'autre et à petits pas, se moquant de cette poignée d'hommes, selon ce qu'il en jugeait : « Laissez, disait-il, laissez avancer ceux « qui sortent, afin qu'on puisse mieux les empêcher « de retourner vers la ville, lorsqu'ils auront pris la « fuite. » Mais, après que toute l'armée fut sortie des portes, Corbaran, lorsqu'il eut vu la race des Francs puissante par son ordre de bataille et par sa force numérique, commença enfin à trembler. Faisant déjà des préparatifs de fuite, il ordonna aussitôt à ceux de sa maison, s'ils voyaient allumer des feux dans la partie la plus avancée du camp, d'envoyer sans retard des hérauts, et de faire publier, parmi les corps ennemis répandus de toutes parts, que les corps triangulaires des Francs avaient remporté la victoire. Luimême commença à se retirer lentement en arrière, se dirigeant vers les montagnes, et les nôtres se disposèrent en même temps à le poursuivre sans ménagement. Les Turcs, par un artifice bien superflu, se divisèrent aussi; les uns se portèrent vers les bords de la mer, les autres, immobiles, attendirent l'arrivée des Francs; et tous crurent, par cette manœuvre, pouvoir envelopper nos Chrétiens. Mais ceux-ci, ayant reconnu ce mouvement, s'abandonnèrent à leur audace téméraire, et se dirigèrent sur eux, se séparant ainsi du reste de leurs frères : aussi furent-ils les seuls de notre armée qui, par cette démarche hasardée, eurent à souffrir en ce jour des pertes considérables; quelques chevaliers se sauvèrent, mais presque aucun fantassin ne put réussir à échapper aux ennemis. Parmi ceux qui se laissèrent entraîner à cette entreprise aventureuse, on distinguait un nommé Clairambaut de Vandeuil, illustre dans son pays, mais qui ne fit rien de bon dans les provinces d'Asie. Cependant on forma un septième corps pour marcher contre ceux qui occupaient les bords de la mer; et ce corps, pris dans les deux corps du duc Godefroi et du comte de Normandie, fut commandé par un comte nommé Renaud. Il combattit toute la journée en ce lieu avec un extrême acharnement, et un grand nombre des nôtres périt sous les flèches des ennemis. La cavalerie des Gentils s'étendait depuis le fleuve du Farfar jusques aux montagnes, et se déployait sur un terrain de deux milles de longueur. Leurs escadrons s'élancèrent de tous côtés et vinrent attaquer à coups de flèches et de javelots le corps des Francs, formé en triangle, que les nôtres avaient placé en avant, comme le plus fort, pour résister aux premières charges des Turcs. Celui qui le commandait, l'illustre Hugues, à l'ame royale, digne en tout de ses valeureux ancêtres, criait à ses serviteurs, tandis qu'ils étaient accablés des traits ennemis : « Patience, « supportez encore avec fermeté la seconde et la « troisième décharge de traits, bientôt ils se retire- « ront plus promptement que la parole. »

Voici cependant des bandes innombrables sortirent des montagnes; leurs chevaux et leurs étendards resplendissaient de blancheur. A cet aspect les nôtres furent frappés d'une grande stupeur, craignant que ces troupes ne vinssent porter secours à leurs adversaires; lorsqu'enfin ils reconnurent par leurs propres yeux que c'étaient les auxiliaires mêmes que le Christ leur envoyait. A la suite de la bataille, ils pensèrent que cette troupe s'était présentée sous la conduite particulière des glorieux martyrs George, Mercure et Démétrius. Et certes, si nous lisons dans les Ecritures que jadis les Macchabées, combattant pour la circoncision et la viande de porc, virent aussi apparaître une armée céleste pour les secourir, à combien plus forte raison ce secours n'était-il pas dû à ceux qui versaient leur sang et se dévouaient au service du Christ, pour purifier les églises et travailler à la propagation de la foi? Ceux des ennemis qui s'étaient les premiers arrêtés sur les bords de la mer, ne pouvant supporter d'être plus long-temps repoussés par les nôtres, mirent le feu aux herbes pour donner le signal de fuite convenu entre eux et ceux des leurs qui gardaient les tentes pendant que l'on combattait. Avertis par ce signal, tous se mirent à fuir, emportant avec eux leurs plus précieux effets. Les Francs cependant se dirigèrent vers ces mêmes tentes, où ils voyaient réunies les plus grandes forces. Le duc Godefroi, le comte de Flandre et Hugues-le-Grand, qui longeaient le fleuve à cheval, réunirent leurs efforts. Ces trois princes, suivis de leurs chevaliers, ayant sans cesse présent à leurs yeux le fils de Dieu, crucifié pour eux, s'élancèrent vigoureusement au plus épais des rangs ennemis, et dès que toutes nos autres troupes eurent vu ce mouvement, elles se portèrent en avant avec une égale impétuosité. D'autre part, les ennemis accoururent aussi en foule et poussant des cris de forcenés ; car tel est leur usage lorsqu'ils sont formés en ordre de bataille. Ils font un fracas épouvantable avec des tuyaux en bronze, dont ils se servent comme de hallebardes, et avec les cymbales retentissantes ; poussant en outre de telles clameurs, que les hommes et les chevaux ont peine à résister à la frayeur que répand cet horrible bruit. Mais tant d'efforts furent impuissans, et toutes leurs entreprises ne tardèrent pas à être déjouées. Dès le premier choc, les nôtres battirent les ennemis sur tous les points, et les contraignirent à réaliser au plutôt ces projets de fuite qu'ils nourrissaient depuis long-temps dans leur cœur. Aussitôt, et sans leur laisser un seul moment de repos, les nôtres les poursuivirent jusque dans l'enceinte même de leur camp. D'abord ils ne se laissèrent point entraîner à l'ardeur du butin et préférèrent se rassasier du sang des ennemis du Christ. Ils les poursuivirent donc jusqu'au pont de Farfar, et jusqu'au lieu où était établie la redoute de Tancrède. Mais lorsque les Gentils eurent abandonné la plaine, les nôtres la trouvèrent couverte de riches dépouilles que personne ne défendait plus : les tentes étaient remplies d'or, d'argent et d'ornemens variés; partout on rencontrait des troupeaux de moutons, de chèvres, de bœufs; on voyait des chevaux, des mulets, des ânes en grande quantité; on enlevait des provisions considérables en grains, en vin et farine. Les colons Syriens et Arméniens, qui occupaient tous les environs, voyant les Francs maîtres d'une victoire aussi inattendue, se portèrent aussitôt à la rencontre des Turcs qui fuyaient de toutes parts, occupèrent les passages des montagnes et massacrèrent tous ceux dont ils purent se saisir. Les nôtres cependant revinrent sur leurs pas, et, dans les transports de leur joie, ils exaltèrent par des louanges infinies le Christ leur puissant auxiliaire, et rentrèrent dans la ville avec les honneurs d'un triomphe tout divin. Celui qui commandait dans la citadelle de la ville, voyant le prince des Gentils fuir devant les nôtres qui le poursuivaient, fut lui-même saisi d'une grande frayeur, et jugeant bien que désormais il n'y aurait plus de sûreté pour lui à défendre sa position, il demanda sans le moindre délai la bannière de l'un de nos princes.

Le comte de Saint-Gilles, qui se trouvait en ce moment non loin du lieu où se faisait cette proposition, l'ayant entendue, donna sur-le-champ l'ordre de présenter sa propre bannière à celui qui en faisait la demande, et le gouverneur de la citadelle l'ayant aussitôt reçue, la fit attacher sur le haut de la tour. Mais les Lombards, jaloux de tous les autres en faveur de Boémond leur patron, crièrent au même instant au chef de la citadelle : « Ce n'est pas là la « bannière de Boémond. » Celui-ci ayant donc demandé à qui appartenait cette bannière, et ayant appris que c'était celle du comte de Saint-Gilles, la fit descendre et la rendit au comte. Il demanda, et reçut au même moment celle de Boémond, et stipula en outre une condition qui lui fut accordée, savoir, que ceux des hommes enfermés dans la citadelle avec lui, qui voudraient se réunir à notre foi, auraient la faculté de demeurer avec Boémond lui-même, et que s'ils ne le voulaient pas, tous pourraient se retirer sans aucun empêchement. La citadelle passa donc sous la juridiction de Boémond, et fut aussitôt confiée à la garde d'hommes qui étaient à son service; peu de jours après, celui qui l'avait rendue reçut le sacrement du baptême et avec lui ceux qui aimèrent mieux se rallier au christianisme. Ceux au contraire qui voulurent demeurer fidèles à leurs lois, le purent faire en toute liberté, et Boémond les fit accompagner lui-même jusque sur le territoire des Sarrasins.

Pierre et Paul ayant pris compassion des misères de cette ville, et ne pouvant tolérer la destruction et l'exil des nouveaux habitans qui en avaient expulsé les nations par lesquelles le saint temple de Dieu avait été souillé; Pierre et Paul, dis-je, livrèrent cette grande bataille le 28 juin et la veille même de l'anniversaire de leur Passion. Et certes, il était bien juste qu'ils prissent en pitié la ville que l'un et l'autre avaient éclairée par leurs prédications. Dans l'enceinte de cette ville, les églises avaient été converties par les Gentils en écuries; une portion de la grande basilique du bienheureux Pierre était devenue le temple de leur Mahomet.

Cependant les ennemis vaincus et fuyant de toutes parts, les montagnes et les vallons, les campagnes et les forêts, les chemins et les lieux impraticables furent couverts d'hommes à demi-morts, de morts et d'un nombre infini de blessés. De leur côté, les Chrétiens, visités soudainement par la miséricorde de Dieu, virent finir par le plus heureux changement les calamités d'une affreuse disette. Aux mêmes lieux où naguère un œuf se vendait deux sous, on trouvait alors à acheter un bœuf pour douze deniers au plus; et, pour tout dire en peu de mots, là où l'on avait éprouvé toutes les horreurs de la famine, on se trouva avoir une si grande abondance d'argent et de toutes sortes de vivres, qu'il semblait que toutes choses sortissent soudainement de terre, ou bien encore que le Seigneur venait d'ouvrir les cataractes du ciel. On enleva une si grande quantité de tentes que, lorsque chacun des nôtres en eut pris, lorsque tous furent enrichis et déjà dégoûtés du fardeau de leur butin, on ne trouvait presque plus personne qui voulût encore enlever quelque nouvel objet. Lorsqu'un pauvre s'emparait d'un effet quelconque, nul homme plus riche ne survenait pour lui faire violence, chacun se retirait devant un autre sans aucune contestation.

Après cela, nos princes, le duc Godefroi, le comte de Saint-Gilles, Boémond, le comte de Normandie, Robert de Flandre et tous les autres, ayant tenu conseil, envoyèrent à l'empereur Hugues-le-Grand, Baudouin, comte de Mons, et beaucoup d'autres hommes portant des noms illustres, pour inviter ce souverain à recevoir de leurs mains la ville d'Antioche, et à exécuter les engagemens qu'il avait pris avec les nôtres. Ces députés partirent; mais, dans la suite, ils tardèrent à revenir auprès de ceux qui les avaient envoyés. Poursuivis par les Turcs, en un lieu qui m'est inconnu, ceux d'entre eux qui eurent des chevaux à leur disposition s'échappèrent; les autres furent emmenés en captivité, ou périrent par le fer. On n'a pu savoir encore avec quelque certitude quelle a été la misérable fin du comte de Mons. Voici ce que disent quelques personnes pour expliquer le refus de Hugues-le-Grand de retourner auprès de ses compagnons d'armes. Malgré sa brillante valeur, Hugues se montra toujours peu empressé à rechercher les choses qui semblaient nécessaires à l'existence et aux besoins d'un homme aussi considérable; et, dans la délicatesse de son honneur, il redoutait d'avoir à souffrir des privations au milieu de ceux qui étaient ou plus avares ou plus ardens à amasser des ressources, quoique lui-même fût plus grand, ou du moins ne cédât à aucun d'entre eux en distinction. Au surplus, personne ne saurait se plaindre avec justice des retards de celui qui revint cependant dans la suite, et qui succomba enfin illustré par la couronne du martyre, et emportant la réputation du plus brave chevalier.

Peu de temps après, on commença à rechercher le moyen d'arriver enfin à Jérusalem, objet de tant de fatigues et de souffrances, et de conduire à l'issue de cette entreprise le peuple chrétien qui aspirait avec une ardeur extrême à ce grand résultat. Les princes jugèrent qu'en se mettant en route pendant les chaleurs de l'été, l'on aurait beaucoup à souffrir du défaut d'eau, et, en conséquence, ils résolurent de différer leur départ jusqu'aux calendes de novembre. Tout le monde consentit à cette décision : les seigneurs de l'armée se répandirent alors dans les villes et places qu'ils avaient conquises et qu'ils partagèrent entre eux; et ils envoyèrent aussitôt des hérauts parcourir les pays soumis, et publier en tous lieux que ceux qui auraient besoin d'eux pourraient s'attacher aux plus puissans, avec certitude de recevoir des gratifications. Il y eut entre autres un homme de l'ordre équestre, illustre par ses hauts faits d'armes et l'un des premiers fidèles du comte Raimond de Saint-Gilles, nommé aussi Raimond et surnommé Pelet, autour duquel se rallièrent un grand nombre de chevaliers et d'hommes de pied. Sa générosité et son habileté reconnues ayant attiré un grand concours auprès de lui, il forma une nombreuse armée, se porta avec elle sur le territoire des Sarrasins, et assiégea d'abord un fort appelé *Talamanie*. Les habitans, qui étaient Syriens, se rendirent aussitôt à lui. Il demeura huit jours dans la place, et ayant appris qu'il y avait, non loin de là, un château occupé par un nombre infini de Sarrasins, il s'y rendit avec les siens. Ils l'attaquèrent avec une extrême impétuosité; Dieu pénétra avec eux dans le fort, et ils s'en rendirent maîtres. Ceux des habitans qui consentirent à recevoir les sacremens du christianisme, sauvèrent ainsi leur vie; tous les autres furent mis à mort. Après cette expédition, les Chrétiens, rendant à Dieu des actions de grâces, retournèrent à Talamanie, et le troisième jour ils en sortirent de nouveau, pour se diriger vers une ville appelée Marrah, redoutable par ses fortifications et fière de servir de point de réunion à des nations diverses. Elle était voisine du fort dont je viens de parler, et servait d'asile en ce moment à la canaille des Turcs et des Sarrasins qui s'étaient enfuis des places et villes environnantes, et principalement d'Alep. Un corps de Gentils se porta à la rencontre des nôtres pour leur livrer bataille; ces derniers crurent pouvoir les combattre comme ils avaient fait en d'autres occasions; mais ils ne tardèrent pas à être détrompés, en voyant leurs ennemis tourner le dos très-promptement. Les Gentils, cependant, firent de fréquentes sorties et ne cessèrent de harceler les nôtres, et toute la journée fut ainsi employée en mouvemens d'attaque et de retraite échangés des deux côtés. Les nôtres, pendant ce temps, étaient brûlés d'une chaleur dévorante, et livrés au tourment d'une soif extraordinaire, sans trouver aucun moyen de l'apaiser. Ils résolurent, cette même nuit, de dresser leurs tentes auprès de la ville. Les habitans, instruits que les nôtres commençaient à souffrir en un point important, et que les Syriens se montraient les premiers disposés à prendre la fuite, devenus plus audacieux par la crainte qu'éprouvaient leurs ennemis, ne craignirent plus de les presser vivement. Accablés par cette nouvelle irruption, un grand nombre des nôtres succombèrent sous l'excès de leur zèle, et remirent leur ame entre les mains de Dieu. Ils moururent le 5 du mois de juillet, vers le matin. Les autres Francs retournèrent à Talamanie, et y demeurèrent encore plusieurs jours avec leur chef Raimond. Pendant ce temps, ceux qui étaient restés à Antioche y jouissaient d'une grande tranquillité, et vivaient dans l'opulence.

Bientôt cependant Dieu permit, par une disposition dont les causes nous sont inconnues, que les plus sombres nuages vinssent voiler un ciel brillant de sérénité. Celui qui avait guidé les Chrétiens, qui avait tendrement soigné le dehors ainsi que l'intérieur, l'homme respectable devant Dieu et devant les hommes, l'évêque du Puy, Adhémar tomba malade, et le Tout-Puissant, dans sa généreuse miséricorde, lui donna d'essuyer enfin ses pieuses sueurs dans le repos d'un éternel sabbat. Il mourut le jour de la fête dite de Saint-Pierre-aux-Liens, et mérita d'être absous par celui à qui appartiennent les clefs du royaume des cieux et le pouvoir de délier, et de l'avoir pour introducteur dans les demeures célestes. Soudain l'armée tout entière du Christ fut saisie de tristesse et plongée dans la douleur la plus amère; chaque individu de tout ordre, de tout âge et de tout sexe, se rappelant les nombreux bienfaits de cet homme très-miséricordieux, et le voyant perdu sans retour, se montrait inconsolable. Ses funérailles furent honorées d'autant de cris de douleur, d'autant de lamentations des princes eux-mêmes que si on leur eût annoncé la ruine prochaine de toute l'armée. Avant même qu'il fût enseveli, son cercueil fut chargé d'offrandes en argent par tout ce peuple qu'il avait gouverné si paternellement, à tel point que je ne pense pas que personne en ait jamais vu porter autant, dans le même espace de temps, sur les autels de quelque nation que ce soit. Toutes ces offrandes furent aussitôt après distribuées aux pauvres pour le salut de l'ame du pontife. Tant qu'il avait vécu, il n'avait cessé de prendre soin de ces pauvres, avec une tendre sollicitude, s'attachant avant toutes choses à répéter tous les jours aux riches qu'ils eussent à aimer les indigens et à les assister dans leurs besoins, et leur disant sans cesse qu'ils étaient les gardiens de la vie même des pauvres. « Celui qui n'aura pas fait miséricorde, ajoutait-il, « sera jugé sans miséricorde. Si vous ne vous montrez « remplis d'humanité pour vos inférieurs, qui sont « cependant d'une même nature que vous, si vous ne « leur faites part des choses que Dieu a créées pour « eux comme pour vous, et que nous vous voyons « toutefois retenir dans une si grande inégalité, vous « vous fermerez, sans aucun doute, l'asile de la mi- « séricorde divine. Réchauffez-les donc en leur don- « nant quelque petite portion de ces biens qui vous « appartiennent, et par lesquels vous êtes bien nour- « ris; et soyez bien convaincus que de même qu'ils « ne peuvent sans vous vivre de la vie temporelle, de « même vous ne pouvez sans eux vivre de la vie éter- « nelle. » Par ces discours et d'autres du même genre qu'il leur adressait sans cesse, cet homme admirable ne cessait de les entretenir dans le sentiment de leurs devoirs.

Raimond, comte de Saint-Gilles, entra ensuite dans les provinces des Sarrasins, et conduisit son armée vers une ville qui s'appelle Albar. Il s'en empara dès qu'il y fut arrivé, et mit à mort tous les Sarrasins et les femmes qu'il y trouva. Dès qu'il s'en fut rendu maître, il la repeupla, autant qu'il lui fut possible, d'habitans chrétiens; et, ayant pris l'avis des hommes sages, il résolut d'instituer dans cette ville un évêque qui prît soin d'instruire peu à peu les païens des dogmes de la foi chrétienne, de pratiquer le ministère de piété, et d'accomplir les mystères de la régénération dans les temples même des Gentils, toutefois après les avoir purifiés. Après avoir élu un homme d'un âge convenable et recommandable en outre par ses connaissances, on le conduisit à Antioche pour y être consacré. Institué évêque, celui-ci ne renonça pas cependant au voyage de Jérusalem, et, ayant laissé en sa place un homme qui s'offrit volontairement pour remplir ses fonctions, et qui fut en outre chargé de veiller à la défense de la ville, l'évêque poursuivit son voyage avec les autres Chrétiens. Son suppléant, doué d'un courage extraordinaire, et n'ayant que de très-modiques revenus, ne garda auprès de lui qu'un petit nombre de compagnons, avec lesquels il entreprit cependant de garder la citadelle de la place; et comme les Sarrasins ne fréquentaient plus cette ville, quelques Gentils qui y demeuraient encore se soumirent à sa juridiction, et lui payèrent quelques redevances sur le produit de leur travail, pour obtenir grâce de la vie.

Tandis que ceux qui habitaient à Antioche jouissaient de toutes sortes de prospérités, le jour de la Toussaint s'approchait, et avec lui le terme fixé par les Chrétiens pour poursuivre leur expédition. Les princes, se souvenant de leurs résolutions, se réunirent de toutes parts à Antioche, et commencèrent à se concerter entre eux pour chercher les meilleurs moyens de parvenir le plus promptement pos-

sible au but de leur entreprise. Mais, avant que la milice du Seigneur se remît en mouvement, Boémond voulut traiter l'affaire de l'occupation de la ville qui lui avait été promise par ses compagnons ; et le comte de Saint-Gilles, se souvenant avec crainte des sermens par lesquels il s'était engagé envers l'empereur, s'opposa aux prétentions de Boémond. Les princes se portèrent pour médiateurs entre eux, et se rassemblèrent à diverses reprises dans l'église du bienheureux Pierre. Boémond disait que, lorsque la ville lui avait été livrée par Pierre, les princes eux-mêmes lui en avaient généreusement concédé tous les quartiers. Le comte de Saint-Gilles répondait qu'il s'était engagé par serment à remettre Antioche à l'empereur de Constantinople, sauf, de la part de celui-ci, l'accomplissement des conventions arrêtées, et que tous ces arrangemens avaient été stipulés sur l'avis de Boémond lui-même. Cependant les évêques, qui avaient à cœur de terminer ce différend, ayant appelé auprès d'eux le duc Godefroi, les comtes de Flandre et de Normandie, et les autres seigneurs, et ayant entendu chacun en particulier, se séparèrent d'eux, afin de pouvoir se former une opinion par la comparaison des divers argumens, et prononcer ensuite un jugement. Mais, après avoir examiné les discours des parties plaignantes, ils demeurèrent en quelque sorte neutres, et lorsqu'ils rentrèrent dans l'assemblée, craignant d'irriter l'un ou l'autre de ces hommes considérables, ils différèrent de déclarer leur jugement. Le comte, ayant reconnu leur intention, dit alors :
« Afin que la contestation présente ne jette point de
« trouble parmi les fidèles du Christ, et que la déli-

« vrance du sépulcre du Seigneur ne soit pas plus
« long-temps différée, afin d'éviter en tout point tout
« reproche de cupidité, je déclare que je me sou-
« mettrai à la décision de nos pairs et des princes ici
« présens, sauf le maintien des sermens par lesquels
« je me suis engagé malgré moi envers le prince de
« Constantinople, comme vous le savez tous, ô vous
« frères et seigneurs qui êtes ici assemblés. » Aussitôt
Boémond acquiesça à cette proposition dans les mêmes
termes. Tous deux, écartant toute nouvelle discussion, unirent leurs mains et prêtèrent serment entre
les mains des évêques, protestant solennellement que
désormais la milice de Dieu ne serait plus troublée
par leurs querelles. Boémond, ayant pris conseil,
fortifia la citadelle située dans la montagne, en hommes et en vivres. Le comte de Saint-Gilles ayant aussi
tenu conseil avec les siens s'occupa, avec une plus
grande profusion, à mettre en état de défense le palais de Cassien, que les Gentils appelaient émir dans
leur langue, ainsi que la tour qui domine au dessus
de la porte du pont, par laquelle on sort pour se rendre
au port de Saint-Siméon.

Antioche, ville d'une beauté incomparable, et qui
ne le cède à nulle autre pour la majesté de ses édifices, est située dans une position agréable; la tem-
pérature du pays est douce, son territoire est riche
en vignes et d'une grande fertilité. A l'orient, la ville
est enveloppée par quatre montagnes d'une grande
élévation; à l'occident, elle est arrosée par les eaux du
fleuve nommé Farfar, dont on retrouve le nom dans
les livres sacrés, et qui fournit du poisson en abondance. Sur le point le plus élevé de l'une des mon-

tagnes est un fort, digne d'admiration et plus remarquable encore par la parfaite sécurité que sa position garantit à ceux qui l'occupent; plus bas est la ville comblée de gloire, fière encore de ses nobles et antiques monumens et qui contient dans son enceinte trois cent soixante églises. Le pontife, héritier des Apôtres et revêtu des honneurs du patriarchat, est le chef privilégié de cent cinquante-trois évêques ses suffragans. La ville est enceinte d'une double muraille, dont l'une est d'une largeur inconcevable, d'une hauteur extraordinaire, construite en pierres énormes et garnie de quatre cent cinquante tours qui enveloppent toute sa circonférence. Jérôme établit dans son cinquième livre des Explications sur Isaïe que la ville de Reblata, dans laquelle le roi Nabuchodonosor fit arracher les yeux au roi Sédécias et tuer ses fils, est la même que la ville d'Antioche. On prétend qu'elle fut fondée par cet Antiochus le plus ancien du nom, dont la puissance est attestée par beaucoup de monumens qui subsistent encore, et qu'il se fit aider par cinquante rois, qui étaient, dit-on, ses sujets et ses vassaux, tant pour élever les belles fortifications que pour construire une grande quantité de maisons. Mais cette assertion est tout-à-fait fausse, et Trogue-Pompée rapporte avec vérité que cette ville dut son origine au roi Séleucus, qui lui donna d'abord le nom de son père, et l'agrandit ensuite, de même que firent après lui ses successeurs, comme le même roi avait aussi fondé sous le nom de sa mère Laodice la ville de Laodicée, et sous son propre nom celle de Séleucie. Tous les efforts des machines et des balistes avaient été insuffisans pour réduire cette place; et si la trahison de Pirrus ne fût venue au secours des assiégeans, ou plutôt si Dieu n'eût employé pour les assister les bras de ceux qu'il lui plut de désigner, les magnanimes Francs eussent vainement enduré la famine et toutes les misères qu'ils rencontrèrent en ce lieu. Ils demeurèrent devant la place qu'ils assiégeaient durant huit mois et un jour. Ensuite ils y furent eux-mêmes enfermés pendant trois semaines par les troupes innombrables de Gentils qui accouraient de toutes parts, et, après les avoir vaincus, les nôtres y habitèrent encore cinq mois et huit jours. Alors les princes sollicitèrent le peuple chrétien de se remettre en route pour Jérusalem.

Comme je pense que je ne retrouverai plus d'occasion de parler de ce Pirrus d'Antioche, je dois dire ici quelle fut sa fin. Il avait embrassé le christianisme, reçu les sacremens, et pris dans le saint Baptême le nom de Boémond, qui l'avait présenté à cette solennité : il accompagna ensuite les nôtres au siége de Jérusalem, y coopéra avec eux, et, après la prise de cette ville, il retourna à Antioche. Là, ayant fait publier que tout chrétien de la ville ou des environs qui se trouverait dans le besoin, pouvait se rendre avec lui dans sa lointaine patrie, où il avait de grandes propriétés, et ayant promis à tous ceux qui le suivraient de riches présens, il rassembla une foule immense de gens du peuple entraînés par ces espérances, et les conduisit, dit-on, dans son pays pour les tromper. Arrivé avec eux dans les places qui lui appartenaient, il frappa d'exil ou de mort une portion des chevaliers qui l'avaient accompagné; et quant aux autres qui, se trouvant en trop grand nombre, s'étaient logés en dehors de la place, s'ils n'eussent été avertis de cette trahison et ne se fussent empressés de fuir ou de se cacher, tous eussent également perdu la vie ou la liberté. Désertant alors le christianisme, Pirrus retourna à ses anciennes habitudes de désordre et se plongea de nouveau dans les souillures des Gentils. Et certes, ce n'est point étonnant; car si le mot grec *pyrrhus* est le même que le mot latin *rufus* (roux), et s'il est certain que les roux portent une tache toute brûlante d'infidélité, cet homme, en se conduisant ainsi, ne fit que suivre ses penchans naturels.

Vers la fin du mois de novembre, le comte de Saint-Gilles sortit d'Antioche avec son armée, et, ayant dépassé les villes de Rugia et d'Albar, le quatrième jour et le dernier de novembre, il arriva à Marrah. Une foule immense de Sarrasins, de Turcs et d'Arabes s'y était rassemblée, et dès le lendemain de son arrivée le comte fit ses dispositions pour l'attaquer avec toutes ses forces. Boémond le suivit de près avec son armée et alla dresser son camp tout près de lui, un jour de dimanche. Le lendemain, tous ensemble s'élancèrent vers les murs de la place avec une grande impétuosité; ils dressèrent leurs échelles et les murs plièrent sous le poids de leurs efforts. Ce jour-là, cependant, les habitans, pleins d'ardeur et d'activité, résistèrent avec une grande vaillance, et les nôtres n'obtinrent aucun résultat. Alors le comte de Saint-Gilles, voyant que les siens s'épuisaient en vaines tentatives, leur ordonna de construire une tour en bois, d'une grande élévation, non sans qu'il en coûtât beaucoup de travail. Cette machine, au sommet de laquelle un grand nombre de chevaliers s'établirent, était posée sur quatre roues, et d'autres chevaliers armés, s'étant placés en dessous, la poussèrent à force de bras contre la muraille, et tout près d'une tour. De leur côté les habitans construisirent promptement une autre machine avec laquelle ils lançaient d'énormes blocs de pierre, afin de détruire notre tour, et ils en jetaient une si grande quantité que la machine et ceux qui l'occupaient se trouvèrent en effet exposés aux plus grands dangers. Ils lançaient en outre des feux grégeois sur la tour, afin de l'embraser; mais Dieu trompa leur attente en ce point. La machine dominait les murailles de la ville, et au milieu des efforts réciproques, les sons de la trompette retentissante animaient l'ardeur des combattans. Quelques-uns de nos chevaliers qui occupaient l'étage supérieur de la tour, Guillaume de Montpellier et plusieurs autres, lançaient d'énormes pierres sur ceux qui défendaient les remparts; ces pierres brisaient presque toujours les boucliers, en sorte que ces boucliers et ceux qui les portaient, mis tout-à-fait hors de combat, ne tardaient pas à être précipités du haut des murailles. D'autres, pendant ce temps, portant des lances garnies, à leur extrémité, de crochets en fer, faisaient les plus grands efforts pour accrocher et attirer ensuite à eux ceux des Sarrasins qui leur résistaient sur les murailles. Ce combat se prolongea avec acharnement et fut à peine interrompu pour quelques instans, lorsque le soir arriva. Sur les derrières du camp des Chrétiens, les prêtres, les clercs et les moines, revêtus de leurs ornemens, chacun selon son grade, adressaient dans le même temps d'ardentes prières à Dieu, lui demandant d'anéantir les forces des Gentils et d'en donner de nouvelles aux défenseurs de la foi. De l'autre côté de la machine, d'autres chevaliers avaient aussi dressé leurs échelles contre les murailles, et menaçaient de les envahir; et les païens enflammés de zèle les repoussaient avec la plus grande fureur. Un nommé Guilfer, impatient d'une si longue résistance, s'élança le premier sur les murailles, suivi seulement d'un petit nombre d'hommes. Les citoyens assaillirent ces téméraires avec une extrême impétuosité, les pressant vivement à coups de flèches et de javelots, et quelques-uns d'entre eux, effrayés de cette violente aggression, sautèrent du haut des murailles en bas. Ceux qui demeurèrent supportèrent les traits des ennemis, et dédaignant de fuir, résistèrent avec habileté aux efforts de leurs armes, jusqu'à ce que ceux de leurs compagnons qui se trouvaient au dessous fussent parvenus à miner les murailles. Bientôt les citoyens se voyant perdus par l'effet de cette nouvelle opération, et ne cherchant plus leur salut que dans la fuite, se retirèrent dans l'intérieur de la place. Ces événemens se passèrent un jour de sabbat, à l'heure où le soleil commence à plonger vers l'occident, et lorsque déjà le mois de décembre était arrivé à son onzième jour. Boémond envoya aussitôt un interprète aux chefs des Sarrasins, pour les inviter à se renfermer avec leurs chevaliers, leurs enfans, leurs femmes, et tous leurs effets, dans un palais situé au dessus de la porte de la ville, leur promettant en outre de protéger leur vie et de les défendre, eux et tout ce qui leur appartenait. S'étant ainsi rendus maîtres de la ville, les Chrétiens prirent possession de tout ce qu'ils trouvèrent dans les caves et dans les maisons. La nuit étant passée, et le crépuscule commençant à paraître, ils parcoururent la ville en foule et massacrèrent tous ceux des Gentils qu'ils purent rencontrer. Il n'y eut pas un seul point dans l'intérieur de la place qui ne fût marqué par la mort de quelque Sarrasin, et les passages même les plus étroits devinrent impraticables, tant toutes les rues furent jonchées des cadavres des païens. Boémond attaqua aussi ceux qui d'après ses ordres s'étaient enfermés dans le palais dont j'ai parlé ; il leur enleva tout ce qu'ils possédaient, fit tuer les uns et envoya les autres à Antioche pour y être vendus. Les Francs demeurèrent dans cette ville tout le reste du mois, et quatre jours de plus. Ils eurent beaucoup à souffrir de la famine. Quelques-uns d'entre eux, manquant de beaucoup de choses et même de toutes les choses nécessaires à la vie, et ne trouvant plus rien à piller dans les environs, ouvrirent les cadavres des Sarrasins et osèrent fouiller jusque dans leurs entrailles, parce qu'ils avaient entendu dire que ceux-ci, lorsqu'ils se trouvaient serrés de près, étaient dans l'usage d'avaler de l'or et de l'argent. On rapporte même que d'autres coupaient des morceaux de chair sur ces cadavres, et les mangeaient après les avoir fait cuire ; mais cela se fit si rarement et tellement en cachette que tout le monde a mis en doute que l'on eût pu se porter à de telles extrémités.

Cependant Boémond, n'oubliant point le sujet de la querelle qui s'était élevée entre lui et le comte de Saint-Gilles, et irrité de voir que celui-ci ne lui cédât point, retourna à Antioche. Le comte y envoya aussi des députés pour demander au duc Godefroi, aux comtes de Flandre et de Normandie, et à Boémond lui-même, une conférence dans la ville de Rugia, dont j'ai déjà parlé. Les princes, s'empressant de s'y rendre, cherchèrent, en une assemblée générale, les moyens de mettre un terme à ces divisions, afin que l'expédition de Jérusalem ne fût pas plus long-temps retardée. Boémond se montra aigre et refusa toute conciliation, si le comte ne faisait sa volonté, en lui cédant la portion de la ville d'Antioche dans laquelle il exerçait le commandement, et le comte fut encore plus inflexible, opposant toujours le serment qu'il avait prêté à l'empereur. Ils se séparèrent dans ces dispositions hostiles, et le comte de Saint-Gilles, Boémond et le duc retournèrent de nouveau à Antioche. Cependant le comte, après avoir confié aux soins de ses chevaliers la garde du palais et du château qui domine au dessus de la porte du pont, retourna à Marrah, dont il s'était auparavant rendu maître. Toutefois, n'étant pas absolument dépourvu de raison, appréciant les maux qui résultaient de son obstination, et jugeant qu'elle seule retardait la délivrance du sépulcre du Seigneur, l'illustre comte sortit de la ville de Marrah, pieds nus, le 13 du mois de janvier, se rendit à Capharda et y demeura trois jours. Le comte de Normandie, renonçant à terminer ces différends, alla rejoindre Raimond.

Pendant ce temps, le roi de Césarée avait adressé de fréquens messages au comte de Saint-Gilles pour l'engager à conclure avec lui un solide traité, lui promettant de prêter assistance aux Chrétiens sur tous les points de ses Etats, et de leur accorder la faculté d'acheter des vivres, des vêtemens, des chevaux, et toutes les choses dont ils auraient besoin. Joyeux de ces offres, les nôtres se déterminèrent à dresser leurs tentes auprès de la ville et sur les bords du Farfar, qui coule non loin de ses murailles. Mais le roi de cette ville, ayant vu une si grande armée, fut mécontent d'un pareil voisinage, et leur interdit tout commerce, s'ils ne se retiraient au plus tôt de cette position. Le lendemain, il leur envoya deux des siens pour leur montrer les gués du fleuve, et les conduire en des lieux où ils pussent enlever quelque butin. Les guides leur firent voir, au dessous d'un fort, une vallée dans laquelle ils trouvèrent une grande quantité de bestiaux; ils enlevèrent environ cinq mille bêtes, et prirent, en outre, beaucoup de grains et d'autres denrées de première nécessité, qui servirent à réparer les forces de toute la cavalerie. Le fort se rendit aussi et passa sous la juridiction du comte; les habitans lui fournirent beaucoup d'or et de chevaux, et s'engagèrent, en outre, à ne le point traverser. Après y être demeurés cinq jours, les nôtres repartirent, et arrivèrent auprès d'un autre fort, occupé par des Arabes. Ils dressèrent leurs tentes dans les environs; le seigneur de ce lieu vint à leur rencontre, et conclut un accord avec le comte. Bientôt après, les Chrétiens levèrent leur camp, et se rendirent vers une très-belle ville, nommée Céphalie, remplie de toutes sortes de richesses, et située au milieu d'une vallée. Les habitans prirent la fuite dès qu'ils furent instruits de l'approche des Francs; et laissant leurs maisons remplies de denrées, leurs jardins tout à l'entour couverts de fruits, ils ne songèrent qu'à se sauver de leur personne. Après y avoir demeuré trois jours, les Chrétiens en sortirent, gravirent des montagnes escarpées et couvertes de rochers, et descendirent de là dans une autre vallée, non moins fertile que celle de Céphalie. Ils y passèrent à peu près quinze jours, jouissant d'une grande abondance, et se reposant de leurs fatigues. Ayant ensuite appris qu'il y avait, non loin de là, un autre château dans lequel s'étaient réfugiés un grand nombre de païens, ils allèrent l'investir sans aucun retard, et étaient déjà sur le point de s'en rendre maîtres, lorsque les habitans leur offrirent beaucoup de gros bétail, et les engagèrent, par ces flatteries, à abandonner le siége pour quelque temps. Mais, dès le point du jour du lendemain, les nôtres rapprochèrent leurs tentes de la ville dans le dessein de l'attaquer, et les Gentils, ayant reconnu leurs intentions, abandonnèrent le fort, et prirent rapidement la fuite. Les chevaliers entrèrent alors dans la place, et y trouvèrent de grandes provisions en grains, vin, farine, huile, et autres denrées utiles. Les Chrétiens y célébrèrent, en toute dévotion, la fête de la Purification de la Bienheureuse Marie, et reçurent, en outre, des députés du roi de la ville de Caméla. Celui-ci fit promettre au comte de l'or et de l'argent par ses messagers, assurant, en outre, que loin de faire aucun mal aux Chrétiens, il leur rendrait le respect qui leur était dû. Le roi de Tripoli fit aussi demander au comte de Saint-Gilles s'il était disposé à conclure un traité avec lui, et lui envoya dix chevaux, quatre mulets et de l'or. Le comte répondit qu'il ne voulait nullement traiter de paix avec lui, s'il ne recevait les sacremens de notre foi. Les Chrétiens sortirent ensuite de la riche vallée que j'ai déjà désignée, et arrivèrent, le 13 de février et le second jour de la semaine, auprès d'une place très-bien fortifiée par la nature, située sur le sommet d'un rocher, et qui se nomme Archas, et ils dressèrent leurs tentes dans le voisinage. Une multitude innombrable de païens, Turcs, Sarrasins et Arabes, y était entassée, et ajoutait ainsi à la force de la position celle de ses nombreux défenseurs. Quatorze chevaliers de l'armée chrétienne se portèrent vers la ville de Tripoli, voisine de la citadelle d'Archas, sans autre intention, si je ne me trompe, que de chercher des vivres. Ces chevaliers étant, comme j'ai dit, au nombre de quatorze, rencontrèrent soixante Turcs environ, suivis même d'autres hommes qui conduisaient devant eux des hommes et des animaux qu'ils avaient enlevés, et qui étaient plus de quinze cents. Mettant eux-mêmes à effet les paroles du Seigneur qui a dit : « Deux « en feront fuir dix mille, un seul en chassera mille[1], » les chevaliers, faisant du fond du cœur le signe de la croix et comptant sur la protection de Dieu, attaquèrent les Turcs avec une bravoure inconcevable, leur tuèrent six hommes, et leur prirent autant de chevaux. Deux hommes de la suite du comte de Saint-Gilles, ce Raimond surnommé Pelet, dont j'ai déjà parlé, dont la valeur mérite d'être souvent mentionnée dans ce petit écrit, homme illustré par son courage bouillant et par ses hauts faits d'armes, et un autre chevalier, portant un surnom qui m'est inconnu, et remplissant les fonctions de vicomte, se

---

[1] Deutéronome, chap. XXXII, v. 30.

rendirent ensuite vers la ville de Tortose, et dès le premier assaut qu'ils livrèrent avec une grande impétuosité, ils portèrent la terreur parmi les habitans de ce lieu : une foule innombrable de Gentils, semblable à un essaim de mouches, s'était réfugiée dans cette place pour y chercher un asile qui paraissait sûr. La nuit suivante, les nôtres s'avancèrent vers l'un des côtés de la ville ; ils y dressèrent même leurs tentes, et allumèrent un nombre infini de feux pour veiller à leur défense, et pour faire croire que toute l'armée des Francs était rassemblée. Les Gentils, remplis d'effroi, s'abandonnant à leur désespoir, et jugeant qu'ils ne pourraient se défendre par la force de leurs armes, résolurent d'échapper à la mort de quelque manière que ce fût, fallût-il même se sauver à pied. Ils sortirent donc en silence pendant la nuit, laissant la ville toute remplie de richesses et entièrement dégarnie d'habitans, se montrant, pour ainsi dire, pieusement empressés à accomplir ces paroles de l'Ecriture : « L'homme donnera peau pour peau, « et il abandonnera tout ce qu'il a pour sauver sa « vie[1]. » Cette ville de Tortose, située sur les bords de la mer, a dans son faubourg un port excellent. Le lendemain, les nôtres se réunirent pour attaquer la place avec toutes leurs forces ; mais lorsqu'ils se présentèrent pour le combat, ils ne rencontrèrent absolument personne. Etant donc entrés dans la ville, ils y séjournèrent jusqu'au moment où ils en repartirent pour aller assiéger la citadelle d'Archas, dont j'ai déjà parlé. Celle-ci est située dans le voisinage d'une autre ville qui se nomme Maraclée : celui qui

---

[1] Job, chap. II, v. 4.

commandait dans cette dernière, et que les Gentils appellent émir, se hâta de conclure un traité avec les nôtres, et bientôt après il les reçut, eux et leurs bannières, dans l'intérieur de la place.

Cependant le duc Godefroi, Boémond et le comte de Flandre arrivèrent à Laodicée. Là, Boémond ne pouvant demeurer plus long-temps éloigné de sa chère Antioche, prit congé de ses compagnons, et retourna dans cette ville. Les autres princes se disposèrent alors avec une égale ardeur à aller assiéger une place qui se nommait Gibel.

Le comte Raimond de Saint-Gilles apprit dans le même temps, par la rumeur publique, que des corps innombrables de Gentils s'étaient réunis, et se préparaient à venir lui faire la guerre. Il convoqua aussitôt tous les chevaliers de sa suite, et leur demanda ce qu'il y avait à faire dans ces circonstances; l'assemblée lui répondit que ce qui paraissait le plus convenable était d'appeler ses compagnons d'armes qui avaient entrepris avec lui l'expédition du Seigneur, et de leur demander du secours. Le comte approuva ces propositions et s'occupa aussitôt du soin de les exécuter. Les princes, c'est-à-dire, le duc Godefroi et Robert, comte de Flandre, ayant appris la position difficile et les besoins du comte de Saint-Gilles, leur compagnon, conclurent un traité avec l'émir de la place de Gibel, qui leur donna de magnifiques présens en chevaux et en or, et, abandonnant le siége qu'ils avaient entrepris, ils se réunirent pour aller porter secours au comte Raimond. Mais ils furent trompés dans leur attente, et n'ayant point rencontré l'occasion de combattre, tous ensemble convinrent de se rendre de nouveau devant le fort d'Archas. Ils n'y allèrent cependant qu'à contre-cœur, et sans prendre goût à cette entreprise. Peu de temps après, ils desirèrent de faire avec l'armée une expédition contre les habitans de Tripoli ; mais ils trouvèrent ceux-ci sur leurs gardes et, en avant des remparts de la ville, des corps ennemis, composés de Turcs, de Sarrasins et d'Arabes. Les nôtres les attaquèrent avec la plus grande vigueur, et les forcèrent bientôt à chercher leur salut dans la fuite. Ils firent en cette journée, je ne dirai pas seulement un massacre, mais une véritable boucherie des nobles même de Tripoli, comme s'ils eussent été des troupeaux de moutons, à tel point que les eaux du fleuve qui traverse la ville furent rougies du sang des morts, et que cet horrible mélange infecta toutes les citernes. Dès ce moment, les habitans de Tripoli furent comme frappés d'une sentence de mort, et ceux qui survécurent à ce désastre éprouvèrent un tel sentiment de frayeur, qu'aucun d'eux n'osa même plus essayer de sortir seulement des murailles de la place, pour quelque affaire que ce fût. Le lendemain les nôtres se portèrent au-delà d'une certaine vallée, dite de Desen. C'était celle dans laquelle j'ai déjà dit qu'étaient arrivés les Chrétiens de la suite du comte Raimond, le troisième jour après la prise de Céphalie, vallée très-riche, dans laquelle ceux-ci demeurèrent pendant quinze jours. Là, ayant trouvé des bœufs, des ânes, des moutons, beaucoup d'autres animaux et trois mille chameaux, ils enlevèrent ce riche butin, et repartirent avec joie. Ils assiégèrent le fort d'Archas pendant trois mois de suite, moins un jour, et y célébrèrent la Pâque du Seigneur, le dixième jour d'avril. Tandis qu'ils continuaient à s'occuper de ce siége, leur flotte, qui avait coutume de leur apporter des vivres, aborda dans un port voisin, chargée d'une grande quantité de froment, de vin, de viande, de fromage, d'orge et d'huile, et l'armée du Seigneur se trouva ainsi dans la plus grande abondance. Mais, quoiqu'elle n'ait eu à souffrir en ce lieu aucune espèce de privation, il me semble qu'il ne fut pas extrêmement sage de demeurer aussi long-temps à poursuivre vainement le succès d'une entreprise aussi inutile que peu importante en elle-même.

Après la mort de l'admirable évêque du Puy, qui, par un mélange de tendresse et de sévérité pastorale, avait su réunir tous les cœurs dans des sentimens de paix et d'affection, on vit s'élever de temps en temps entre les princes des dissensions et des difficultés inaccoutumées, et les hommes de la classe moyenne, ainsi que les gens du peuple, prirent en outre des libertés fort peu convenables; en sorte qu'on eût pu croire voir s'accomplir de nouveau ces paroles des anciennes Écritures : « Il n'y avait point de roi « dans Israël, et chacun faisait ce qui paraissait droit « et juste à ses yeux[1]. » Quoique les autres évêques fussent demeurés dans l'armée, après la mort de cet homme de glorieuse mémoire, qui avait été chargé de servir de père et de chef aux Chrétiens, ceux-ci n'avaient pas autant de considération pour eux, sachant surtout qu'ils n'avaient pas, à leur confiance, les mêmes titres que l'évêque du Puy seul avait pu faire valoir. Aussi, comme ils n'obéissaient à personne,

[1] Juges, chap. XVII, v. 6.

croyant que tout était égal entre eux, les nôtres tombaient plus souvent dans l'erreur et se livraient plus aisément à leurs passions. Il arriva, par exemple, au sujet de la découverte de la lance du Seigneur, dont le légat défunt avait reçu la révélation en toute dévotion, qu'il s'éleva bientôt, à la honte publique, un murmure général d'incrédulité : les uns disaient que le légat ne l'avait point réellement découverte, que c'était un artifice, et qu'on avait présenté, non point la lance du Seigneur, mais une lance quelconque. La multitude du petit peuple ne tarda pas à chuchoter tout bas sur cette affaire, et l'on finit, à force de paroles trompeuses, par séduire ceux-là même qui avaient cru et qui avaient fait de la lance l'objet de leur vénération. On demanda des preuves de la découverte, on voulut que celui qui l'avait faite fût soumis au jugement de Dieu. On exigea qu'il rendît témoignage devant ceux qui doutaient : on lui extorqua son consentement, et il fut forcé de se soumettre, uniquement pour ramener ceux qui se montraient dénués de foi. On éleva donc, d'après ses ordres, deux bûchers, séparés l'un de l'autre tout au plus à la distance d'une coudée. Le peuple, toujours avide de nouveauté, entassa une grande quantité de combustibles, et, la foule se pressant de toutes parts à grands flots, on ne laissa entre les bois embrasés qu'un sentier extrêmement étroit. Alors, invoquant par une prière lamentable, comme c'était bien l'occasion, la miséricorde du Dieu qui est vérité et qui savait bien que rien n'avait été fait dans cette circonstance au-delà de sa volonté, l'homme s'élança entre les flammes, les traversa vivement, et revint aussitôt par le même chemin. Toute la milice de l'Occident, qui portait alors les armes, assistait à ce spectacle, et chacun, animé de sentimens divers, attendait avec anxiété l'issue d'une entreprise si courageuse et si extraordinaire. L'homme donc, ayant de nouveau traversé les flammes, et en étant sorti sain et sauf, fut reçu au milieu de la foule innombrable du peuple qui se précipitait de tous côtés ; tous, en le voyant sortir sain et sauf du milieu du feu, empressés d'avoir quelque chose de sa personne ou de ses vêtemens, pour le conserver comme une relique, le déchiquetant et le tiraillant en tous sens, firent si bien, au milieu de cet extrême désordre, qu'ils lui enlevèrent enfin la vie. Comme il était sorti du milieu des flammes, pour ainsi dire, à demi mort, par suite de l'étonnement et de la frayeur qu'il éprouvait, d'une part en se voyant exposé au danger qui le menaçait, si Dieu ne lui était favorable, d'autre part en se retrouvant si promptement délivré, et se sentant aussitôt après étroitement enfermé au milieu de l'immense foule qui le pressait de tous côtés, encore tout tremblant de l'anxiété qu'il venait d'éprouver, et harassé de fatigue, il put être facilement étouffé par les efforts qui se faisaient autour de lui. Après sa mort le peuple, léger et inconstant, se trouva de nouveau livré à une incertitude encore plus funeste ; chacun appréciait diversement l'issue du jugement de Dieu que cet homme avait subi ; les uns affirmaient qu'il était sorti des flammes tout brûlé, d'autres qu'il avait reparu sain et sauf ; ceux-ci se querellaient avec les premiers et leur reprochaient d'avoir tué cet homme sans motif. Mais, quoi qu'il en soit de ces diverses opinions populaires, nous savons que l'illustre légat avait accueilli la lance sainte avec la plus grande vénération, à tel point que, conformément à ses ordres, son corps fut enseveli dans le lieu même où elle avait été découverte. Tels furent les événemens qui se passèrent au sujet de cette lance.

Tandis que les nôtres se consumaient en longs et vains efforts devant la citadelle d'Archas, située sur le sommet d'un rocher fort élevé, et que l'armée assiégeante avait dressé ses tentes dans le fond de la vallée, Anselme, surnommé de Ribourgemont (car il avait été seigneur de ce château et de beaucoup d'autres biens très-considérables), homme généreux, magnifique, et doué d'une merveilleuse habileté pour diriger des chevaliers, voyant combien il était difficile de parvenir à s'emparer de la place, et ne pouvant supporter de si longs délais, invita les nôtres à préparer leurs machines pour lancer des pierres sur les assiégés. Déjà les Chrétiens avaient pratiqué un très-long conduit de mine, pour parvenir à renverser une tour extrêmement élevée : à mesure qu'ils avançaient dans ce travail, ils étançonnaient avec des poutres et des bois ; chaque jour ils recommençaient leur ouvrage et poussaient cette entreprise avec une si grande activité que les femmes même et les épouses des hommes les plus considérables, relevant leurs robes ou leurs jupons, travaillaient, même les jours de fête, à enlever et à transporter au dehors les matériaux dégagés par les fossoyeurs. Cependant, dès que les habitans de la citadelle eurent connaissance de ces travaux, ils opposèrent une vive résistance aux efforts des nôtres, non sans mettre en grand danger ceux qui s'employaient à prolonger la mine. Voyant que l'entreprise de renverser la tour était entièrement déjouée, Anselme imagina alors d'engager les autres à faire leurs dispositions pour se servir des balistes. Ils les dressèrent en effet et attaquèrent la tour en lançant incessamment une grande quantité de pierres, quand tout à coup les assiégés en firent autant de leur côté. Ils construisirent une machine avec laquelle ils jetèrent sur les nôtres d'énormes blocs de pierre; et, pour le malheur de tous les Francs, Anselme fut le premier ou du moins l'un des premiers à en être frappé. Il avait toujours montré, dans l'armée du Seigneur, une fidélité et une constance à toute épreuve; et parmi les actions qui attestèrent son habileté et la puissance de sa foi, il en est une qui fut plus particulièrement précieuse à tous les hommes lettrés, et par laquelle il s'est spécialement distingué. Il adressa par deux fois à Manassès, archevêque de Rheims, homme de sainte mémoire et qui est mort il y a environ deux ans, des lettres dans lesquelles il lui exposait, dans le plus grand détail, tout ce qui s'était passé dans l'expédition du Seigneur pendant le siége de Nicée, lorsque les Chrétiens traversèrent la Romanie et l'Arménie, lorsqu'ils assiégèrent, prirent et défendirent Antioche après l'avoir prise, et enfin lorsque d'autres Chrétiens combattirent dans le même temps contre le roi d'Alep, contre celui de Damas, et contre celui de Jérusalem, qu'Anselme appelait dans cet écrit « un roi adultère. » Le jour même de sa mort, Anselme, en témoignage de la pieuse affection qu'il éprouvait pour un noble martyr, avait rassemblé un grand nombre de clercs pour célébrer avec tous les honneurs possibles l'anniversaire de la passion du bienheureux Quentin, et avait offert à ses convives un festin magnifique. D'autres encore, en ce même jour, reçurent la couronne du martyre, et méritèrent le royaume des cieux par une sainte et prompte mort.

LIVRE SEPTIÈME.

C'est un bien grand encouragement à notre foi de voir que l'Église des fidèles de l'Orient ait été relevée par les efforts des habitans de l'Occident. Nous voyons des combats livrés uniquement pour le saint amour de Dieu, une armée uniquement embrasée du desir d'atteindre au martyre, des hommes qui, marchant sans roi, sans prince, n'ont pour guide que leur ardent desir d'assurer eux-mêmes leur salut. Nous les voyons pénétrer jusques au fond de l'Orient, cherchant toujours la guerre, découvrant les asi[...] secrets de l'Apollon de Delphes, et versant dans les trésors de Toulouse les trésors enlevés par eux dans les lieux les plus sacrés. Nous savons que toutes ces richesses avaient été amassées à force d'exactions par les princes de ces pays, et d'un autre côté nous avons appris que pas un seul de ceux qui prirent part à cette expédition ne fut forcé par son seigneur à marcher contre son gré. Au milieu de ce tumulte de la guerre, on les voyait tous verser des larmes, confesser leurs péchés, renoncer à leurs possessions, dédaigner leurs femmes, fuir loin de leurs enfans; et tous, le cœur enflammé de l'amour de Dieu, se montraient exclusivement possédés de l'ambition de rechercher une mort bienheureuse. C'est ici qu'il faut admirer toute la grandeur de Dieu : jadis il donna aux martyrs le courage nécessaire pour supporter les tourmens qu'ils bravaient afin de gagner les biens invisibles; de notre temps encore, chose que nul d'entre nous n'eût osé espérer, et qui eût paru ridicule à dire, il a donné également aux nôtres, et même aux cœurs les plus cruels et les plus avides, un aussi profond mépris des biens de ce monde; et il a fait de si grandes choses par un si petit nombre d'hommes, qu'on ne peut se dispenser de reconnaître que les louanges n'en sont dues qu'à Dieu seul et non à ceux par qui ces choses ont été faites. Et voici la preuve la plus évidente que nous ne devons les attribuer qu'à Dieu. Toutes les fois que de fréquentes victoires suscitaient des sentimens d'orgueil chez ceux qui les remportaient, soit que les princes en vinssent à s'élever les uns contre les autres, soit qu'il arrivât aux Chrétiens eux-mêmes de se souiller de quelque tache, aussitôt les Gentils les trouvaient comme annulés, et, pour ainsi dire, devenus semblables aux animaux; mais dès qu'ils rentraient en eux-mêmes et se laissaient conduire par des sentimens de pénitence, ils retrouvaient en même temps et leur bonne fortune et leurs pieux succès. Réjouissons-nous donc de ces combats, entrepris et livrés dans des intentions toutes spirituelles, et qui ont fait éclater la puissance divine dans les temps modernes, plus qu'aucun siècle ne l'a vu éclater, et cessons d'admirer les guerres des enfans d'Israël, qui ne combattaient que pour les appétits de la chair.

Cependant le roi de Tripoli envoyait sans cesse des messagers à nos princes, pour les inviter à se retirer des environs de cette ville et à faire un traité d'alliance avec lui. Alors les princes de l'armée, le duc Godefroi, le comte Raimond de Saint-Gilles, les deux Robert, comtes de Flandre et de Normandie, considérant que le pays produisait déjà toutes sortes de fruits nouveaux, que depuis le milieu de mars on mangeait des fèves semées auparavant, qu'on était à peine parvenu au milieu d'avril et que le froment de l'année pouvait déjà fournir de la farine, jugèrent, d'après l'état actuel des pays et l'abondance de toutes les denrées, qu'il serait plus avantageux à l'armée de poursuivre sa marche vers Jérusalem. Après avoir ainsi délibéré, ils abandonnèrent le siége d'Archas, arrivèrent à Tripoli le sixième jour de la semaine et le treize du mois de mai, et y demeurèrent trois jours. Le roi de Tripoli, ayant alors conclu un traité de paix avec eux, leur rendit sans délai plus de trois cents prisonniers qu'il retenait dans les fers, et, en renvoyant ceux-ci, il leur donna généreusement quinze mille byzantins, et en outre quinze chevaux d'une grande valeur. Il fournit de plus aux autres des chevaux, des ânes, et beaucoup d'autres choses utiles pour le voyage à une si nombreuse troupe, et qui servirent en ce moment à rétablir l'armée du Seigneur dans la meilleure situation. Enfin il promit encore dans son traité que, si les Chrétiens remportaient la victoire sur l'armée de l'empereur de Babylone qui faisait, à ce qu'on annonçait, les plus grands préparatifs, et s'ils parvenaient à s'emparer de Jérusalem, lui-même ne tarderait pas un moment d'embrasser la foi chrétienne et de se soumettre ainsi que tout son pays.

Partis de Tripoli, les Chrétiens suivirent tout le jour et toute la nuit un chemin affreux et fort étroit, et passèrent ensuite devant un fort nommé Béthelon; puis ils arrivèrent vers une ville située sur les bords de la mer, et appelée Zebar, souffrant beaucoup de la soif, lorsqu'ils rencontrèrent fort à propos un fleuve nommé Braïm, dont les eaux leur offrirent un soulagement dans leur détresse. La nuit de l'ascension du Seigneur, ils gravirent une montagne, où ils ne trouvèrent qu'un sentier infiniment étroit, ayant en outre une extrême frayeur de rencontrer les ennemis à l'issue de ces défilés; mais Dieu les protégea, et personne n'osa se présenter devant eux. Nos chevaliers qui s'étaient portés en avant, assurèrent la liberté de la route, et la garantirent de toute incursion d'ennemis. De là les Chrétiens arrivèrent à une ville située sur les bords de la mer, et nommée Béryte, puis à Sarepta, illustrée par Elie, qui paissait les troupeaux de la femme veuve; de là à une autre ville appelée Tyr, et ensuite à Accaron, autrefois métropole de la Palestine; s'avançant alors hors de tout chemin, ils rencontrèrent le château dit de Caïphe, et arrivèrent enfin à l'illustre Césarée de Palestine, où ils demeurèrent trois jours après l'expiration du mois de mai, occupés à célébrer la Pentecôte. Ils partirent de là pour arriver à cette ville, que quelques uns disent l'ancienne Rama, célèbre par la naissance de Samuel, que d'autres, mieux instruits et plus soigneux à reconnaître les localités, disent être l'ancienne Ramothgalaad, dont la possession fut contestée, et pour laquelle l'impie Achab fut renversé par le roi des Syriens, Benadab.

Les habitans informés de l'approche des Francs prirent aussitôt la fuite. Cette ville, n'eût-elle d'ailleurs aucune illustration par des souvenirs d'une haute antiquité, serait encore fort distinguée, à mon avis, parmi celles du temps présent, par le tombeau du très-célèbre martyr George, qui y fut, dit-on, enseveli. Après la retraite des habitans, les nôtres y trouvèrent en grande abondance presque toutes sortes de vivres, et l'armée s'y reposa pendant plusieurs jours au milieu de ces richesses. Les grands, après avoir consulté le clergé et les évêques qui se trouvèrent à leur portée, résolurent, avec leur approbation, d'élire un évêque pour cette ville. Ils lui donnèrent la dîme de ce qu'ils avaient, le comblèrent en outre d'or et d'argent, et lui donnèrent des chevaux et d'autres animaux, afin qu'il pût s'entretenir lui et sa maison, sans être exposé à l'indigence, et d'une manière conforme à l'élévation de son rang. L'évêque s'établit alors avec toute sa suite dans la ville confiée à ses soins, afin de veiller à sa défense, de fonder au plus tôt une basilique, et d'instituer tous les officiers de l'église, disposé d'ailleurs à obéir aux ordres des princes qui avaient voulu faire cette fondation en l'honneur et pour l'amour du martyr.

Enfin les Chrétiens découvrirent en versant des larmes et en poussant des cris de joie cette Jérusalem, vers laquelle ils arrivaient, qui leur avait causé tant de souffrances, pour laquelle ils avaient supporté si long-temps et si souvent la faim et la soif, un dénûment absolu, les veilles et les froids, objet de craintes perpétuelles, stimulant délicieux qui les portait à subir toutes sortes de maux, à rechercher avec passion les blessures et la mort, vers laquelle tant de milliers d'hommes aspiraient par des milliers de vœux. Et comme on dit dans l'Ecriture de ceux qui mangent le corps du Seigneur : « Ils ont mangé et ils ont ado-« ré ; » de même on peut dire de ceux-ci, ils ont adoré la cité, et ils l'ont conquise. Le mardi sixième jour de juin, les Chrétiens mirent le siége devant Jérusalem, avec une admirable intrépidité. Le comte Robert-le-Normand prit position du côté du septentrion, auprès de cette église où le bienheureux Etienne fut écrasé par les Juifs sous une grêle de pierres, parce qu'il s'était écrié qu'il voyait le fils de l'homme debout à la droite de Dieu. Le duc Godefroi, le comte de Flandre et Tancrède s'établirent à l'occident. Le comte de Saint-Gilles attaqua la ville du côté du midi, vers la montagne de Sion, auprès de l'église de la bienheureuse Marie, mère du Seigneur, où le Seigneur se reposa, dit-on, avec ses disciples pour célébrer la cène, la veille de la passion. Le troisième jour après leur arrivée devant Jérusalem, ce Raimond surnommé Pelet, qui s'était illustré dans l'expédition du Seigneur par ses nombreux exploits, ayant pris avec lui un autre chevalier du même nom et plusieurs autres encore, se porta un peu en avant du camp des Chrétiens, pour voir s'il pourrait rencontrer quelques ennemis errans, selon leur usage, pour tendre des embûches aux nôtres. En effet, il vit bientôt paraître un corps de deux cents Arabes environ, et dès qu'il les eut reconnus, s'élançant sur eux avec un courage de lion, et suivi de sa petite troupe, il les vainquit par la protection de Dieu. Les Chrétiens leur tuèrent beaucoup de monde.

enlevèrent trente chevaux, et rentrèrent au camp victorieux, et tout réjouis de ce beau fait d'armes. Le second jour de la semaine suivante, les Francs attaquèrent les murailles extérieures avec tant de violence et d'ensemble dans leurs opérations que, s'ils eussent eu des échelles toutes prêtes, il n'est pas douteux que la ville et les faubourgs se seraient rendus sur-le-champ. Tout l'avant-mur fut renversé, et les Chrétiens s'étant ainsi ouvert un large passage sur les ruines du petit mur, dressèrent contre la grande muraille une échelle qu'ils trouvèrent sous leurs mains. Quelques-uns de nos chevaliers y montèrent aussitôt, et commencèrent à combattre de près; ne pouvant lancer des traits, ils employèrent la lance et l'épée; assiégés et assiégeans croisèrent le fer les uns avec les autres: les nôtres perdirent beaucoup de monde, mais les ennemis en perdirent encore plus.

Or il faut que l'on sache que, tandis que les Chrétiens faisaient encore le siége d'Antioche, la ville de Jérusalem était occupée par les Turcs, sous l'autorité du roi des Perses. J'ai déjà dit que l'empereur de Babylone avait envoyé des députés à notre armée, et il est certain qu'il ne l'avait fait que pour connaître exactement sa situation. Mais lorsque les députés eurent reconnu que la milice chrétienne était en proie aux plus cruelles calamités, et que les grands eux-mêmes, ayant perdu leurs chevaux, se voyaient réduits à marcher à pied, l'empereur de Babylone n'ayant plus aucune confiance aux efforts que faisaient les nôtres contre les Turcs, n'osa essayer aucune nouvelle tentative contre ceux-ci, qui étaient ses ennemis les plus acharnés. Le roi de Perse avait déjà occupé une grande portion de l'empire de Babylone, qui s'étendait au loin en tous sens, car il gouvernait une race beaucoup plus habile à la guerre. Mais lorsque le prince de Babylone eut appris que les Francs, ou plutôt Dieu, par les mains des Francs, avait conquis la ville d'Antioche, et détruit ensuite, sous les remparts de cette ville, Corbaran lui-même, et avec lui toutes les forces de la Perse orgueilleuse, reprenant courage, il dirigea ses armes contre les Turcs, et assiégea Jérusalem qu'ils occupaient. Il s'en rendit maître, sans que je sache si ce fut de vive force ou par suite de quelque traité, et établit un grand nombre de Turcs dans la tour même dite de David, qu'on devrait, je crois, nommer plus exactement la tour de Sion. J'ignore en outre si ces Turcs occupèrent cette tour à titres de gardiens ou comme seigneurs ; mais il est certain que pendant le siége aucun d'eux ne fit le moindre mal aux nôtres ; ils se bornèrent à garder tranquillement le poste confié à leurs soins, et les Chrétiens n'eurent à combattre que les Sarrasins.

Les assiégeans, ne pouvant trouver de pain à acheter, souffrirent beaucoup de cette privation durant environ dix jours ; mais enfin Dieu les assista, et notre flotte vint aborder au port de Joppé. Notre armée eut également à souffrir de la soif, non seulement pour les hommes, mais en outre pour les chevaux et les autres animaux, qu'on était obligé de conduire au loin et quelquefois à six milles de distance, pour trouver de quoi les faire boire, malgré la crainte que l'on avait sans cesse des incursions des ennemis. La fontaine de Siloé, célèbre par la guérison de l'aveugle de l'Évangile, et qui sort du pied de la montagne de Sion, fournissait de l'eau aux assiégés, et cependant aussi eux l'achetaient extrêmement cher. Des messagers étant venus annoncer l'arrivée de la flotte dans le port de Joppé, les princes ayant tenu conseil résolurent de désigner les chevaliers qui devaient se rendre en ce lieu, pour protéger les navires et les hommes qui les montaient. Le lendemain, dès le premier crépuscule du matin, ce Raimond, dont j'ai si souvent occasion de parler, suivi de deux autres grands seigneurs, choisit cent chevaliers dans l'armée de son seigneur le comte de Saint-Gilles, et partit pour le port de Joppé avec son intrépidité ordinaire. Trente chevaliers se séparèrent sur-le-champ du reste de la troupe, et, s'étant avancés seuls, ils rencontrèrent des Turcs, des Arabes et des Sarrasins au nombre de soixante et dix environ, que le roi de Babylone avait envoyés pour prendre des renseignemens sur le départ et le retour des nôtres. Aussitôt nos chevaliers, quoique fort inférieurs en nombre, s'élancèrent sur eux avec la plus grande vigueur; mais ceux-ci les accueillirent avec une extrême bravoure, les enveloppèrent de toutes parts et les mirent bientôt dans le plus grand danger. Ils tuèrent l'un des deux chefs, nommé Achard, et quelques autres hommes des plus considérés parmi les pauvres et les hommes de pied. Tandis qu'ils enveloppaient ainsi les nôtres et les tenaient de toutes parts enfermés et prêts à tomber dans le dernier désespoir, un homme alla rendre compte à Raimond de l'extrême danger de ses compagnons d'armes:

« Que restez-vous là, lui dit-il, toi et tes cheva-
« liers ? Voici, les tiens qui t'ont quitté naguère
« sont misérablement enveloppés par une troupe de
« Turcs, de Sarrasins et d'Arabes, et si tu ne leur
« portes promptement du secours, sache que cer-
« tainement ils mourront tous, si déjà ils ne sont
« morts. Vole donc, hâte-toi ; car je crains même,
« je l'avoue, que tu n'arrives trop tard. » Aussitôt
Raimond partit rapidement avec toute sa suite, pour
se porter sur le lieu où se passait cet événement, se
préparant au combat et ne comptant ni sur ses armes,
ni sur sa force, mais uniquement sur la protection
du Sauveur. Les Gentils, dès qu'ils eurent reconnu
la milice du Christ, se formèrent en deux corps. Invoquant en même temps l'assistance du Très-Haut,
les nôtres s'élancèrent sur eux avec une telle vigueur,
que chacun d'eux renversa l'ennemi qui marchait sur
lui. Les païens, voyant qu'ils ne pourraient résister
long-temps aux efforts des Chrétiens se retirèrent,
entraînés par leur frayeur, et s'enfuirent avec rapidité. Les nôtres les poursuivirent avec la même promptitude et jusqu'à une distance de quatre milles ; ils
leur tuèrent beaucoup d'hommes et leur enlevèrent
cent trois chevaux, qu'ils ramenèrent, en témoignage
de leur victoire. Ils ne gardèrent qu'un seul de leurs
ennemis, parmi ceux qu'ils purent mettre à mort, et
le conduisirent à leur suite ; ils apprirent par lui tout
ce qui se faisait chez les ennemis et les projets du
prince de Babylone contre notre expédition.

Cependant l'armée était de plus en plus livrée à
l'horrible tourment de la soif, et l'on fut obligé de
coudre des cuirs de bœuf et de buffle, pour aller cher-

cher de l'eau, souvent à une distance de six milles. Mais l'eau, transportée dans de telles outres, était infectée par le suintement des peaux encore toutes fraîches; on l'employait, cependant, pour l'usage de l'armée et pour la fabrication de pain d'orge, et, malgré cette ressource, quelques hommes parmi les Chrétiens ne cessaient d'éprouver tous les maux de la disette. Combien l'âpreté de ce pain grossier raclait désagréablement le gosier de tant d'hommes d'une grande noblesse! Croit-on que leurs estomacs délicats n'étaient pas très-souvent éprouvés par l'âcreté de cette boisson puante? O Dieu de bonté! quelles souffrances ne durent pas ressentir ces hommes qui, se souvenant, sans doute, du haut rang qu'ils avaient jadis occupé dans leur patrie et du délicieux repos qu'ils y avaient goûté, ne trouvaient pas même, au milieu de leurs maux, la consolation d'espérer quelques avantages extérieurs, et étaient, en outre, exposés tous les jours à la cruelle fatigue d'une chaleur dévorante! Aussi je pense que l'on ne vit jamais dans aucun siècle des princes aussi grands livrer leurs corps à tant de supplices, dans le seul espoir d'obtenir des récompenses toutes spirituelles. Le cœur brûlant de tendresse pour les gages de leur amour qu'ils avaient laissés si loin d'eux, pour leurs femmes bien aimées, pour leurs vastes domaines, les pèlerins, cependant, comme s'ils eussent dû demeurer à jamais dans les lieux où ils se trouvaient, ne cessaient de se dévouer avec ardeur au service du Christ.

Les Sarrasins, de leur côté, avaient soin de se placer constamment en embuscade auprès des fontaines et des courans d'eau, toujours empressés de massacrer les nôtres en tous lieux, de leur enlever tout ce qu'ils pouvaient rencontrer, et de cacher ensuite, dans des souterrains ou des cavernes, les animaux ou tout autre objet qu'ils avaient pu leur prendre. Ainsi, autour même de la ville, l'armée des assiégeans était sans cesse livrée à toutes les horreurs de la faim et de la soif ; et ceux des nôtres qui allaient errer çà et là se trouvaient exposés sur tous les points aux fureurs de leurs cruels ennemis. Les princes de la milice sacrée, voyant que tant d'hommes de conditions si diverses ne pourraient supporter plus long-temps tant de calamités, s'appliquèrent à rechercher quelles machines leur donneraient le plus de moyens d'attaquer la place avec succès, afin de parvenir à adorer les monumens qui rappellent la passion et la sépulture du Sauveur, en compensation de tous les maux qu'ils avaient déjà endurés. Sans parler d'un grand nombre d'instrumens qu'ils firent construire, tels que des béliers pour renverser les murailles à force de coups, et des balistes pour lancer des pierres et détruire les tours et les remparts, ils ordonnèrent, en outre, de fabriquer deux tours en bois. Le duc Godefroi fut le premier qui fit élever une de ces tours, en même temps que d'autres machines; et le comte Raimond de Saint-Gilles, qui ne voulait jamais demeurer en arrière de qui que ce fût, fit également construire une autre tour. Les Sarrasins, voyant que les Chrétiens dressaient des machines, élevaient des tours et rapprochaient leurs instrumens à projectiles des points fortifiés, travaillèrent, de leur côté, à élever leurs murailles, à réparer les brèches, à faire de nouvelles constructions sur le sommet des tours.

Ils avaient soin de faire tous ces travaux pendant la nuit, et souvent, le matin, les nôtres étaient tout étonnés des nouveaux ouvrages qu'ils découvraient. Les bois avec lesquels les nôtres construisaient leurs tours et toutes les autres machines leur étaient apportés d'un pays fort éloigné. Après avoir recherché autour de la place le point qui leur parut le plus faible, le soir d'un jour de sabbat, les princes de l'armée du Seigneur transportèrent sur ce point l'une de leurs tours et d'autres machines. Dès le point du jour, ils les firent dresser du côté de l'orient, et ils employèrent le premier, le second et le troisième jour de la semaine à les établir solidement dans cette position. Du côté du midi, le comte de Saint-Gilles faisait en même temps dresser sa grande machine. Mais, tandis que l'on s'occupait avec tant d'ardeur des travaux du siége, une soif brûlante desséchait les entrailles de tous les Chrétiens, et la disette était telle que, pour le prix d'un écu, l'on ne pouvait pas avoir, pour ainsi dire, ce qu'il eût fallu d'eau pour se rafraîchir le gosier. Le quatrième et le cinquième jour, les assiégeans rassemblèrent toutes leurs forces, et se disposèrent à attaquer la place qu'ils investissaient de tous côtés. Mais, avant d'entreprendre cet assaut général, les pontifes et les prêtres ordonnèrent au peuple de chanter des litanies, de célébrer un jeûne, de se mettre en prières, et de faire des aumônes. Se souvenant du sort de l'antique Jéricho, se rappelant que jadis les Israélites avaient fait sept fois le tour de la place, au bruit des trompettes retentissantes, et portant devant eux l'arche sainte, avant de renverser les murailles de la cité perfide, les Chrétiens s'avancèrent en procession, le corps et l'esprit pénétrés de contrition, invoquant en pleurant tous les saints, et parcoururent l'enceinte extérieure de Jérusalem, marchant pieds nus; les seigneurs et le peuple prirent part à cette cérémonie, implorant tous ensemble les secours du ciel. Cette procession terminée avec la plus grande ferveur et dans la plus profonde humilité, le sixième jour de la semaine se leva, et les Chrétiens attaquèrent la ville avec une extrême vigueur; mais tous ces efforts n'ayant amené aucun résultat, un morne désespoir s'insinua dans les cœurs de tous les chevaliers; chacun perdit sa force; et brisés par tant de malheurs, les cœurs les plus intrépides succombèrent à l'excès de leur abattement. J'ai entendu dire, j'en prends Dieu à témoin, par des hommes très-véridiques, et qui avaient pris part à cette expédition du Seigneur, que lorsque la milice chrétienne revint de cet assaut, sans avoir pu obtenir aucun succès, on voyait les plus braves chevaliers se retirer loin des murailles, frappant des mains, poussant de déplorables lamentations, et se désolant, comme si Dieu les eût entièrement abandonnés. J'ai appris encore, par des rapports non moins certains, que les deux Robert, comtes de Normandie et de Flandre, se rapprochèrent l'un de l'autre pour réunir leurs douleurs, et qu'ils versèrent d'abondantes larmes, se récriant à haute voix sur leur misère, puisque le Seigneur Jésus les jugeait indignes d'adorer sa croix, de visiter son sépulcre, et d'y porter les témoignages de leur vénération. Cependant l'heure s'approchait à laquelle le véritable Jésus, qui pour la seconde fois délivra le peuple de la prison d'Egypte, fut, dit-on, élevé sur la croix. Le duc Godefroi et le comte Eustache, son frère, n'avaient cessé de combattre du haut de leur tour; avec leur bélier ils frappaient à coups redoublés une muraille moins élevée, et en même temps ils attaquaient, avec des pierres et toutes sortes de projectiles, et même quelquefois avec la pointe de leurs glaives, ceux des Sarrasins qui occupaient le haut des remparts, combattant pour la défense de leur vie et de leur pays.

Cependant un chevalier nommé Leutald, digne d'être à jamais célébré par son courage et son brillant fait d'armes, s'élança le premier sur les murailles, et par cette heureuse audace frappa de stupeur tous les Gentils au milieu desquels il se trouva. A peine y fut-il monté que plusieurs jeunes Francs, illustrés déjà par leur pieuse ardeur, craignant de demeurer en arrière après un tel exemple, s'élancèrent à sa suite et parvinrent également sur les remparts. Je m'empresserais de les désigner ici par leurs noms, si je ne savais qu'après leur retour ils se soient rendus coupables de si grands crimes, et tellement couverts d'infamie, que je fais certainement très-bien de garder le silence, de l'avis des hommes qui chérissent le nom de Dieu. Les Sarrasins, dès qu'ils virent les Francs devenus maîtres des murailles, les abandonnèrent eux-mêmes, et s'enfuirent aussitôt dans l'intérieur de la ville. Tandis qu'ils se retiraient, toute notre armée se précipita sur les remparts, les uns s'élancèrent par les ouvertures que les béliers avaient pratiquées, d'autres du sommet de leurs machines. Tous ayant un égal empressement d'arriver et de paraître les premiers sur les murailles, ils se pressaient les uns les autres, et se renversaient dans l'excès de leur ardeur. Auprès des portes, dont les Sarrasins avaient encombré les avenues, les nôtres rencontrèrent aussi des trous, piéges cachés que leurs ennemis avaient préparés, et qui devinrent pour eux une nouvelle chance de péril, sans parler de celui qui résultait de l'étroite dimension de ces passages, dans lesquels tous se précipitaient en foule. Cependant les païens fuyaient et les Francs les poursuivaient avec fureur; ils tuaient tous ceux qu'ils rencontraient; et, continuant leur marche jusques vers le temple dit de Salomon, ils massacraient plus qu'ils ne combattaient. Bientôt les places, les carrefours, les rues furent encombrés de cadavres; le sang humain coulait à grands flots, et ceux qui s'avançaient à travers les morts en avaient presque jusques au dessus des talons. Tel fut de ce côté le succès de cette journée.

J'ai déjà dit que le comte Raimond de Saint-Gilles avait établi son armée du côté du midi. Il fit également construire une immense machine, élevée sur des roues; mais lorsqu'il voulut la diriger contre la muraille, il se trouva arrêté par un fossé profond qui l'en séparait. Aussitôt le prince voulant le faire combler sans retard, ordonna à ses hérauts de publier dans toute l'armée que quiconque apporterait trois pierres dans ce fossé recevrait de lui un denier. On travailla trois jours de suite à le combler, et pendant la nuit même ce travail ne fut point interrompu. Dès qu'on eut fini, la machine fut poussée contre la muraille. Cependant ceux qui étaient chargés de ce côté de la défense de la ville, résistèrent aux nôtres, je ne dirai pas avec vigueur, mais avec toute l'obstination de la rage, lançant sur eux des feux qu'ils appellent grégeois, et cherchant à détruire leurs machines à force de jeter des blocs de pierre. Les Francs, de leur côté, parvinrent souvent, avec beaucoup d'habileté, à éviter leurs coups et à déjouer leurs efforts. Lorsque la ville fut envahie, comme je l'ai rapporté, du côté de l'orient, le comte jugea, sans avoir reçu aucune information et seulement d'après l'affreux tumulte qu'il entendait, que les Francs devaient avoir pénétré dans la place et porté la mort parmi les assiégés. « Pourquoi demeurez-vous là ? dit-il alors aux « siens ; ne voyez-vous pas que les Francs sont déjà « maîtres de la ville et qu'ils triomphent de toutes les « dépouilles qu'ils enlèvent ? » Aussitôt le comte s'élance dans la place avec les siens : il apprend que les Francs se sont répandus de tous côtés, que quelques-uns ont occupé des palais dans la ville, que quelques autres se sont d'abord souvenus du Seigneur, qu'un plus grand nombre livre un rude combat devant le vestibule du temple de Salomon. Aussitôt, et pour ne pas manquer l'occasion d'obtenir pour lui-même la seigneurie d'une portion de la ville, le comte entre en conférence avec l'émir (car c'est ainsi qu'on l'appelle) qui commandait dans la citadelle de David, autrement dite de Sion, et lui demande impérieusement de lui livrer ce fort. Le satrape ayant conclu un traité avec le comte lui fit ouvrir la porte par laquelle les pèlerins avaient coutume d'entrer à Jérusalem, et où ils étaient forcés, avec autant d'injustice que de cruauté, à payer le tribut qu'on exigeait d'eux. Les Provençaux et tous ceux qui composaient avec eux l'armée du comte de Saint-Gilles étant donc entrés.

les païens furent frappés de tous côtés ; ni l'âge le plus tendre, ni la beauté, ni la vieillesse, ni les hommes les plus forts ne pouvaient échapper à la mort ; tous se voyaient également menacés et atteints, sans trouver aucun moyen de fuir leur destinée. Ceux des assiégés qui s'étaient retirés vers le temple de Salomon soutinrent le combat toute la journée ; mais les nôtres, ne pouvant plus long-temps souffrir leurs efforts désespérés, redoublant eux-mêmes de courage et rassemblant toutes leurs forces, pénétrèrent enfin dans l'enceinte du temple, et firent un si grand massacre, que les flots de sang de ce peuple innombrable s'élevaient presque au dessus de leurs souliers. Une foule immense d'individus de tout sexe et de tout âge s'était précipitée dans le temple ; les Francs en retirèrent quelques-uns et leur accordèrent la vie, jusqu'à ce qu'ils eussent eux-mêmes enlevé les cadavres infects et entassés de tous côtés ; et, dès que ces cadavres furent sortis, ceux qui les avaient emportés succombèrent comme les autres sous le glaive des vainqueurs. D'autres gens du peuple s'étaient réfugiés pêle-mêle et en grand nombre sur le faîte du temple ; ils reçurent en signe de paix les bannières de Tancrède et de Gaston. Je ne puis me souvenir positivement si ce Gaston, homme illustre et très-riche, était originaire de Gascogne ou du pays des Basques, mais je suis certain que c'était de l'un ou de l'autre. Notre armée s'étant répandue dans toute la ville la pilla entièrement ; les Chrétiens prirent possession des palais et des maisons, s'emparèrent d'une grande quantité d'or, d'argent et de vêtemens de soie, et trouvèrent en outre beaucoup de chevaux et de mulets, et dans les maisons des vivres en abondance. Il avait été convenu dans l'armée du Seigneur que toutes choses, même les plus précieuses, que rencontrerait un homme quelconque, quelque pauvre qu'il fût, lui appartiendraient de plein droit et sans aucune réclamation, quel que fût d'ailleurs le rang de celui qui s'en serait emparé le premier. Bientôt, négligeant tous ces soins, les Chrétiens confondant leur joie et leurs larmes, se précipitèrent tous vers le lieu, objet de leurs plus ardens desirs.

Ils se rendirent donc au sépulcre du Seigneur, offrant d'infinies actions de grâces, pour la délivrance tant desirée des lieux bienheureux, à celui qui avait fait par eux de si grandes choses, que ceux-là même par qui elles avaient été faites, non plus qu'aucun autre homme, ne pouvaient les apprécier. Ils se rappelaient en ce moment toutes les angoisses qu'ils avaient endurées pour arriver en ces lieux, et lorsqu'ils se voyaient parvenus à des triomphes qu'ils n'avaient osé espérer, nul ne saurait comprendre combien étaient douces les larmes qu'ils répandaient. O Dieu tout-puissant! que de tressaillemens d'entrailles, que de joie, que de larmes, lorsqu'après avoir souffert des douleurs inouies, telles qu'aucune autre armée n'en éprouva jamais, et semblables aux douleurs d'un enfantement, les Chrétiens se virent parvenus, comme des enfans qui naissent à la vie, au bonheur tout nouveau pour eux de voir enfin les lieux si ardemment desirés! Ils pleurent, et, tout en versant des larmes plus douces que toute espèce de pain, ils éprouvent des transports de joie ; et dans l'effusion de leur tendresse, en visitant chacun des lieux objets de précieux souvenirs, ils embrassent le très-saint Jésus, pour qui ils ont supporté tant de fatigues et de tourmens, comme s'il était encore suspendu sur la croix, ou recouvert encore du linceul du sépulcre. L'or et l'argent sont offerts par eux en présens magnifiques, mais la dévotion du cœur est la plus précieuse de leurs offrandes.

Le lendemain, dès que le jour parut, les Francs, s'affligeant d'avoir laissé vivre ceux qui s'étaient réfugiés sur le faîte du temple, et auxquels Tancrède et Gaston avaient fait remettre leurs propres bannières, comme je l'ai déjà dit, se portèrent avec ardeur sur les toits du temple, et déchirèrent et massacrèrent les Sarrasins, tant les femmes que les hommes. Quelques-uns de ceux-ci choisissant leur genre de mort, plutôt qu'ils ne la recherchaient spontanément, se précipitèrent du sommet de l'édifice en bas. Tancrède cependant vit avec douleur cette scène de carnage, parce qu'il avait, ainsi que Gaston, envoyé sa bannière, et fait des promesses à ceux qui périrent ainsi. Après cela les nôtres ordonnèrent à quelques Sarrasins d'enlever les cadavres qui les infectaient de leur puanteur, car la ville en était tellement encombrée de tous côtés, que les Francs ne pouvaient marcher qu'à travers des corps morts. Les païens transportèrent donc les leurs hors de la ville, en avant des portes; et les ayant rassemblés en tas élevés comme des montagnes, ils y mirent le feu et les brûlèrent. Nous lisons rarement, et nous n'avons jamais vu qu'on ait fait un si grand massacre de Gentils; Dieu, leur rendant la pareille, frappa, par un juste retour, ceux qui avaient si long-temps infligé toutes sortes de châtimens et de supplices aux pèlerins qui voyageaient pour l'amour de lui. Il n'est personne, en effet, sous le ciel qui puisse comprendre tous les maux, toutes les tribulations, toutes les tortures mortelles que les insolens Gentils faisaient endurer à ceux qui allaient visiter les lieux saints, et l'on doit croire sans aucun doute que Dieu en était bien plus affligé que de la captivité même de sa croix et du sépulcre livré entre des mains profanes.

Avant d'en venir à parler d'autre chose, je crois devoir dire ici que ce temple de Salomon, dont j'ai déjà parlé, n'était point le véritable édifice que Salomon avait construit, puisque celui-ci, selon la prédiction du Seigneur, avait été détruit, de telle sorte qu'il « n'en demeura pas pierre sur pierre [1]. » Il n'en était donc que le simulacre, construit par je ne sais qui, pour rendre témoignage à la noblesse de cette antique maison de Dieu. Toutefois ce nouveau temple était d'une extrême beauté, chargé d'or et d'argent, pour une valeur inappréciable, et avec une grande variété d'ornemens; les murailles et les portes étaient en outre recouvertes de lames de métal précieux.

Le soir, à la nuit, le comte Raimond fit sortir de la citadelle le commandant qui avait donné des ordres, et auquel il avait remis sa bannière, et il le fit conduire sain et sauf jusqu'à Ascalon avec tous les hommes de sa suite.

La ville et les lieux saints étant ainsi délivrés, on ordonna bientôt après à toute la milice du Christ de faire des aumônes, de se mettre en prières, afin que la vertu divine daignât inspirer les esprits, pour leur montrer celui qui devait être appelé, par l'élection, à

---

[1] Évangile selon saint Matthieu, chap. XXIV, v. 2.

revêtir la dignité royale, et à gouverner la cité sainte. Huit jours après qu'ils s'y furent établis, les Francs offrirent cette charge au comte de Saint-Gilles, à cause de sa magnificence; mais celui-ci, se souvenant de sa grandeur dans son pays, refusa dans sa haute sagesse de se soumettre à une tâche si pénible, car il était borgne et déjà chargé d'années, et cependant il avait acquis une grande illustration par ses exploits et son habileté. Les Francs s'adressèrent enfin au duc Godefroi, et, à force de prières et d'instances, ils lui imposèrent ce fardeau bien plus que ces honneurs; car il devait avoir à lutter sans cesse et péniblement contre les forces innombrables des Gentils, et à couvrir de sa constante protection tous les Chrétiens qui l'entouraient. Le duc avait le corps mince, la taille élevée, la parole agréable et une inaltérable douceur de caractère. Il s'était illustré dans l'expédition du Seigneur par la force de ses armes et par sa grande vaillance. Pour en donner une preuve, voici un fait éclatant qu'on rapporte de lui, et qu'on ne saurait révoquer en doute. Pendant le siége d'Antioche, ayant rencontré sur le pont du Farfar un Turc qui n'avait point de cuirasse, mais qui était monté sur un cheval, le duc le frappa si vigoureusement de son glaive que le tronc de l'homme tomba sur terre, et que le bas du corps demeura sur le cheval qui l'emporta aussitôt au loin. Les Lorrains se servent habituellement d'épées excellentes et remarquables, autant par leur longueur que par la force de leur tranchant.

Je crois devoir rapporter encore en cette occasion un autre exploit du duc Godefroi, non moins digne d'être à jamais célébré. Les Francs avaient pris la ville de Nicée, et, à la suite de ce premier succès, ils s'étaient mis en marche pour aller assiéger Antioche. Chemin faisant, et de temps en temps, lorsqu'ils croyaient pouvoir se délasser en sécurité de la fatigue des armes, ils s'avançaient dans les taillis des environs, pour chasser les bêtes féroces, car les forêts de ce pays sont bien moins touffues et moins élevées que les nôtres. Un jour un ours d'une énorme grosseur sortit du milieu de ces broussailles, et l'armée l'ayant aperçu, on se mit aussitôt à sa poursuite. Effrayé par les cris qui s'élevèrent de tous côtés, l'ours rentra sur-le-champ dans les bois qu'il venait de quitter. Beaucoup de pélerins le cherchèrent sans pouvoir le trouver, lorsqu'un malheureux arriva par hasard à la tannière de l'animal féroce. L'ours, le prenant à l'improviste, s'élança sur lui, le serra dans ses bras, et, l'ayant renversé par terre, porta bientôt la dent sur sa cuisse. Tout-à-coup le duc, qui s'était éloigné des siens, se présenta seul : en le voyant, le pauvre homme, versant des larmes de douleur et d'effroi, invoque aussitôt sa générosité accoutumée, et le supplie de lui porter secours. Le duc, tout rempli de force et de courage, n'hésite point, et tirant aussitôt son glaive du fourreau, il le plonge avec toute la vigueur possible dans le flanc de l'animal ; mais les os ayant résisté, l'ours, irrité plus encore que blessé, se dirige vers le duc, abandonnant celui qui, malheureux le premier, avait éprouvé la morsure de sa dent cruelle. Se levant aussitôt, ne songeant qu'à lui-même, et oubliant de secourir à son tour le duc, l'autre s'éloigna rapidement, laissant à Godefroi le soin de soutenir le combat déjà engagé. Rendu furieux par le coup qu'il a reçu, l'animal s'élance et saisit le duc de ses ongles crochus, il le renverse, le retient sous lui enlacé dans ses bras vigoureux, et porte ses dents meurtrières sur sa cuisse. Mais ce héros, à l'âme royale, ne se laisse point troubler par sa chute, et n'abandonne point le glaive nu qu'il tient d'une main. Quoiqu'il fût étendu, tout brisé, et quoique l'ours ne cessât de mordre la cuisse qu'il avait saisie, le duc, conservant toute sa présence d'esprit dans un si pressant danger, pose son glaive entre le cou et l'épaule de l'animal, et, rassemblant toutes ses forces, il le lui enfonce aussitôt dans le corps. En sentant le fer glisser jusqu'au fond de ses entrailles, l'ours lâcha enfin la cuisse qu'il tenait étroitement serrée entre ses dents, et le duc, se voyant délivré et se trouvant encore embarrassé sous le corps de l'animal qui ne remuait plus, essaya de le repousser de ses deux pieds; mais ayant rencontré dans ce mouvement la pointe de son glaive qui ressortait de la poitrine de l'ours, il se fit au gras de la jambe une blessure presque mortelle. Il retomba donc de nouveau et plus mal que lorsque la bête féroce l'écrasait de son poids, et ayant perdu toutes ses forces avec beaucoup de sang, il ne fut retrouvé par les siens qu'après beaucoup de recherches et de peine. Alors, mais trop tard, il se repentit de ses promenades solitaires, puisque cet événement fut un désastre pour l'armée qui marchait sous ses ordres, et pour toute la milice sacrée. Jusqu'à la fin du siége d'Antioche, il ne put se mouvoir qu'en se faisant transporter en litière ; et, comme il se trouvait hors d'état de s'occuper de ses affaires et de celles des autres, il perdit environ quinze mille hommes, qui s'étaient attachés à ses pas et qui l'abandonnèrent depuis le moment de sa maladie.

Puisque j'ai rapporté cette histoire de l'ours, je veux dire aussi ce qu'a fait une autre fois le frère du duc, Baudouin, qui règne maintenant à Jérusalem, de peur de ne pas trouver une occasion aussi favorable de le raconter. Baudouin avait également reçu une blessure très-grave, en cherchant dans un combat à sauver un de ses hommes de pied dont la valeur lui était infiniment précieuse. Le médecin qui le soignait, sachant que la blessure avait pénétré très-profondément dans l'intérieur du corps, craignit, dans sa prévoyance, de ne faire qu'une cicatrice extérieure s'il lui mettait des cataplasmes, et d'occasioner en dedans un dépôt de sang corrompu, tandis que la peau se serait bien rattachée à la surface. Il conçut donc l'admirable projet de faire une expérience pour s'assurer de la réalité de ses craintes. En conséquence, il demanda au roi d'ordonner que l'on fît faire, de la même manière et à la même place où il avait été frappé, une blessure sur l'un des Sarrasins qu'il retenait en captivité (car c'eût été un crime de proposer cette épreuve sur un Chrétien), et qu'on le fît tuer après qu'il aurait reçu cette blessure, afin que le médecin, en ouvrant son corps, pût rechercher à son aise et reconnaître avec certitude, par voie de comparaison, l'état de la blessure du roi dans l'intérieur du corps. Mais le prince eut horreur, dans sa piété, d'une telle proposition, et, reproduisant l'exemple de Constantin l'ancien, il déclara qu'il ne voudrait jamais causer la mort d'un homme, quel qu'il fût, même de la plus odieuse race, pour chercher, à travers tant d'incertitudes, à sauver

une autre vie. Le médecin lui dit alors : « Si vous ne
« voulez point ôter la vie à un homme pour recou-
« vrer vous-même la santé, ordonnez du moins que
« l'on amène un ours, animal qui ne sert qu'à être
« produit en spectacle, faites-le ensuite suspendre en
« l'air par les pieds de devant, prescrivez qu'on le
« frappe avec le fer ; lorsqu'il sera mort j'examinerai
« ses entrailles, et je pourrai juger, par approxima-
« tion, et d'après le chemin qu'aura suivi le fer, de
« l'état intérieur de votre propre blessure. — Soit,
« répondit le roi ; vous aurez un ours dès que vous
« le jugerez nécessaire ; regardez la chose comme
« faite. » En effet, le médecin, ayant fait son expérience sur l'animal, reconnut, ce que j'ai déjà dit,
qu'il serait dangereux pour le roi de faire fermer la
blessure à l'extérieur, avant d'avoir enlevé tout le
virus et guéri la partie offensée dans l'intérieur du
corps. Qu'il me suffise d'avoir rapporté ces faits pour
faire connaître les pieux sentimens de ces deux rois ;
leur gloire eût égalé leur piété, si l'élection d'un pontife, ou plutôt le pontificat lui-même, n'eût porté le
trouble dans leur règne.

Jusqu'à présent ma muse a marché dans un étroit
sentier, hérissé de rochers, couvert de ronces et de
broussailles : au milieu des ténèbres dont elle était
enveloppée, à peine pouvait-elle guider ses pas à la
foible lueur de la voie lactée. Jusqu'à présent des
flots de sang n'ont cessé de couler, le carnage et
la famine n'ont laissé personne à l'abri de leurs at-
teintes. Si quelquefois la fortune a souri à nos efforts,
bientôt le souffle envieux du malheur a tout emporté
au loin. Quels biens sont résultés de la destruction

des murs de Nicée, de l'occupation de la ville d'Antiochus? Ceux-là, sans doute, qui naissent d'un supplice, pour tout saint martyr qui a remporté la victoire sur la mort; car si l'on éprouve des calamités déplorables, si l'on endure des souffrances au milieu des scènes de carnage et de mort, ces douleurs enfantent des joies dans l'avenir. J'emprunterai donc les paroles du Psalmiste : « Je me suis réjoui lors-« qu'on m'a dit : Nous irons en la maison du Sei-« gneur [1]. » Voici, nos pieds pressent déjà les vestibules de Solyme et les parcourent en triomphe. Francs, recevez ici les récompenses de vos travaux, et ne vous affligez plus d'avoir enduré de tristes épreuves. Vous jouissez enfin de la vue tant désirée du sépulcre; la croix de la rédemption a été baignée de vos larmes, nul cœur n'éprouve plus de souffrance. Cette ville, long-temps livrée comme une proie aux rois de la terre, était foulée aux pieds pour être renversée de fond en comble. Pour dernier événement, ô cité bienheureuse, tu as obtenu de commander à jamais et d'attirer à toi tous les royaumes chrétiens! tu verras toutes les gloires du monde accourir vers toi et te rendre grâces comme à leur mère. Jadis Esdras ni Judas Macchabée n'ont, à la suite de tes maux, élevé ta fortune à un si haut degré. Adrien, qui reçut à cette occasion le surnom d'Élie, n'a pu, en te relevant, te donner de si grands biens. Ce monde-ci combat pour toi et pour les tiens, et le siècle presque tout entier est uniquement préoccupé de ce soin. Jadis, quand la Judée était dans sa plus grande vigueur, elle brillait d'un éclat

---

[1] Psaume 121, v. 1.

semblable à celui-ci. Mais pourquoi les chevaliers s'entre-déchirent-ils dans leurs combats singuliers ? Soyez, je vous en supplie, oh! soyez le fléau de la Perse et non le fléau de vous-mêmes; ce que vous faites tourne au détriment de Jérusalem, attachez-vous à frapper uniquement le prince de Babylone, afin que les bons puissent atteindre à la croix de Jésus et s'élever sur la colline sacrée du sépulcre. Pour moi, je m'écrierai que notre temps a fait des choses telles que les fastes d'aucun siècle n'en ont de pareilles à nous apprendre.

Comme, en même temps qu'on s'occupait des affaires temporelles qui devaient, de l'avis des Chrétiens, être dirigées par une administration royale, il ne fallait pas non plus négliger les intérêts qui se rapportaient aux fonctions du sacerdoce, après avoir, aussi bien qu'il leur fut possible, pourvu à l'élection d'un roi, les fidèles s'occupèrent aussitôt du choix d'un patriarche. Il y avait alors un clerc, parvenu je ne sais à quel degré, qui se nommait Arnoul. Cet homme, qui n'était nullement dépourvu de science en logique, et qui était connu pour ne point ignorer les élémens de la grammaire, avait long-temps donné des leçons à la fille du roi des Anglais, cette religieuse dont j'ai déjà parlé, et le comte de Normandie avait promis à celle-ci, par l'intermédiaire de sa sœur, d'accorder à Arnoul les honneurs de l'épiscopat, dès que l'un de ses évêques viendrait à mourir. Cependant, lorsqu'il commença à être question de l'expédition de Jérusalem, l'évêque de Bayeux, nommé Eudes, homme qui possédait de grandes richesses, fit vœu d'entreprendre ce voyage. Il était frère du roi des Anglais, Guillaume l'ancien, et, en outre de sa dignité de pontife, il possédait en Angleterre le comté de Kent. Comptant sur ses immenses trésors, il osa élever ses vues jusqu'à prétendre à s'emparer du royaume de son propre frère. Mais le roi l'ayant prévenu, l'enferma dans une prison, et l'y retint jusqu'au moment de sa mort. A cette époque, l'évêque retrouva sa liberté et ses honneurs, et, comme je viens de le dire, la renommée publiant partout l'expédition de Jérusalem, Eudes, suivi d'une multitude de gens de sa nation, et emportant d'innombrables trésors, se disposa à partir. Arnoul se réunit à son escorte, et l'évêque étant mort, si je ne me trompe, en deçà même des frontières de la Romanie, légua à Arnoul, de préférence à tout autre, la plus grande partie des biens et des richesses qu'il laissait après lui. Ses connaissances dans les lettres lui donnaient une grande autorité; il ne manquait même pas d'éloquence; et dès que l'accroissement de sa fortune l'eut fait mieux connaître, il se mit en devoir d'adresser très-fréquemment des discours aux hommes de notre expédition, et ces harangues augmentèrent encore sa réputation. Il n'y avait que fort peu d'hommes lettrés, ce qui donna une nouvelle illustration à Arnoul; et comme on recherchait le talent de la parole plus qu'on n'examinait la vie d'un homme, il parvint par ce moyen à être appelé au patriarchat de Jérusalem. Il fut donc pendant quelque temps pontife, seulement de nom, et il sut par ses discours faire respecter sa nouvelle dignité. Mais au bout de quelque temps, et lorsque la nouvelle de son élection fut parvenue au siége apostolique, le pape Pascal chargea l'archevêque de Pise, Daimbert, de remplacer l'évêque du Puy dans ses fonctions de légat, et d'aller en son nom prendre soin de l'armée du Seigneur. Il arriva à Jérusalem avec une nombreuse flotte, lorsque la ville était déjà occupée, et le roi élevé sur le trône; et bientôt, ayant examiné l'élection d'Arnoul, il jugea qu'elle devait être annullée, en vertu du droit canonique. En faisant des recherches sur l'origine de cet homme, on reconnut qu'il était fils de prêtre; ce qui non seulement devait le faire exclure des Ordres sacrés, mais le soumettait en outre, d'après les décisions du concile de Tolède, à demeurer à jamais esclave de l'Eglise, qui se trouvait déshonorée par une telle naissance. Il fut donc, par cette sentence, rejeté de l'Eglise, malgré tous les efforts qu'il fit pour se défendre. Les grands, voulant trouver quelque moyen de le consoler un peu de l'affront qu'il recevait, lui demandèrent sur qui ils devaient faire tomber leur choix. Jaloux, selon le penchant de sa nature dépravée, de ses égaux et même de ses inférieurs : « Prenez, leur dit-il, pour patriarche ce même ar« chevêque de Pise, qui remplit ici les fonctions de « légat. » Cédant à ces conseils, les princes enlevèrent l'archevêque au siége qu'il possédait, presque sans lui demander son consentement, et l'instituèrent eux-mêmes dans leur église. Bientôt après, lorsque l'illustre roi Godefroi fut mort, et sous le règne de son frère Baudouin, qui avait gouverné Edesse, les princes accusèrent le patriarche d'une prétendue trahison, et, le condamnant comme pour un crime avéré, ils dépouillèrent du patriarchat celui qu'ils avaient enlevé à un siége métropolitain. Alors on s'occupa, de nouveau, de l'élection d'un autre pontife. Arnoul voulant, dans sa prévoyance, en faire nommer un qui ne cherchât point à résister à son influence, favorisa, de tous ses moyens, le choix d'un de ses collègues, nommé Ebremar, homme simple et illettré, qu'il espérait soumettre en toutes choses à ses volontés. Mais comme, dans la suite, celui-ci se conduisit religieusement et ne voulut point, à ce que j'ai lieu de croire, satisfaire en toute occasion aux desirs d'Arnoul, on finit par l'accuser auprès du siége apostolique, et cette accusation échoua le plus honteusement possible. Aussi Arnoul, et ses complices qui l'avaient appuyé dans cette accusation, encoururent-ils la haine du roi, à tel point que ce prince ôta à Arnoul la garde du sépulcre, et le chassa même de la ville. Le patriarche, rentré en faveur par la souveraine décision du siége apostolique, retourna à Jérusalem, à l'extrême confusion de ses persécuteurs. Il suffit de ce que je viens de dire au sujet de l'élection et du rejet de ce fantôme de patriarche. Cette élection, qui devait être nulle au jugement de tous les hommes de bien, eut lieu le jour de la fête de Saint-Pierre-aux-Liens; mais comme elle n'était soutenue par aucun témoignage d'une vie vertueuse, elle s'évanouit promptement. La ville de Jérusalem fut prise par les Francs le quinze du mois de juillet, le vendredi, à peu près à l'heure que le Christ avait été attaché sur la croix.

Peu de temps ou plutôt très-peu de jours après, des députés de la ville de Naplouse, anciennement appelée Sichem ou Samarie, se rendirent auprès de Tancrède et du comte Eustache, frère du duc devenu roi tout récemment, tous deux hommes considérables et remplis de force, les invitant à prendre avec eux une nombreuse troupe et à marcher vers cette ville, qui leur serait livrée sans aucun doute, et qu'ils soumettraient à leur juridiction. Ils partirent donc, emmenant avec eux beaucoup de chevaliers, ainsi qu'un grand nombre d'hommes de pied. Ils arrivèrent aux faubourgs de la ville; les habitans leur ouvrirent aussitôt leur porte, et se remirent volontairement entre leurs mains. D'autres messagers vinrent ensuite annoncer au roi Godefroi que l'empereur d'Égypte se préparait à lui faire la guerre avec de grandes armées. Aussitôt le roi, animé d'une nouvelle ardeur, manda à son frère Eustache et à Tancrède ce qu'on venait de lui apprendre, les supplia instamment, et leur prescrivit même par ses messagers de revenir en toute hâte à Jérusalem, leur faisant savoir en outre que les environs d'Ascalon étaient le lieu désigné pour la bataille. Informés de ces faits, ces hommes invincibles se rendirent le plus rapidement possible sur les montagnes, comptant rencontrer les Sarrasins au milieu de leur marche; mais ils ne les virent point, et allèrent ensuite à Césarée de Palestine. De là étant partis pour la ville de Rama, dont j'ai déjà parlé, célèbre par le souvenir du bienheureux George, et située sur les bords de la mer, ils revinrent sur leurs pas, et rencontrèrent un grand nombre d'Arabes, précurseurs de l'armée qui devait leur livrer bataille. Aussitôt qu'ils les eurent reconnus, les nôtres, réunissant leurs forces, les attaquèrent tous à la fois, les mirent bientôt en fuite, et leur enlevèrent un grand nombre de prisonniers, par lesquels ils apprirent toutes les dispositions qu'avaient faites leurs ennemis pour la guerre, le lieu où déjà leur armée s'était rassemblée, la force de cette armée, et jusqu'au champ de bataille qu'elle avait résolu de prendre. Tancrède, dès qu'il eut recueilli ces renseignemens, les transmit au roi Godefroi par des messagers qu'il lui envoya tout exprès. Il manda aussi ces nouvelles à Arnoul, illustré par sa nomination comme patriarche, et à tous les autres grands. « Une guerre terrible vous attend, leur fit-il dire, « et comme il est certain qu'elle est très-prochaine, « hâtez-vous de venir à Ascalon, avec toutes les « forces que vous aurez pu rassembler par votre ha- « bileté. » Le roi, plein de confiance en Dieu, et que nul ne surpassait en intelligence, convoqua tous les chevaliers du Dieu vivant avec une grande autorité, et désigna Ascalon comme le lieu où tous les Chrétiens devaient se rendre pour s'opposer aux entreprises des ennemis. Lui-même partit de la ville, le mardi, avec celui qu'on avait appelé patriarche et le comte Robert de Flandre.

Le comte de Saint-Gilles et le comte de Normandie déclarèrent au Roi qu'ils ne voulaient pas se porter plus loin, avant de savoir d'une manière bien certaine si la guerre était imminente ; qu'ils allaient en conséquence retourner à Jérusalem, promettant en même temps de n'être point en retard dès que leur présence deviendrait nécessaire. Le roi s'en alla donc, et bientôt ayant reconnu de loin les ennemis, et résolu d'en transmettre promptement l'avis à ceux qui étaient demeurés à Jérusalem, il fit aussitôt appeler un évêque pour l'envoyer à la ville, afin de conjurer tous ses frères de se réunir sans le moindre retard, pour faire face aux nécessités du moment. Le mercredi, tous les princes rassemblèrent les troupes du Seigneur, et transportèrent leur camp hors de la cité sainte. L'évêque qui avait porté les paroles du roi à ceux qui étaient demeurés à Jérusalem se hâta de retourner auprès de lui; mais les Sarrasins le rencontrèrent et le prirent, et l'on ne sait pas s'il a succombé sous leurs coups, ou s'il fut emmené en captivité. Pierre l'Ermite, constant coopérateur de cette pieuse entreprise, demeura à Jérusalem avec les clercs, tant Grecs que Latins, dirigeant les processions, réglant les litanies, prêchant des sermons et recommandant la distribution des aumônes, afin que Dieu daignât mettre le comble à ses bienfaits, en donnant à son peuple cette dernière victoire. Tous les ecclésiastiques qui se trouvaient à Jérusalem, revêtus des ornemens consacrés pour la célébration des saints mystères, conduisaient les hommes et les femmes au temple du Seigneur, célébraient la messe, et prononçaient des prières du fond de leur cœur, demandant à Dieu de sauver ses enfans exilés. Cependant celui qu'on avait appelé patriarche, et les autres pontifes qui purent être présens, se rassemblèrent autour des piscines, auprès du fleuve qui coule, comme on sait, en deçà d'Ascalon. Là, les Gentils avaient artificieusement mis en avant des milliers d'animaux et d'immenses troupeaux de bœufs, de chameaux et de moutons; les chefs chrétiens ayant appris que ces animaux n'étaient ainsi placés que pour engager les nôtres à rechercher du butin, envoyèrent des hérauts dans tout le camp, pour défendre à qui que ce soit d'avoir dans sa tente plus de bétail qu'il ne serait reconnu nécessaire pour suffire aux besoins du moment. Pendant ce temps, trois cents Arabes vinrent se présenter à la vue des nôtres, qui les poursuivirent aussitôt avec une telle ardeur que, les ayant mis en fuite, ils leur enlevèrent deux cents hommes, et repoussèrent les autres jusque dans leur camp.

Vers le soir de cette même journée, celui qui remplissait les fonctions de patriarche fit proclamer que tous eussent à se préparer au combat pour le lendemain dès le point du jour, défendant en outre à chacun, sous peine d'anathême, de s'attacher à enlever des dépouilles pendant le combat, et leur prescrivant de réprimer leur ardeur pour le butin jusqu'après l'issue de la bataille. En même temps il supplia tous les Chrétiens de s'occuper uniquement à massacrer les ennemis, de ne se laisser distraire sur aucun point par l'espoir d'un honteux profit, de peur que la cupidité de quelques uns ne fît perdre les fruits de la victoire, au moment où l'on commencerait à l'obtenir.

Le jour du vendredi s'était levé. Notre armée se portant en avant arriva dans une belle vallée, et là, dans une plaine voisine du rivage de la mer, les Chrétiens s'occupèrent d'abord de séparer leurs divers corps. Le duc devenu roi, le comte de Flandre et le comte de Normandie, le comte de Saint-Gilles, Eustache de Boulogne, Tancrède et Gaston, se mirent à la tête des corps ainsi organisés, quelques uns commandant seuls, quelques autres s'étant associés deux à deux. Les hommes de pied, archers et lanciers qui devaient marcher en avant des chevaliers, se rangèrent en bataille : le roi Godefroi prit la gauche avec les troupes qui le suivaient; le comte de Saint-Gilles prit position sur les bords de la mer; le comte de Flandre et le comte de Normandie chevauchèrent sur la droite; Tancrède et les autres princes s'avancèrent par le centre. Les nôtres donc se portèrent en avant lentement vers les rangs de l'armée ennemie, et pendant ce temps les Gentils, se préparant aussi au combat, demeuraient immobiles dans leurs positions. Vous les eussiez vus portant suspendus à leurs épaules des vases qu'ils remplissaient d'une eau fraîche, puisée dans leurs petites outres, afin de pouvoir boire, lorsqu'ils se lanceraient à la poursuite des nôtres, après les avoir mis en fuite. Mais Dieu en ordonna autrement que n'avait prévu cette race ennemie. Le comte de Normandie, ayant reconnu de loin la tente du prince de l'armée égyptienne, toute couverte et resplendissante d'argent, et dont le sommet arrondi était orné d'une masse d'or, pressa son cheval rapide de ses éperons, attaqua avec impétuosité le prince, qui portait une lance ornée d'un étendard, et lui porta une horrible blessure. D'un autre côté le comte de Flandre, rendant les rênes à son cheval, se jeta au plus épais des rangs ennemis; Tancrède se précipita aussi sur eux avec une grande vigueur. De tous côtés nos escadrons marchant sur les traces de leurs chefs se livrent à toute leur fureur; bientôt le rivage et la plaine sont inondés de sang, les ennemis ne peuvent soutenir long-temps une si rude mêlée, et, réduits au désespoir, ils ne tardent pas à prendre la fuite. Et comme le nombre des Gentils était incalculable, de même, et par une conséquence nécessaire, on en fit un carnage prodigieux. Les flots de la mer avaient été soulevés à une grande hauteur, mais le Seigneur se montra plus admirable encore dans sa sublime élévation. Aussi, et afin qu'il fût évident que Dieu, et non la main des hommes, dirigeait une si grande bataille, voyait-on de tous côtés les ennemis fuir en aveugles, et se précipiter au milieu des bataillons armés, tandis qu'ils cherchaient uniquement à échapper à leurs coups. Ne trouvant aucun lieu de refuge, plusieurs voulurent se faire un asile sur des arbres élevés; mais ils ne purent échapper aux flèches des nôtres, et atteints de leurs traits, ils étaient précipités, et tombaient comme de vastes ruines. Tous ceux que la fuite ne mettait pas à couvert succombaient, morts ou mourans, sous les traits ou le glaive des Chrétiens, qui les abattaient comme des troupeaux sans défense. Le comte de Saint-Gilles qui avait occupé le rivage sablonneux de la mer, ayant lancé son corps d'armée contre les ennemis, les attaqua avec une impétuosité pareille à celle de la tempête, en sorte qu'un grand nombre d'entre eux, cherchant à fuir le fer qui les menaçait, s'enfoncèrent volontairement dans les abîmes de la mer.

La victoire étant ainsi demeurée aux Chrétiens par la puissance de Dieu, le prince de l'armée de Babylone, que les hommes de son pays appellent émir dans leur langue, confus et ne pouvant assez s'étonner de la catastrophe qu'il venait d'éprouver, se répandit en plaintes amères. D'un côté il pensait aux troupes innombrables qu'il avait menées à sa suite, et à cette jeunesse brillante et joyeuse qui portait des armes remarquables par leur force et leur qualité;

il calculait les richesses de ses compagnons d'armes, qui faisaient, pour ainsi dire, de leur armée une armée de chevaliers ; enfin il remarquait un fait propre à donner la plus grande sécurité aux esprits même les plus timides, savoir, que ses troupes avaient combattu dans leur propre pays, près des portes mêmes de leur ville, dans laquelle elles eussent dû trouver un refuge assuré : d'un autre côté il voyait l'armée des Francs inférieure à la sienne sous tous les rapports, une jeunesse déjà abattue par une longue disette, de petites armes, des épées rouillées, des lances toute noircies entre les mains de chevaliers dénués de forces ; ceux qui paraissaient s'élever au dessus des autres, dévorés eux-mêmes d'une cruelle misère, n'ayant que des chevaux exténués de fatigue et rongés de maladie ; pour tout dire en un mot, il ne pouvait comprendre que les plus pauvres des hommes, une troupe d'exilés eussent battu les innombrables armées de son pays, et que les hommes les plus vils eussent renversé la gloire de tout l'Orient. Une circonstance qui aida beaucoup à la victoire des nôtres fut que, lorsqu'on eut commencé à croire dans l'armée ennemie qu'il fallait prendre la fuite, l'émir qui commandait à Ascalon ayant vu le prince de Babylone tourner aussi le dos à nos Chrétiens, donna lui-même l'ordre d'empêcher les fuyards d'entrer dans sa ville, et de leur fermer les portes. Enfin ce qui avait mis le comble à l'étonnement des Gentils avait été de voir que les Francs n'eussent pas préféré combattre sous les murs même de Jérusalem, pour avoir derrière eux un point d'appui, et qu'ils se fussent avancés à leur rencontre presque à deux journées de marche.

Tandis que les Francs rendaient à Dieu, comme il était juste, mille actions de grâces pour une si grande victoire, et s'en réjouissaient avec transport, le comte de Normandie, qui ne renonça jamais à son extrême munificence, même au milieu des misères de l'exil, acheta, pour vingt marcs d'argent, de l'homme qui l'avait enlevée, cette lance recouverte en argent dont j'ai déjà parlé, et qui était portée comme une espèce de bannière en avant du prince de Babylone; après l'avoir achetée, le comte la remit à Arnoul, que l'on avait appelé patriarche, pour qu'elle fût déposée, en témoignage de cette grande victoire, auprès du sépulcre du Seigneur. Un autre, à ce qu'on assure, acheta pour soixante et dix byzantins l'épée qui avait appartenu à ce même prince.

Une très-grande flotte avait suivi la marche de l'armée égyptienne et abordé au port d'Ascalon, afin de pouvoir, lorsque les Francs auraient été vaincus et réduits en captivité, les acheter des vainqueurs et les transporter pour les vendre dans les royaumes les plus reculés de l'Orient. Mais lorsque les gens de cette flotte virent les Égyptiens s'enfuyant honteusement, ils mirent eux-mêmes à la voile sans le moindre délai, et partirent pour retourner par mer dans les pays de l'intérieur. Après avoir fait une horrible boucherie des Sarrasins, et plus particulièrement des Éthiopiens, les Francs revinrent sur leurs pas, pénétrèrent dans les tentes solitaires de leurs ennemis, et y enlevèrent des dépouilles d'une valeur inappréciable. Ils y trouvèrent d'immenses trésors en or et en argent, richesses de la noblesse d'Assyrie, des effets précieux et de toute espèce, toutes sortes d'animaux, et des amas d'armes de divers genres : tout ce qui pouvait être de quelque utilité fut conservé, et le reste livré aux flammes. Puis triomphans, se livrant à des transports de joie inexprimables, les Chrétiens retournèrent à Jérusalem, versèrent d'abondantes larmes, et rendirent d'infinies actions de grâces à Dieu, en souvenir de la passion et de la mort du Seigneur. Cet heureux événement, don du Ciel, répandit une si grande abondance parmi les Francs, que ceux-là même qui, dès le principe, avaient entrepris cette expédition, complétement pauvres et dénués de provisions pour le voyage, revinrent dès lors avec une grande quantité d'or et d'argent, et un grand nombre de chevaux et de mulets. Cette brillante victoire fut remportée le 13 d'août.

Comme dès le commencement de cet ouvrage, nous avons cité quelques passages des Écritures qui nous ont paru parfaitement applicables aux grandes affaires de notre temps, voyons maintenant si nous ne pourrions pas trouver dans le prophète Zacharie quelque chose qui se rapporte exactement au siége de Jérusalem. On lit dans ce prophète : « Voici ce « que dit le Seigneur, qui a étendu le ciel, qui a « fondé la terre et qui forme dans l'homme l'esprit « de l'homme [1]. » « Il étend le ciel » celui qui agrandit l'Église, et comme, selon le langage d'Isaïe, il a fait venir sa semence de l'Orient par la main des Apôtres, de même il la fait venir de l'Occident par de nouveaux enfans. « Il fonde la terre, » lorsqu'il permet que les Gentils s'endurcissent jusqu'au fond du cœur dans leur perfidie ; « il forme dans l'homme

[1] Zach., chap. XII, v. 1.

« l'esprit de l'homme, » lorsqu'il forme l'esprit de chaque fidèle par la raison qu'il met en lui. « Voici, « je vais rendre Jérusalem comme une coupe d'as- « soupissement pour tous les peuples d'alentour[1]. » La coupe est élevée au dessus de la porte ; par la porte on entre dans la maison : si cette porte est à nos yeux la foi en notre Seigneur Jésus, par laquelle on arrive jusques au Père, nous serons ainsi fondés, d'après les explications qui précèdent, à considérer cette coupe comme l'Église de Jérusalem, d'où sont sorties la loi et la parole du Seigneur, auprès de laquelle Paul retourna au bout de quatorze ans, pour conférer sur l'Évangile avec Pierre et les autres Apôtres, afin de n'avoir pas vainement parcouru, ou de ne pas vainement parcourir le monde. De plus, cette coupe est « la coupe d'assoupissement » pour tous les peuples d'alentour ; car il est certain que toutes les nations qui ont résidé tout autour ont été dégoûtées de suivre les traces de notre croyance, et en ont eu l'aversion comme d'une chose qui donne des nausées. « Juda sera du siége qu'on fera contre Jérusalem[2] ; » non-seulement, dit le prophète, Jérusalem sera en horreur aux étrangers, mais Juda même, c'est-à-dire, le peuple fidèle, le véritable confesseur de celle qui est foulée par les Gentils, l'assiégera. « En ce « temps-là, je ferai que Jérusalem sera pour tous les « peuples comme une pierre très-pesante[3]. » S'il est permis ici de prendre la partie pour le tout, selon le langage habituel des Écritures, Jérusalem est devenue pour tous comme une pierre très-pesante, lors-

---

[1] Zach., chap. XII, v. 2. — [2] Ibid., ibid., v. 2. — [3] Ibid., ibid., v. 3.

que tout récemment elle a imposé à toutes les nations qui s'appellent chrétiennes le fardeau du plus rude travail pour assurer sa délivrance. « Tous ceux qui « entreprendront de la lever, seront meurtris et dé- « chirés, et toutes les nations de la terre s'assemble- « ront contre elle ¹. » Quels sont ceux qui entreprendront de la lever, si ce n'est ceux qui, lorsque les temps des nations sont accomplis, cherchent à la soulager de ses foulures? « Jérusalem, » a dit le Seigneur, « sera foulée par les nations, jusqu'à ce que « les temps des nations soient accomplis ². » Ceux-là seront meurtris et déchirés, car on ne saurait en aucune façon dire ni même imaginer de combien de misères de faim et de soif, de combien de fatigues, de blessures et de douleurs ils ont été atteints en faisant ce siége; et pour parler le langage d'Ezéchiel, « toutes les têtes ont perdu leurs cheveux, « toutes les épaules ont été écorchées ³ : » ce qui ne peut s'entendre pour eux que de la nécessité où ils étaient sans cesse de rouler des machines de guerre ou de transporter des fardeaux. Mais lorsque Jérusalem aura été soulagée, « toutes les nations de la « terre s'assembleront contre elle. » Ici, nous ne trouvons plus même le voile de l'allégorie, et le prophète présente aux yeux ce que l'histoire toute récente nous a montré. Quel est en effet le royaume d'Orient d'où il ne soit pas venu des hommes pour faire cette guerre? J'avais omis plus haut de faire remarquer qu'ils avaient traîné à leur suite toutes les machines nécessaires pour faire le siége de la ville : en outre,

¹ Zach., chap. xii, v. 3. — ² Év. sel. Saint-Luc, chap. xxi, v. 24. — ³ Ézéch., chap. xxix, v. 18.

et sans parler de leurs hommes de guerre, ils avaient également amené des marchands pour acheter les Francs ; car ils se promettaient la victoire de leur immense multitude, plus grande encore peut-être que Corbaran lui-même ne le savait. « En ce jour, » dit le Seigneur, « je frapperai d'étourdissement tous les « chevaux et de frénésie ceux qui les montent [1]. » Si l'on doit entendre par le cheval toute dignité temporelle, celui qui monte le cheval est sans aucun doute encore plus élevé en dignité. Toute dignité est frappée d'étourdissement, car tout ce qui exerce le commandement, tout ce qui possède l'autorité demeure comme hébété et perd son audace en présence de cette nouvelle milice de Dieu ; tout prince est atteint de frénésie, car il se trouve dépourvu de sagesse ; et quiconque éprouve la force de l'armée du Seigneur ne sait plus de quel côté se tourner, et se sent privé de toute sa vigueur. « Et j'aurai les yeux ouverts sur la « maison de Juda, et je frapperai d'aveuglement les « chevaux de tous les peuples [2]. » Si Juda est celui qui confesse, à plus forte raison j'appellerai confesseurs ceux qu'on n'a jamais vus se détourner de la foi dès l'origine de leur croyance, les Français par exemple, sur qui porta tout le poids de cette expédition. « Dieu a les yeux ouverts sur eux, » en leur donnant, par les effets même, les témoignages de sa bonté particulière. « Il frappe d'aveuglement les chevaux des « peuples, » en punissant l'orgueil des Gentils, et en les poursuivant de sa réprobation. Dans les pages sacrées, le cheval sert très-souvent à désigner l'orgueil. Quel plus grand aveuglement en effet que de faire la

[1] Zach., chap. XII, v. 4. — [2] *Ibid., ibid.*, v. 4.

guerre aux enfans de Dieu, sans aucun égard pour
Dieu? Quelle plus grande réprobation que de ne pas
reconnaître Dieu, de s'enorgueillir de sa propre ignorance, et de prendre les armes contre les fidèles?
Mais pourquoi rechercher le voile de l'allégorie, à
travers les replis du langage, lorsque la vérité histo-
rique nous empêche de nous égarer dans des opinions
diverses? N'ai-je pas dit déjà que les ennemis étaient
frappés d'aveuglement et demeuraient saisis de stupeur devant les glaives suspendus sur leurs têtes? Et
certes, il serait étonnant que le cheval eût pu y voir
pour se conduire, lorsque celui qui le montait était évi-
demment atteint de frénésie. « Alors les chefs de Juda
« diront dans leur cœur que les habitans de Jérusalem
« cherchent leur force dans le Seigneur des armées,
« qui est leur Dieu¹. » Qui appellerai-je les chefs de
Juda, sinon les princes fidèles de cette armée? Ceux-
ci font des vœux pour que les habitans de Jérusalem
soient fortifiés, lorsqu'ils desirent, de toute l'ardeur
de leurs pensées, que la Cité sainte soit relevée par la
force de la milice chrétienne, afin que par elle le
christianisme se propage, que la mémoire du Seigneur
soit honorée, et que les Gentils soient écrasés de tous
côtés. On dit en outre que « la force de ces hommes
« sera dans le Seigneur des armées; » ce qui se voit aujourd'hui, lorsqu'une poignée infiniment faible d'hommes en vient aux mains avec tous les royaumes païens,
entreprise dont on n'a pu attendre le succès que de la
puissance de celui qui domine toutes les puissances
du ciel. Aussi ajoute-t-on, avec juste raison, « qui est
« leur Dieu, » afin qu'ils ne pensent pas pouvoir s'ap-

¹ Zach., chap. XII, v. 5.

puyer sur un Dieu quelconque, mais sur leur Dieu, sur le Dieu des Chrétiens. « En ce jour je rendrai les « chefs de Juda comme un tison de feu qu'on met sous « le bois, comme un flambeau allumé au milieu de « la paille ; et ils dévoreront à droite et à gauche tous « les peuples qui les environnent[1]. » En ce jour, dis-je, de foi ou de prospérité divine, ces chefs, qui gouverneront le peuple Chrétien, soit à l'extérieur par les armes, soit à l'intérieur par la doctrine spirituelle, seront le tison : embrasés de l'amour divin, c'est-à-dire d'un amour intérieur, ils brûleront le bois des pécheurs en détruisant les Gentils ; et quant aux combats extérieurs, ils consumeront tous les réprouvés comme de la paille. Car nous savons, à n'en pouvoir douter, que Dieu n'a point entrepris ces choses pour la délivrance d'une seule ville, mais qu'il a jeté en tous sens des semences qui produiront beaucoup de fruits contre les fureurs de l'Antechrist à venir : « Ils « dévorent à droite et à gauche tous les peuples qui « les environnent, » lorsque d'une part ils ramènent dans le sein de l'Église Chrétienne ceux que la droite du Seigneur a marqués de son approbation, et que d'autre part ils frappent et détruisent, par une légitime vengeance, les réprouvés qui, comme l'on sait, sont placés à la gauche. « Et Jérusalem sera encore habitée dans le « même lieu où elle était d'abord[2]. » Si Jérusalem est l'église, le lieu où elle habite est la foi dans le Christ. Ainsi donc Jérusalem habite dans Jérusalem, lorsque cette cité terrestre est restaurée, pour aspirer avec passion à jouir du spectacle de la paix du Ciel : et elle a une habitation, parce qu'elle est immua-

[1] Zach., chap. xii, v. 6. — [2] Ibid., ibid., v. 6.

blement attachée au Christ. « Et le Seigneur sauvera les
« tentes de Juda, comme il a fait au commencement,
« afin que la maison de David et les habitans de Jéru-
« salem ne s'élèvent point dans leur gloire contre
« Juda [1]. Le Seigneur sauve les tentes de Juda comme
« il a fait au commencement; » car lui-même, après
avoir fait des choses merveilleuses avec nos pères,
est aussi glorifié de notre temps, tellement que les
modernes, au milieu de leurs misères et de leurs calamités, paraissent avoir fait des choses bien plus
grandes que n'en ont jamais accompli ces Juifs de
l'antiquité, avec leurs femmes et leurs enfans, marchant l'estomac toujours bien rempli, sous la conduite des anges qui leur apparaissaient, et au milieu
de miracles sans cesse renouvelés. Ceux-ci donc, je
puis avec plus de vérité les dire sauvés, parce que
le Seigneur accueille réellement comme ses enfans
ceux qu'il laisse périr quant au corps et qu'il châtie
au temporel, « afin, dit-il, que la maison de David
« ne s'élève pas dans sa gloire, » c'est-à-dire, afin
que les anciens qui se sont illustrés par leurs victoires dans les combats, cessent de s'enorgueillir,
en réfléchissant que les modernes ont fait de plus
grandes choses. « Les habitans de Jérusalem s'élèvent
« aussi dans leur gloire contre Juda, » lorsque l'on
oppose aux modernes l'éclat de ceux qui ont régné dans ces mêmes lieux et y ont fait quelques
actions brillantes. Par la désignation de David, qui
fut le plus puissant, le prophète exprime tout
ce qui peut les enorgueillir le plus, comme s'il disait : « Quoique David ait été le plus illustre par ses

[1] Zach., chap. XII, v. 7.

« armes, quoique chacun des rois ses successeurs ait « obtenu quelque gloire, on ne trouve rien en eux « par où ils puissent être comparés aux autres. » Nous disons en outre que le mot habiter veut dire *dominer*; et en effet nous le trouvons fréquemment employé en ce sens, comme provenant du mot *habeo, habes*, j'ai, je possède. Enfin on dit que David s'élève dans sa gloire contre Juda, et l'on parle de la gloire des habitans de Jérusalem, parce qu'eux-mêmes sont un sujet de s'enorgueillir à ceux qui veulent rabaisser les actions des nôtres. « Toujours le Seigneur proté-« gera les habitans de Jérusalem [1]. » Et aujourd'hui donc ne les protège-t-il pas aussi ceux qu'il défend, troupe infiniment faible, au centre même de l'innombrable multitude des Gentils? Tous les jours ils provoquent les nations voisines par leurs armes audacieuses, et ces nations bien loin qu'elles osent les attaquer, ont assez à faire de se défendre de leurs incursions. « Et alors celui d'entre eux qui était faible devien-« dra fort comme David, et ceux de la maison de « David paraîtront à leur tête comme des anges, « comme les envoyés du Seigneur [2]. » Il n'est pas une faute grave de la maison de David dont on ne trouve la punition indiquée dans ce passage. Ainsi donc, quiconque parmi les nôtres a été faible devient comme David, car Dieu même n'a laissé impunies ni les débauches, ni les passions orgueilleuses auxquelles ils se sont livrés pendant le cours de leur voyage, ainsi que le prouvent les faits que nous avons rapportés plus haut; et bientôt, au milieu même des progrès du péché, il leur a envoyé les maux qu'ils avaient le

---

[1] Zach., chap. xii, v. 8. — [2] Ibid., ibid., v. 8.

mieux mérités, la famine ou d'autres souffrances de toute sorte. C'est par là que la maison de David est devenue comme celle de Dieu, parce que le sentiment des châtimens divins ramène à celui de la grâce spirituelle; car ceux que Dieu frappe de ses verges paternelles, comme il frappa jadis David, il ne les rejette point tout à coup de ses embrassemens et ne leur retire point ses inspirations. Il devient en outre en présence de Dieu comme un ange ; car lorsque l'homme se voit, par les verges qui le menacent de la part de Dieu, privé de ses affections, il s'applique à aimer Dieu avec plus d'ardeur, et, sachant qu'il est châtié comme un fils, il aime comme un ange. La présence de Dieu signifie le pieux mouvement de l'homme intérieur. «Et en ce temps-là, je prendrai « soin d'exterminer toutes les nations qui viendront « contre Jérusalem [1]. » Nous avons coutume de chercher les choses que nous n'avons pas sous les yeux. Mais pour Dieu, qu'est-ce que chercher, prendre soin, si ce n'est arrêter, selon les décrets de la prévoyance éternelle, les choses qui sont à faire ? « Dieu donc prend soin d'exterminer toutes les na- « tions qui viennent contre Jérusalem ; » et il en prend soin en ce temps-là, parce que dans la pénétration de ses jugemens, il prévoit et dispose que ceux qui agiront contre la foi, il les frappera d'une damnation éternelle, ou les affaiblira en raison de leur propre fragilité. Aussi le roi prophète a-t-il dit : « Vous réduirez en pièces, comme un vase d'argile, « ceux que vous aurez gouvernés avec un sceptre de « fer [2]. » Mais Dieu fait cela par une inspiration in-

---

[1] Zach., chap. XII, v. 9. — [2] Psaume 2, v. 9.

térieure, qui est exprimée par ces mots : « En ce « temps-là; » et cette inspiration ne saurait être décrite par aucun raisonnement. « Et je répandrai sur « la maison de David et sur les habitans de Jérusalem « l'esprit de grâce et de prière[1]. » J'ai dit que les habitans de Jérusalem étaient la maison de David. Quoique Dieu leur ait donné et leur donne encore de fréquentes victoires, en même temps cependant il les a domptés et les dompte encore par de fréquentes infortunes; et ne permettant pas qu'ils se livrent au désespoir par une succession continuelle de maux, ni qu'ils s'enorgueillissent par une abondance extrême de biens, dans ses bienfaisantes dispensations, il répand nécessairement sur eux « l'esprit de grâce et « de prière, » afin que, voyant qu'aucune prospérité (l'écueil même des plus parfaits) ne leur sourit sans qu'une adversité ne vienne bientôt à la suite, leur esprit, toujours craintif et agité de sollicitude, soit amené par là à s'élever, dans ses tribulations, vers celui qui est leur appui et leur recours dans toutes les conjonctures. Mais enfin, mettant de côté tout mystère, peut-on penser que cette Jérusalem matérielle ne soit bien souvent en proie aux incertitudes et à la crainte, lorsqu'elle se voit, selon les paroles d'Ézéchiel, « établie au milieu des nations et envi-« ronnée de leurs terres[2], et qu'elle considère la petitesse de sa ville, au milieu de l'infinie multitude des peuples qui l'entourent? Croit-on qu'ayant sans cesse à redouter les irruptions des nations barbares, s'ils ne sont misérablement insensés, ceux à qui ne man-

[1] Zach., chap. XII, v. 10.
[2] Ézéch., chap. v, v. 5.

quent jamais des sujets de prière et de sainte affection, soient jamais dépourvus de la grâce qui inspire la crainte et l'amour de Dieu? C'est par l'aiguillon de l'adversité que le Tout-puissant a coutume de solliciter les siens à se souvenir de lui; il embrase les ames par les séductions de la chair, afin que, redoutant toujours le péril, elles soient toujours prêtes à invoquer le secours de Dieu par les vœux et les prières.

Nous l'avons dit, non pas une fois, mais bien souvent, et nous ne craignons pas de le répéter : jamais, dans aucun siècle, aucune nation n'a fait de telles choses. Que si l'on m'objecte les enfans d'Israël, et les miracles que le Seigneur a faits pour eux, j'opposerai à ces exemples, comme un bien plus grand miracle, cette mer couverte de l'innombrable multitude des Gentils, et qui s'ouvre devant ceux-ci; je montrerai cette nuée, qui inspire la crainte divine, leur apparaissant, en plein jour, au milieu d'une colonne, et ce rayon d'espérance céleste guidant au milieu de la nuit ceux à qui le Christ, devenu leur appui, présentait sans cesse des modèles de force et de fermeté, ceux que la nourriture de la parole de Dieu fortifiait seule, comme une manne céleste, sans qu'ils pussent se fonder sur aucune espérance terrestre. Ceux-là prennent en dégoût la nourriture que le ciel même leur fournit; sortis d'Egypte, ils la redemandent sans cesse du cœur et de la voix. Ceux-ci, ne jetant jamais leurs pensées en arrière, acceptent avec toute la vivacité de leur ame tout ce qui leur est envoyé de misères et de privations. Certes, les calamités endurées devant Antioche, et signalées par une

famine presque continuelle, ne se sont pas passées
sans offrir quelques scènes véritablement nobles. Au
milieu de ce dénûment de tout genre, et tel que les
hommes n'ont jamais supporté rien de plus affreux,
pense-t-on qu'il n'y eût pas une extrême grandeur
d'ame chez des hommes qui ne dédaignaient pas d'assister à des spectacles vraiment chrétiens et, sans aucun doute, parfaitement convenables aux temps et aux
lieux où ils se trouvaient? Ceux qui s'y sont trouvés
rapportent que, tandis que la ville était assiégée,
tandis que, dans leurs fréquentes rencontres, assiégeans et assiégés se confondaient pêle-mêle, il
arrivait très-souvent que, les hommes se retirant
des deux côtés, et mettant, par raison et par sagesse, un frein à leur impétuosité, on voyait des
bataillons d'enfans s'avancer, les uns venant de la
ville, les autres sortant du milieu des nôtres et du
camp de leurs parens, puis s'attaquer et se combattre
de la même manière, également dignes de fixer l'attention de tous. Car, ainsi que nous l'avons dit au
commencement de cette histoire, lorsque la nouvelle
de l'expédition de Jérusalem se fut répandue dans
toutes les contrées de l'Occident, les pères entreprirent ce voyage, emmenant avec eux leurs fils encore
enfans. Il en résulta que, lors même que les parens de
quelques-uns d'entre eux furent morts, les enfans
cependant poursuivirent la route, s'accoutumèrent
aux fatigues, et en ce qui touche les misères et les
privations de tout genre qu'il y avait à supporter,
ne se montrèrent nullement inférieurs aux hommes
faits. Ces enfans donc, ayant formé un bataillon,
s'étaient donné des princes choisis parmi eux; l'un

avait pris le nom de Hugues-le-Grand, l'autre de
Boémond, celui-ci du comte de Flandre, celui-là du
comte de Normandie, représentant ainsi ces illustres
personnages et d'autres encore. Toutes les fois que
ces jeunes princes voyaient quelques-uns de leurs
sujets manquer de vivres ou d'autres choses, ils allaient trouver les princes que nous avons nommés,
pour leur demander des vivres, et ceux-ci leur en donnaient avec abondance, afin de les soutenir honorablement dans leur faiblesse. Cette jeune et singulière
milice allait très-souvent harceler les enfans de la
ville, chacun d'eux armé de longs roseaux au lieu de
lances, chacun ayant tressé pour son usage un bouclier en osier, chacun portant, selon ses forces, de
petits arcs et des traits. Ces enfans donc, ainsi que
ceux de la ville, tandis que leurs parens les regar-
daient des deux côtés, s'avançaient et se rencontraient au milieu de la plaine; les habitans de la ville
se portaient sur les remparts, et les nôtres sortaient
de leurs tentes pour assister au combat. On les voyait
alors s'exciter réciproquement, s'élancer en poussant
des cris, et se porter des coups souvent sanglans,
sans que cependant il y eût jamais aucun danger de
mort. Souvent aussi ces préludes animaient le courage des hommes mûrs, et provoquaient de nouveaux
combats. En voyant l'ardeur impuissante qui animait tous ces membres délicats et ces faibles bras qui
agitaient joyeusement des armes de toute espèce, et
après s'être affligés de part et d'autre des blessures
reçues ou portées, d'ordinaire les spectateurs plus
âgés s'avançaient pour renvoyer les enfans du milieu
de la plaine, et engageaient entre eux un nouveau

combat. Ainsi il était rare qu'on vît l'armée du Seigneur en repos, les uns s'instruisant pour les combats, et les autres s'y exerçant tous les jours.

Il y avait en outre dans l'armée une autre espèce d'hommes, qui marchaient toujours pieds nus, ne portaient point d'armes, n'avaient pas la permission d'avoir le moindre argent, et qui, dégoûtans de dénûment et d'indigence, marchaient en avan de tous les autres, et se nourrissaient de racines, d'herbes et des plus grossiers produits de la terre. Un homme, originaire de Normandie, qui n'était point, à ce qu'on dit, d'une naissance obscure, et qui cependant était devenu de chevalier homme de pied, et ne possédait point de seigneurie, ayant vu ces hommes errans de tous côtés en vagabonds, déposa ses armes et les vêtemens qu'il portait d'ordinaire, et voulut se faire leur roi. Il commença par prendre un nom de la langue barbare du pays, et se fit appeler le « Roi des « Thafurs; » on appelle Thafurs parmi les Gentils ceux que nous pourrions appeler, pour parler littérairement, des « Trudennes, » c'est-à-dire des hommes qui poussent (*trudunt*) ou traversent légèrement une vie vagabonde. Cet homme était dans l'usage, aussitôt que la population qui marchait sous ses ordres arrivait au passage de quelque pont, ou à l'entrée d'un étroit défilé, d'aller en occuper les avenues, et après avoir fouillé sévèrement ses hommes un par un, s'il arrivait que l'un d'entre eux eût seulement sur lui la valeur de deux sous, il le renvoyait sur-le-champ de sa troupe, lui ordonnait d'acheter des armes, et le forçait de s'aller réunir au corps des hommes armés. Ceux au contraire en qui il reconnaissait le goût de cette pauvreté habituelle, et qu'il voyait n'avoir point mis d'argent en réserve ou n'en avoir point recherché, il les attirait spécialement à lui, pour les incorporer à sa troupe. On serait peut-être disposé à croire que ces gens-là étaient nuisibles à l'intérêt général, et que lorsque les autres auraient pu avoir du superflu, ceux-ci l'absorbaient sans aucune espèce d'avantage. Mais on ne saurait dire à quel point ils se rendaient utiles pour transporter les vivres, pour lever les tributs, pour lancer des pierres durant les siéges, pour porter des fardeaux, marchant toujours en avant des ânes et des bêtes de somme, enfin pour renverser les balistes et les machines des ennemis, à force de les attaquer à coups de pierres. En outre, lorsqu'on eut trouvé quelques morceaux de chair humaine enlevés sur les cadavres des païens devant Marrah et en d'autres lieux, au moment où l'on était en proie à une excessive famine (ce qui fut reconnu d'une manière positive avoir été fait en cachette par ces hommes, et cependant très-rarement), cette horrible nouvelle étant parvenue chez les Gentils, le bruit se répandit parmi eux qu'il y avait dans l'armée des Francs des hommes qui se nourrissaient avec la plus grande avidité de la chair des Sarrasins. Et dans la suite ces mêmes hommes, pour répandre encore mieux cette opinion parmi les ennemis, et pour leur inspirer plus de terreur, s'emparèrent un jour du corps tout entier d'un Turc, le mirent, à ce qu'on dit, sur un feu qu'ils avaient préparé à cet effet, et le firent rôtir à la vue de tout le monde, comme une viande bonne à manger. Les Turcs ayant appris ce fait, et croyant à la réalité de ce qui n'était cependant qu'une feinte, en vinrent dès ce moment à redouter les étranges procédés des Thafurs beaucoup plus que toutes les violences d'aucun de nos princes. Selon l'opinion des Gentils de l'antiquité, les Turcs ressentent une aussi vive douleur pour un cadavre qui demeure sans sépulture, qu'aucun Chrétien en peut éprouver à la pensée d'une ame frappée de damnation. Aussi, et pour exciter leur fureur de la manière la plus poignante, l'évêque du Puy ordonna-t-il par un édit qu'il fit publier dans toute l'armée, durant le siége d'Antioche, de donner une récompense de douze deniers, immédiatement payés, à quiconque apporterait une tête de Turc; et lorsque le prélat avait ainsi reçu quelques têtes, il prescrivait de les planter au bout de perches très-longues devant les murailles de la ville, et sous les yeux mêmes des ennemis; ce qui leur faisait toujours le plus violent chagrin, et les glaçait d'épouvante.

Ce même évêque fit encore en ce lieu, et d'accord avec le conseil de nos princes, une chose que je ne dois pas passer sous silence. Tandis que les assiégés commençaient à s'apercevoir que nous souffrions de la disette des vivres, l'évêque voulut que de leur côté les nôtres attelassent des bœufs à des charrues, et se missent à labourer et à semer les champs, sous les yeux même des habitans, pour leur donner à entendre qu'aucun motif ne pourrait porter les assiégeans à renoncer à leur entreprise, puisqu'ils s'occupaient déjà à s'assurer des récoltes pour l'année suivante.

Telles sont les choses merveilleuses qui furent faites dans le cours de cette expédition, et tant d'autres encore qu'il serait, je crois, impossible à qui que ce soit d'en rassembler tous les détails; et comme on n'a jamais entendu dire dans aucun siècle qu'aucune nation soit sortie de son pays sans roi ni prince, que grands et petits aient su se soumettre à porter le même joug, sous l'autorité seule de Dieu, en sorte que le serviteur n'appartenait point au seigneur, et que le seigneur ne prenait sur le serviteur que les droits de confraternité; comme, dis-je, on ne peut trouver dans le passé aucun exemple semblable, de même je ne crois pas qu'on en rencontre jamais de pareil dans la postérité. Et ce qui autorise à établir cette opinion, c'est que, même après la prise de Jérusalem, nous avons vu un aussi grand mouvement parmi les nations chrétiennes, et autant de personnes d'une pareille illustration, autant d'escadrons de chevaliers portant des noms recommandables, autant de bandes innombrables de gens de pied partir de la même manière, marchant sur les traces de ceux qui les avaient précédés, et leur avaient ouvert les voies; en sorte que nous pouvons affirmer sans hésitation que cette seconde expédition ne fut point inférieure à la première, ni par les richesses, ni par le nombre de ceux qui y prirent part. Qui pourrait dire, en effet, combien fut grande, à l'époque où le comte Etienne, dont j'ai déjà parlé, et le frère du roi Philippe, Hugues-le-Grand, entreprirent leur second voyage au sépulcre du Seigneur; combien fut grande, dis-je, l'affluence des hommes de la classe moyenne et de la classe inférieure, partis seulement des diverses régions de la France, sans parler même d'autre pays? Si je me tais sur le duc de Bourgogne, que dirai-je du comte de Poitou, qui indépendamment des nombreux chevaliers qu'il avait résolu d'emmener avec lui, rassembla aussi des essaims de jeunes filles? Tandis que la renommée de sa grandeur retentissait de tous côtés, il arriva à Constantinople, et eut une conférence avec le plus perfide de tous les hommes, le tyran Alexis. Ce traître méchant annonça son arrivée aux Turcs, par les lettres qu'il leur écrivit, avant que le comte eût quitté la ville royale: « Voici, leur manda-t-il, les « brebis les plus grasses du pays de France s'avan- « cent vers vous, conduites par un pasteur doué de « peu de sagesse. » Que dirai-je de plus? Le comte avait dépassé les limites de l'Empire de ce prince despotique; tout à coup une armée de Turcs se présenta devant lui, et comme dans sa marche il n'avait pas encore rassemblé et mis ses forces en bon ordre, elle les dispersa, les pilla et remporta la victoire. Dans cette rencontre, Hugues-le-Grand fut blessé d'une flèche au genou; il languit quelque temps, succomba enfin, et trouva un sépulcre à Tarse de Cilicie. Ces événemens eurent lieu, dit-on, dans la province appelée Satyrie.

Cependant le comte Étienne était parti avec quelques évêques de notre royaume, parmi lesquels étaient Hugues de Soissons, et Guillaume de Paris, hommes d'un caractère et d'une naissance illustres, qui, dans la fleur de l'âge, gouvernaient leurs diocèses avec une sagesse éclatante, et Enguerrand de Laon, distingué par sa beauté et son éloquence; et plût à Dieu qu'il l'eût été autant par ses sentimens religieux! Le comte entra dans les murs de Constantinople avec une brillante suite d'hommes de tous les rangs; l'empereur les appela auprès de lui et combla de ses dons les principaux d'entre eux. Ils le consultèrent pour savoir s'ils devaient suivre les traces de la première armée, ou prendre un autre chemin; et l'empereur leur répondit avec véracité qu'ils n'avaient pas une assez forte cavalerie pour s'engager dans une route autre que celle qu'avaient suivie leurs devanciers. Mais eux, espérant faire des choses nouvelles et se distinguer plus que les précédentes expéditions, déclarèrent qu'ils traverseraient d'autres contrées et demandèrent en même temps à l'empereur de donner des ordres, afin qu'ils pussent obtenir la faculté de commercer sans obstacle dans tout l'empire Grec. Il le leur promit, et, voyant que par cette entreprise hasardeuse ils conspiraient eux-mêmes leur propre ruine, il consentit avec joie à l'aveu dont il prévoyait très-bien les résultats. Étant donc entrés dans la Paphlagonie, province très-peu connue, je ne dis pas seulement des pèlerins, mais qu'on ne trouve même que très-rarement désignée dans les Écritures, ils se laissèrent persuader de s'engager dans je ne sais quels déserts; l'empereur les avait invités à ne transporter de vivres qu'autant qu'ils en auraient besoin pour quarante jours et les avait dissuadés d'en prendre davantage, en leur promettant, dans sa magnificence, de pourvoir à leurs intérêts, sur toute l'étendue de son territoire. Ils allèrent donc en avant, et s'étant engagés de plus en plus dans ces profondes solitudes, le peuple, qui s'était avancé imprudemment sans avoir de provisions, se confiant aux promesses qu'il avait reçues, se trouva bientôt livré à une famine qui allait croissant de jour en jour; on voyait les hommes enfler et mourir, et l'armée était en outre désolée de la puanteur des cadavres qui jonchaient la terre de tous côtés. Quelquefois aussi, lorsque les chefs châtiaient ceux de cette multitude affamée qui demeuraient en arrière, pour les forcer à suivre la marche plus rapide de la cavalerie et à ne pas s'exposer à être attaqués subitement par les Turcs, on les voyait, au milieu des tourmens qu'ils enduraient, faire des vœux et adresser des prières au Ciel pour que ceux-ci vinssent les attaquer. Ils étaient sur le point d'atteindre aux frontières de l'Arménie, les hommes entièrement épuisés, les animaux mourant de faim, lorsque tout à coup les Turcs s'élancèrent sur eux par milliers : les Français, qui ce jour-là formaient l'avant-garde de l'armée, quoique très-fatigués, n'eurent pas de peine à déjouer les efforts de l'ennemi. Mais le lendemain, les Turcs voyant que les Français avaient quitté la première ligne et étaient, ô douleur! remplacés par les Lombards, les Liguriens et les Italiens, s'élancèrent en ennemis acharnés, prenant avantage de la lâcheté des hommes de l'avantgarde. Ceux-ci, qui marchaient donc les premiers et portaient les étendards, tournèrent le dos honteusement, et toute l'armée se trouva ainsi livrée, bien moins encore au malheur d'une déroute (car la famine l'avait trop exténuée pour qu'elle pût fuir) qu'aux plus déplorables scènes de carnage : ceux qui fuyaient ne retournaient point au lieu d'où ils étaient partis, on ne cherchait point à se rallier pour fuir du moins par bandes nombreuses, chacun dirigeait sa marche où l'emportaient ses esprits égarés et comme pour aller chercher une mort inévitable. Ils furent ainsi poursuivis et massacrés sans relâche, presque pendant huit jours de suite. Il y avait dans l'armée un certain archevêque de Milan, qui avait emporté avec lui une chappe du bienheureux Ambroise, toute blanche et resplendissante (je ne sais s'il avait encore d'autres effets), et tellement ornée de dorures et de pierreries d'une grande valeur, qu'en aucun autre lieu de la terre on n'eût pu en trouver de semblable. Les Turcs s'en emparèrent et l'emportèrent, et Dieu punit ainsi la folie de ce prélat étourdi, qui avait porté dans le pays des Barbares un objet aussi sacré. Il y eut en cette occasion un si grand carnage de Chrétiens des deux sexes, on leur enleva tant de richesses, tant d'or et d'argent et de vêtemens précieux, que cette seule victoire suffit pour indemniser les Turcs de toutes les pertes qu'ils avaient subies par le fait de la première expédition. Celle-ci était forte de deux cent mille individus Chrétiens, et même plus, au dire de quelques personnes, et il ne s'en sauva que sept mille tout au plus. Le comte Étienne, et plusieurs des hommes puissans, parmi lesquels étaient Harpin, homme magnifique, de la ville de Bourges, et le comte Étienne d'au-delà de la Saône, arrivèrent enfin à Jérusalem.

Lorsqu'ils y furent rendus, l'armée du roi de Babylone était devant Ramla, offrant la bataille à Baudouin, qui règne maintenant à Jérusalem. Harpin dont je viens de parler engagea le roi à éviter le combat, jusqu'à ce qu'il eût rassemblé toutes les forces dont il pourrait disposer, et le roi lui dit alors : « Si « tu crains, fuis, et va-t'en à Bourges. »—A ces mots il engagea imprudemment la bataille, perdit toutes ses troupes, fut rejeté dans la ville de Ramla et s'échappa seul. Beaucoup de Chrétiens furent emmenés en captivité, et nous ignorons encore en ce moment quelle fut la fin de beaucoup d'autres. Harpin fut fait prisonnier; puis, ayant recouvré sa liberté, il retourna en France et se fit moine. On ne sait encore rien de positif au sujet du comte Étienne de Chartres; mais l'on croit qu'il fut tué, sans en avoir cependant de preuve certaine. Renfermé dans une des tours de la ville de Ramla avec un nombre infini de Chrétiens, il y fut pris, et nous n'avons pu découvrir jusqu'à ce jour s'il fut emmené en captivité ou frappé de mort: toutefois nous sommes plus portés à adopter cette dernière supposition, attendu qu'il n'a jamais reparu depuis cette époque. Les Turcs ont coutume, à la suite d'une victoire, d'enlever les têtes des cadavres de leurs ennemis, et de les transporter en triomphe; et, dans ce cas, il est extrêmement difficile de reconnaître des corps ainsi tronqués. On est demeuré jusqu'à présent dans la même incertitude, au sujet de quelques autres hommes très-illustres.

Cependant le roi qui, comme je l'ai dit, s'était seul échappé, était pleuré par tous les siens, en raison des graves périls qui les menaçaient; et, de plus, les païens proclamaient avec une joie moqueuse la nouvelle de sa mort: lui cependant, traversant d'affreuses montagnes, connues de bien peu d'individus, arriva deux jours après, si je ne me trompe, à Jérusalem, où l'on s'attendait déjà aux plus grands périls et où l'on se livrait à une douleur bien légitime. Il rassembla très-promptement tout ce qu'il put convoquer de chevaliers et l'élite des hommes de pied, et le Seigneur se montrant plus clément, le roi se disposa à faire de nouveau la guerre aux Gentils, triomphans en ce moment, mais seulement pour quelques instans. Tandis que ceux-ci le croyaient réellement mort, il reparut aussitôt à la tête de ses nouvelles troupes, combattit avec plus de vigueur qu'il n'avait fait auparavant; et, mettant ses ennemis en fuite, il leur inspira de nouveau une grande terreur, et en fit un affreux carnage.

Mais comme, entraîné par mon sujet, je n'ai point encore parlé de la mort du roi Godefroi, frère de ce roi Baudouin, il est juste que je dise en peu de mots comment il finit et en quel lieu il fut enseveli. On rapporte qu'un prince d'une tribu de Gentils situé dans le voisinage, lui ayant envoyé des présens infectés de poisons mortels, comme cela fut reconnu par la suite, Godefroi s'en servit imprudemment, ne se méfiant point de l'amitié de celui qui les lui avait envoyés, qu'il fut subitement saisi d'un mal qui le força à s'aliter, et qu'il en mourut bientôt après. Quelques personnes cependant rejettent cette opinion et disent que Godefroi mourut d'une mort naturelle. Il fut enseveli, en témoignage de l'éternelle rédemption qu'il avait méritée autant par sa foi que par la conduite de toute sa vie, auprès du lieu même de la passion du Seigneur, et obtint à bien juste titre un monument dans le lieu qu'il avait délivré et défendu des irruptions et des insultes des Gentils. Son admirable humilité, sa tempérance digne d'être offerte en exemple aux moines même, ajoutèrent un nouvel éclat à son règne, d'ailleurs si recommandable; car il ne voulut jamais porter la couronne royale dans la cité de Jérusalem, sur le motif que notre Seigneur Jésus-

Christ, l'auteur du salut du genre humain, livré aux insultes de l'homme, n'y avait porté qu'une couronne d'épines.

Après sa mort, les Chrétiens jugeant que son frère Baudouin ne lui serait nullement inférieur en tempérance et en habileté, le firent venir d'Edesse et le chargèrent de régner sur cette nouvelle et sainte colonie de Chrétiens. Ils avaient reconnu et appris à chérir, dans le caractère de ces deux hommes, des qualités éclatantes, des vertus douces et exemptes de toute espèce d'orgueil, un courage inébranlable, qui les élevait toujours au dessus des craintes de la mort, et les emportait même plus loin qu'il n'eût convenu peut-être à la majesté royale; enfin une générosité tout-à-fait magnifique et toujours supérieure à leur fortune. Un seul fait suffira à prouver combien Baudouin était toujours fidèle aux siens, et savait s'oublier lui-même. Dans une expédition qu'il avait entreprise contre les ennemis, il s'exposa à un si grand péril pour sauver un de ses hommes de pied, qu'il reçut lui-même une grave blessure, dont il faillit perdre la vie.

Une circonstance particulière servit surtout à empêcher cette innombrable multitude de peuples qui entouraient les Chrétiens de se lever contre leur faible troupe, en leur inspirant une violente terreur, dont aujourd'hui encore ils ne sont pas moins préoccupés. On sait que la science des astres, très-peu connue et très-peu cultivée chez les Occidentaux, est au contraire constamment étudiée chez les Orientaux, parmi lesquels elle a pris naissance, et qui en conservent les souvenirs avec un soin toujours croissant. Or, les Gentils affirment avoir eu des présages irrécusables, long-temps même avant le commencement de leurs malheurs, d'après lesquels ils doivent être subjugués par le peuple chrétien ; mais leur art n'a jamais pu leur faire connaître précisément à quelle époque ces pronostics doivent être accomplis.

Douze ans environ avant que nos seigneurs entreprissent leur expédition en Terre-Sainte, Robert l'ancien, comte de Flandre, dont nous avons déjà parlé dans le premier livre de cette histoire, se rendit à Jérusalem pour y faire ses prières, emportant beaucoup de richesses. Il y demeura quelques jours, afin de visiter les lieux saints, et ses largesses lui fournirent même les moyens d'apprendre un grand nombre des choses qui se passaient parmi les Gentils. Un jour, ainsi que je l'ai appris de ceux qui avaient accompagné le comte, presque tous les habitans de la ville se rendirent en foule au temple de Salomon, et après y avoir tenu une assemblée pendant la plus grande partie de cette journée, ils ne rentrèrent dans leurs maisons que le soir. Le comte était alors logé chez un homme d'un âge avancé, d'un esprit sage, d'une vie toute sainte, autant du moins qu'elle peut l'être parmi les Sarrasins, et que pour cela l'on appelait communément « le ser« viteur de Dieu. » Lorsqu'il fut rentré dans sa maison, le comte lui demanda « pourquoi les Sarrasins « étaient demeurés si long-temps dans le temple, et « de quels objets on avait pu s'occuper dans une con-« férence et des discussions si longues ? » Le vieillard lui répondit : « Nous avons vu, dans les mouvemens « divers des étoiles, des signes extraordinaires, dont « nous avons recueilli, par des conjectures positives,

« l'assurance que des hommes de condition chré-
« tienne viendront dans ce pays et nous subjugue-
« ront à la suite de nombreux combats et de fré-
« quentes victoires. Mais nous sommes encore dans
« une complète incertitude, pour savoir si ces évé-
« nemens se réaliseront prochainement ou dans un
« avenir éloigné. Toutefois ces apparitions célestes
« nous ont appris clairement que ces mêmes hom-
« mes, à qui il est donné par la volonté du Ciel
« de vaincre notre nation et de nous expulser des
« lieux de notre naissance, seront enfin vaincus par
« nous et chassés, par le droit de la guerre, des pays
« qu'ils auront usurpés sur nous. En relisant avec soin
« les oracles de notre foi épars dans un grand nombre
« de volumes, nous les avons trouvés parfaitement
« d'accord avec ces signes célestes, et ils nous ont
« attesté, en un langage tout-à-fait clair, ce que les
« étoiles étincelantes nous avaient annoncé par des
« signes plus obscurs. » Les paroles que la mère de
Corbaran adressa à son fils, ainsi que nous l'avons
raconté plus haut, sont tout-à-fait en accord avec le
discours que ce Gentil adressa au comte de Flandre;
et pour nous, nous ne doutons point que les mêmes
motifs qui poussaient la mère de Corbaran à détourner son fils de combattre les Chrétiens, n'aient in-
flué sur ceux qui brûlaient du desir de renverser Jérusalem, et ne les aient empêchés d'agir, en entreprenant de nouveaux combats, au mépris du décret
fatal qui leur avait été annoncé. Si dans le principe
nous les avons vus presser vivement les nôtres et leur
livrer de fréquentes batailles, maintenant, au contraire, ils agissent contre eux d'autant plus faible-

ment, qu'ils sentent bien que ce n'est point eux, mais le Seigneur lui-même qui combat pour eux. S'il était par hasard quelqu'un qui regardât comme incompréhensible que l'on puisse être instruit des choses à venir par l'art de l'astrologie, nous lui ferions savoir, comme une preuve incontestable, que l'empereur Héraclius apprit par des procédés de ce genre qu'une race de circoncis s'éleverait contre l'empire romain, sans qu'il lui fût cependant possible de reconnaître par ce moyen que ce seraient non les Juifs, mais les Sarrasins qui se déclareraient contre lui. Voyez encore les Mages, qui ayant appris tout à coup, par la seule inspection d'une étoile, qu'un roi venait de naître, et que ce roi était Dieu même devenu homme, surent en outre en quels lieux il régnerait.

Dans cette nouvelle expédition de Dieu contre les hommes du démon, on doit encore remarquer combien l'événement se rapporte en tous points à l'histoire de Gédéon[1]. Tandis que cette multitude innombrable des nôtres est jugée à l'unanimité propre à l'accomplissement de cette entreprise, elle est éprouvée auprès des eaux, au milieu des voluptés et des délices qui l'entourent : ce qui veut dire que ceux qui auront préféré suivre Dieu ne seront point ébranlés par les tourmens de la faim et de la soif, ni par la mort, sous quelque forme qu'elle se présente, et que ceux qui abandonneront Dieu après avoir abandonné leur corps, se livrant à tous leurs desirs déréglés (ce qui est désigné par les genoux mis en terre), se prosterneront et seront énervés. Ceux qui burent en prenant de l'eau dans la main et la por-

---

[1] Juges, chap. VI, VII et VIII.

tant à la bouche, sont ceux qui, comme Diogène, libres de tout desir de volupté, et uniquement occupés de servir Dieu, satisfaisaient aux besoins de la nature, sans s'arrêter à en choisir les moyens. Ceux qui furent éprouvés sous Gédéon étaient au nombre de *trois cents ;* ce qui représente ceux des nôtres qui furent jugés dignes, tant à l'extérieur qu'à l'intérieur, de l'honneur de porter la croix, laquelle reproduit la figure de la lettre *tau* et l'indication du nombre de *trois cents.* Pourquoi, en effet, un grand nombre des nôtres se séparèrent-ils honteusement de la milice du Seigneur, si ce n'est parce qu'ils étaient constamment en proie à toutes sortes de privations, et parce que, selon ces paroles *sine carne et libero friget Venus,* « l'amour est glacé s'il manque de pain « et de vin; » tandis que leurs misérables corps succombaient à l'excès de leurs fatigues, ils n'avaient aucun moyen de se livrer à leurs passions déréglées; et quand même ils en auraient eu les moyens, ils n'en trouvaient du moins aucune occasion. Ceux donc qui sont trouvés dignes de l'épreuve, « portent des « trompettes dans leurs mains, » parce qu'ils proclament par leurs œuvres la parole divine, dont les consolations les soulagent au milieu de tant de maux. « Ils portent des cruches ; » car, toujours prêts à combattre, ils s'abstiennent de toute souillure de la chair. Au milieu de ces cruches sont des lampes; car, dans les corps, vases d'argile, brillent des trésors de pieux sentimens, plus éclatans que toute lumière. « Gédéon « les divisa en trois bandes ; » et parmi les nôtres le Christ donna la couronne à quelques-uns, lorsqu'ils répandirent leur propre sang; à d'autres il confia la garde de la sainte Cité, pour maintenir le culte de la terre de promission, et c'est par eux encore, quoiqu'ils soient en bien petit nombre, qu'il résiste aujourd'hui à tout l'empire d'Orient; enfin il permit aux autres de retourner dans leur patrie pour rendre témoignage de cette grande victoire et afin qu'ils engageassent leurs frères à les imiter par un saint exil. « Les « cruches étant cassées, les lampes brillent, » parce que lorsque les corps sont morts, les ames embrasées de l'amour divin montent en droite ligne vers le Seigneur. Ensuite les ennemis frappés de terreur sont vaincus, parce qu'ils redoutent, non sans de justes motifs, ceux qui, rendus courageux par l'espoir de l'éternité, embrassent la mort avec plus d'ardeur que la vie; car, comme le dit l'apôtre: « Les corps des ani- « maux, dont le sang est porté dans le sanctuaire par le « souverain sacrificateur, sont brûlés hors du camp[1]. » C'est aussi pour cela que le Seigneur a souffert hors de la porte. Les nôtres aussi sont allés à lui en sortant du camp, c'est-à-dire qu'ils ont renoncé aux desirs de la chair, en supportant la honte de la croix, et en se maintenant dans la mortification, au milieu des vices et de la concupiscence.

Voici un seul exemple qui suffira à prouver tout ce qu'on peut recueillir de bons fruits d'une telle entreprise, si l'on y a apporté de bonnes intentions; nous avons cru devoir le rappeler ici, pour faire voir avec évidence combien ceux qui se sont confessés de leurs péchés en toute pureté et qui s'en sont repentis sincèrement ont pu tirer de profit de leurs vœux et de l'accomplissement de leur pélerinage, puisqu'on y

[1] Épître de saint Paul aux Hébreux, chap. XIII, v. 11.

verra que les commencemens seuls de la repentance et de la confession ont suffi pour produire un bon effet, et inspirer au diable une grande terreur.

Un homme, de l'ordre des chevaliers, habitant des bords de la mer, avait perdu son frère dans un combat. Sa mort lui avait fait un tel chagrin qu'il séchait de douleur et se montrait inconsolable, car l'homme qui avait tué son frère était trop puissant pour que celui qui survivait pût conserver aucun espoir de venger jamais le défunt. Tandis qu'il était ainsi accablé d'une douleur intolérable, et que le cruel souvenir de son frère le poursuivait sans cesse, tandis que de jour en jour il était plus vivement frappé de l'amertume de cette perte irréparable, et que, sans trouver aucune consolation, son misérable cœur était incessamment préoccupé de l'image à laquelle il ne pouvait échapper ; enfin, tandis que la difficulté d'obtenir une vengeance centuplait encore ses douleurs, le diable, habile par une longue expérience, et qui, dans son activité si supérieure à celle de notre mortelle nature, va de tous côtés épiant les occasions et les prétextes, sourit en découvrant dans la tristesse de cet homme une circonstance favorable à ses vues. Un jour donc que celui-ci, dévoré du venin qui rongeait son cœur, poussant de profonds soupirs, et respirant à peine dans l'amertume de sa douleur, était monté sur son cheval et le conduisait au bord de l'eau pour le faire boire, il aperçut le démon établi de l'autre côté et sur la rive du fleuve. Il lui apparut sous la figure d'un homme qu'il avait coutume de voir très-souvent, et qui avait les jambes torses. Cette fois il paraissait monté sur un cheval, portant

un épervier sur sa main, et une tunique de couleur jaune, ainsi qu'il l'avait ordinairement. L'ayant vu de loin, et se souvenant en même temps d'un homme dont il connaissait la faiblesse et les difformités, et qu'il croyait voir encore, le chevalier demeurait immobile, saisi d'une extrême surprise en remarquant un changement aussi inopiné, lorsque l'esprit méchant, rappelant son antique impudence, lui adressa le premier la parole: «Je ne suis point celui que tu crois: sache que je
« suis un diable, envoyé pour te fournir des remèdes
« dans tes longues angoisses. Mon maître, qui daigne,
« dans ses compassions, porter secours à tous ceux
« qui sont dans la douleur, s'ils se donnent à lui,
« m'envoie auprès de toi, et si tu veux consentir aux
« choses que je te dirai, tu ne tarderas pas à éprouver
« du soulagement. Car, comme mon maître est fort
« généreux, et possède des richesses infinies à dis-
« tribuer à ceux qui aspirent aux richesses, il se
« montre facile à leur accorder le secours de ses dons
« au-delà même de ce qu'on peut évaluer; il ne
« diffère point d'assister ceux qui sont dans le besoin,
« et les comble par delà leurs espérances. Quant à
« toi, qui déplores une vieille infortune avec une amer-
« tume d'esprit toujours nouvelle, si tu as à te plaindre
« de quelque chose, dis-le, et sache que, sans aucun
« doute, tu recevras encore beaucoup plus que tu n'o-
« seras même demander. Si tu te plains de la mort
« de ton frère, tu verras accélérer le décret de la ven-
« geance; si tu desires des biens quelconques, tu
« seras étonné de la promptitude avec laquelle tes
« vœux seront accomplis; aie donc une volonté,
« ordonne, et ta volonté sera exécutée. » Cepen-

dant le chevalier regardait avec la plus grande attention cet être extraordinaire ; frappé d'une extrême stupeur, il considérait avec étonnement le diable qui lui parlait, et autant le charme séduisant de ces promesses l'attirait, autant il était épouvanté de la méchanceté de celui qui les lui présentait. Le desir de les voir accomplir l'emporta enfin, et il déclara accepter ces offres avec reconnaissance : « Toutefois,
« reprit le diable, si les doux fruits de mes promes-
« ses te séduisent, si tu es invinciblement attiré par
« la bienveillance toute gratuite de mon maître qui
« m'envoie vers toi, lorsque tu auras éprouvé par les
« effets, tant en ce qui concerne la vengeance de ton
« frère que les succès de ta fortune, la vérité des cho-
« ses que je t'ai annoncées, voici ce que mon maître
« exige de toi : Que tu lui rendes hommage, que tu
« lui transportes ta foi de Chrétien, que tu t'engages
« à t'attacher indissolublement à lui, que tu t'abstien-
« nes constamment des choses qu'il t'aura interdites.
« Il est, par exemple, des choses spéciales qu'il vou-
« dra te défendre absolument, lorsque tu te seras une
« fois donné à lui, comme d'entrer jamais dans une
« église quelconque, de présenter qui que ce soit sur
« les fonts de baptême ; » et il ajouta encore à cela une troisième défense, dont celui qui m'a rapporté cette histoire ne s'est pas souvenu. A quoi l'homme lui répondit : « Il me sera facile d'observer sans au-
« cun retard les défenses qui me seront faites ; quant
« à l'hommage que tu m'imposes, je demande quel-
« que délai. » En effet, jouissant encore du libre usage de sa raison, cet homme avait horreur de l'exécrable proposition de transporter sa foi au démon, et

trouvait moins dur de s'abstenir des devoirs du Chrétien que de renoncer à ce qui faisait le fondement même de sa croyance. Enfin, et sans le moindre retard, il trouva, par les suggestions de l'esprit malin, l'occasion de venger la mort de son frère, et ses richesses s'accrurent aussi fort au-delà de ses vœux. A mesure qu'il trouvait ainsi un remède à ses maux, l'amertume de ses douleurs se calmait peu à peu dans son ame, et en même temps il n'osait en aucune façon violer les défenses que le diable lui avait faites. Cependant l'antique ennemi de la nature humaine ne cessait de lui apparaître très-fréquemment; il ne se bornait pas à l'épier, selon son usage, dans sa solitude et dans les lieux où il se retirait; au milieu même de la foule du peuple, il se présentait à lui inopinément, lui rappelait les bienfaits qu'il avait reçus, lui en promettait de nouveaux pour l'avenir, et l'invitait sans relâche à lui transférer sa foi. Lui, de son côté, parfaitement reconnaissant des largesses qu'il avait déjà obtenues, promettait de se consacrer à jamais au service d'un prince si généreux; mais quand il se voyait plus vivement pressé de rendre hommage à celui qui l'interrogeait, il le suppliait instamment de lui accorder un nouveau délai. Tandis que cet homme était sans cesse poursuivi de semblables apparitions, et les retrouvait visibles cependant à lui seul, au milieu même de la foule des hommes, le bruit de l'expédition du monde latin vers la ville de Jérusalem se répandit de tous côtés par la volonté de Dieu, et quiconque se sentait le cœur chargé de quelque crime entra dans ces voies où Dieu lui offrait de nouveaux moyens de pénitence. Parmi ceux-ci, l'homme dont je parle résolut de partir aussi ; mais il ne dévoila point par la confession le traité criminel qu'il avait déjà presque entièrement conclu avec le diable. Cet homme donc étant parti, ainsi animé du zèle de Dieu, quoiqu'il ne fût point selon la science, puisqu'il n'avait point fait précéder ce commencement de bonnes œuvres par la confession des mauvaises, la grâce de Dieu l'accompagna dans son voyage avec une telle abondance, Dieu agréa si bien ses efforts, quoiqu'ils ne fussent pas produits par une piété en tous points accomplie, que durant tout le cours de son expédition, son funeste persécuteur n'osa l'inquiéter de ses sollicitations; bien plus, et comme s'il eût entièrement oublié son traité, il ne se présenta pas même devant lui en vision. Enfin, après la prise de Jérusalem, cet homme étant demeuré dans la ville avec tous les autres, une nuit, tandis que l'on croyait qu'il dormait ainsi que quelques chevaliers, inquiet pour ses chevaux et pour ceux de ses compagnons qui, selon l'usage du pays, passaient la nuit en plein air, il se retourna de leur côté ; et voyant au milieu d'eux une figure d'homme debout, et le prenant pour un voleur, il se leva et lui demanda d'une voix troublée qui il était. Celui-ci, reprenant bientôt ses formes accoutumées, lui dit d'un ton respectueux et comme embarrassé de honte : « Ne me connais-tu pas ? » Et l'homme alors, comme si on lui eût reproché l'opprobre de sa vie passée, répondit beaucoup plus sévèrement : « Je te « connais. » A la suite de cette demande et de la réponse, le premier ne lui adressa plus de nouvelle question, et le second n'ajouta pas un mot à sa réponse. Cette apparition, quoiqu'elle ait eu peu de suites par rapport au chevalier, nous apprend cependant, par un effet des dispensations de Dieu, une chose qui n'est pas sans importance, savoir que le diable n'avait point abandonné cet homme par oubli ; qu'en se montrant ainsi à lui, et par le fait seul de son apparition, il avait assez déclaré ce qu'il voulait, mais qu'en même temps son silence ultérieur trahissait son impuissance. Que dirai-je de plus ? L'homme revint, et même pendant son voyage le diable ne se présenta point devant lui, et ne se rendit point importun. Mais aussitôt qu'il fut rentré dans sa maison, le malheureux vit reparaître auprès de lui celui qui ne donne jamais que de criminels conseils, et à peine pouvait-il être quelques instans sans entendre répéter des avertissemens tels que celui-ci : « Les « hommes peuvent être séparés par quelque dis- « tance de ceux qu'ils redoutent : leurs appartemens « et leurs cloisons les délivrent de leurs importuni- « tés ; mais ni la présence des hommes, ni les bar- « rières des cloîtres n'éloignent l'esprit malin de leurs « pas. »

Un jour, tandis que cet homme souffrait ainsi dans sa personne, et ressentait un dégoût mortel du larron, il lui arriva de rencontrer un prêtre du Christ, homme distingué par sa science, sa bonté et la pieuse hilarité de son esprit, nommé Conon. Après qu'il lui eut raconté les maux qu'il souffrait, autant que le lui permit le temps dont chacun d'eux put disposer, le bon prêtre lui donna à son tour quelques consolations, et le quitta en obtenant de lui la promesse de venir le revoir. Cependant la bête cruelle ne demeura point en silence, et ne cessa, au contraire, de provoquer cet homme, et de chercher à le gagner par ses tentatives réitérées de séduction. Fatigué enfin de ses importunités et de ses interpellations journalières, l'homme retourna auprès du médecin, lui fit une confession en toute pureté, se soumit à la pénitence en toute sincérité de cœur, et, dès qu'il l'eut accomplie, il ne revit plus jamais son persécuteur. Par là nous pouvons voir combien la pieuse entreprise de ce pèlerinage a pu être profitable aux hommes purs, puisqu'elle a donné tant d'appui et de force même aux impurs.

Il est une autre circonstance bien digne de fixer notre attention. Ce n'est pas sans motif que les rois ont été exclus de la grâce de participer à cette expédition; ainsi les personnes du rang le plus élevé n'ont pu s'attribuer les choses qui venaient d'en haut. La louange en doit donc être rapportée au Seigneur des cieux, et il faut garder le silence sur l'homme. Ce n'est point un des chefs du monde, quel qu'il soit, qui a rassemblé tant de chevaliers et obtenu de tels triomphes. Régulus, battant les Carthaginois ses ennemis, a mérité d'être célébré pour ses victoires ; Alexandre, en combattant dans les royaumes de l'Orient, et se fatiguant de massacres, a pu parvenir à se faire décerner le nom de Grand. Mais ici le comte, à qui l'on avait confié la charge de prendre soin de l'armée sacrée, comme s'il eût usurpé témérairement ce qui n'appartenait qu'à Dieu seul, est rejeté et presque convaincu de lâcheté, et Hugues-le-Grand est mis également de côté, comme un homme qui porte un nom royal. Toute apparence de grands noms ainsi repoussée, privé de l'appui de toute puissance célèbre, le petit peuple demeura seul dans sa faiblesse, s'appuyant uniquement sur le secours de Dieu. Et, lorsque l'événement a été accompli, non selon la naissance, mais selon l'élection de Dieu, on a vu, conformément aux paroles de l'Ecriture : « Tel qui a porté le diadème, auquel on n'aurait jamais pensé [1]. »

Dieu, qui fait les miracles, n'ayant donc point voulu transmettre à un autre l'honneur de son nom, lui seul fut le chef du peuple, seul il guida, redressa, amena l'entreprise à son résultat, et étendit ses royaumes jusques en Orient. Ceux qu'il avait transformés de loups en agneaux, il les rassembla par son bras, et non par leurs bras; il aplanit devant eux les obstacles, et, les soutenant par les joies de leurs pieuses espérances, il les transporta aux lieux qu'ils avaient tant desiré de voir.

Au moment où nous allions mettre un terme à cet ouvrage, entrepris sous la protection du Créateur du monde, nous avons appris qu'un nommé Foucher, prêtre de Chartres, qui a été long-temps chapelain du duc Baudouin à Édesse, a rapporté certaines choses qui nous étaient demeurées inconnues, et d'autres, en petit nombre cependant, d'une manière autre que nous n'avons fait, et celles-ci toujours faussement et en un style grossier semblable à celui des communs écrivains. Quoique nous ne voulions pas reprendre tout ce qu'il a dit, nous avons cru cependant devoir relever quelques-uns de ses récits et consigner ces corrections dans notre ouvrage. Comme cet homme emploie toujours un langage ampoulé, n'écrit que des mots longs d'un pied et demi, et délaie dans de pâles

---

[1] Ecclésiastique, chap. xi, v. 5.

couleurs les frivoles figures de son style, j'ai résolu de prendre les événemens qu'il rapporte dans toute leur nudité, et de les présenter avec les expressions, quelles qu'elles soient, qui se rencontreront sous ma plume, au lieu de les revêtir de la robe doctorale.

On dit, si je ne me trompe, qu'il rapporte, dans le commencement de son petit ouvrage, que quelques-uns de ceux qui entreprirent le voyage de Jérusalem, ayant loué des vaisseaux, s'embarquèrent sur la mer qui sépare les habitans de la Pouille de ceux de l'Épire; et soit qu'ils se fussent confiés à une mer qu'ils ne connaissaient pas, soit qu'ils se trouvassent trop entassés dans leurs navires, je ne sais lequel des deux, et quoi qu'il en soit, il est certain qu'ils perdirent environ six cents hommes sur ces vaisseaux, et qu'après qu'ils eurent été noyés au milieu de la tempête et rejetés tout aussitôt sur le continent par le roulement des vagues, on leur trouva à la superficie des épaules le même signe de la croix que tous avaient coutume de porter sur leurs manteaux de bure ou sur leurs tuniques. Que ce sceau sacré ait pu être imprimé sur leur peau par la puissance de Dieu, pour mettre leur foi en évidence, il n'est aucun fidèle qui en doute un seul instant; toutefois que celui qui a écrit ces choses, s'il est encore en vie, examine soigneusement si elles se sont réellement passées ainsi qu'il le rapporte. On sait que, lorsque la nouvelle de cette expédition se fut répandue chez toutes les nations chrétiennes, et tandis qu'on proclamait dans tout l'empire Romain qu'une telle entreprise ne pouvait s'accomplir que par la volonté du ciel, les hommes du rang le plus obscur, les femmes même les moins dignes, usurpèrent ce prétendu miracle en employant des inventions de toutes sortes. Celui-ci, en se tirant un peu de sang, traçait sur son corps des raies en forme de croix, et les montrait ensuite à tous les yeux. Celui-là produisait la tache dont il était honteusement marqué à la prunelle, et qui obscurcissait sa vue, comme un oracle divin qui l'avertissait d'entreprendre ce voyage. Un autre employait le suc des fruits nouveaux, ou toute autre espèce de préparation colorée, pour tracer, sur une partie quelconque de son corps, la forme d'une croix; et comme on a coutume de peindre le dessous des yeux avec du fard, de même ils se peignaient en vert ou en rouge pour pouvoir, à la suite de cette fraude, se présenter comme des témoignages vivans des miracles du Ciel. Que le lecteur se souvienne à ce sujet de cet abbé dont j'ai déjà parlé, qui fit une incision sur son front à l'aide du fer, et qui plus tard, comme je l'ai dit, devint évêque de Césarée de Palestine. Je prends Dieu à témoin qu'habitant à cette époque à Beauvais, je vis une fois, au milieu du jour, quelques nuages disposés les uns devant les autres un peu obliquement, et de telle sorte qu'on aurait pu tout au plus leur trouver la forme d'une grue ou d'une cigogne, quand tout à coup des milliers de voix, s'élevant de tous côtés, proclamèrent qu'une croix venait d'apparaître dans le ciel.

Ce que je vais dire est bien ridicule, et cependant la chose est établie sur des témoignages dont on ne saurait se moquer. Une petite femme avait entrepris le voyage de Jérusalem : instruite à je ne sais quelle nouvelle école, et faisant bien plus que ne comporte sa nature dépourvue de raison, une oie marchait en se balançant à la suite de cette femme. Aussitôt la renommée volant avec rapidité, répandit dans les châteaux et dans les villes la nouvelle que les oies étaient envoyées de Dieu à la conquête de Jérusalem, et l'on n'accorda pas même à cette malheureuse femme que ce fût elle qui conduisît son oie, au contraire c'était l'oie, disait-on, qui la guidait elle-même. On en fit si bien l'épreuve à Cambrai, que le peuple se tenant de côté et d'autre, la femme s'avança dans l'église jusqu'à l'autel, et l'oie marchant toujours sur ses pas, s'avança à sa suite, sans que personne la poussât. Bientôt après, selon ce que nous avons appris, cette oie mourut dans le pays de Lorraine. Et certes elle fût allée bien plus sûrement à Jérusalem, si la veille de son départ, elle se fût donnée à sa maîtresse pour être mangée en un festin. Je n'ai rapporté tout ce détail, dans cette histoire destinée à constater la vérité, qu'afin que tous se tiennent pour avertis de prendre garde à ne pas rabaisser la gravité de leur qualité de chrétiens, en adoptant légèrement les fables répandues dans le peuple.

Le même auteur affirme encore que Dieu apparut à Pirrus, celui qui trahit les habitans d'Antioche, et qu'il lui ordonna, dans une vision, de livrer la ville aux Francs. Cela fut facile sans doute à celui qui se fit entendre à Caïn et à Agar, et qui fit voir un ange à l'ânesse. Mais tous ceux qui sont revenus de la Cité sainte après qu'elle eut été prise, ou qui nous ont écrit des lettres sur les événemens qui se sont passés, en particulier Anselme de Ribourgemont, n'ont rien dit de semblable; bien plus, ce dernier n'a pas même fait mention de Pirrus, et n'a point caché cependant que la ville avait été livrée par trois de ses citoyens. L'on rapporte encore qu'avant que ces trois nobles eussent traité sérieusement pour livrer la place, ils offrirent aux nôtres une paix trompeuse, promettant de leur remettre la ville très-prochainement ; que cette proposition faite et acceptée inspira une telle sécurité, que quelquefois des Francs étaient reçus dans l'enceinte même de la ville, et que les habitans se mêlaient souvent avec les nôtres. Mais tandis que notre armée, dans l'excès de sa confiance, se gardait avec moins d'attention, les Turcs ayant dressé des embûches tuèrent quelques Francs, et eux, de leur côté, ne furent pas à l'abri de pareils événemens. En une occasion semblable, les nôtres perdirent un jeune homme de belle espérance, nommé Galon, qui avait été connétable du roi de France.

On dit que Foucher nie la découverte de la lance du Seigneur, et affirme que l'homme qui fut accusé de fausseté à cette occasion en fut aussi convaincu en se brûlant dans le feu qu'il osa affronter. Or non seulement les témoignages les plus récens sur ce point contredisent entièrement celui-là, mais en outre les hommes les plus âgés et les plus dignes de foi affirment que, lorsqu'ils allaient jadis visiter les lieux saints, avant que les Turcs se fussent emparés des royaumes d'Orient et de la Syrie, ils avaient coutume d'adorer et de baiser cette même lance dans la même ville. Et d'ailleurs la maligne assertion de ce prêtre Foucher, qui vivait dans le repos et se gorgeait au milieu des festins, tandis que les nôtres mouraient de faim dans Antioche, pourrait-elle prévaloir jamais sur les déclarations de tant d'hommes sages, qui étaient présens lorsqu'on découvrit la lance? Ajoutez à cela que Baudouin, qui remplaça le roi Baudouin dans le gouvernement de la ville d'Édesse, déclare formellement, dans la lettre qu'il a écrite à l'archevêque Manassé, d'une part, que cette lance fut découverte par la révélation du bienheureux André; d'autre part, que les nôtres en conçurent un si grand courage que, dans la confiance qu'elle leur inspira, ils n'hésitèrent plus à aller combattre les Turcs qui les menaçaient. Peut-on croire en outre que le vénérable évêque du Puy eût été assez insensé pour porter, avec tant de témoignages de respect, une lance qui eût eu une origine incertaine, alors qu'il sortit de la ville pour marcher contre Corbaran? Il y eut à cette occasion un événement bien mémorable et reconnu pour certain. Corbaran avait donné l'ordre de mettre le feu aux herbes des champs: le prélat ayant vu que les Francs qui s'avançaient pour combattre avaient les yeux et le visage enveloppés et abîmés par les tourbillons de cette épaisse fumée, d'un côté portant en avant la lance sacrée, et d'un autre côté traçant avec sa main droite l'image de la croix sur les nuages qui s'élevaient autour de lui, implora d'une voix lamentable le secours du tout-puissant Jésus; et aussitôt, plus promptement que la parole, sa sainte prière repoussa les torrens de cette noire vapeur vers ceux qui les avaient soulevés. Quant à la mort de l'homme qui avait découvert la lance, et qui, dit-on, ne survécut que peu de jours à l'épreuve du feu, je dirai comment il est mort, et pourquoi l'on ne sait pas encore s'il fut ou non réellement atteint par les flammes, lorsque Foucher m'aura dit pourquoi celui qui avait reçu le don de toutes les langues auprès du bienheureux Grégoire déchira lui-même ses membres de ses propres dents.

Foucher dit encore, si je ne me trompe, que pendant qu'on était occupé du siége d'Antioche, on vit pendant la nuit, au dessus de l'armée, une apparition d'un rouge éclatant et semblable à du feu, et qui présentait la forme d'une croix, de manière à ne pouvoir s'y méprendre ; que de l'avis de tous les hommes sages cette couleur d'incendie figurait les guerres qui devaient avoir lieu, et que la croix que l'on avait reconnue était un gage assuré de salut et des victoires que l'on remporterait. Je ne nie point ce récit, qui est même appuyé sur de nombreux témoignages ; mais Foucher eût bien pu n'en rien dire parmi tant d'autres omissions.

Il est certain qu'il arriva quelque chose d'à peu près semblable au commencement même de l'expédition, et j'avais omis de le rapporter, lorsque j'ai parlé des mouvemens que l'on remarqua dans les astres, et de la chute de quelques étoiles. Ainsi donc, en un jour d'été et vers le soir, on vit, du côté de l'Orient, le ciel s'embraser si vivement que beaucoup de gens s'élancèrent hors de leurs maisons, et demandèrent quels étaient les ennemis qui allaient répandant ainsi ce vaste incendie dans toute la contrée. Nous pouvons regarder comme certain que toutes ces apparitions annonçaient les prodiges des guerres qui devaient avoir lieu. Maintenant, laissant de côté ces détails que nous avons cru devoir relever en passant, nous allons reprendre la suite de notre récit.

Pendant que la ville de Jérusalem fut assiégée, on

ne saurait dire avec quelle ardeur ses citoyens travaillèrent à la défendre. Vous les auriez vus lancer sans relâche des pierres contre nos instrumens à projectiles, garnir leurs murailles de poutres, et surtout jeter sûr nos machines des feux appelés par eux feux grégeois, parce qu'ils savaient que la plus grande difficulté parmi les nôtres était le manque d'eau; mais les Francs, supérieurs par leur esprit inventif, parvinrent à arrêter la fureur des flammes en répandant beaucoup de vinaigre, et s'appliquèrent aussi à couper avec des faux recourbées tout ce que les ennemis suspendaient en dehors de leurs remparts. Les Sarrasins attachaient des crochets de fer au bout de leurs longues lances pour saisir ceux des nôtres qui, revêtus de leurs cuirasses, combattaient du haut de nos machines; mais les nôtres, tirant leur glaive, coupaient les lances et les transformaient en bâtons impuissans. Enfin ce qui montrait le plus le violent acharnement des Sarrasins, c'est qu'aussitôt qu'un de leurs hommes tombait frappé par les nôtres, un autre venait s'emparer de son bouclier et s'établissait dans la position où le précédent avait succombé, pour donner le change aux nôtres, et ajouter à leur désespoir en leur faisant accroire qu'aucun de leurs ennemis ne périssait sous leurs coups.

Après que la ville d'Antioche eut été heureusement prise par les Chrétiens, Boémond, qui en avait obtenu la principauté, grâce au sang des Francs et aux souffrances de tout genre qu'ils avaient endurées, soit par le froid, soit par la famine, aima mieux demeurer dans cette ville, lorsque tous les autres en partirent, que d'aller s'exposer à de nouvelles fatigues pour délivrer le sépulcre du Seigneur Jésus. Aussi, tandis qu'il faisait sottement tous ses efforts pour se maintenir dans la possession d'une maison et d'une petite tour, on jugea qu'il avait perdu tout le fruit et toutes les joies de ses précédens travaux. A quoi lui servait en effet d'avoir couru, puisqu'il ne voulait pas consentir à poursuivre l'objet de ses efforts? Toutefois, et comme jusqu'alors il avait rendu de grands services à l'armée du Seigneur, tant par la force de ses armes que par la sagesse de ses conseils, il ne sera pas déplacé de dire en peu de mots comment il parvint enfin à se rendre à Jérusalem. Il envoya donc un messager à Baudouin d'Édesse pour l'inviter instamment à se réunir à lui et à aller visiter le sépulcre du Sauveur, car Baudouin, retenu pareillement, non par avarice, mais par la nécessité de demeurer pour défendre la ville qu'il occupait, n'était point parti non plus pour aller assiéger la Cité sainte. La ville d'Édesse était remplie de Chrétiens et se trouvait sans cesse exposée aux efforts des Gentils qui l'enveloppaient de toutes parts. Baudouin ayant donc promis à Boémond de partir avec lui, tous deux rassemblèrent de nombreuses troupes de chevaliers et d'hommes de pied, car ils avaient lieu de redouter tous les habitans des pays au milieu desquels ils se trouvaient, et ils entreprirent ainsi le voyage de Jérusalem. Lorsque leurs forces furent réunies, ils eurent à peu près vingt mille hommes sous leurs ordres ; mais bientôt ils commencèrent à éprouver toutes les horreurs de la disette, n'ayant ni assez de denrées pour suppléer au défaut du pain, ni assez de pain pour pouvoir se passer d'autres denrées. Les provinces, épuisées par les siéges divers que les villes avaient eu à soutenir, et par les nombreuses bandes qui les avaient parcourues en tous sens, n'avaient plus assez de ressources pour fournir à l'entretien d'un si grand nombre d'hommes et d'animaux. Le peuple, dans cette misérable situation, se nourrit, comme il avait fait d'autres fois, de la chair des ânes et des chevaux, et ils ne cessèrent d'en manger, mettant même beaucoup de soin à éviter toute profusion; que lorsqu'ils furent arrivés à Tibériade, objet de leurs vœux les plus ardens, et ville célèbre par le repas des cinq mille hommes que le Seigneur rassasia. Après avoir un peu réparé leur misère par les vivres qu'ils trouvèrent en plus grande abondance dans ce lieu, ils arrivèrent enfin à Jérusalem; mais la ville était encore tellement infectée par les cadavres des hommes qu'on avait tués en foule, qu'on n'y respirait qu'un air empoisonné. Le roi Godefroi les accueillit avec une extrême joie; et comme les fêtes de la Nativité approchaient, ils demeurèrent pour y assister. Elles furent célébrées à Bethléem, ainsi que la raison le prescrivait; et ces cérémonies furent pour tout le peuple un sujet de joie bien plus grand qu'on ne pourrait le dire, non tant parce que tous les Chrétiens s'y trouvaient réunis que parce qu'ils célébraient la victoire inespérée si heureusement accordée à leur temps. Ils partirent ensuite de Bethléem; chacun retourna chez lui; et Boémond, en arrivant auprès d'une ville, fut tout à coup attaqué par une nombreuse armée turque; fait prisonnier et emmené dans les contrées lointaines de la Perse. Aussitôt que l'illustre Tancrède fut informé de cet événement, il se hâta de prendre possession d'Antioche et de fortifier Laodicée de Pergame, qui toutes deux reconnaissaient l'autorité de Boémond. Le comte Robert de Normandie s'était emparé précédemment de la ville de Laodicée; mais les habitans, n'ayant pu tolérer long-temps les exactions de cet homme prodigue, chassèrent ceux qu'il avait chargés de garder la citadelle supérieure, s'affranchirent de sa domination, et abolirent, en haine du comte, l'usage de la monnaie de Rouen. Après avoir demeuré quelques années en captivité, Boémond parvint à se racheter par un traité et en donnant beaucoup d'argent, et recouvra sa liberté. Peu de temps après sa délivrance, il confia la ville d'Antioche à Tancrède; s'embarqua, passa dans la Pouille, et de là en France. Là, ayant à force d'or obtenu du roi Philippe sa fille Constance, il célébra son mariage à Chartres avec une grande pompe; puis il retourna dans la Pouille, conquit une bonne partie des États de l'empereur de Constantinople, et, après avoir eu deux enfans de la fille du roi, il mourut enfin par le poison.

Comme j'ai déjà fait connaître par plusieurs récits les titres du roi Godefroi à l'illustration d'un vaillant chevalier, je terminerai, pour mettre le comble à ces éloges, en rapportant les paroles de ce Baudouin dont j'ai déjà parlé. Ce dernier était fils du comte Hugues de Réthel. Le roi Baudouin, lorsqu'il parvint au trône, lui confia le gouvernement du pays d'Édesse; mais bientôt, ô douleur! il tomba au pouvoir des Turcs; et après avoir vécu long-temps en captivité, protégé de Dieu, il parvint enfin à s'échapper vivant d'entre leurs mains. Voici donc le récit de Baudouin au sujet de Godefroi, récit que je revêts toujours de mon propre

langage : « C'était la fête de Saint-Denis. Le roi re-
« venait de l'une de ses villes, nommée Morocoria ;
« mais voici que cent vingt Turcs s'étaient placés en
« embuscade contre lui, tandis que vingt chevaliers
« seulement l'accompagnaient. Lorsque nous les re-
« connûmes, ajoute-t-il, déposant toute crainte, nous
« saisîmes nos armes, et ceux qui nous avaient atta-
« qués subitement pensaient que nous prendrions la
« fuite en raison de notre petit nombre. Mais nous,
« puisant une nouvelle audace dans notre expérience
« de la protection constante de Dieu, et nous reposant
« sur lui en esprit, nous attaquâmes les barbares et
« nous les massacrâmes avec une telle fureur, que
« nous leur tuâmes quatre-vingts hommes, et leur
« prîmes quatre-vingt-dix chevaux. » Après avoir
parlé d'autres choses, le même Baudouin, rappelant
en termes de mépris ceux qui s'étaient enfuis d'Antioche, et qui, après avoir accompli leur mission à
Constantinople, avaient différé de revenir, et cherchant à animer les cœurs de ceux qui étaient demeurés
en France, ajoute en parlant de sa fortune : « Nous
« avons ici beaucoup de richesses, et sans parler des
« trésors que possèdent les autres, dix châteaux, où
« je commande seul, et une abbaye me paient tous
« les ans quinze cents marcs ; et si Dieu me fait la
« faveur que je m'empare de la ville d'Alep, j'aurai
« bientôt cent châteaux sous ma juridiction. N'a-
« joutez pas foi, ajoute-t-il, aux paroles de ceux qui
« retournent en arrière et qui publient que nous pé-
« rissons de faim, mais croyez plutôt ce que je vous
« écris. »

Lors donc que le roi Godefroi termina sa noble

vie, pour aller être encore plus heureux, les habitans de Jérusalem, qui n'oubliaient ni sa modération ni la douceur de son caractère, et qui redoutaient de tout perdre en changeant de race, appelèrent le duc d'Édesse, son propre frère, à venir prendre possession de ses droits et lui envoyèrent des députés. Celui-ci vivait dans son duché avec le plus grand éclat, tellement que toutes les fois qu'il se mettait en route, il faisait porter devant lui un bouclier d'or, sur lequel était représenté un aigle, et qui avait la forme d'un bouclier grec. Adoptant les usages des Gentils, il marchait portant une robe longue; il avait laissé croître sa barbe, se laissait fléchir par ceux qui l'adoraient, mangeait par terre sur des tapis étendus, et s'il entrait dans une ville qui lui appartînt, deux chevaliers, en avant de son char, faisaient retentir deux trompettes. Baudouin se rendit à la demande des députés et entreprit le voyage de Jérusalem. Les Gentils qui vivaient dans les environs, informés de sa résolution et l'ayant vu partir, montèrent sur de légers navires, et partant par un vent favorable, mais qui soufflait vainement, tandis que le duc s'avançait avec une escorte peu considérable sur les rivages sablonneux de la même mer, ils faisaient force de rames, leurs navires fendaient les eaux, et ils se hâtaient pour prendre les devans et pour rapprocher leur flotte du rivage. Pendant ce temps le duc, qui n'avait rien de ce qui fait réussir par les mains des mortels, implorait le Très-Haut dans sa profonde douleur, et lui promettait de lui obéir en toutes choses et de gouverner selon la foi les affaires du royaume. Or voici, les vaisseaux des Gentils qui voguaient naguère comme avec des ailes, s'arrêtent bientôt et n'avancent qu'avec une lenteur de limaçon ; plus les rames balayent la vaste mer pour presser leur marche, et plus ils reconnaissent le ridicule de leurs espérances renversées. Enfin les projets des méchans étant ainsi déjoués, le duc, délivré comme il l'avait mérité, trouva dans cette faveur du ciel l'heureux présage de la pourpre qu'il allait recevoir.

J'avais omis de dire que l'archevêque de Pise, Daimbert, était déjà parti pour Jérusalem avec une petite escorte de gens de son pays et avec l'évêque de la Pouille, sous la conduite de Boémond, et qu'il avait devancé Baudouin.

Après que celui-ci eut pris possession de son royaume, ses premières expéditions furent, dit-on, dirigées vers le pays d'Arabie. Tandis qu'il s'avançait à travers les sinuosités du mont Sinaï, il y trouva une race d'hommes grossiers et semblables aux Éthiopiens et leur fit grâce de la vie, à raison de leurs manières sauvages et de leur extrême laideur. Il fit ses prières dans l'église qu'on appelait de *Saint-Aaron*, où Dieu rendit ses oracles pour nos pères, où l'armée but des eaux de la fontaine de contradiction et où Moïse qui n'avait point voulu croire, ni rendre grâce à la sainteté de Dieu en présence des enfans d'Israël, reçut la défense d'entrer dans la terre de Promission. Ici je signale une autre erreur de mon prêtre Foucher; on sait que ce n'est point sur le mont Sinaï, mais sur le mont d'Hor, limitrophe de l'ancienne ville de Petra en Arabie, qu'Aaron fut dépouillé de ses vêtemens d'homme et que l'eau jaillit en abondance du rocher que la verge avait frappé.

Depuis une longue antiquité un miracle se renouvelait dans la sainte cité de Jérusalem, et je dis une longue antiquité parce que le monde latin ignore presque absolument à quelle époque il avait commencé. Cependant, en y réfléchissant, j'ai lieu de présumer que ce fut lorsque Jérusalem eut commencé à être foulée aux pieds par les Gentils, avant le temps de nos succès, que le Seigneur accorda ce miracle à ceux des siens qui vivaient dans ces lieux, ou qui s'y rassemblaient dans le même temps. Ce miracle consistait en ce que, la veille de la fête de Pâques, la lampe du sépulcre du Seigneur était tous les ans allumée par le feu divin. Il était aussi d'usage dans la même ville que les païens parcourussent les maisons de tous les habitans, pour y éteindre jusqu'à la dernière étincelle de feu, et ils le faisaient avec d'autant plus de soin qu'ils pensaient que cet événement provenait de la fraude des fidèles et non de leur foi. Après que le feu avait été ainsi chassé de la ville, et à l'heure où les préceptes de notre religion appellent le peuple catholique à assister à l'office solennel de la résurrection et des baptêmes, vous eussiez vu les Gentils errant le glaive nu dans notre basilique, menacer les nôtres de leur donner la mort, et dans le même temps les indigènes, sectateurs de notre foi, offrir à Dieu leur profonde douleur, et tous ceux que leurs vœux avaient rassemblés à Jérusalem des contrées du monde les plus reculées, soit pour y faire leurs prières, soit pour assister à ce miracle, solliciter aussi avec une ardeur unanime le don de la lumière. Il n'y avait point alors de délai fâcheux, et les vœux adressés au Ciel avec tant d'ardeur étaient promptement exaucés. J'ai entendu raconter à des personnes âgées qui étaient allées à Jérusalem, qu'une fois un Gentil ayant frauduleusement enlevé le papyrus ou la mêche (car je ne sais duquel des deux on se sert), le fer demeura seul ; mais que lorsque le miracle descendit du ciel, la flamme sortit du fer même. Et tandis que ce Gentil cherchait à détruire ainsi par la fraude les puissances du ciel, il apprit que les élémens combattent pour leur Dieu, même en contradiction avec leur propre nature.

L'année donc où le roi Baudouin avait reçu le sceptre de son prédécesseur, on rapporte que le miracle s'opéra si difficilement que ce ne fut que vers l'entrée de la nuit que les prières et les larmes des assistans parvinrent enfin à l'obtenir. Le pontife dont j'ai parlé plus haut prononça un sermon devant le peuple et le pressa instamment de confesser ses péchés ; le roi et le pontife conjurèrent les fidèles de rétablir la paix entre eux, et tous promirent de réformer ce qui pourrait être contraire à leur foi ou à l'honneur. Dans cette urgente nécessité, il fut fait confession en ce jour de crimes tellement énormes que, si la pénitence ne leur eût succédé, on eût dû trouver juste que la lumière sacrée fût retirée sans le moindre retard, et cependant à la suite de ces remontrances elle ne tarda plus à paraître.

L'année suivante, lorsque l'on eut atteint l'heure où le sépulcre devait être glorifié par la flamme du ciel, tous les fidèles l'invoquèrent du fond de leurs cœurs. Grecs et Syriens, Arméniens et Latins, chacun dans sa langue, implorèrent Dieu et les saints. Le roi, les grands, le peuple, marchant à la suite du clergé, dans la pénitence, et poussant des gémissemens dans l'amertume de leurs cœurs, tous étaient déchirés de la plus profonde douleur, en voyant qu'après que les Chrétiens étaient en possession de la ville, il arrivait en ce lieu des choses qu'on n'avait jamais appris être arrivées sous la domination des païens. Pendant ce temps, Foucher de Chartres, prenant avec lui le chapelain du patriarche Daimbert, se rendit sur la montagne des Oliviers, où la flamme de Dieu paraissait ordinairement, lorsqu'on ne la voyait pas dans Jérusalem. Ils revinrent, mais sans apporter de nouvelle agréable aux fidèles qui les attendaient, et alors diverses personnes adressèrent de nombreux discours au peuple, non pour soulager les affligés, mais pour provoquer les lamentations. Ce jour-là, tous rentrèrent dans leurs maisons, sans que le miracle se fût opéré ; la nuit survint, et les angoisses de tous les fidèles en furent redoublées. Le lendemain, ils délibérèrent de se rendre au temple du Seigneur, avec les témoignages d'une bien juste affliction. Ils s'étaient mis en marche, oubliant complétement les joies de la solennité de Pâques, et nul ne se présentait autrement habillé qu'il ne l'avait été la veille, quand tout à coup les marguilliers de l'église annoncent, en chantant derrière la procession, que la lampe vient de s'allumer dans le monument sacré. Que tardé-je de le dire? En ce jour, la grâce, accrue par le délai, brilla en si grande abondance que la lumière de Dieu atteignit, non point simultanément, mais successivement, environ cinquante lampes dans l'église du sépulcre. Et ce ne fut pas seulement pendant la célébration des saints mystères que le miracle s'opéra; on le vit encore lorsque les offices furent terminés; et tandis que le roi était allé dîner au palais, de fréquens messagers l'invitèrent à quitter sa table pour venir voir les lampes nouvellement allumées. On ne saurait dire combien la douleur fut changée en allégresse, lorsque, ce même jour, le roi, en reconnaissance de cette faveur du ciel, consentit, ce qu'il n'avait pas osé jusques alors, à être couronné dans la ville même et dans le temple du Seigneur.

Les Francs, qui avaient racheté la Cité sainte au prix de leur sang, ayant alors vivement desiré de retourner dans leur patrie pour revoir leurs parens, leurs femmes et leurs enfans, résolurent, se confiant dans leur nombre et leur courage, de reprendre, pour s'en aller, la route qu'ils avaient déjà suivie au milieu des terres. Tandis qu'ils pensaient pouvoir traverser librement le territoire de la ville de Nicée qu'ils avaient prise dans le principe, les Turcs, que l'empereur, ainsi que nous l'avons déjà dit, avait rétablis dans cette ville pour les opposer aux Francs en une occasion favorable, se portèrent avec ardeur à la rencontre des Chrétiens, et selon l'aveu, peut-être fort exagéré, du prêtre Foucher, ils en firent un horrible carnage, et en tuèrent cent mille. Mais je crains que ce prêtre ne se soit trompé dans le nombre qu'il indique; car il est certain qu'en d'autres occasions il s'est montré aussi fort exagéré dans ses calculs, comme, par exemple, lorsqu'il ose dire que ceux qui se rendirent à Jérusalem étaient au nombre de six millions d'individus. J'aurais peine à croire que tous les pays en deçà des Alpes, et je dirai même tout l'Occident, pussent fournir un pareil nombre d'hommes, et nous savons en même temps, à n'en pouvoir douter, que, dans la première bataille livrée devant les murs de Nicée, il y avait tout au plus cent mille hommes de l'ordre des chevaliers complétement équipés. Et, quand même il aurait voulu comprendre dans son énumération tous ceux qui se mirent en marche pour cette expédition, mais qui périrent de tous côtés dans les divers pays qu'ils traversèrent, sur terre et sur mer, par l'effet des maladies ou des disettes, je ne pense pas qu'ils pussent à beaucoup près s'élever à un nombre aussi considérable. Les Francs ayant donc été, comme je viens de le dire, livrés à un affreux carnage, la plupart de ceux qui survécurent retournèrent à Jérusalem après avoir perdu tous leurs effets. Le roi, dans son extrême libéralité, prit part à leurs douleurs, les combla de ses bienfaits, et les engagea à se confier à la mer, pour retourner dans leur patrie.

Cependant le prince de Babylone, troublé, moins de la perte de Jérusalem que du voisinage des Francs qui s'étaient établis dans le pays, dirigea de fréquentes expéditions contre le nouveau roi, et entreprit à diverses reprises de l'attaquer, en s'appuyant sur le port de la ville d'Accaron. Le comte Robert de Normandie avait assiégé cette place, lorsque l'armée du Seigneur s'avançait pour attaquer Jérusalem. Mais le duc Godefroi l'avait emmené dans l'espoir d'un plus utile succès, et le prince de Babylone y ayant envoyé beaucoup de troupes, s'en servit ensuite pour faire la guerre au roi chrétien. Celui-ci ayant alors rassemblé son petit troupeau, à qui le Seigneur a dit : « Ne « crains point¹, » et ayant formé divers corps aussi

¹ Évangile selon saint Luc, chap. xii, v. 32.

bien qu'il lui fut possible, alla attaquer les profanes, et les tuant tout aussitôt comme des bêtes brutes, il les dispersa comme le rapide ouragan disperse la poussière dans les airs. Une seconde fois, le prince de Babylone avait envoyé neuf mille chevaliers, soutenus par un corps d'environ vingt mille hommes de pied Éthiopiens, troupe de simples soldats; et le roi très-pieux n'avait pu réunir que mille hommes, tant gens de pied que chevaliers, pour marcher à leur rencontre : il forma cependant sept corps, et s'élança dans les rangs serrés des ennemis avec une confiance magnanime. Ayant vu de loin un chevalier gentil, le roi s'élança sur lui avec une telle vigueur qu'il lui enfonça sa lance dans la poitrine, et avec elle la bannière qui était attachée à l'extrémité, et lorsqu'il retira vivement sa lance, la bannière demeura dans le corps de l'ennemi. Effrayés par le brillant courage du roi et de tous les siens, les infidèles reculèrent d'abord; mais, reprenant courage, et se confiant en leur nombre et en leurs forces, ils revinrent tous ensemble sur les nôtres, et les contraignirent à songer à la fuite. Les Chrétiens attribuèrent le malheur qui leur arriva dans cette occasion, à ce que, dans leur imprudence, ils n'avaient pas, pour une si grande entreprise, porté avec eux la croix du Seigneur. Cette croix, qui était demeurée cachée, de même que la lance auparavant, fut découverte, dit-on, par les indications d'un homme né Syrien ou Arménien, je ne sais précisément lequel des deux. Ils devinrent plus sages par cet événement, qui cependant fut moins un véritable échec que l'interruption d'une victoire; et lorsque l'armée du prince de Babylone, aussi forte que les précédentes, se présenta une troisième fois pour combattre, le vaillant roi marcha à leur rencontre avec toutes les forces qu'il put rassembler ; mais plus confiant encore en son Dieu, et après qu'il eut disposé ses troupes selon ses ressources, on s'attaqua des deux côtés avec une telle véhémence, et, malgré l'extrême disproportion des forces, on fit des deux côtés un si grand carnage, que dans l'armée des Gentils six mille hommes furent renversés sur la place, et parmi les Francs cent chevaliers. Et comme les Chrétiens n'avaient point cherché à s'enorgueillir par des bannières représentant les images des aigles ou des dragons, mais faisaient porter devant eux le signe de l'opprobre de celui qui fut humblement crucifié, à savoir la croix, devenus tout-à-coup vainqueurs, ils forcèrent leurs ennemis à prendre la fuite.

A la suite de cet heureux événement, le roi s'empressa, comme il était convenable, de rassembler une plus nombreuse armée et alla, se confiant en ses forces et sans compter celles des ennemis, mettre le siége devant la belle ville de Césarée de Palestine. On construisit à la hâte des machines, on dressa de nombreuses balistes autour des murailles, on garnit une poutre d'une tête de fer, pour faire ce qu'on appelle un bélier. Des tours en bois furent aussi élevées ; mais elles ne s'avancèrent pas simultanément, et les assiégeans se rapprochant des fortifications et des murailles, assaillirent les Sarrasins en faisant pleuvoir sur eux des projectiles de toutes sortes, et quelquefois aussi tirant leurs glaives, ils tuaient quelques-uns de leurs ennemis. Là, vous eussiez vu les machines vomissant avec fureur les plus grosses pierres, qui non seulement allaient souvent frapper les murs extérieurs, mais souvent même atteignaient de leur choc les palais les plus élevés dans l'intérieur de la ville. Dans le même temps le bélier battait la muraille, et tandis qu'il était dirigé pour faire une brèche dans la partie inférieure, les coups redoublés ébranlaient tous les points environnans. Pendant que les Francs faisaient ainsi les plus grands efforts, les Sarrasins animés de la même ardeur se portaient en dehors, et des deux côtés on tuait beaucoup de monde. La chute d'une de nos machines, qui amena la mort de plusieurs des nôtres, inspira un nouveau courage aux deux partis. Les Sarrasins, toujours malhabiles lorsqu'ils combattent en rase campagne, résistent avec une admirable habileté lorsqu'ils sont défendus par des remparts. Enfin, le vingtième jour du siége, le roi à la tête d'une jeunesse d'élite pressait vivement les assiégés, quand tout à coup il santa d'une machine sur la muraille, un chevalier le suivit, et ils mirent l'ennemi en fuite. Les Francs s'élancèrent avec la plus grande ardeur sur les traces du roi, on tua dans la ville un nombre infini de Sarrasins, on n'épargna personne, et les jeunes filles seules furent réservées pour être réduites en captivité. On rechercha de tous côtés des trésors, on les disputa non seulement aux asiles les plus cachés, mais aux gosiers même des Sarrasins qui gardaient le silence; les mains allaient chercher dans l'intérieur de leurs corps, et leur faisaient rendre les byzantins qu'ils avaient avalés; sur les femmes même on trouva des morceaux d'or, cachés de la manière la plus bizarre. Dès que la ville fut prise, on y laissa une colonie de Francs pour veiller à sa défense.

et peu après le roi alla assiéger Accaron, et après l'avoir fatiguée par de fréquens assauts, il la soumit à sa domination. On sait qu'il s'empara encore de plusieurs autres villes, mais tellement placées au milieu de cette race forcenée des Gentils, qu'il y avait très-peu de sûreté à vouloir y établir des colonies de Francs. Ces combats successifs, ces victoires fréquentes rendirent les Sarrasins tellement méprisables aux yeux des chevaliers chrétiens, qu'il est arrivé l'année dernière un événement vraiment étonnant, et que je veux rapporter.

Un chevalier que le roi avait fait gouverneur de la ville de Tibériade, s'étant montré trop insolent envers ce prince, le roi irrité de son audace lui ordonna de sortir de la terre qui reconnaissait sa domination. Celui-ci s'étant hâté de partir avec deux autres chevaliers et deux écuyers, rencontra tout à coup un corps considérable de Gentils. Ne pouvant compter sur le petit nombre d'hommes qui le suivaient, mais mettant toute sa confiance en Dieu, il déchira sa chemise, l'attacha au bout de sa lance en guise de bannière, et ordonna à ses compagnons d'en faire autant; ils lui obéirent, et alors pressant leurs chevaux de leurs éperons et poussant de grands cris, ils se lancèrent sur les ennemis. Ceux-ci effrayés de cette attaque soudaine, et croyant que les chevaliers marchaient en avant d'un corps plus considérable, prirent aussitôt la fuite, et se livrèrent ainsi à la fureur de ces trois chevaliers. Ils leur tuèrent en effet plusieurs hommes, et leur enlevèrent beaucoup plus de dépouilles qu'ils ne pouvaient en emporter. Touché de componction à la suite de cet heureux événement, et rendant grâces à Dieu, le chevalier revint se prosterner devant le roi et lui promit d'obéir désormais fidèlement.

Une autre fois le roi se trouvait dans une extrême pénurie d'argent, et n'avait pas même de quoi payer à ses chevaliers la solde qu'il leur devait tous les mois : la clémence divine déploya sa munificence d'une manière miraculeuse. Tous les Chrétiens étaient réduits à une si grande détresse que les serviteurs et les chevaliers du roi songeaient déjà à le quitter. Mais voici, des jeunes gens de Joppé étant allés se baigner ou plutôt s'amuser dans l'eau, non loin du rivage de la mer, trouvèrent un jour au milieu des sables et de l'eau salée des bourses remplies d'une grande quantité d'or, que les Vénitiens avaient perdues en ce lieu, lorsque leurs navires y firent naufrage. On porta ces bourses au roi ; leur découverte parut à tous un miracle inconcevable, et cet or rendit un immense service au roi, réduit presque au désespoir, et à toute la colonie chrétienne.

Quant aux bruits qui ont été répandus contre le roi, et par lesquels on l'accuse d'avoir répudié sa femme, voici ce qu'on rapporte à ce sujet. Sa femme, issue d'une famille des plus illustres parmi les Gentils du pays, se rendit à Jérusalem à la suite de son mari ; et, d'après ses ordres, arriva par mer au port de Saint-Siméon. Là, pressée de hâter sa marche, elle passa sur un bâtiment plus léger ; mais les vents contraires la portèrent dans une île habitée par des Barbares. Les insulaires la prirent, massacrèrent un évêque de sa suite et d'autres ecclésiastiques, la retinrent elle-même long-temps, et lui permirent enfin de partir. Elle rejoignit alors son époux ; mais le roi se méfiant, non sans motif, de la vertu des Gentils, l'éloigna de son lit, et lui faisant changer d'habits, l'établit avec d'autres religieuses dans un couvent de la bienheureuse Anne, mère de la Vierge mère de Dieu. Lui-même se réjouit maintenant de vivre dans le célibat, puisqu'il n'a point à lutter contre la chair et le sang, mais contre les maîtres du monde.

Vers les fêtes de Pâques de l'année dernière, le chevalier dont je viens de parler, qui avait été, comme j'ai dit, gouverneur de Tibériade et avait remporté cette victoire contre les Turcs, fut fait prisonnier dans une rencontre moins heureuse, et emmené vivant en captivité dans une ville appartenant aux Gentils. Tandis qu'on célébrait dans cette ville je ne sais quelle fête sacrilége, les Gentils firent sortir ce chevalier et le pressèrent de renoncer à sa propre croyance, et d'abjurer sa foi. Mais lui, avec une fermeté d'ame bien légitime, rejetant un si grand crime, eut horreur même d'en entendre la proposition. Aussitôt cet homme, dont le nom ne doit plus être prononcé qu'avec éloge, fut saisi, attaché, à ce qu'on rapporte, contre un arbre au milieu d'une plaine et percé de mille flèches; puis on lui coupa le crâne avec une scie, et afin de répandre la terreur parmi les nôtres, on donna à ce crâne la forme d'un vase, comme si le roi de Babylone, par les ordres de qui ces choses se faisaient, devait s'en servir désormais pour boire. Ainsi mourant pour maintenir intacte la confession de sa foi, ce chevalier devint un martyr, digne d'être illustré dans tous les siècles. Il se nommait Gervais, et était noble et originaire d'un château du pays de Soissons.

Telles sont les choses faites par la grâce de Dieu,

que nous avons pu découvrir jusqu'à ce jour par les récits d'hommes d'une bien certaine sincérité. Que si, en suivant ainsi les opinions des autres, nous avons erré en quelque chose, nous ne l'avons point fait dans l'intention de tromper. Nous rendons grâces à Dieu, rédempteur de cette Cité sainte, par les efforts de nos frères. Lui-même en effet, lorsqu'on eut entrepris de l'assiéger, révéla, selon ce qui nous a été donné pour certain, à un anachorète habitant de Béthanie, que la ville devait être assiégée très-vivement; mais qu'elle ne serait envahie que la veille du jour, et prise qu'à l'heure même où le Christ fut mis sur la croix, afin de montrer que c'était bien Lui qui la rachetait enfin de ses souffrances, par les maux faits à ses propres membres. Ce même homme ayant alors rassemblé quelques-uns de nos princes, leur rapporta ces choses, qui se trouvèrent ensuite prouvées par la manière dont la ville fut prise. Nous rendons grâces aussi à Dieu, qui par son esprit a mis tous ces faits dans notre bouche. Du reste, si quelqu'un pense que nous les avons moins bien exposés que n'ont écrit Jules-César et Hirtius Pansa, historiens des guerres des Gaules, des Espagnes, de Pharsale, d'Alexandrie et de Numidie, il doit considérer que ces hommes ont assisté eux-mêmes aux guerres qu'ils ont décrites. Aussi ne trouve-t-on omise dans leurs relations aucune des choses générales ou particulières qui ont été faites. On y voit combien il y avait de milliers d'hommes, et combien de chaque contrée, quels étaient les commandans en chef et les lieutenans chargés de diriger l'armée, les généraux et les princes du parti opposé, ce qu'ont fait la cavalerie et les troupes légères, combien de boucliers ont été transpercés par les javelots; et, pour me servir de leurs propres expressions, « après que les consuls ou leurs délégués « eurent fait sonner la retraite, » combien d'hommes manquèrent à la suite d'un combat, et combien il y eut de blessés. Mais nous qui avons écrit ces choses, qui sommes retenus par d'autres occupations, et qui ne les ayant pas vues ne pouvons avoir autant de confiance en nous-mêmes, en rapportant ce que nous avons appris, nous avons cru quelquefois devoir user d'une juste réserve. Selon la discipline des soldats de Jules-César, les légionnaires, les compagnies, les brigades de cavalerie et les cohortes étaient tenus de se rassembler autour de leurs étendards; si les localités étaient favorables, ils retranchaient leur camp avec un fossé et des tours, presque aussi bien que nos bourgs ou nos villes en sont garnis; lorsque l'armée devait se porter en avant, ils allaient à l'avance occuper les abords des montagnes et aplanir les obstacles que présentait le terrain, et pour cela il y avait dans l'armée d'innombrables emplois de valets, de serviteurs et des bagages très-considérables. Mais comme chez les nôtres on ne trouve presque aucun exemple de dispositions, ou plutôt d'habiletés semblables, je ne dirai point que les événemens se sont accomplis par le courage des Francs, mais plutôt par l'activité et la force de leur foi. Que ceux qui le voudront disent que j'ai omis plus de choses que je n'en ai rapporté; j'ai mieux aimé être trop concis que trop long. Si quelqu'un connaît d'autres faits, qu'il prenne soin de les écrire comme il le trouvera bon. Rendons grâces à Dieu et à de si grands vainqueurs, qui lorsqu'ils n'avaient pas de froment à manger, ont appris à se nourrir des racines qu'ils arrachaient à la terre. Si quelqu'un conserve des doutes au sujet des Parthes, que nous avons appelés Turcs, et du mont Caucase, qu'il consulte Solin dans son livre *de Memorabilibus*, Trogue-Pompée, sur l'origine des Parthes, et Jornandès le Goth sur la Bétique.

Que Dieu veuille mettre enfin un terme à ces pieux travaux. Amen !

VIE
DE
GUIBERT DE NOGENT,
PAR LUI-MÊME[1].

[1] Voir la *Notice* placée en tête de ce volume.

VIE

DE

GUIBERT DE NOGENT.

LIVRE PREMIER.

CHAPITRE PREMIER.

Je confesse devant ta toute-puissance, ô mon Dieu, la série de mes erreurs infinies, et mes recours fréquens, mais que tu inspirais, à ton infinie miséricorde. Je confesse les défauts de mon enfance et de ma jeunesse, lesquels conservent encore dans l'âge mûr toute leur force, et les penchans vicieux envieillis avec moi, et que n'a pu détruire même l'engourdissement de ce corps affaibli. Toutes les fois que je me rappelle, Seigneur, ma persévérance dans l'impureté, et que je songe comment tu m'as toujours accordé la grâce de m'en repentir, j'admire ta patience envers moi, plus grande qu'on ne peut l'imaginer. Si la douleur de l'ame, si les regrets que la bouche exprime, sont vains sans ta divine inspiration, quelle est ta bonté de te montrer si favorable et si accessible aux pécheurs, et de répandre sur ceux qui s'éloignent de toi, qui même t'irritent, une grâce si précieuse? Tu sais, Père trop indulgent, quelle colère obstinée nous conservons contre ceux qui nous ont offensés, et comment nous pardonnons avec peine à ceux qui nous ont, ou par leurs actions ou par leurs paroles, fait une ou plusieurs injures. Mais toi, Seigneur, tu n'es pas seulement miséricordieux, tu es la miséricorde même; que dis-je, une source de miséricorde. Lorsque tu te livres à tous, pourrais-tu ne pas suffire à chacun? Eh quoi! lorsque le monde était enseveli dans l'ignorance de Dieu, lorsqu'il était plongé dans les ténèbres et les ombres de la mort, « lorsque tout « reposait dans un paisible silence, et que la nuit était « au milieu de sa course, » quelle voix a pu appeler parmi nous ta parole toute-puissante, et la faire descendre de son trône royal[1]? Mon Dieu, toi que l'oubli du genre humain tout entier ne put détourner alors d'avoir pitié de lui, est-il étonnant que tu sois si miséricordieux envers un seul pécheur, malgré l'énormité de ses fautes? Je ne puis dire que ta miséricorde se montre plus facile envers chacun séparément qu'envers tous, puisque je vois que ta facilité est la même en tout lieu et en toute chose. En effet, pour toi, tout est également facile. Source de bonté, dont les émanations appartiennent à tous les hommes, tu ne refuses pas à chacun ce qui est la propriété de tous.

Ainsi toujours péchant, mais, au milieu de mes péchés, toujours revenant à toi, soit que j'aie méconnu la piété, mon Dieu, soit que je l'aie repoussée, après

---

[1] Sagesse, chap. xviii, v. 14 et 15.

l'avoir connue, si je reviens à des sentimens pieux, la piété perdrait-elle son mérite, et, corrompue par la multitude de mes erreurs, pourrait-elle l'offenser? N'a-t-il pas été dit : « Dieu a-t-il oublié sa clémence, et « dans sa colère a-t-il fermé ses entrailles [1]? » Et ces paroles n'étaient pas vraies alors seulement que le saint roi les chantait ; elles sont vraies de toute éternité. Tu sais que je ne pèche pas parce que j'ai éprouvé ta miséricorde ; mais je te proclame miséricordieux, parce que tu ne manques jamais aux pécheurs qui te demandent leur pardon. Je ne veux point abuser de ta bonté, toutes les fois que je suis poussé au péché par l'infirmité de ma nature. Mais ce serait faire un abus bien coupable de ta miséricorde, si, dans la confiance que tu m'offriras après le péché un accès facile au repentir, je me plaisais dans les excès du péché! Je pèche, je l'avoue ; mais quand je recouvre ma raison, je me repens au fond de mon cœur de l'avoir oubliée, et mon ame, comme accablée sous tant de souillures, succombe malgré elle.

Mais au milieu de ces douleurs journalières, que j'éprouve toutes les fois que je me relève de mes chutes, que puis-je faire? N'est-il pas beaucoup plus sage de m'élever quelquefois vers toi, et de respirer au moins un moment, au sein de ton amour, que d'oublier entièrement le remède de mes maux et de désespérer de la grâce? Et qu'est-ce que désespérer, sinon se précipiter de son propre mouvement dans la fange du vice? En effet, dès que l'esprit ne lutte plus contre la chair, aussitôt l'ame malheureuse succombe sous les attaques des voluptés. Tel est celui qui après avoir été

[1] Psaume 76, v. 10.

précipité une fois dans les eaux et s'être abîmé jusque dans leurs profondeurs, pour comble de folie, avance avidement sa bouche sur le bord du puits, s'il vient à en rencontrer un.

Lors donc, Dieu de bonté, qu'au sortir de ces excès, où m'a fait succomber mon orgueil mondain, je reviens à toi, si je n'en recueille pas d'autre fruit, du moins j'apprends par intervalle à ne pas me méconnaître entièrement. Car comment pourrai-je m'élever à ta connaissance si je suis aveugle pour me connaître moi-même ? Si, comme le dit Jérémie, « Je suis « l'homme qui éprouve de l'affliction[1], » il doit en résulter que je recherche avec discernement de quoi suppléer à ce qui me manque. Au contraire, si j'ignore ce qui est bien, comment pourrais-je connaître ce qui est mal, et, plus encore, le haïr ? Si je ne connais point la beauté, je n'aurai jamais d'éloignement pour la laideur. Comme donc il est également certain qu'en me connaissant moi-même j'arriverai à te connaître, et qu'en jouissant de ta connaissance je ne pourrai plus me méconnaître désormais, il est convenable et particulièrement salutaire que les ténèbres de ma raison se dissipent, dans des confessions telles que celles-ci, par la recherche assidue de ta lumière, afin que, fermement éclairée, elle ne retombe plus dans l'ignorance d'elle-même.

[1] Lament. de Jérém., chap. III, v. 1.

CHAPITRE II.

Il convient d'abord que je confesse tous les bienfaits que tu m'as accordés, afin que ceux de tes serviteurs qui liront ces choses apprennent, mon Dieu, combien mon ingratitude est impie. Quand tu ne m'aurais accordé que les mêmes faveurs que tu as distribuées au reste des hommes, n'aurais-tu point encore passé la mesure de ce que je mérite? Mais tu as ajouté pour moi, à tout ce que tu accordes aux autres, une foule de choses que je ne dois uniquement qu'à ta bonté, et nullement à mon mérite; enfin tu y as ajouté des choses sur lesquelles je crois devoir me taire. En effet, si la noblesse, la fortune, la beauté, et beaucoup d'autres avantages que j'oublie peut-être, sont ton œuvre, Seigneur, ils ne méritent les louanges des hommes de bien qu'autant que ceux qui les ont reçus de toi les soumettent à la règle de la modestie, ou les tiennent, à cause de leur instabilité, pour choses entièrement méprisables. Que faut-il que je dise de ces qualités qui sont, par leur nature et leur nom même, une occasion de désolation et d'orgueil; qualités tellement variables qu'elles peuvent, selon le penchant de notre âme, être dirigées vers le mal ou vers le bien; qualités enfin aussi funestes par leur flexibilité, que méprisables par leur courte durée? Et, en outre de tout cela, ne suffit-il pas de dire que personne ne s'est donné ni sa noblesse, ni sa beauté, et qu'en toutes ces choses, chacun ne possède exactement que ce qu'il a reçu ?

Mais il est d'autres qualités que les études humaines peuvent nous aider à acquérir : ainsi sont les richesses et les talens, selon le témoignage de Salomon : « Si « le fer, dit-il, est émoussé et qu'on n'en ait point « aiguisé le tranchant, on ne pourra plus le faire « qu'avec bien de la peine [1]. » Et tout cela même semble bien vain devant cette considération qui se présente tout naturellement, que si « cette véritable « lumière qui éclaire tous les hommes en venant au « monde [2], » ne pénètre également dans la raison de tout homme, et si le Christ qui est la clef de toute science ne lui ouvre les portes de la sagesse, il n'est pas douteux que ses maîtres tenteront une vaine entreprise pour se faire entendre à des oreilles sourdes. Ainsi donc, que tout homme sage renonce à s'attribuer autre chose que le péché.

Mais, laissant de côté toutes ces choses, revenons à ce que nous avions commencé. J'avais dit, Dieu de miséricorde et de sainteté, que je te rendrais grâces de tes bienfaits. D'abord donc je te rends surtout grâce de m'avoir accordé une mère chaste, modeste et infiniment remplie de ta crainte. Quant à sa beauté, je la louerais d'une manière bien mondaine et bien insensée, si je la plaçais autre part que sur un front armé d'une chasteté sévère. Or, de la même manière que chez les hommes pauvres, qui n'ont aucun moyen de faire bonne chère, les jeûnes ne sont qu'un tourment forcé, et par conséquent ont moins de mé-

---

[1] Ecclésiaste, chap. x, v. 10.
[2] Évangile selon saint Jean, chap. 1, v. 9.

rité, tandis que la frugalité des riches a par elle-même un bien plus grand prix ; de même la beauté, quand elle s'est armée contre la corruption, est un bien d'autant plus desirable qu'il est digne d'être exalté par toutes sortes de louanges. Si Salluste Crispe n'avait pas regardé la beauté, même sans les mœurs, comme digne d'éloge, il n'eût jamais dit d'Aurélia Orestilla qu'en elle un homme de bien ne pouvait louer que la beauté. Par cette exception, Salluste affirme que la beauté toute seule mérite encore les éloges d'un homme de bien : j'ajouterai qu'il aurait pu tout aussi bien dire que ce don de la nature était approuvé de Dieu, alors même que les vices les plus bas le souillaient. On loue aussi dans une idole, de quelque matière qu'elle soit faite, la beauté et l'heureuse harmonie des membres ; et bien que, selon l'Apôtre, une idole, sous le rapport de la foi, soit comme le néant, et que nulle chose ne doive nous paraître plus profane, cependant cette heureuse proportion dans ses membres n'est point louée en elle sans quelque sujet.

Et certes, quoique cette beauté passagère soit méprisable à cause de la fragilité de la chair, si l'on en juge comme ferait un habile statuaire, on ne peut nier qu'elle ne soit un bien. En effet, si tout ce que Dieu a créé de toute éternité est beau, tout ce qu'il a créé pour le temps possède quelque beauté, est comme le miroir de la beauté éternelle. Car « les per-« fections invisibles de Dieu, dit l'Apôtre, se voient « à l'œil, depuis la création du monde, quand on « considère ses ouvrages.¹ »

¹ Épître de saint Paul aux Romains, chap. 1, v. 20.

Ainsi toutes les fois que les anges s'offrent aux regards des hommes ils leur apparaisssent sous une face resplendissante de beauté. C'est pourquoi, la femme de Manué dit à celui-ci : « Un homme de Dieu « est venu à moi : son extérieur était celui d'un ange[1]. » Et au contraire les démons à qui, selon les paroles de l'apôtre Pierre, « l'obscurité des ténèbres est réservée « pour l'éternité, » ont coutume de se montrer sous les formes les plus hideuses, toutes les fois qu'ils ne se transforment pas, pour tromper les hommes, en anges de lumière. Et ce n'est point sans quelque droit qu'ils affectent cette forme, eux qui sont déchus de la glorieuse participation aux célestes assemblées.

C'est aussi pourquoi il a été dit que nous, élus du Seigneur, nous devons prendre pour modèle la beauté du corps de Jésus-Christ, afin que si le hasard ou bien un défaut naturel nous a fait contracter quelque laideur, elle soit corrigée à l'exemple du Fils de Dieu transfiguré sur la montagne. Si donc nos modèles intérieurs sont beaux et bons, ceux de nous qui en reproduisent l'image, s'ils prennent soin de ne la point altérer, seront beaux et bons également. Saint-Augustin lui-même a dit, je crois, dans son livre de la doctrine Chrétienne, « celui qui a un « beau corps, mais une ame laide, est bien plus à « plaindre que s'il avait aussi un corps difforme. » Si donc notre extérieur, quand il est laid, excite avec raison notre tristesse, cela vient, sans aucun doute, de ce que la beauté est une chose bonne en

---

[1] Juges, chap. XIII, v. 6.

soi, qui se corrompt par son alliance avec le vice, ou acquiert un nouvel éclat par son union avec la vertu.

Grâces te soient donc rendues, ô Dieu, qui as donné à ma mère la vertu pour appui à la beauté ! En effet, la gravité de son maintien pouvait faire deviner tout le mépris qu'elle faisait de toute vanité. Son regard sévère, son parler rare, son visage toujours tranquille, n'étaient point faits pour enhardir la légèreté de ceux qui la voyaient. Tu sais, Seigneur tout-puissant, quelle crainte tu lui avais inspirée de ton saint nom, dès ses plus jeunes années, quelle aversion de tout plaisir. Et ce qui se voit bien rarement ou même jamais chez les femmes d'un rang élevé, autant elle fut jalouse de conserver purs tes présens, autant elle fut réservée à blâmer les femmes qui en abusaient. Et lorsqu'il arrivait qu'une femme, soit dans sa maison, soit hors de sa maison, devenait l'objet d'une critique de ce genre, elle s'abstenait d'y prendre part; elle était affligée de l'entendre, tout comme si cette critique était tombée sur elle-même. Dieu de vérité, tu sais que ce qui m'excite à rapporter ces choses, ce n'est pas un attachement privé, comme peut être l'amour d'un fils pour sa mère; mais que c'est un motif bien plus grave que ne peuvent l'exprimer mes paroles, surtout lorsque les autres membres de ma famille, comme des animaux ignorant la divinité, ou endurcis dans le crime et souillés de meurtres, auraient dû être jetés par toi dans l'exil, si tu n'avais eu, comme tu le fais toujours, pitié de leur sort. Toutefois, une occasion plus opportune se rencontrera peut-être dans cet ouvrage pour parler de la vie de ma mère : abordons enfin l'histoire de la mienne.

CHAPITRE III.

C'est, dis-je, de cette mère très-vertueuse, comme je crois et j'espère, que tu m'as accordé de naître, à moi le plus indigne de tous ses enfans. Je fus de deux façons son dernier né : car mes frères étant morts, quand ils donnaient les plus belles espérances, j'ai, contre toute attente, survécu grâces à ses soins; et maintenant encore, au milieu des maux qui m'environnent, c'est, après Jésus et la mère de Jésus, et les saints de Jésus, c'est, dis-je, dans le mérite de ma mère charnelle que réside tout l'espoir de mon salut. Car je sais, et ce serait un crime de ne pas le croire, qu'autant, durant son séjour sur la terre, elle me témoigna de tendresse, elle me prodigua de soins (comme une mère le fait toujours avec plus de complaisance envers son dernier né), autant elle me protège aujourd'hui, placée qu'elle est en la présence de Dieu. Son ame, dès sa jeunesse, fut remplie d'un feu divin; jamais pendant le sommeil, et bien moins encore pendant la veille, sa sollicitude pour moi n'était un moment interrompue. Mais maintenant que sa vie est accomplie, qu'elle s'est dépouillée de l'obstacle de la chair, je la vois dans la sainte Jérusalem briller d'un feu plus ardent que je ne puis le dire; toute pleine de la divinité, elle n'ignore pas les misères au milieu desquelles je suis ballotté, et malgré son bonheur, elle gémit de mes égaremens tout autant de fois qu'elle me voit manquer aux préceptes, aux leçons, aux exemples, qu'elle m'avait si souvent donnés.

Mon père et mon Seigneur Dieu, qui m'as accordé, à moi que tu connaissais si méchant, de naître d'une mère non point faussement, mais véritablement bonne, tu m'as aussi donné dans ses mérites une espérance, sur laquelle cependant je n'oserais nullement compter, si, par horreur pour mes péchés, je n'étais venu respirer quelque peu dans ta grâce. Tu as aussi fait entrer dans mon triste cœur, dirais-je l'espérance, ou bien seulement une ombre d'espérance, en m'accordant de naître et même de renaître le jour le plus saint, le plus illustre, le plus desiré de tous les Chrétiens? Durant ce carême presque entier, ma mère avait été en proie à des douleurs d'entrailles extraordinaires; et bien souvent elle avait coutume de me rappeler ces souffrances, lorsque je m'écartais de la bonne voie, ou que je me livrais aux emportemens de la chair. Enfin parut le jour solennel du samedi, veille de Pâques. Après qu'elle eut été ainsi agitée par de longues souffrances, le moment de la délivrance approchait enfin; sentant ses douleurs augmenter, elle croyait qu'elle allait enfanter naturellement; mais tout à coup je remontai jusqu'à l'estomac. Déjà mon père, ses amis, nos parens, étaient affectés d'un profond chagrin, voyant qu'en occasionnant la mort de la mère, l'enfant périrait aussi faute de trouver son issue; et c'était pour tous un sujet de grande tristesse. On était au jour où, à l'exception de l'office solennel qu'on chante spécialement à cette époque de l'année, aucun de ces offices qui ont coutume d'être célébrés en l'intention des familles particulières ne peut plus l'être. On prit conseil de la nécessité, et l'on courut à l'autel de la mère de Dieu pour implorer celle qui seule put enfanter en demeurant vierge dans l'éternité; et au lieu d'oblation, on promit à la divine Marie que, si ce jour donnait à la famille un enfant mâle, il serait consacré dans les Ordres, au service de Dieu et au soin de son salut; que s'il naissait du sexe inférieur, cet enfant serait également voué au culte divin. Aussitôt après ce vœu, ma mère mit au jour une espèce d'avorton languissant : il naissait au terme convenable; mais il paraissait si dénué de la faculté de vivre, qu'on ne se réjouit que de la seule délivrance de ma mère. Telle était l'effrayante exilité du petit être qui venait de recevoir la vie, qu'il semblait l'informe squelette d'un enfant avorté; tellement que si l'on eût comparé à son corps les joncs, cependant si frêles, qui naissent en ce pays vers les ides d'avril, on les eût trouvés plus gros que lui. Ce même jour, au moment où l'on allait me présenter aux eaux salutaires du baptême, comme on me l'a raconté dans mon enfance, et même depuis, on me faisait passer d'une main dans l'autre, en forme de plaisanterie, en s'écriant : « Pen-« sez-vous donc qu'il puisse vivre cet enfant, auquel « la nature avare a presque refusé des membres, en « lui donnant plutôt une apparence de corps qu'un « corps véritable? »

Toutes ces choses, ô mon Créateur, furent le présage de l'état où je me vois aujourd'hui. Seigneur, as-tu trouvé jamais en moi une soumission entière et véritable? Je n'ai rien fait pour toi de durable, rien de constant; et si j'ai accompli quelque bonne œuvre, l'intention l'a trop souvent rendue moins bonne et bien faible. Je t'ai dit, Dieu de souveraine bonté, que tu m'avais donné une espérance ou plutôt une ombre d'espérance en me faisant naître et renaître en un jour si heureux, et surtout en m'accordant d'être consacré à celle qui après Dieu règne sur toutes choses. Seigneur, mon Dieu, n'ai-je point déjà reconnu, à l'aide de cette raison que tu m'as donnée, que le jour de la naissance n'apporte pas à ceux qui vivent stériles de bonnes œuvres, plus de fruit que celui de la mort? S'il est certain, et l'on ne saurait le nier, que nos mérites ne peuvent précéder le jour de notre naissance, il ne l'est pas moins qu'ils peuvent suivre celui de notre mort. Mais s'il est vrai que nous n'ayons pas le bonheur de vivre dans la vertu, il faut avouer qu'il ne nous servira de rien d'être nés, ni d'être morts en des jours pleins de gloire.

Puisqu'il est véritable que c'est Dieu qui m'a créé et non point moi, que je n'ai point fixé moi-même ce jour solennel pour ma naissance; puisque c'est Dieu qui l'a choisi, je ne puis m'en glorifier qu'autant que toute ma vie, se conformant à la sainteté de ce jour, accomplira ce qu'il semblait présager de moi. Notre naissance réfléchirait véritablement toute la splendeur du jour où elle a lieu, si nous n'agissions jamais que guidés par un sincère et complet amour pour la vertu. Oui, cette glorieuse entrée dans la vie paraîtra une faveur justement accordée à l'homme, toutes les fois que son ame persévérante dans l'équité honorera ainsi sa naissance. Si je suis nommé Pierre ou Paul, si l'on m'appelle Remi ou bien Nicolas, à quoi me servira ce grand nom, à quoi me servira, pour parler poétiquement, « de descendre de l'illustre Jule, » si je ne reproduis fidèlement les vertus de ceux dont la Providence ou la fortune m'a donné le nom ? Voilà, mon Dieu, comme est emporté d'un souffle tout ce qui enflait mon ame, comme sera de peu de prix tout ce qui semble l'élever dans un vain orgueil.

Et toi, après ton fils unique, souveraine maîtresse de la terre et des cieux, combien ils ont sagement fait ceux qui m'ont pour toujours lié à toi de la chaîne que je porte ! Et moi-même, combien j'aurais mieux fait si, en atteignant l'âge de la raison, j'avais toujours conformé mon cœur à l'intention de ce vœu ! Me voici, je confesse que je t'ai été offert en don, et ne puis nier cependant que je ne me sois trop de fois, comme un sacrilége, séparé sciemment de toi. Eh ! n'était-ce pas me séparer de toi que de préférer de dégoûtantes volontés à ton divin parfum ? Cependant, quoique bien des fois je me sois ainsi frauduleusement arraché à toi, bien des fois aussi je suis revenu vers toi, et, par ta grâce, vers ton fils unique qui l'est aussi de Dieu le père, rassuré que j'étais par le souvenir de cette oblation : et quand mes péchés, mille fois renouvelés, me desséchaient de tristesse, la sécurité descendait sur moi, fruit de ta bonté inépuisable, et le souvenir de tes anciens bienfaits me rendait à l'espérance. Mais que parlé-je d'anciens bienfaits ? J'ai éprouvé tant de fois, et pour ainsi dire chaque jour, la continuité de tes miséricordes ; j'ai échappé à tant de chutes par ta bonté à me délivrer des chaînes du péché, qu'il est bien permis de me taire sur le passé, quand tu me prodigues dans le présent tant de délivrances. Et si parfois mes rechutes enfantent dans mon cœur une triste dureté, un sentiment, pour ainsi dire naturel, qui m'attire vers toi me radoucit aussitôt. Si, d'autres fois, à la vue de mes malheurs, je me désespère presque et me décourage, bon gré mal gré je sens renaître dans mon ame attristée la confiance de chercher en toi ma consolation. Je pense en effet que, quels que soient les maux qui m'environnent, tu ne pourrais, si j'ose le dire, me refuser sans injustice tes soins et ton assistance; car si tu abandonnais à son malheur celui qui a été comme jeté du sein de sa mère à tes pieds; si tu le repoussais quand il revient à toi, il pourrait, certes, t'accuser avec raison d'avoir causé sa perte. Puisqu'il est en toi de pouvoir dès que tu veux, puisqu'il est bien connu que la puissance du fils s'est communiquée à la mère, à qui puis-je demander mon salut plutôt qu'à toi que je sers depuis ma naissance, et à qui je puis dire : « Je suis à toi ? » Mais je m'entretiendrai ailleurs avec toi sur ce sujet avec un véritable plaisir : parlons maintenant d'autres choses.

CHAPITRE IV.

Étant donc né comme je viens de le dire, je commençais à peine à prendre plaisir aux jouets, lorsque toi, ô Dieu de piété, qui devais me tenir lieu de père, tu me rendis orphelin. Le huitième mois depuis ma naissance était en effet à peine écoulé, quand mon père, selon la chair, succomba; en quoi je dois te rendre de grandes actions de grâce, pour ce que tu as permis que cet homme mourût avec les sentimens chrétiens, lui qui, s'il eût vécu, se fût sans nul doute opposé aux desseins que ta providence avait formés sur moi. Et comme ma forme dégagée et la vivacité naturelle à mon jeune âge lui avaient paru convenir aux choses du siècle, personne ne doutait qu'aussitôt que le temps d'étudier les lettres serait venu, il ne rompît les vœux qu'il avait faits pour moi. Mais toi, sage régulateur de toutes choses, tu as salutairement disposé de tous deux, tellement que moi je n'ai point été privé de l'enseignement de tes institutions, et que mon père n'a point manqué à la promesse qu'il t'avait faite.

Cependant celle que tu avais rendue veuve m'éleva avec les plus tendres soins. Enfin elle choisit un jour de la fête de saint Grégoire, pour m'initier à mes premières études. Elle avait entendu dire que ce saint homme, ton serviteur, mon Dieu, avait surpassé son siècle par son admirable sagesse et son savoir infini: c'est pourquoi, à l'aide de grandes aumônes, elle venait souvent implorer la protection du saint confesseur, afin que celui à qui tu avais accordé la science inspirât à mon cœur le désir d'acquérir la science. Dès lors donc je fus occupé à m'instruire des lettres; mais à peine avais-je appris à en connaître les premiers élémens, que ma mère, avide de me faire instruire, se disposa à me confier à un maître de grammaire.

Il y avait un peu avant cette époque, et même encore alors, une si grande rareté de maîtres de grammaire, qu'on n'en voyait pour ainsi dire aucun dans la campagne et qu'à peine en pouvait-on trouver dans les grandes villes ; encore étaient-ils d'une si faible science qu'on ne pouvait les comparer aux clercs qui sont maintenant errans dans les campagnes. Or, celui auquel ma mère résolut de me confier avait appris la grammaire dans un âge déjà avancé et se trouvait d'autant moins familier avec cette science qu'il s'y était adonné plus tard : mais il était d'une si grande modestie que tout ce qui lui manquait en savoir il le remplaçait par sa vertu. Lors donc que, par le moyen de quelques clercs, qui sous le nom de chapelains célébraient chez ma mère les saints offices, elle l'eût fait solliciter de me donner ses soins, il était occupé à instruire un de mes jeunes cousins, habitait avec lui le château de ses parens et leur était très-nécessaire; et bien qu'ébranlé par les prières de ma mère comme par sa réputation de vertu et de chasteté, il hésitait cependant à se séparer de mes parens qu'il craignait d'offenser, et à venir s'établir chez ma mère. Une vision qu'il eut, et que je vais raconter, le tira de ce doute.

Une nuit qu'il dormait dans sa chambre (laquelle, je me le rappelle très-bien, était celle où se rassemblaient tous ceux du château qui étudiaient sous lui), l'ombre d'un vieillard dont la tête était couverte de cheveux blancs, et dont toute la personne inspirait le respect, debout sur le seuil de la porte, où il me tenait par la main, semblait vouloir me faire entrer dans sa chambre. En effet, ce vieillard s'étant arrêté à l'entrée et m'indiquant le petit lit où l'autre regardait toutes ces choses, il me dit : « Va trouver cet

« homme, car il doit t'aimer beaucoup, » et il lâcha ma main et me permit de le quitter; et moi je courus auprès de celui qu'il m'avait indiqué, et je lui donnai tant de baisers qu'il s'éveilla. Dès lors il fut touché d'une telle affection pour moi, que sans plus de délai ni de crainte d'offenser mes parens auxquels il était tout entier dévoué, lui aussi bien que tous les siens, il consentit enfin à aller habiter auprès de ma mère.

Or l'enfant qu'il avait élevé jusqu'à ce jour était beau, et bien né; mais il avait une si grande répugnance pour toutes les sciences, il était si indocile à toute instruction, si menteur pour son âge, si enclin aux vols, que malgré la plus grande surveillance, il n'était presque jamais à l'étude, et passait les journées presque tout entières caché dans les vignes. C'est pourquoi dégoûté d'un enfant aussi pervers, gagné par l'amitié que lui offrait ma mère, décidé surtout par la vision que j'ai rapportée, il abandonna la conduite de cet enfant, et renonça avec raison aux maîtres sous lesquels il avait jusqu'alors vécu : et toutefois il ne l'eût point fait impunément, si le respect qu'on portait à ma mère et sa puissance ne l'eussent protégé.

CHAPITRE V.

Dès le moment où je fus placé sous sa conduite, il m'instruisit à une telle pureté, il écarta si bien de moi tous les vices qui accompagnent ordinairement le bas âge, qu'il me préserva entièrement des dan gers les plus fréquens. Il ne me laissait aller nulle part sans m'accompagner, ni prendre aucun repos ailleurs que chez ma mère, ni recevoir de présent de personne qu'avec sa permission. Il exigeait que je ne fisse rien qu'avec modération, avec précision, avec attention, avec effort, tellement qu'il semblait vouloir que je me conduisisse, non pas comme un clerc, mais même comme un moine. En effet, tandis que les enfans de mon âge couraient çà et là selon leur plaisir, et qu'on les laissait de temps en temps jouir de la liberté qui leur appartient, moi, retenu dans une contrainte continuelle, affublé comme un clerc, je regardais les bandes de joueurs, comme si j'eusse été un être au dessus d'eux. Même les jours de dimanche, et pendant les fêtes des Saints, j'étais obligé de subir cette dure règle; l'on m'accordait à peine quelque instant de repos, jamais un jour entier : j'étais toujours également accablé de travaux; et mon maître s'était engagé à n'instruire que moi et n'était point libre de se charger d'aucun autre élève.

Chacun, en voyant combien il m'excitait au travail, avait espéré d'abord qu'une si grande application aiguiserait mon esprit; mais cette espérance diminua bientôt, car mon maître était tout-à-fait inhabile à réciter des vers, ou à les composer selon toutes les règles. Cependant il m'accablait presque tous les jours d'une grêle de soufflets et de coups, pour me contraindre à savoir ce qu'il n'avait pu m'enseigner lui-même.

Je me consumai dans ces inutiles efforts pendant à peu près six années, sans en retirer aucun fruit quant à mes études : mais pour tout ce qui concerne les règles de l'honnêteté, il n'y eut pas un instant que mon maître ne fît tourner à mon plus grand bien. Tout ce qui tenait à la modestie, à la pudeur, à l'élégance des manières, il mit tous ses soins, toute sa tendresse à m'en bien pénétrer. Mais l'expérience m'a fait sentir depuis combien il agissait avec peu de poids et de mesure, en ce point que pour m'instruire il me tenait sans relâche appliqué à l'étude. Plus, en effet, je ne dirai pas seulement l'esprit d'un jeune enfant, mais même celui d'un homme formé, est tendu par une application continuelle, et plus il s'émousse; plus il se porte avec opiniâtreté vers une étude, plus l'excès du travail diminue ses forces, et plus la contrainte qu'il s'impose va refroidissant son ardeur.

Il est donc nécessaire de ménager avec modération notre intelligence déjà fatiguée de l'enveloppe de notre corps. Car s'il se fait régulièrement un intervalle de silence dans le ciel, ce n'est que parce que, dans cette vie, notre force ne peut demeurer constamment privée de repos et a besoin de s'adonner quelquefois à la contemplation : tout de même, pour ainsi dire, une vivacité continuelle ne peut animer l'esprit, quels que soient les travaux qui l'occupent. C'est pourquoi, tout en donnant toute notre attention à une chose quelconque, il convient, je crois, de varier l'objet de notre attention, afin que l'esprit s'occupant alternativement de plusieurs choses, revienne comme délassé et tout frais à celle vers laquelle il se sent le plus attiré; enfin pour que notre nature, facile à se fatiguer, trouve quelquefois dans la variété de ses travaux une espèce de soulagement. Rappelons-nous que Dieu n'a point donné au temps une seule forme ; mais qu'il a voulu que les jours et les nuits, le printemps, l'été, l'hiver et l'automne, toutes les révolutions des temps enfin servissent à nous récréer. Qu'il prenne donc garde celui qui accepte le titre de maître, comment il dispensera les devoirs des enfans et des jeunes hommes qu'il est chargé d'instruire ; car nous ne croyons pas qu'ils doivent être conduits différemment de ceux en qui la raison est déjà vieille et forte.

Cet homme avait donc pour moi une amitié funeste, car l'excès de sa sévérité paraît suffisamment dans les injustes coups qu'il me donnait. Du reste, son exactitude à observer dans le travail les moindres minutes était au dessus de tout. J'étais d'autant plus injustement battu, que s'il avait eu véritablement le talent d'enseigner, comme il le prétendait, j'étais tout aussi capable qu'un enfant peut l'être de comprendre clairement ce qu'il aurait enseigné avec méthode. Mais comme il ne parlait pas aussi aisément qu'il le voulait, il ne comprenait lui-même en aucune manière ce qu'il s'efforçait d'expliquer ; il roulait dans un cercle d'idées commun et resserré qu'il n'était pas même capable de construire lui-même et encore moins de comprendre, et ainsi il s'épuisait vainement à discourir. En effet, il avait une intelligence si malheureuse, que ce qu'il avait une fois mal appris dans un âge déjà avancé, comme je l'ai déjà dit, il y demeurait invariablement attaché : et s'il lui arrivait de lâcher, pour ainsi dire, quelque sottise, comme il tenait tous ses sentimens pour infaillibles, il la soutenait et la défendait au besoin avec des coups ;

mais je pense qu'il se fût très-certainement épargné une telle folie........ [1] car, comme dit le même docteur, avant que l'esprit se soit bien imprégné de la science, il n'y a pas plus de gloire à dire ce qu'on sait qu'à taire ce qu'on ne sait pas.

Lors donc qu'il me traitait aussi durement, parce que je ne savais pas ce que lui-même ignorait, il aurait dû prendre garde qu'il y avait de grands inconvéniens à exiger du faible esprit d'un enfant ce qu'il n'y avait point mis. Car de même que les gens sensés ne peuvent que difficilement, ou même en aucune façon, comprendre les paroles d'un fou, ainsi ceux qui, ne sachant point une science, affirment qu'ils la savent et veulent en instruire les autres, rendent leurs discours plus obscurs à mesure qu'ils s'efforcent de se faire mieux comprendre. Vous ne trouverez, en effet, rien de plus difficile que de disserter sur ce que vous ignorez : obscur pour celui qui parle, plus obscur pour celui qui écoute, le sujet semble avoir pétrifié l'un et l'autre. Je dis ceci, mon Dieu, non pour imprimer aucune tache au nom d'un ami qui m'est si cher, mais pour que chacun, en me lisant, comprenne que nous ne devons pas vouloir enseigner aux autres comme certain tout ce que nous avons dans notre imagination, ni les embrouiller dans les ténèbres de nos conjectures. Je me suis proposé de relever du moins, par la raison, l'ouvrage que j'écris en ce moment et dont le sujet est en lui-même si léger, afin que si celui-ci était avec justice peu prisé, l'autre pût du moins être jugé quelquefois de quelque valeur.

[1] Il y a ici une lacune.

CHAPITRE VI.

Donc quoiqu'il me retînt avec une si grande sévérité, sur toute autre chose mon maître faisait paraître bien clairement et de toutes sortes de manières qu'il ne m'aimait pas moins que lui-même. Il s'occupait de moi avec une si grande sollicitude, il veillait si assidûment à ma sûreté, que la haine de quelques-uns pouvait compromettre, il apportait tant de soins à me préserver de l'influence des mœurs dépravées de quelques hommes qui m'entouraient, il exigeait si peu que ma mère s'occupât de me vêtir d'une manière brillante, qu'il semblait remplir les fonctions, non d'un pédagogue, mais d'un père, et s'être chargé non du soin de mon corps, mais du soin de mon ame. Or, j'avais conçu pour lui un tel sentiment d'amitié, quoique je fusse pour mon âge un peu lourd et timide, et quoiqu'il eût plus d'une fois, sans motifs, marqué ma peau délicate de coups de fouet, que loin d'éprouver la crainte qu'on éprouve communément à cet âge, j'oubliais toute sa sévérité, et lui obéissais avec je ne sais quel naturel sentiment d'amour. C'est pourquoi mon maître et ma mère me voyant attentif à rendre à chacun d'eux le respect que je leur devais, cherchaient par maintes épreuves à découvrir auquel des deux je préférais obéir, en me commandant l'un et l'autre à la fois une même chose.

Enfin une occasion s'offrit, où sans que l'un ni l'autre s'en mêlât en aucune façon, l'expérience se fit de la manière la moins ambiguë. Un jour que j'avais été frappé dans l'école (l'école n'était autre chose qu'une salle de notre maison; car mon maître, en se chargeant de m'élever seul, avait abandonné tous ceux qu'il avait instruits jusque-là, ainsi que ma prudente mère l'avait exigé de lui; consentant d'ailleurs à augmenter ses revenus, et lui accordant une considération particulière), ayant donc interrompu mon travail pendant quelques heures de la soirée, je vins m'asseoir aux genoux de ma mère, rudement meurtri, et certainement plus que je n'avais mérité. Ma mère m'ayant, comme elle avait coutume, demandé si j'avais encore été battu ce jour-là, moi, pour ne point paraître dénoncer mon maître, j'assurai que non. Mais elle, écartant, bon gré mal gré, ce vêtement qu'on appelle chemise, elle vit mes petits bras tout noircis, et la peau de mes épaules toute soulevée et bouffie des coups de verges que j'avais reçus. A cette vue, se plaignant qu'on me traitait avec trop de cruauté dans un âge si tendre, toute troublée et hors d'elle-même, les yeux pleins de larmes : « Je ne veux « plus désormais, s'écria-t-elle, que tu deviennes « clerc, ni que, pour apprendre les lettres, tu sup- « portes un tel traitement. » A ces paroles, la regardant avec toute la colère dont j'étais capable : « Quand « il devrait, lui dis-je, m'arriver de mourir, je ne « cesserais pour cela d'apprendre les lettres, et de « vouloir être clerc. » Elle m'avait promis, en effet, que, si je voulais me faire chevalier, au moment où l'âge me le permettrait, elle me fournirait des armes et tout l'équipement de chevalerie. Et comme je repoussai toutes ces offres avec beaucoup de dédain, ta digne servante, ô mon Dieu, prit son mal avec tant de reconnaissance, et se releva si joyeuse de son abattement, qu'elle raconta à mon maître les réponses même que je lui avais faites. Ils se réjouirent donc tous deux de ce que je paraissais me porter avec tant d'ardeur à la profession à laquelle mon père m'avait voué, puisque j'apprenais le plus promptement possible les lettres elles-mêmes, quoiqu'elles ne me fussent pas bien enseignées, et puisque, loin de me refuser aux devoirs ecclésiastiques, dès que l'heure m'appelait ou qu'il en était besoin, je les préférais même à mes repas. Alors, en effet, il en était ainsi. Mais toi, mon Dieu, tu sais combien, dans la suite, je m'écartai de cette première intention, combien de fois je me désespérai en me rendant aux offices divins, et que les coups pouvaient à peine m'y contraindre. D'abord, Seigneur, ce n'avait point été, sans doute, un sentiment de religion qui vient de l'ame, mais seulement un caprice d'enfant qui m'avait entraîné. Mais, quand l'adolescence développa les mauvais germes que je portais naturellement en moi, et me jeta dans des pensées qui détruisaient toute retenue, toute ma dévotion disparut entièrement. Et quoiqu'à cette époque, ô mon Dieu, une ferme volonté, ou du moins l'apparence d'une ferme volonté, semblât m'embraser, obscurcie enfin par l'irruption des pensées les plus coupables, elle ne tarda pas à succomber.

CHAPITRE VII.

Ma mère faisait tous ses efforts pour me faire, en quelque manière que ce fût, entrer dans les bénéfices ecclésiastiques. Or, la première cause de ce desir avait été non-seulement déraisonnable, mais même coupable. J'avais un jeune frère qui était chevalier et citoyen de la cité de Clermont, située à deux....[1] avant le château qui est entre Compiègne et Beauvais. Mon frère donc attendait de l'argent qui devait lui être donné par le seigneur même de ce lieu, sans que je sache si c'était à titre gratuit, ou pour cause d'une redevance féodale; et comme ceux qui devaient faire ce paiement le retardaient, faute d'avoir l'argent, à ce que je présume, quelques-uns de mes parens suggérèrent au dit seigneur de me donner le canonicat, nommé prébende, attaché à l'église du lieu, laquelle, au mépris des décrets canoniques, se trouvait sous son autorité, afin que mon frère cessât de le tourmenter au sujet de l'argent qu'il lui devait.

En ce temps-là était encore toute nouvelle la déclaration du siége apostolique contre les ecclésiastiques mariés; et de là une si grande fureur de jalousie échauffait les clercs contre eux, qu'ils s'écriaient avec rage qu'il fallait les priver de leurs bénéfices ecclésiastiques, ou même les interdire du sacerdoce.

[1] Il manque ici quelques mots dans le manuscrit.

En cette occurrence, un neveu de mon père, homme qui s'élevait au dessus de tous les siens autant par sa puissance que par sa science, s'abandonna si bestialement au libertinage, qu'il ne formait jamais de liaison durable avec une femme. Il se déchaîna avec fureur contre le clergé à propos de ce dit canon, comme si un sentiment tout particulier de pudeur l'eût porté à détester de telles choses. Et comme il était laïc et qu'il ne pouvait être contenu par aucunes lois, plus elles lui laissaient de licence, plus il en abusait honteusement. En effet, il ne s'était jamais laissé fixer dans les liens du mariage, et n'avait jamais voulu subir une telle chaîne. Cette conduite lui donnait en tous lieux le plus sale renom; mais l'opulence extraordinaire qui l'élevait au dessus des autres, selon le monde, le protégeait de telle manière que, sans craindre qu'on lui reprochât sa propre impureté, il ne cessait de tonner avec acharnement contre les membres de l'ordre sacré.

Ayant donc trouvé l'occasion de m'être utile au détriment d'un certain prêtre qui était riche, à ce qu'on dit, il agit tellement auprès du seigneur du château, sur lequel il avait un assez grand crédit, et pouvait même beaucoup à raison des services qu'il pouvait lui rendre, qu'il obtint de lui de m'appeler en l'absence du clergé et sans l'avoir nullement assemblé, et de me donner l'investiture du susdit canonicat; car ce seigneur, en ayant obtenu la permission de l'évêque, remplissait mal à propos, et contre tout droit et toute justice, les fonctions d'abbé dans cette église; et, n'étant pas chanoine, il imposait à des chanoines l'observation des canons. Et comme à cette époque on attaquait non-seulement les mariages des ecclésiastiques des trois premiers ordres et des chanoines, mais qu'en outre on traitait de criminel l'achat des offices ecclésiastiques, même des bénéfices sans charge d'ames, tels que sont les prébendes, les offices de chantre, de prévôt et d'autres du même genre, non seulement les gens élevés en dignité, mais ceux dont les fonctions sont de faire les affaires intérieures des abbayes, ceux qui soutenaient le parti du clerc qui avait perdu sa prébende, et enfin un grand nombre de mes contemporains, commencèrent à se répandre en longs murmures, sur ce cas de simonie et d'excommunication, dont la nouvelle était tout récemment divulguée. Or le prêtre dont on m'avait donné la prébende et qui avait une femme à laquelle on n'avait pu le faire renoncer en le suspendant de son office, avait cessé toutefois de dire la messe. Donc, comme il avait prisé son corps au dessus des mystères divins, il fut frappé avec justice de la peine à laquelle il avait cru échapper en s'abstenant du saint sacrifice. C'est pourquoi, dépouillé de son canonicat et n'ayant plus rien sur quoi on pût avoir prise, il disait la messe partout où bon lui semblait, et gardait en outre sa femme avec lui. Alors se répandit le bruit qu'au milieu du saint sacrifice, il avait frappé d'excommunication ma mère et toute sa famille. Or, ma mère toujours timide devant les choses divines, redoutant les peines réservées aux péchés, et tremblant de commettre la moindre offense envers qui que ce soit, lui fit aussitôt savoir qu'elle lui rendait la prébende qui lui avait été donnée mal à propos, et retint pour moi, chez le seigneur de la ville, la première que la mort d'un clerc rendrait vacante. C'était fuir le fer pour tomber sous les coups de l'airain. Acheter un bien dont on ne doit jouir qu'à la mort de celui qui le possède encore, ce n'est autre chose que mettre chaque jour quelqu'un dans le cas de devenir homicide.

Seigneur, mon Dieu, je me laissai alors coupablement séduire à ces espérances, et n'ayant encore aucune expérience, je ne m'arrêtai nullement à attendre que vous m'accordassiez vos dons. Ma mère, votre servante, n'avait pas encore compris quelles espérances devaient lui offrir, quelle sécurité devaient lui inspirer mes ressources auprès de vous; elle ignorait encore quels bénéfices me seraient accordés par vous. Comme elle était encore un peu adonnée aux affaires du monde, elle ne connaissait que les choses de ce monde; et les choses mondaines qu'elle avait d'abord recherchées pour elle, elle les recherchait aussi pour moi, croyant que je les desirais également. Mais quand elle eut aperçu le péril où elle jetait son ame, elle se mit à recueillir toutes les forces de son cœur pour déplorer longuement sa vie passée, comme si elle eût voulu dire : « Ne faisons point aux autres ce que nous « ne voulons pas qui nous soit fait. » Elle reconnut que tout ce qu'elle jugeait indigne pour elle-même, ce serait une folie extrême de vouloir le faire pour les autres; et que ce qu'elle avait cessé de desirer pour elle, il serait criminel de le souhaiter pour un autre, de manière à provoquer sa ruine. C'est ce que sont bien loin de faire la plupart de ceux que nous voyons abandonner le soin de leurs propres biens pour se jeter dans la pauvreté, mais qui en eux-mêmes convoitent beaucoup plus qu'il ne convient, non seulement les biens de leurs proches, ce qui est déjà très-mal, mais même ceux des étrangers, ce qui est encore plus coupable.

CHAPITRE VIII.

Mais il convient qu'autant que le requiert le tableau de notre temps, nous reprenions de plus haut l'état de la religion, de l'Église, et les conversions dont nous avons été les témoins, et que nous disions où cette église elle-même et un grand nombre de personnes ont eu le bonheur de puiser l'exemple d'un heureux changement. Nous lisons dans un grand nombre d'auteurs que la vie monacale florissait aux temps anciens. Et sans parler des nations étrangères, nous savons combien, sous plusieurs rois de France, il s'éleva, en différens lieux, d'établissemens religieux, dans plusieurs desquels vint se réfugier une si grande multitude de saintes personnes, que nous nous étonnons comment de si étroites enceintes pouvaient contenir une telle affluence d'hommes. Parmi ces établissemens, quelques-uns se distinguèrent par une rigidité particulière; quelques autres, en qui la ferveur s'était légèrement attiédie, formèrent encore cependant des monastères célèbres : tel fut, pendant quelque temps, Luxeuil, dans la Gaule; tels plusieurs autres dans la Neustrie, aujourd'hui appelée Normandie. Mais comme, selon le mot d'un poète véridique, il est refusé aux grandes choses d'exister long-temps; de même il n'est pas moins certain que le siècle se précipitant dans les voies de l'iniquité, le zèle d'une sainte règle de vie se ralentit, et bientôt l'abondance de toutes choses manqua peu à peu à plusieurs églises : d'où il arriva que tandis que le travail des mains tombait lui-même en mépris, le nombre de ceux qui se retiraient dans les monastères diminua grandement. C'est pourquoi, de notre temps, les plus anciens monastères étaient réduits à un petit nombre de zélés; et tandis qu'ils abondaient en toutes choses parce qu'elles leur avaient été données autrefois, ils étaient possédés par une petite quantité d'hommes, au milieu desquels il s'en trouvait même très-peu qui eussent rejeté ce siècle par dégoût pour le péché : mais plutôt ces églises étaient ordinairement occupées par des hommes qui, voués par la volonté de leurs parens aux affaires ecclésiastiques, y étaient nourris dès leur plus bas âge. Ceux-là donc, moins ils concevaient de crainte sur des maux qu'ils croyaient n'avoir point faits, et plus ils apportaient, au sein de la retraite des cénobites, un zèle relâché. S'il leur arrivait d'obtenir l'administration ou les affaires du dehors, soit pour l'intérêt des abbés, soit pour leur caprice, ardents à suivre leurs volontés particulières, ayant peu joui de cette liberté, ils saisissaient une occasion si facile de dilapider les richesses des églises, et de prodiguer en folles dépenses tout le revenu qu'elles possédaient. Et cependant, quoique la religion fût ainsi oubliée par eux, le nombre toujours diminuant des moines rendait d'autant plus précieux ceux qui demeuraient encore.

CHAPITRE IX.

Pendant qu'ils se gouvernaient de cette sorte, et que rarement un homme de quelque mérite venait s'adjoindre à eux, un certain comte du château de Breteuil, situé sur les confins des pays d'Amiens et de Beauvais, vint agiter presque tous les esprits. Parvenu à l'âge le plus brillant, doué d'une grâce parfaite, il l'emportait sur les autres seigneurs par les formes élégantes de sa personne, et surtout par la quantité de ses richesses et de ses possessions. Son ame qui s'était long-temps compluc avec orgueil dans son faste, se repentit enfin, et reconnut vers quel abîme de vices elle se laissait entraîner par le monde. A la vue de l'état misérable de son ame, et parce qu'il ne faisait en vivant pour le siècle que se damner lui-même et être une cause de damnation, que se souiller et être une cause de souillure, il agita long-temps, et dans beaucoup de discussions avec quelques hommes qui partageaient son desir et qu'il avait résolu d'associer à ses projets, quel genre de vie il devait choisir. Or, ce comte s'appelait Everard : c'était un jeune homme très-renommé en toutes choses entre tous les seigneurs de France.

Enfin, mettant en évidence le but de ses longues méditations, mais ne laissant connaître à personne le parti qu'il allait prendre, suivi de ceux qu'il avait, par ses secrètes sollicitations, engagé à partager son sort, il se retira dans je ne sais quelles provinces étrangères, où il s'établit de son propre gré et demeura inconnu, fabriquant du charbon pour subvenir à sa dépense, et allant ensuite avec ses compagnons le vendre dans les villes ou dans les campagnes. Alors, pour la première fois, il crut être parvenu au comble de la richesse.

Mais quoi! je veux raconter ici quel exemple il suivit lui-même en une telle conduite.

Thibaut, que tout le monde reconnaît aujourd'hui pour saint, tellement que déjà bien des églises établies sous son invocation répandent sa renommée partout, était un jeune homme d'une noble famille, qui vécut avant notre temps, et qui, au milieu de ses premiers exercices de chevalerie, méprisant les armes, s'enfuit d'entre les siens, pieds nus, et se livrant au susdit métier de fabricant de charbon, vécut durant quelque temps dans une rude privation de toutes choses. Animé, dis-je, par cet exemple, Everard avait résolu de vivre, comme nous l'avons raconté, au moyen d'une si basse occupation. Mais comme il n'est aucun bien qui ne fournisse quelquefois quelque prise à la malignité, un jour qu'il s'était arrêté dans un certain village, je ne sais pour quelle raison, voici qu'un homme lui apparaît tout à coup, couvert d'une robe tyrienne, portant à ses pieds des bottines de soie au lieu de chaussons; ses cheveux, partagés sur le front à la manière des femmes, et flottant sur ses épaules, lui donnaient plutôt l'air d'un galant que d'un exilé. Comme Everard l'interrogeait pour savoir qui il était, celui-ci, détournant d'abord les yeux comme par un sentiment de honte, hésitait à répondre: l'autre, alors devenu de plus en plus curieux par ce délai, insistait avec plus de force, lorsqu'enfin cet homme, vaincu par tant de sollicitations : « Je suis, « dit-il, mais ne le confiez à personne, cet Everard, « jadis comte de Breteuil, qui, vous le savez, riche « autrefois en France, me suis relégué dans l'exil, « pour y porter volontairement la peine de mes pé- « chés. » Ainsi s'exprima l'homme illustre, et il confondit d'étonnement, par son arrogance, celui qui l'avait interrogé. Celui-ci donc, admirant l'impudence inouie de cet homme pervers, et méprisant l'entretien de cette espèce de fantôme, retourna vers les siens, et leur ayant rapporté ses paroles, leur dit : « Sachez, mes amis, que ce genre de vie qui nous « est utile sans doute, est funeste au plus grand nom- « bre ; car, de ce que vous avez entendu de la bouche « de celui-ci, vous pouvez conclure la même chose « pour beaucoup d'autres. Si donc nous voulons « plaire à Dieu en toutes choses, nous devons éviter « tout ce qui fournit aux autres, je ne dis pas une « occasion de scandale, mais même une occasion de « mensonge. Allons donc nous établir en un lieu où, « renonçant à l'exil que nous souffrions pour Dieu, « nous ôtions à tous l'occasion de prendre un titre « orgueilleux. » Quand il eut dit, ils changèrent leur premier dessein, se rendirent au monastère de Marmoustier auprès de Tours ; et là, prenant l'habit de sainteté, ils se consacrèrent à jamais au service de Dieu.

Nous avons entendu raconter que, dans le temps où il vivait pour le siècle, Éverard prenait un tel soin des vêtemens les plus recherchés, qu'il marchait l'égal des plus riches : il était en outre d'un caractère si emporté, qu'il semblait que nul ne pût l'aborder même pour lui adresser la parole. Mais une fois entré dans la vie monacale, nous l'avons vu traiter son corps avec un tel mépris, que la grossièreté de ses vêtemens, l'humilité de son maintien, la maigreur de ses membres semblaient montrer en lui un sauvage paysan bien plutôt qu'un ancien comte. Souvent envoyé, par l'ordre de l'abbé, dans les cités et les villes, l'on ne put jamais lui donner le desir de rentrer même une seule fois dans les châteaux qu'il avait abandonnés. Toutes ces choses que je viens de rapporter, il me les a racontées lui-même pendant ma jeunesse; car il avait pour moi une telle considération, me traitait avec tant de bonté en qualité de parent, qu'il m'a même donné des témoignages particuliers de son affection et de son estime.

Éverard avait depuis long-temps une habitude très-élégante. Toutes les fois qu'il rencontrait quelqu'un qu'il savait avoir quelque distinction dans les lettres, il exigeait de lui qu'il écrivît, à son choix, soit un morceau de prose, soit un morceau de vers, et il les écrivait lui-même dans un petit livre qu'il portait toujours avec lui pour cet usage, afin d'apprendre lui-même à examiner toutes les opinions, en rassemblant ainsi celles de toutes les personnes qu'il provoquait de la sorte. Et s'il ne comprenait pas toujours par lui-même ce qui lui était ainsi dicté, ceux à qui il le faisait ensuite lire lui donnaient l'explication de ce qui pouvait être trop recherché dans le sens ou dans la forme. Qu'il me suffise d'avoir effleuré par ce peu de mots l'histoire de cet homme noble autrefois, et plus noble encore à cause de son heureuse fin.

C'est ainsi, dis-je, que cet homme, parmi tous ceux de notre temps, s'illustra le premier par l'exemple d'une glorieuse conversion.

CHAPITRE X.

Mais celui qui sut attirer un Saul à son service par les prières d'Étienne le martyr, propagea bientôt cet exemple, avec bien plus de succès et beaucoup plus au loin, par l'intervention d'un homme fort élevé en puissance.

En effet, un certain Simon, fils du comte Raoul, a de notre temps illustré la religion par l'éclat admirable d'une conversion soudaine. Combien ce Raoul fut puissant dans tous les pays de France, combien il envahit de villes, combien de châteaux furent soumis par lui avec une merveilleuse adresse, c'est ce que peuvent attester beaucoup d'hommes qui vivent encore maintenant, et qui ont gardé la mémoire de ses actions. Et quant à sa grandeur, une seule chose la fera connaître; c'est qu'il s'unit en mariage à la femme du roi Henri, qui fut aussi mère du roi Philippe, lorsqu'elle eut perdu son premier époux.

Le jeune Simon, son père étant mort, ne garda pas long-temps les honneurs et les comtés qui lui étaient échus en héritage. Voici quelle fut, au dire de quelques personnes, la cause d'une conversion si prématurée. Dans une certaine ville, qui lui appartenait plutôt par usurpation que par héritage, les dépouilles de son père avaient été ensevelies. Craignant que cette circonstance ne portât préjudice à l'ame de son père, le fils résolut de transporter ses dépouilles dans un lieu qui lui appartînt de droit légitime; mais, avant d'opérer cette translation, ayant fait découvrir ces dépouilles et les plaçant à nu sous ses yeux, et voyant déjà tout corrompu le corps d'un père autrefois si puissant, d'un homme qui avait été si valeureux, il se mit tout à coup à réfléchir sur la misère de notre condition, et commença dès ce moment à mépriser toute cette grandeur, toute cette gloire qui lui avaient souri. Lorsqu'il eut ainsi formé une bonne résolution, son cœur rempli d'ardeur accomplit enfin ce qu'il méditait; et, abandonnant sa patrie et ses biens, Simon sortit du pays de France et se retira en Bourgogne, à Saint-Claude, sur le territoire du Jura.

J'ai entendu dire aussi qu'il avait été fiancé avec une jeune fille d'une race très-noble; laquelle apprenant que celui qu'elle aimait plus que toute chose l'avait répudiée, elle et le monde, et ne pouvant souffrir de paraître inférieure à lui, se renferma au milieu d'un troupeau de jeunes filles vouées au service de Dieu, avec la résolution de demeurer toujours vierge.

Peu de temps s'étant écoulé depuis qu'il avait pris l'habit de moine, Simon rentra en France, où la sainteté de toutes ses paroles et de ses discours, l'humilité de son ame, qui se reproduisait sur son visage, touchèrent tant et de si puissantes personnes, hommes et femmes, qu'une troupe infinie des uns et des autres se pressèrent à sa suite dans la route qu'il leur avait enseignée, et que de toutes parts un grand nombre y étaient entraînés par l'exemple d'un si grand nom.

Sin

Ce fut surtout parmi les chevaliers que cet homme excita la plus grande ferveur.

CHAPITRE XI.

Mais comme il était juste que, parmi les doctes, quelqu'un entraînât avec lui dans les mêmes sentimens un troupeau de l'ordre sacré, il exista vers ce temps un certain Bruno, homme de la ville de Rheims, qui était instruit dans les arts libéraux et professait les hautes sciences : cet homme trouva le principe de sa conversion dans les circonstances dont je vais rendre compte. Après la mort du très-fameux archevêque Gervais, un certain Manassé s'ingéra simoniaquement au gouvernement de la susdite ville; c'était un homme noble sans doute, mais il n'avait absolument rien de cette tranquillité d'ame qui convient surtout à la haute naissance : il avait en effet conçu un tel orgueil de cette nouvelle importance qu'il se donnait, qu'on le voyait imiter le faste royal des nations étrangères, et se livrer même à tous les excès du faste. Je dis des nations étrangères, car chez les rois des Français on voit toujours dominer une naturelle modestie ; de sorte qu'ils réalisent, sinon selon la science, du moins en fait, cette parole du sage : « Vous a-t-on « établi chef? Ne vous élevez point, soyez parmi les « autres comme l'un d'entre eux [1]. » Celui-ci donc, caressant particulièrement les hommes d'armes, négligeant les clercs, disait quelquefois, à ce qu'on

---

[1] Ecclésiastique, chap. xxxii, v. 1.

rapporte : « L'archiépiscopat de Rheims serait bien bon « s'il ne fallait y chanter la messe. »

Dans le temps donc où tout homme honnête avait en horreur les mœurs impies et les brutales habitudes d'un tel homme, Bruno, très-renommé alors dans les églises de la Gaule, suivi de quelques autres nobles clercs de Rheims, abandonna la ville en haine de cet infâme. Dans la suite, les seigneurs, le clergé et les bourgeois voyant que Hugues (que l'on surnommait de Die), archevêque de Lyon, légat du siége apostolique, homme en grande odeur de justice, avait frappé ce méchant d'un sévère anathème, et que Manassé se préparait à faire piller par ses chevaliers les trésors de l'église, ils le chassèrent du siége qu'il avait traîtreusement envahi ; lui, alors condamné à un exil éternel et frappé d'une excommunication, se rendit auprès de l'empereur Henri, aussi excommunié en ce temps ; et, après avoir erré de côté et d'autre, il mourut enfin hors de la communion.

Il est bon cependant de dire ici une chose qui arriva tandis que cet impie mettait tout en désordre dans la ville. Parmi les ornemens ecclésiastiques qu'il avait distribués à tous ceux qui le secondaient dans sa tyrannie, était un calice en or qui avait un double prix, d'abord parce qu'il était très-pesant, ensuite parce qu'il contenait, disait-on, je ne sais combien de parcelles de cet or qui fut jadis offert au Seigneur par les trois Mages. Quand ce calice fut, à l'aide du ciseau, coupé en autant de portions que l'on jugea à propos, et qu'il s'agit de le distribuer, personne d'abord n'osa toucher à cet objet sacré ; mais enfin un certain scélérat chevalier, bien digne de celui qui faisait de telles largesses, osa s'en emparer, ou plutôt l'arracher impudemment sans aucun respect pour la sainte majesté du sacrement. Mais, tout à coup frappé de démence, il ne toucha point le prix auquel il avait injustement prétendu, et reçut au contraire tout aussitôt le châtiment de sa téméraire cupidité.

Cependant Bruno, ayant abandonné la ville, résolut aussi de renoncer au siècle, et, détestant le voisinage des siens, il se rendit au pays de Grenoble. Là, choisissant un rocher très-escarpé, d'un aspect effrayant, auquel on ne pouvait parvenir que par un sentier difficile et très-rarement fréquenté, au dessous duquel s'ouvrait une vallée ou plutôt un gouffre profond, il y établit son habitation, et y fonda une règle, que suivent encore aujourd'hui ceux qui l'y suivirent. Voici quelles en sont les lois.

D'abord l'église est située sur un penchant peu incliné et très-peu loin de la base de la montagne; elle renferme treize moines; lesquels habitent un cloître, très-convenable à des hommes voués à la vie de cénobites; mais ils n'y vivent pas réunis comme les autres cénobites le sont dans leurs cloîtres.

En effet, chacun a sa cellule particulière autour du cloître, dans laquelle il travaille, dort et mange. Les dimanches ils reçoivent du pourvoyeur chacun sa nourriture, c'est-à-dire du pain et des légumes, qui sont leur seul aliment, et chacun les fait cuire chez lui. Quant à l'eau, soit pour boire, soit pour les autres besoins, ils en ont autant qu'il leur en faut, par un conduit qui tourne autour de toutes les cellules, et arrive même dans l'intérieur par de petits tuyaux. Les dimanches, et surtout les jours de fête, ils mangent du poisson et du fromage : je dis du poisson, non qu'ils l'achètent eux-mêmes, mais parce qu'ils en reçoivent de la munificence de quelques hommes de bien.

De l'or, de l'argent, des ornemens d'église, ils n'en ont reçu de personne, et n'ont en effet rien de tout cela, si ce n'est leur calice d'argent. Dans cette église, ils ne se rassemblent pas aux mêmes heures que nous, mais à d'autres qu'ils ont déterminées. Le dimanche, si je ne me trompe, et les jours de fêtes solennelles, ils entendent la messe. Jamais ils ne se fatiguent à parler ; car s'ils ont besoin de quelque chose, ils le demandent par signes : s'ils boivent quelquefois du vin, il est tellement faible qu'il ne prête aucune force, n'est d'aucune saveur à ceux qui le goûtent, et qu'il est à peine différent de l'eau ordinaire. Ils portent un cilice pour couvrir leur nudité, et leurs autres vêtemens sont très-légers. Ils vivent sous la conduite d'un prieur : les fonctions d'abbé et de prévôt sont remplies par l'évêque de Grenoble, homme éminemment religieux. Tandis qu'ils se resserrent dans une aussi étroite pauvreté, ils ont amassé une riche bibliothèque : car moins ils possèdent de ce pain qui n'est que matériel, plus ils suent et se travaillent pour acquérir cette autre nourriture qui ne périt point, mais vit éternellement.

Ainsi que je viens de le dire, ils sont à tel point rigides gardiens de leur pauvreté, qu'en l'année même où nous sommes présentement, le comte de Nevers, homme en tout point religieux, et aussi très-puissant, a voulu les visiter, tant par dévotion qu'à cause de la grande réputation de ce monastère. Il leur tint beaucoup de discours sur l'ambition du siècle, et leur conseilla de s'en garder soigneusement. Mais lorsqu'il fut retourné chez lui, se ressouvenant de leur indigence, dont il avait été le témoin, et oubliant en même temps tous les avertissemens qu'il leur avait donnés, il leur envoya je ne sais quoi en argent, des tasses, je crois, et des plateaux, estimés d'un grand prix : mais il ne les trouva point oublieux des choses qu'il leur avait dites. En effet, après qu'ils eurent tenu conseil, ils lui répondirent exactement par toutes les paroles qu'il leur avait adressées : « Ni pour « nos dépenses, ni pour les ornemens de notre « église, nous n'aimons, lui dirent-ils, à rien retenir « des richesses d'autrui ; et si nous ne faisons aucun « cas d'aucune de ces choses, à quoi bon recevoir « de tels présens ? » Le comte donc eut quelque honte d'une offrande qui démentait ainsi ses discours ; cependant, ne s'arrêtant point à ces témoignages de dédain, il leur envoya derechef des cuirs de bœuf et des parchemins, qu'il savait positivement leur devoir être nécessaires.

Ce lieu est appelé la Chartreuse : ils y cultivent quelque peu de terrain pour y récolter du blé. Du reste, c'est avec les toisons des brebis, qu'ils nourrissent en assez grand nombre, qu'ils se pourvoient de toutes les choses nécessaires à leur usage. Il y a au pied de cette montagne plusieurs petites habitations, où plus de vingt laïques vivent constamment sous leur direction. Ces moines sont animés d'une telle ardeur de contemplation, que le long temps écoulé depuis leur institution ne les a point détournés de leur première règle, et que leur zèle ne s'est point refroidi par la continuité d'un si rude mode de vie.

De là, et je ne sais à quelle occasion, cet admirable Bruno se retira, laissant fortement inculquées dans l'âme de ses moines, par le souvenir de ses paroles et de ses exemples, toutes les règles qu'il avait établies ; il se rendit dans la Pouille et dans la Calabre, sans que je puisse indiquer le lieu plus précisément, et il y établit une règle de vie toute pareille. Vivant en ce lieu avec grande humilité, et répandant tout autour de lui l'éclat de ses pieux exemples, il fut appelé par le siége apostolique à la dignité d'évêque, et la refusa. Redoutant le siècle, et de peur de perdre les choses de Dieu auxquelles il avait pris goût, en refusant un si important office, il repoussa non point les choses divines, mais bien les grandeurs du siècle.

Telles furent les saintes personnes qui donnèrent les premiers exemples d'une sainte conversion. A celles-ci vint s'aggréger aussitôt un immense troupeau d'hommes et de femmes ; enfin de tous les Ordres on y accourut en foule. Parlerai-je des différens âges ? Des enfans de dix et onze ans concevaient des pensées de vieillards, et supportaient une vie bien plus dure que leur jeunesse ne semblait le permettre. Il arrivait en ces conversions ce qu'on avait accoutumé de voir chez les anciens martyrs ; on trouvait dans les corps frêles et délicats une foi bien plus vive que chez ceux en qui brillait l'autorité d'un grand âge ou d'une grande science.

Or, comme il n'y avait de lieu de retraite pour les moines que dans un petit nombre de monastères très-anciens, on commença de tous côtés à construire de nouveaux établissemens, et de tous côtés on assura de grands revenus pour fournir à la subsistance de cette multitude. Ceux qui n'avaient pas les moyens de fonder de grands établissemens fondaient une maison et des revenus pour deux, pour trois, pour quatre, enfin pour autant de frères, qu'ils avaient la possibilité d'en faire nourrir. De là il arriva que dans les campagnes, les bourgs, les villes, les lieux fortifiés, et bien plus, dans les forêts et dans les champs, on vit surgir tout à coup des essaims de moines, se répandant de toutes parts, et qu'on entendit retentir le saint nom de Dieu, et briller la pompe du culte des Saints dans les lieux où les bêtes féroces avaient jusqu'alors établi leur retraite et les larrons leur asile.

Au milieu de tant d'exemples, la noblesse s'empressait de se soumettre à une pauvreté volontaire, et, comparant les monastères où elle se retirait aux choses qu'elle avait méprisées, elle s'appliquait, dans une pieuse poursuite, à y attirer les autres. Aussi des femmes d'un haut rang renonçaient à leur mariage avec des hommes illustres, et, oubliant leurs tendres affections de mères, transportaient en ces lieux toutes leurs richesses, et se livraient entièrement à ces exercices ecclésiastiques. Pour ceux ou celles qui ne pouvaient abandonner tout-à-fait leurs possessions, ils soutenaient par d'amples largesses ceux qui avaient renoncé au siècle. Ils comblaient les églises et les autels de riches offrandes, et ce pieux genre de vie, qu'ils ne pouvaient embrasser, ils le protégeaient ainsi que ceux qui s'y consacraient, les aidant de toutes leurs richesses, et s'efforçant ainsi de s'égaler à eux autant qu'ils le pouvaient.

D'où il arriva qu'en ces temps, la multitude des présens et de ceux qui les offraient, et bien plus encore l'habileté de ceux qui se rangeaient sous cette règle de vie, et qui assistaient les peuples par des secours de tous genres, élevèrent très-haut les monastères; mais, depuis cette époque de si grande splendeur, la méchanceté chaque jour croissante des hommes de notre temps semble leur avoir porté des dommages continuels. Déjà même, ô douleur! les offrandes que, dans l'impulsion d'un zèle pieux, les pères avaient présentées aux saints lieux, les fils, aujourd'hui, ou les reprennent en entier, ou ne cessent, par de continuelles demandes, de chercher à les racheter, méconnaissant ainsi les volontés de leurs parens, et se montrant enfans dégénérés.

CHAPITRE XII.

Je reviens enfin à toi, mon Dieu, après ces digressions, pour m'entretenir de la conversion de cette excellente femme qui fut ma mère. Elle donc, étant à peine dans l'âge nubile, fut accordée à mon père, très-jeune aussi, par les soins de mon aïeul. Elle était douée d'un très-joli visage, et son maintien était naturellement grave et décent. Dès sa plus tendre enfance, elle avait conçu une grande crainte de ton saint nom: aussi c'était moins par expérience que par une espèce de terreur qui lui était inspirée d'en haut, qu'elle était accoutumée à détester le péché; et, comme il lui arrivait souvent de me le dire, elle avait tellement pénétré son ame de la crainte d'une mort soudaine que, parvenue à un âge plus avancé, elle regrettait amèrement de ne plus ressentir dans son cœur vieilli ces mêmes aiguillons d'une pieuse terreur, qu'elle avait ressentis dans un âge de simplicité et d'ignorance.

Or, il arriva que l'efficacité du mariage, dans les premiers temps de cette union légitime, fut contrariée par les maléfices de certains hommes. En effet, on rapporte que ce mariage ne fut pas peu troublé par la jalousie d'une belle-mère, laquelle ayant sept petites-filles d'une beauté et d'une naissance remarquables, avait formé le projet d'en faire entrer une dans le lit de mon père. Mais comme elle ne put réussir dans ses desirs, elle entreprit, dit-on, par de mauvais artifices, de rendre entièrement stérile la couche conjugale. Et comme, durant trois ans entiers, la virginité de ma mère demeura intacte et qu'un si grand malheur était soigneusement enseveli dans le silence, mon père, poussé enfin par ses propres parens, fut le premier à déclarer le fait. Vous ne sauriez croire de combien d'artifices on usa pour qu'un divorce séparât mon père d'avec ma mère ; et combien on fit d'efforts pour persuader à mon père, encore jeune par son âge, quoique déjà usé de tempérament, de vivre retiré dans un cloître, bien qu'alors ce genre de vie fût peu vanté : ce qu'on en faisait, au reste, n'était nullement par intérêt pour son salut, mais plutôt par le desir de s'emparer de ses biens.

Mais, comme ces suggestions n'obtinrent aucun succès, ces gens-là se mirent, comme des chiens, à assaillir la jeune femme de leurs continuels aboiemens; afin que, se voyant détestée de tous les siens, en butte aux tracasseries d'hommes étrangers, et fatiguée de tant d'insultes, elle se résolût à abandonner d'elle-même et sans divorce la maison de son mari. Elle cependant supportait tout avec patience, opposait la fermeté de son ame aux paroles dures qu'on lançait contre elle, et s'il en résultait quelque contestation, elle dissimulait encore, comme si elle eût tout ignoré. En outre, en la voyant ainsi pure de toute liaison conjugale, quelques hommes très-riches commencèrent à solliciter sa jeunesse ; mais toi, Seigneur, qui fondes la chasteté du cœur, tu lui avais inspiré une pureté qu'on s'étonne de trouver dans un tel tempérament et en un tel âge. C'est de toi qu'elle recevait la grâce qui la préservait de brûler au milieu même du feu. C'est toi qui, au milieu des séductions des entretiens pervers, préservais son cœur, si jeune encore, de la corruption; lors même, pour ainsi dire, que l'huile était répandue sur le feu, et que les passions naturelles (car enfin il appartient à l'homme d'avoir des passions) étaient remuées par les séductions qui l'entouraient. Mais tu faisais que son ame, toujours maîtresse d'elle-même, ne cédait à aucune de ces séductions. Ce sont là, Seigneur, les œuvres de toi seul, de toi qui, durant sept ans entiers, as conservé cette jeune femme que tourmentait le feu de son âge, et qui ne trouvait aucun soulagement dans les plaisirs du mariage; qui l'as conservée, dis-je, dans une pureté et une chasteté telles que, selon cette parole d'un sage, la renommée même n'osait mentir sur son compte. Et tu sais, mon Dieu, combien aujourd'hui il est difficile, combien il est rare que les femmes suivent un tel exemple; tandis qu'alors il régnait une telle décence que la médisance même la plus légère n'attaquait presque aucun mariage. Hélas! combien misérablement, depuis cette époque jusqu'à notre temps, la pudeur et l'honnêteté sont peu à peu déchues dans la conduite des jeunes filles! Elles ont secoué, en apparence et en effet, la surveillance des femmes âgées; et dans toutes leurs manières on ne remarque plus qu'une folle gaîté, on n'entend plus que des plaisanteries, on ne voit plus que des roulemens d'yeux et du babil; leur démarche est étourdie; toutes leurs habitudes n'ont rien que de répréhensible. Leurs vêtemens sont bien loin de l'ancienne simplicité: des manches larges, des tuniques étroites, des souliers dont la pointe se recourbe, à la mode de Cordoue; tout enfin nous montre avec évidence l'oubli de toute décence. Une femme se croit parvenue au comble du malheur quand elle passe pour n'avoir point d'amant, et c'est pour chacune un titre de noblesse et de gloire, dont elle est fière, de compter un plus grand nombre de tels courtisans. Mais dans ce temps-là, et j'en atteste le Seigneur, on trouvait plus de pudeur chez un homme, quand il s'unissait à une femme, au point qu'il rougissait d'être vu auprès d'elle, qu'aujourd'hui on n'en voit chez les femmes au moment de s'unir à un homme; et maintenant ces liaisons honteuses donnent aux hommes beaucoup plus de jactance, et leur font rechercher avec plus d'ardeur le dehors de leurs maisons et la publicité.

Et d'où cela vient-il, Seigneur mon Dieu, sinon

de ce que nul ne rougit plus de la légèreté et de la licence, parce qu'il voit tous les autres entachés d'un pareil défaut ? Et lorsqu'il ressent la même impression que tous, pour ainsi dire, pourquoi, je le demande, aurait-il honte d'une passion qu'il voit au cœur de tout le reste des humains ? Mais que parlé-je de honte, quand il s'agit de gens qui ne sont accessibles qu'à la honte de rester en arrière à donner l'exemple de la licence ? Nul ne s'abstient de se vanter du nombre de ses bonnes fortunes, ou d'une heureuse intrigue qu'il aura menée à bien. Nul n'est méprisé devant toi, même pour avoir déshonoré par un éclat inévitable la femme qu'il aime ; mais chacun de son côté célèbre et exalte par de magnifiques éloges cette corruption universelle.

O scandale ! ce que la pudeur commande de cacher, ce que les remords de la chasteté affaiblie réprouvent, ce qui était digne d'être complétement décrié, voilà qu'avec une licence effrontée et pleine de dépravation, avec une licence qui devrait se cacher dans un éternel silence, un impudent le publie en tous lieux. C'est par de telles et de semblables voies que le temps moderne corrompt et est corrompu, communiquant aux autres toutes ses erreurs, et celles qu'il a déjà contractées lui-même, les perpétuant à l'infini, et les transmettant aux autres dans une tradition de turpitude.

Dieu très-saint, aucune chose semblable n'était presque jamais ni nulle part racontée au temps où ta servante, ma mère, se conduisait comme je l'ai dit. Au lieu de cela, le manteau d'une sainte pudeur couvrait celles qui étaient indignes, et ornait celles qui étaient honorables. Durant ces sept années, Seigneur, cette virginité, que tu as si merveilleusement conservée en elle, avait à livrer les plus rudes combats, et à se défendre contre les sollicitations de la famille qui la pressait de renoncer à son alliance avec mon père, pour passer dans le lit d'un autre époux, ou pour se retirer chez quelques-uns de mes parens au fond d'une retraite éloignée. Encore qu'elle fût souvent bien cruellement fatiguée par ces sollicitations importunes, elle trouvait cependant, pour combattre ces mouvemens de la chair, et toute autre séduction des objets extérieurs, une force admirable, et qu'elle recevait, sans doute, mon Dieu, de ta grâce.

Je ne dis pas, Dieu tout bon, que ce fût la vertu qui la soutînt dans cette lutte, mais que c'était la vertu de toi seul. Car comment pourrait-elle être une vertu celle que n'accompagne aucun empire sur l'esprit, ni sur la chair, ni aucun sentiment de piété envers Dieu, celle qui ne s'occupe que d'une vaine apparence d'honnêteté, ou du soin d'éviter l'infamie ? Il est, certes, très-utile de résister aux attaques du péché qui nous attire, ne fût-ce que par un sentiment de honte ; mais ce n'est qu'avant le péché que la honte est utile, après le péché commis elle est condamnable. Ce qui, en effet, remplit l'esprit d'une pieuse pudeur, et le détourne d'accomplir un péché, est utile pour le temps présent, parce qu'il peut arriver que la crainte de Dieu vienne s'y ajouter, assaisonnant de son sel divin un insipide sentiment de honte, et rende ainsi utile, non seulement pour un moment, mais pour l'éternité, ce qui d'abord n'était utile que pour le temps présent, c'est-à-dire pour le siècle. C'est là une glorieuse honte; mais celle qui vient après la faute est pernicieuse, car elle s'oppose au bienfait d'une sainte confession. Ma mère, Seigneur mon Dieu, ta servante, avait la ferme intention de ne rien faire contre l'honnêteté du siècle; mais conformément à ce que dit saint Grégoire, qu'elle n'avait toutefois ni lu, ni entendu lire, elle ne s'arrêta pas là, puisque dans la suite elle rapporta à toi seul toutes ses actions et ses pensées. Ainsi donc il lui fut utile d'avoir, pendant ce temps, obéi à la décence du siècle.

Au bout de sept ans et plus disparut le maléfice qui avait détruit l'effet d'un commerce naturel et légitime. Il n'est que trop croyable que tout de même que la raison est quelquefois trompée par ce que voient nos yeux, et que souvent les magiciens semblent créer pour ainsi dire de rien quelque chose, ou métamorphoser ce qui est sous nos yeux, de même il faut un bien moindre artifice pour produire ce prodige dont nous avons parlé et rendre nuls tous les efforts de l'amour; la science en est déjà devenue si vulgaire que les plus ignorans la possèdent. Les méchans maléfices qui reposaient sur ma mère ayant donc été écartés par une certaine vieille femme, elle s'acquitta des devoirs de la couche nuptiale avec autant de fidélité qu'elle avait conservé avec constance sa longue virginité, malgré les agitations de tant de souffrances. Et certes, heureuse en toute autre chose, en celle-là seule elle trouva une source infinie, je ne dis pas tant de misère que d'amertume, car elle qui était alors si bonne, qui depuis le fut encore bien davantage, elle mit au jour un fils qui fut toujours méchant, et plus perverti que moi-même. Tu sais, cependant, Dieu tout-puissant, dans quelle pureté, dans quelle sainteté elle m'a élevé selon toi! combien elle mit de soin à choisir ceux qui me portèrent dans ma première enfance, ceux qui m'élevèrent et m'instruisirent quand j'étais encore un tout petit garçon; combien elle eut à cœur que, même en mes vêtemens, je ne parusse pas indigne de me mêler parmi les enfans royaux ou ceux des compagnons des princes. Et ce n'est pas à ma mère seule, mon Seigneur, que tu as inspiré un tel sentiment, mais tu excitas aussi plusieurs autres personnes beaucoup plus riches, non pas autant à cause de leur parenté, qu'à cause de la grâce que tu avais répandue sur moi; tu les excitas, dis-je, à contribuer à me faire instruire et élever.

Mon Dieu, tu sais combien de conseils, combien de prières ma mère fit entendre chaque jour à mes oreilles, pour que je ne cédasse pas à l'attrait de la corruption. Elle m'enseignait, toutes les fois que les soins domestiques lui en laissaient le loisir, en quelle manière et pour quels objets je devais te prier. Tu connais seul de quelles angoisses elle était saisie, quand elle craignait que les commencemens d'une vie que tu semblais promettre brillante et distinguée ne fussent pervertis par une ame corrompue. Tu tenais compte de ses vœux, tellement que je me sentais brûler continuellement d'une sainte flamme pour toi, parce que tu entretenais en moi une vertu, une sagesse intérieure, qui étaient le soutien de mes qualités extérieures et corporelles. Mais, Seigneur, mais

Dieu bon, si elle avait pressenti dès lors par quelle accumulation de fautes je devais un jour oublier toutes les grâces et les bienfaits qu'à sa sollicitation tu m'avais prodigués, que ne m'aurait-elle pas dit, que n'eût-elle pas fait! Quels eussent été ses gémissemens! Combien elle eût senti son ame cruellement déchirée! Grâces te soient rendues, très-doux, très-modéré dispensateur de toutes choses, qui as rendu nos cœurs impénétrables les uns aux autres! Certes, si le fond de mon ame, si peu digne de tout chaste regard, eût été découvert à son œil encore plus chaste, je m'étonnerais si elle n'eût aussitôt perdu tout mouvement.

CHAPITRE XIII.

Ayant dit ces choses par occasion, revenons à quelques autres que nous avions oubliées. Je ne sais si j'ai dit que cette sainte femme, tout en vivant au milieu du siècle, conservait toujours un tel respect du nom de Dieu, que dans son assiduité aux églises, dans ses bienfaits pour les pauvres, dans ses offrandes, à l'oblation de ses sacrifices, elle se conduisait de telle sorte, qu'elle inspirait à tous une grande vénération; mais je sais certainement que je trouverai une grande difficulté à faire ajouter foi à mes paroles, parce que mon étroite parenté les fera passer pour une louange suspecte. Quoi, vanter sa mère paraîtrait vouloir astucieusement et faussement se vanter soi-même! Mon Dieu qui vivais dans son cœur et le connaissais, j'ose attester ton témoignage, n'est-il pas véritable que ses mérites dépassaient tout ce que j'ai pu dire? Et, puisque il est plus clair que le jour que toute ma vie j'ai marché loin des traces de tous les gens de bien, et que mes actions ont toujours été un sujet de scandale pour les hommes sensés, que me servirait la grandeur du nom ou de mon père ou de mon aïeul? Cette grandeur s'étend-elle sur une race malheureuse? Et moi qui ne parviens ni par ma volonté, ni par mes actions, à régler ma vie sur leur exemple, n'ajouterais-je pas le mensonge au vice, si je m'attribuais les louanges qui leur sont dues?

Tandis donc qu'elle vivait encore jeune sous les lois de son époux, il lui advint une chose qui ne fut pas pour elle un faible stimulant à chercher les moyens de réformer sa vie.

Les Français, dans le temps du roi Henri, combattaient avec grande opiniâtreté contre les Normands et leur comte Guillaume, celui qui subjugua par la suite les Anglais et les Ecossais; dans le cours de cette guerre il advint que mon père fut fait prisonnier. Or, le comte Guillaume avait pour coutume de ne jamais contraindre ses captifs à se racheter, mais au contraire de les condamner, pour leur vie, à une prison perpétuelle. Dès que cet usage fut annoncé à sa femme (car je n'étais pas encore né, et je naquis peu après, ce qui fait que je m'abstiens de lui donner le nom de mère), elle défaillit, succombant à sa douleur extrême, elle refusa le boire et le manger, et l'inquiétude et le désespoir lui ravirent le sommeil. Et ce n'était pas la cherté du rachat qui affligeait son ame; elle se désolait de la captivité irrémédiable de son époux.

Lorsque durant le calme de la même nuit, en proie à la plus déchirante angoisse, elle baignait son propre lit de ses larmes, le démon, selon sa coutume d'assaillir surtout les cœurs déchirés par la tristesse, vint tout à coup s'offrir à ses yeux que ne fermait point le sommeil, et l'oppressa, presque jusqu'à la mort, d'un poids étouffant. Tandis que sa respiration suffoquée sous cette contrainte ne lui permettait plus d'agir, que toute liberté de mouvement était ravie à ses membres, qu'elle ne pouvait faire entendre le son d'aucune parole, et que muette, mais maîtresse de sa raison, elle implorait intérieurement le secours du Seigneur, voici que du chevet de son lit un esprit, certainement protecteur, se mit à crier d'une voix non moins affectueuse qu'intelligible : « Sainte Marie, aide-nous! » Et lorsqu'il eut ainsi crié à plusieurs reprises, et que la Vierge céleste l'eut clairement entendu, l'esprit s'élança avec une telle violence que celle qui souffrait tant s'en aperçut. A son attaque, le démon incube se leva sur ses pieds, mais il fut saisi par le bon ange, qui, fort sans doute du secours de Dieu, le renversa avec un tel fracas que sa chute ébranla violemment la chambre et réveilla d'une manière fort extraordinaire les servantes accablées par le sommeil. Tandis donc que le malin esprit était chassé par l'effet des secours divins, le bon ange qui avait invoqué Marie et terrassé le démon, se tournant vers celle que ce méchant esprit avait abattue : « Attache-toi, lui dit-il, à être une « femme de bien. » Cependant les servantes épouvantées de ce vacarme inattendu se lèvent pour aller voir comment va leur maîtresse, qu'elles trouvent moribonde, pâle et privée de toute force; elles lui demandent d'où vient tout ce fracas; en ayant appris la cause, elles purent à peine par leur présence, par leur entretien, et par le secours des lumières, rendre le calme à son esprit.

Or, ces dernières paroles de son libérateur, que dis-je de ton envoyé, ton humble servante, Seigneur Dieu, les garda perpétuellement dans sa mémoire; et, pleine d'une sainte amour, elle se réserva, si ta grâce lui en donnait la faculté, de se consacrer désormais à ton service. C'est pourquoi la mort de mon père étant survenue dans ce temps où ma mère brillait encore d'un grand éclat d'embonpoint et de fraîcheur, et que moi à peine âgé de six mois j'étais le seul objet de sa sollicitude, elle se résolut à demeurer dans le veuvage. Et combien grande fut l'opiniâtreté qu'elle mit à accomplir ce vœu, combien grands furent les exemples de modestie qu'elle donna! Ce que je vais dire suffira bien pour le prouver. Les parens de mon père prétendant à ses bénéfices et à ses possessions, firent tous leurs efforts pour les obtenir tout entiers et en exclure ma mère; et en conséquence ils lui notifièrent un jour pour faire juger leur cause. Le jour étant arrivé, les seigneurs se rassemblèrent et prirent place pour rendre la justice. Ma mère, qui s'attendait à leurs attaques cupides, s'était retirée dans l'église, et placée devant une image du Christ crucifié, elle payait son tribut d'oraisons. Alors un des parens de mon père, partageant leurs desseins, vint de leur part prier ma mère de se rendre auprès de ceux qui l'attendaient, pour qu'elle entendît leur jugement : ma mère lui répondit : « Sur cette chose, je ne ferai rien « qu'en présence de mon Seigneur. » Lors cet homme lui demanda : « Et de quel seigneur ? » Et elle, montrant de sa main le crucifix : « Voilà, dit-elle, mon Sei-« gneur : c'est là, ajouta-t-elle, l'avocat dont les conseils « me guident. » Il rougit à ces mots ; et comme il n'était pas médiocrement rusé, cachant sa malignité sous un rire forcé, il s'en alla rapporter aux siens ce qu'il avait entendu. Ceux-ci, confus d'une telle réponse, et reconnaissant qu'ils n'avaient aucune bonne raison à faire valoir contre une honnêteté si parfaite, se désistèrent de leur poursuite.

Aussitôt après, l'un des premiers du lieu et de la province, neveu de mon père, homme non moins puissant que cupide, pressa ma mère par le discours que voici : « Femme, lui dit-il, tandis que la jeunesse « et la beauté te tiennent encore en leur puissance, « tu ferais bien de jurer un nouveau mariage, afin « que toi tu vécusses plus agréablement au milieu « du monde, et qu'aussi les enfans de mon oncle, « confiés à mes soins, fussent fidèlement élevés sous « ma garde ; qu'enfin les possessions de mon oncle se « réunissent, comme il est juste, aux miennes. » Mais celle-ci : « Tu sais, dit-elle, que ton oncle était issu « d'un sang très-illustre ; lui ayant donc, par la vo-« lonté de Dieu, cessé de vivre, l'hyménée, Seigneur, « n'exercera pas sur moi de nouveaux droits, avant « que l'alliance d'un homme beaucoup plus noble ne « vienne d'elle-même s'offrir à moi. » Et lorsque cette femme prudente parlait de choisir un époux plus noble, c'est qu'elle savait bien qu'il arriverait très-difficilement ou même qu'il n'arriverait pas qu'il s'en présentât aucun, et qu'ainsi en rejetant constamment tous ceux qui seraient nobles, comme ceux qui ne le seraient pas, elle parviendrait à leur ôter tout espoir de l'enchaîner dans un second mariage. Lors donc que cet homme lui eut reproché de ne chercher plus de noblesse que par un excès d'orgueil : « Oui « certainement, répondit-elle, je veux un époux plus « noble ou point du tout. » Comprenant alors quelle était, dans cette réponse, l'intention de ma mère, il abandonna ses poursuites, et ne lui parla plus jamais de ce projet.

Vivant ainsi dans une grande crainte du Seigneur, et avec un égal amour de ses proches, et surtout de ceux qui étaient pauvres, cette femme prudente gouvernait et nous et nos biens. Quant à la foi qu'elle avait conservée à son mari pendant sa vie, elle la gardait d'une double manière; car, d'un côté, la mort de son époux n'avait point rompu leurs premiers liens, formés, pendant sa vie, de l'union de leurs corps; et, d'un autre côté, chaque jour elle s'efforçait, par la sainte oblation de l'hostie, de venir au secours de son ame. De plus elle était généralement affable envers tous les pauvres, et même envers quelques-uns grandement miséricordieuse et libérale selon ses facultés; car le souvenir de ses péchés la tourmentait aussi violemment que si coupable des iniquités de tous, elle eût redouté de recevoir le châtiment dû à tous les péchés qui se peuvent commettre. Quant à sa nourriture, il ne dépendait pas de sa volonté de la rendre frugale, puisque la délicatesse de son corps, et la longue habitude de mets recherchés ne lui permettaient pas d'en prendre de grossiers. En tout le reste, elle se montrait supérieure à tout ce qu'on peut croire. J'ai vu de mes propres yeux, je me suis convaincu de mes propres mains, que ce beau corps, couvert quelquefois au dehors d'un riche vêtement, portait à nu le cilice le plus grossier, et cela non seulement durant le jour, mais en outre pendant la nuit et dans son lit, ce qui devait paraître bien rude pour des membres accoutumés à tant de délicatesse.

Rarement, ou pour mieux dire jamais, elle ne manquait aux offices de nuit; et à toutes les époques consacrées, elle venait se confondre au milieu des fidèles; et elle faisait ainsi afin d'entretenir sans relâche le zèle des chapelains, et qu'ils ne manquassent jamais de célébrer devant elle les louanges du Seigneur. En outre, sa bouche était tellement accoutumée à rappeler sans cesse le nom de son époux défunt, qu'il semblait que son ame n'eût jamais d'autre pensée; car, soit en priant, soit en distribuant des aumônes, soit même dans les actes les plus ordinaires de la vie, elle prononçait continuellement le nom de cet homme : ce qui faisait voir qu'elle en avait toujours l'esprit préoccupé. En effet, lorsque le cœur est absorbé dans un sentiment d'amour, la langue se moule en quelque sorte à parler, comme sans le vouloir, de celui qui en est l'objet.

CHAPITRE XIV.

Mais laissant de côté toutes ces choses, où elle se montra sans doute remplie de bonté, mais non aussi digne de respect que plus tard, poursuivons notre récit. J'avais presque accompli ma douzième année depuis la mort de mon père, comme on me l'a assuré, et ma mère qui s'était jusque-là maintenue, malgré son veuvage, au milieu de la vie du monde, pour prendre soin de sa maison et de ses enfans, se hâtait de conduire à une heureuse issue le dessein qu'elle avait depuis long-temps préparé dans son esprit. Tandis qu'elle méditait encore sur l'accomplissement de ce projet, n'en délibérant toutefois qu'avec mon gouverneur qui avait été aussi mon instituteur (celui dont j'ai parlé plus haut), j'entendis un homme possédé, qui vivait dans notre maison, prononcer les paroles suivantes, au milieu de je ne sais quelles autres folies que lui inspirait le démon qui le tourmentait : « Les prêtres ont placé la croix sur « son dos. » Et certes, il ne pouvait rien dire de plus vrai, bien que je ne comprisse pas alors le sens de ses paroles. Car ce ne fut pas d'une seule croix, mais d'une multitude de croix, que ma mère chargea son corps dans la suite.

A cette époque, son dessein n'étant connu de personne que de celui que je viens de nommer, un intendant de sa maison, qui lui-même suivit bientôt son exemple en renonçant comme elle au monde, eut un songe où il lui sembla qu'il assistait au mariage de ma mère et à la célébration de ses noces, et que ce spectacle saisissait d'une grande stupeur les enfans de ma mère, tous ses amis et ses parens. Le lendemain, comme elle se promenait avec mon gouverneur et allait à la campagne, accompagnée aussi de ce même intendant, celui-ci lui raconta le songe qu'il avait eu. Elle, douée de beaucoup d'intelligence, n'eut pas besoin d'interprète pour comprendre le sens de ce songe; mais se tournant vers le docteur, elle lui fit entendre par un signe que c'était là un vrai pronostic de cet amour qu'elle éprouvait pour son Dieu, auquel elle desirait si ardemment s'unir, comme elle le lui avait fait connaître. Hâtant dès lors l'exécution de son dessein, elle ne put résister davantage à l'ardeur secrète qui l'enflammait, et abandonna l'habitation qu'elle avait dans la ville où elle faisait sa demeure.

A son départ, elle se retira dans une maison de campagne, de l'évêché de Beauvais, où elle obtint de l'évêque Gui la permission d'établir son séjour. Ce prélat orné de toutes les qualités d'un homme de cour, issu d'un sang noble, avait une prestance qui convenait merveilleusement à la dignité dont il était revêtu. Il avait rendu à l'église de Beauvais de grands services; et entre autres il avait construit, à partir de la première pierre, l'église de Saint-Quentin pour les chanoines réguliers. Mais accusé secrètement de simonie et d'autres crimes auprès de Hugues, archevêque de Lyon et légat du Saint-Siége, par les hommes mêmes qu'il avait formés et élevés, et ne s'étant point présenté pour répondre à cet appel, il fut condamné par contumace et déposé. Il était alors à Cluni : effrayé de la sentence portée contre lui, il prit, dans cette abbaye même, l'habit de religieux. Comme il paraissait porter à ma mère et à mes parens une grande affection, et qu'il avait surtout une amitié particulière pour moi, qu'il avait initié à tous les sacremens de la grâce, excepté le degré de prêtre, il fut sollicité, par les amis de ma mère, de permettre qu'elle passât quelque temps dans un des domaines qu'il possédait auprès de son église, et il y consentit volontiers. Or ce domaine est appelé la Châtaigneraie, et n'est éloigné de ma ville natale que d'environ deux milles.

Pendant le séjour que ma mère fit en ce lieu, elle songea à se retirer dans le monastère de Flavigny. C'est pourquoi, aidée des conseils de mon maître, elle fit bâtir, dans le voisinage de l'église, une petite habitation, et sortit enfin du lieu dans lequel elle résidait. Mais elle savait qu'elle allait me laisser entièrement orphelin, et privé de tout appui. En effet, quoique j'eusse une foule de parens et d'alliés, il n'y en avait aucun qui pût donner à un enfant, dans un âge aussi tendre, tous les soins qu'il exige. J'avais en abondance et la nourriture et les vêtemens; mais toutes ces petites prévenances qui conviennent à la faiblesse du premier âge, et ne sont comprises que par des femmes, j'en éprouvais très-souvent la privation. Ma mère donc, voyant que j'étais victime d'une telle incurie, armant son cœur de ta crainte et de ton amour, ô mon Dieu, traversa la ville où j'habitais, pour se rendre au susdit monastère ; mais elle se sentit, en la traversant, déchirée par une telle douleur, que la seule vue de mon habitation lui était une souffrance intolérable. Une tristesse profonde la dévorait quand elle songeait à ce qu'elle laissait en ce lieu. Elle souffrait en effet tout autant que si l'on eût arraché de son corps ses propres membres, se trouvant, et de plus s'entendant appeler impitoyable et cruelle; car on la blâmait beaucoup de laisser ainsi sans secours, et d'exclure, pour ainsi dire, de son cœur un fils d'une si grande espérance, disait-on, et si digne de son affection; car j'étais aimé singulièrement, non seulement des miens, mais aussi des étrangers. Et toi, Dieu de bonté, Dieu de piété, tu avais merveilleusement endurci ce cœur le plus rempli, dans le siècle, de ta douceur, de ta sainte charité; tu le préservais d'une pitié qui eût pu lui être funeste. Car c'eût été faiblir à son détriment que de nous préférer à son propre salut, et de négliger Dieu pour nos intérêts mondains. *Sed fortis fuit ut mors dilectio*: « Mais « son amour la rendit aussi forte que la mort. » En effet, plus elle t'aimait avec ardeur, mon Dieu, et plus elle se montra détachée en toute sécurité de tout ce qu'elle avait autrefois aimé.

Arrivée à l'abbaye dont j'ai parlé, ma mère y trouva une religieuse d'un âge très-avancé, d'une piété remarquable, et l'engagea, en lui témoignant une soumission en quelque sorte de disciple, à venir habiter auprès d'elle. Elle ne lui fit cette offre toutefois qu'après avoir étudié ses mœurs, et s'être sentie singulièrement excitée à rechercher une telle société. Elle commença donc à imiter peu à peu la vie sévère de cette femme vénérable, à suivre l'exemple de sa simplicité dans sa nourriture, à ne prendre que les alimens les plus grossiers, à bannir de sa couche la mollesse et le luxe, contente de reposer sous un drap et sur la paille. Et comme elle brillait encore d'une belle apparence, comme on ne voyait en elle aucun signe de vieillesse, elle s'appliqua elle-même à faire en sorte que les rides de l'âge parussent l'avoir déjà conduite aux années de la décrépitude. Ses longs cheveux, qui servent si puissamment à parer les femmes, tombèrent donc sous les coups redoublés des ciseaux; et sa robe brune, d'une ampleur déplaisante autant qu'inusitée pour elle, et toute recouverte d'innombrables petites pièces rajustées, son mantelet de la même couleur, tout couvert de reprises, percé de mille trous qu'il n'y avait pas moyen de fermer, attestaient que celui auquel elle desirait plaire sous cet humble appareil régnait seul dans le fond de son cœur.

De plus, comme elle faisait presque tous les jours une nouvelle confession de ses anciens péchés, sachant que toute confession est le commencement d'une bonne conduite, son esprit était constamment occupé à rechercher les actes de sa vie passée; elle examinait sans cesse, au tribunal de la raison et avec la plus grande attention possible, ce qu'avaient été ses actions, ses pensées, ses paroles, soit quand elle était vierge au commencement de sa carrière, soit quand elle était unie à un homme, soit quand elle fut devenue veuve; puis après s'être ainsi étudiée, elle portait ses aveux à la connaissance du prêtre, ou plutôt de Dieu même, par l'intermédiaire de celui-ci. Alors vous eussiez vu cette femme prier avec de tels grincemens de dents, se consumer dans de telles anxiétés de cœur, que les plus violens sanglots suffisaient à peine pour interrompre ses paroles et ses supplications au ciel. Elle avait appris, de la vieille femme dont j'ai parlé déjà, les sept psaumes de la pénitence, non en lisant, mais en l'écoutant, et elle les méditait jour et nuit, ruminant leur saveur, si je puis m'exprimer ainsi, tellement que jamais ces chants ne cessaient de résonner avec suavité au milieu des soupirs et des gémissemens qui s'élevaient jusques à tes oreilles, ô Dieu. Or, si quelquefois les visites des personnes du dehors venaient troubler un peu la solitude à laquelle elle s'était vouée (car tous ceux qui l'avaient connue, surtout les hommes et les dames nobles, venaient avec empressement s'entretenir avec elle, attendu qu'elle était merveilleusement agréable et douce), après que ces personnes étaient parties, s'il était survenu dans ces conversations quelque parole peu conforme à la vérité, quelque propos léger ou seulement oiseux, on ne saurait dire à quel point ces choses suscitaient de cruelles angoisses dans son ame, jusqu'à ce qu'elle eût obtenu les réparations accoutumées de la componction ou de la confession.

Mais quelles que fussent son attention et sa sollicitude en de telles occasions, rien ne pouvait inspirer à son ame ni confiance, ni sérénité; et sans cesse elle s'affligeait, sans cesse elle demandait, en répandant des larmes, s'il lui serait possible d'obtenir le pardon de ses fautes. Tu sais, ô Dieu, quels étaient ces péchés; mais nous, nous ne le savons point. Combien est pire, comparée à celle-ci, la somme des péchés de quelques hommes, qui ne s'affligent ni ne poussent des soupirs ! Tu sais, Seigneur, autant du moins que j'ai pu connaître exactement l'état de son ame, que jamais je ne l'ai vue se refroidir dans la crainte de ta colère et dans son amour pour toi.

CHAPITRE XV.

Qu'ajouterai-je de plus ? Elle donc, comme je l'ai dit, ayant répudié le siècle, je demeurai seul, sans mère, sans précepteur, sans gouverneur; car celui qui après ma mère m'avait si fidèlement élevé et instruit, excité par l'exemple, par l'attachement et par les avertissemens de ma mère, s'était fait moine à Flavigny. Moi donc, étant en possession d'une méchante liberté, je commençai à abuser sans ménagement de mon pouvoir, à me moquer des églises, à avoir horreur des écoles, à rechercher la société de mes petits cousins laïques, qui s'adonnaient aux occupations des chevaliers, à me promettre la rémission de mes péchés, tout en détestant les insignes de la cléricature, à m'adonner enfin au sommeil, que l'on ne m'accordait auparavant qu'en petite quantité, tellement que je m'engourdissais dans cet excès inaccoutumé. Cependant, ma mère ayant appris l'orgueil insensé de mes actions, et prévoyant ma ruine prochaine, d'après ce qu'elle entendait dire, tomba en défaillance, comme une personne presque morte. Les vêtemens que j'avais coutume de porter pour suivre les processions dans les églises, et qu'elle-même m'avait faits pour me mieux encourager à me vouer à la cléricature, je les portais en tous lieux, pour des débauches que mon âge même ne pouvait supporter; je rivalisais dans mes emportemens avec les jeunes gens plus âgés que moi; enfin il n'y avait plus en moi aucune sagesse, aucune retenue.

Ainsi donc, tandis que je menais une vie d'autant plus dissolue, ou pour mieux dire d'autant plus insensée, que j'avais vécu auparavant avec plus de réserve et de pureté, ma mère, ne pouvant plus tolérer ce qu'elle apprenait, se rendit auprès de l'abbé et obtint de lui et des frères, que mon maître me donnât de nouveau ses instructions. L'abbé, élève de mon aïeul et qui avait été soumis à sa juridiction par un bénéfice qu'il tenait de lui, consentit facilement à la demande de ma mère, et, se félicitant de mon arrivée, m'accueillit avec bonté, et me traita par la suite avec encore plus de bienveillance. Je te prends à témoin, ô Dieu, saint dispensateur de toutes les choses, que du moment où j'entrai dans la basilique de ce même monastère, et où j'y vis les moines assis à leurs places, leur vue seule me fit concevoir un tel desir d'embrasser cet état, que mon ame ne se refroidit pas un instant et ne put demeurer en repos, jusqu'à ce que je fusse parvenu à voir réaliser mes vœux. Comme j'habitais avec eux sous le même toit, je pouvais examiner sans cesse toutes leurs manières d'être et leurs habitudes ; et de même qu'on voit la flamme s'animer au souffle du vent, de même il était impossible que mon ame, sans cesse occupée à les contempler et aspirant vivement à les imiter, ne fût pas consumée d'une ardeur extrême. Enfin on sollicita l'abbé de ce lieu, par des instances journalières et assidues, pour qu'il permît que je me fisse moine, et, quoique je le desirasse très-ardemment, il n'y eut cependant aucune insistance de la part de ceux qui m'en priaient qui pût me délier la langue pour me faire faire une telle promesse : ce qui me serait très-difficile, maintenant que je suis déjà âgé, c'est-à-dire de garder un silence absolu sur les sentimens qui remplissaient mon cœur si abondamment, je le fis sans peine, étant encore presque enfant.

Enfin je découvris mon secret à ma mère, laquelle redoutant la légèreté de la jeunesse, repoussa mon projet par tant de raisonnemens que je me repentis infiniment de lui avoir confié ce que je voulais faire. Lorsque j'eus dit les mêmes choses à mon maître, lui aussi me rejeta beaucoup plus loin encore. Extrêmement irrité de ce double refus, je résolus alors de m'y prendre de toute autre manière, et je commençai à me conduire comme si je n'avais éprouvé aucun desir. Après avoir différé depuis l'octave de la Pentecôte jusqu'à la Nativité du Seigneur, comme je continuais d'aspirer avec la plus grande ardeur à la conclusion de cette affaire, je mis de côté le respect dû à ma mère et la crainte de mon maître, ne pouvant, ô Seigneur, supporter plus long-temps l'aiguillon dont tu me pressais intérieurement; et me rendant auprès de l'abbé qui desirait ardemment que cette chose se fît, et qui cependant n'avait pu, malgré tant de sollicitations, obtenir une promesse de ma bouche, je me jetai à ses pieds et je le suppliai très-vivement en répandant des larmes, de vouloir bien accueillir un pécheur. L'abbé, accédant avec joie à ma demande, et ayant fait préparer au plus tôt, c'est-à-dire pour le lendemain, les vêtemens qui m'étaient nécessaires, m'en couvrit sous les yeux de ma mère qui me regardait de loin et qui pleurait; et il me prescrivit ensuite de recueillir les aumônes le même jour.

L'homme qui avait été auparavant mon maître, ne pouvant désormais continuer à m'instruire, à cause de la plus grande sévérité de la règle, prenait soin du moins de m'engager à examiner les livres divins que je lisais, à comparer les versions les moins connues avec les plus savantes, à composer de petits écrits en prose et en vers, et il m'invitait à travailler d'autant plus assidûment, que les autres se donneraient moins de peine pour m'instruire. Je me souviens parfaitement, ô Seigneur, des véritables lumières que vous me conférâtes alors dans votre inappréciable générosité. En effet, presque aussitôt après que j'eus revêtu votre habit, sur vos instigations, il me sembla voir tomber le voile qui couvrait mon cœur, et je commençai à voir clairement les choses au milieu desquelles j'errais auparavant comme un aveugle. En outre, je fus tout aussitôt animé d'un tel besoin d'apprendre que je n'aspirais uniquement qu'à cela, et que j'estimais avoir vécu en vain, s'il m'arrivait de passer un seul jour sans de telles occupations. Oh! combien de fois on a cru que je dormais, que mon corps encore délicat reposait sous les draps, tandis que mon esprit était préoccupé de ses inventions, ou que je lisais quelque chose, en me cachant derrière ma couverture, dans la crainte des jugemens des hommes.

Et toi, saint Jésus, tu n'ignorais pas dans quelle intention je faisais ainsi, savoir, pour acquérir les faveurs de la gloire, et pour me mieux assurer les honneurs du siècle présent. En effet, j'avais contre moi des amis, lesquels, quoiqu'ils me donnassent de bons conseils, ne cessaient cependant de me vanter et la gloire et l'illustration des lettres, me parlant toujours des honneurs et des richesses que l'on acquiert par elles. Ainsi ils soulevaient, dans mon cœur imprévoyant, des espérances plus dangereuses que tous les œufs de l'aspic, et comme je croyais que toutes les promesses qu'ils me faisaient devaient être au plus tôt réalisées, ils me berçaient des plus frivoles imaginations. Ce qu'ils me disaient devoir m'arriver dans un âge avancé, je pensais que c'était parfaitement accessible à un adolescent et à un tout jeune homme. Ils me représentaient sans cesse et cette science qui allait croissant en moi de jour en jour, par l'effet de ton assistance, Seigneur, et ma naissance illustre selon le siècle, et ma beauté; mais ils ne se souvenaient pas que tu as défendu que ce soient là les degrés par lesquels on s'élève jusqu'à ton autel, attendu qu'ils ne font d'ordinaire que révéler quelque turpitude. Celui qui monte par où il ne faut pas monter est un voleur et un larron, et cela est une turpitude.

S'il y eût eu un peu plus de sagesse en moi, dans ces débuts d'une carrière placée sous ton inspiration, j'eusse dû plutôt préparer mon ame pour résister à la tentation. Et certes, à cette époque, j'étais en quelque sorte sage, sans le savoir. Et, quoique j'eusse encore beaucoup de ces mouvemens de joie ou de colère, tels qu'on les a dans l'enfance, plût à Dieu, ô Seigneur, que maintenant je redoutasse tes jugemens, que j'eusse horreur des péchés même les plus grands, tout autant et de la même manière qu'alors j'avais horreur des moindres péchés, et de ce qui n'était presque pas le péché. Alors j'avais la plus grande ardeur pour rivaliser avec ceux que je voyais déplorer sans cesse leurs actions, et tout ce qui venait de toi était ce que je me plaisais le plus à voir et à entendre. Moi qui maintenant cherche dans les Écritures tout ce qui est vanité et seulement paroles, qui même conserve dans ma mémoire, pour le plaisir de bavarder, les choses déshonnêtes qu'ont pu dire les païens, alors je ne trouvais dans les écritures que des larmes et des sujets d'affliction, et je croyais n'avoir rien lu, si je ne rencontrais dans mes lectures quelque chose qui excitât mes méditations, et produisît en moi la componction : ainsi j'agissais dans mon ignorance comme ayant de la science.

Cependant l'antique ennemi, qui a appris par un très-long exercice à se modeler selon la disposition des ames et la différence des âges, celui-là, dis-je, me suscita de nouveaux combats adaptés à la forme de mon esprit et de mon petit corps. Présentant très-fréquemment en songe aux yeux de mon esprit les images des hommes morts, et principalement de ceux que j'avais lu ou que j'avais appris être morts en des lieux divers, soit par le glaive, soit par toute autre mort violente, il effrayait mon esprit engourdi dans le sommeil par de telles apparitions que, durant la nuit, si mon maître n'était auprès de moi pour me fortifier de son assistance, il ne m'était possible ni de tenir dans le lit, ni de m'empêcher de crier, et que je pouvais à peine diriger ma raison. Ces importunités, quoiqu'elles puissent sembler puériles et ridicules à ceux qui n'en ont pas l'expérience, sont un si grand malheur pour ceux qui en sont tourmentés, que la frayeur même qu'ils en éprouvent, et que beaucoup de gens traitent d'inepte, ne peut être calmée par aucune raison, par aucun conseil, tandis que celui qui souffre ainsi ne fait nul cas de cela même qui cause sa souffrance. Il n'y a cependant aucune sorte d'autorité qui soit en état, lorsqu'il se livre au sommeil, pour si léger qu'il soit, d'éloigner de son esprit ses horribles visions; et bien plus, l'esprit même, vivement frappé et inquiété de ces terreurs, redoute de retrouver le sommeil. Dans une telle disposition, il est même indifférent que l'on soit en société ou dans la solitude; car la société ne défend pas de la frayeur, et la solitude l'augmente, ou produit tout au moins son effet accoutumé.

J'étais alors, ô Seigneur Dieu, dans une situation bien différente de celle où je me trouve maintenant. Alors, en effet, je vivais dans un grand respect de ta loi, et dans une extrême horreur de tout péché; et tout ce qui pouvait être dit, entendu, et connu à ton sujet, je m'en imprégnais avec la plus vive ardeur. J'ai lieu de croire, Père céleste, que de telles dispositions dans un enfant irritaient excessivement le diable, lequel devait dans la suite se laisser apaiser par mon oubli de cette pieuse ferveur. Ainsi, par exemple, une certaine nuit que j'avais été réveillé par ces misérables angoisses (c'était, si je ne me trompe, en temps d'hiver): comme je demeurais en mon lit, et croyais être plus en sûreté par la proximité d'une lampe qui répandait une très-vive clarté, voici tout à coup, au milieu du profond silence de la nuit, je crus entendre, non loin de moi, un grand nombre de voix venant d'en haut. Ces voix ne proféraient aucune parole ; seulement elles présageaient un malheur. Au même instant ma tête fut ébranlée comme dans un état de rêve, je perdis l'usage de mes sens, et je crus voir apparaître un certain mort, dont quelqu'un disait à grands cris qu'il était mort dans le bain. Effrayé de cette image, je m'élançai hors de ma place en poussant un cri, et, dans mon premier mouvement regardant tout autour de moi, je vis la lampe éteinte, et à travers les ténèbres de ces redoutables ombres, je vis le démon, sous la forme qui lui est propre, se tenant debout et près du mort. Une si affreuse vision m'eût réduit au désespoir, si mon maître, qui veillait très-souvent pour me secourir dans mes terreurs, n'eût pris soin avec adresse de calmer peu à peu le trouble et l'agitation qui m'avaient jeté hors de moi.

Je n'ignorais point, ô mon Dieu, même dans la délicatesse de mes jeunes années, que cette ardeur de bonne conduite dont mon cœur était si vivement embrasé, excitait vivement le diable à réveiller en moi ma malignité. O Dieu de bonté, combien de victoires n'aurais-je pas remportées, combien de couronnes n'aurais-je pas gagnées maintenant pour tant de victoires, si j'eusse persévéré inébranlable dans un tel combat ! J'ai fait l'expérience, par plusieurs choses que j'ai entendu raconter, que les démons s'irritent surtout avec une plus grande violence contre les nouveaux convertis, ou contre ceux qui aspirent sans cesse à entrer dans la voie de la conversion. Je me souviens, par exemple, que du temps de Gui, évêque de

Beauvais, dont j'ai déjà parlé ci-dessus, il y avait parmi les personnes de sa maison un jeune chevalier que ce même évêque aimait d'une façon singulière et plus que presque tous ses autres compagnons. Celui-ci se repentait excessivement de toutes ses actions perverses, et faisait toutes sortes d'efforts pour échapper aux séductions du siècle. Comme donc il était cruellement agité par cette révolution intérieure, une certaine nuit qu'il dormait dans la chambre de l'évêque, un certain religieux nommé Ives, né à Saint-Quentin, si je ne me trompe, homme très-illustre dans les lettres, et distingué par une éloquence encore plus éclatante, moine de Cluny, et qui avait long-temps rempli l'office de prieur sous Hugues, de bienheureuse mémoire, abbé de ce couvent, reposait aussi en présence de l'évêque, ainsi que quelques autres nobles menant également une sainte vie; et pendant ce temps, un certain homme, l'un des grands d'une ville voisine, sénateur très-sage, veillait, au milieu du silence de la nuit, pour tous ceux qui étaient endormis. Tandis qu'il se livrait à son gré à ses pensées, regardant de côté et d'autre, voici, une figure du démon, la taille haute, la tête petite, s'avançant en relevant les épaules, apparut à cet homme, et visitant tour à tour chacun des lits, feignit de faire pas à pas le tour de la chambre. Lorsque cette fausse apparence fut arrivée au lit de ce jeune homme dont nous avons parlé déjà, et pour lequel l'évêque avait une affection particulière, elle s'arrêta, et dirigeant ses regards vers le jeune homme endormi : « Celui-« là, dit-elle, me tourmente plus rudement et plus « méchamment que ceux qui sont ici endormis. » A ces mots, se dirigeant vers la porte de l'égout, elle se rendit en ce lieu.

Or, celui qui voyait tout cela était accablé d'une telle oppression en y regardant, qu'il se trouvait absolument hors d'état de parler ou de se mouvoir. Lorsque l'ennemi fut sorti il retrouva l'une et l'autre de ces facultés, et le matin, comme il racontait aux hommes les plus sensés ce qu'il avait vu, et leur demandait quels étaient l'état et les dispositions de ce jeune homme, il apprit d'eux que son ame faisait de puissans efforts pour se diriger dans de plus saintes voies. Si donc il y a dans le ciel plus de joie pour un pécheur converti que pour quatre-vingt-dix justes qui n'ont pas besoin de repentance, on ne saurait mettre en doute que les ennemis du genre humain ne soient tourmentés de la plus dévorante haine contre ceux qui leur échappent pour se convertir au bien. Et ainsi que, pour moi-même, de si bons commencemens n'ont eu que des suites empoisonnées, de même ce chevalier à qui le diable même avait rendu témoignage, s'attiédissant dans la suite par degrés, se refroidit et rentra dans le goût des choses du siècle : et cependant il est certain que ces bons mouvemens de notre volonté blessaient au vif les cœurs des démons. Du reste, il n'est pas étonnant que le diable s'afflige de ces impulsions subites et légères qui s'élèvent dans l'ame d'un pénitent, puisqu'un acte passager d'humilité du criminel roi Achab attira vers lui les regards de la divinité, avant même que ceux des hommes s'y fussent portés. Aussi, si je ne me trompe, le Seigneur dit à Élie : « N'as-tu pas vu « Achab humilié devant moi ? Donc parce qu'il s'est

« humilié à cause de moi, je ne lui ferai pas de mal
« durant sa vie. »

CHAPITRE XVI.

A mesure que mon petit corps se développait peu à peu, la vie du siècle éveillait dans mon ame des chatouillemens et des concupiscences adaptées à sa condition et à ses desirs ; mes souvenirs, sans cesse renaissans et toujours plus vivement excités, rappelaient à mon esprit quel et combien grand j'aurais pu être dans le monde ; et bien souvent j'imaginais de plus grandes choses que la vérité même ne l'eût permis. Dieu de bonté, qui prends soin de toutes choses, tu montrais tout cela à ta servante ma mère, et, en quelque état de vigueur ou de maladie que se trouvât ma conscience mobile, ma mère en obtenait la connaissance, sans doute, Seigneur, par tes indications. Or les sollicitudes, dit-on, amènent à leur suite les songes ; ce qui est vrai à ne pouvoir être révoqué en doute ; toutefois les sollicitudes de ma mère n'étaient point excitées par la passion des richesses ; elles prenaient leur source dans une sincère ambition des biens de l'intérieur. Aussitôt que son ame très-pieuse était atteinte d'une vision importune, comme d'ailleurs elle était singulièrement habile et clairvoyante pour en pénétrer le sens, aussitôt, dis-je, que de telles visions venaient la tourmenter à mon sujet, elle m'appelait auprès d'elle et m'interrogeait dans la plus grande intimité sur ce que je faisais, sur ce dont j'étais occupé. Et comme j'avais avec elle l'habitude de ne point me refuser à cette parfaite union des ames, je lui confessais promptement tout ce que j'avais compris dans ces songes, qui semblaient envelopper et retenir mon ame dans leurs chaînes ; et lorsqu'elle m'invitait à me réformer, je le promettais tout aussitôt avec une véritable sincérité de cœur.

O mon Dieu, cette situation, dans laquelle je souffre maintenant, et qui m'a été annoncée tant de fois et par tant d'énigmes, elle-même me l'annonçait aussi, et chaque jour, j'en fais l'expérience dans les plus profonds replis de mon cœur, je vois s'accomplir les choses ainsi qu'elle en avait jugé dans mon premier état, soit pour le passé, soit pour l'avenir. Bien plus, mon maître lui-même, dont le cœur était sans relâche rempli pour moi des mêmes sollicitudes, voyait sous toutes sortes de formes, et sans doute parce que tu le lui manifestais, tout ce qui m'arrivait dans la succession des temps, et même ce qui devait m'arriver dans l'avenir. Ainsi, par le don de Dieu, le bien et le mal qui m'étaient réservés m'étaient annoncés de deux côtés à la fois, là pour m'effrayer, ici pour me consoler, afin que d'une part je tinsse en respect, bon gré mal gré, ce qu'il y avait en moi de malignité cachée, qui n'était dévoilée, par tes miraculeuses dispensations, qu'à ceux-là seuls qui me chérissaient, et que d'autre part je pusse quelquefois me réjouir des meilleures espérances qui m'étaient offertes.

Comme en effet j'étais parfois saisi de l'esprit de découragement (car j'avais à souffrir beaucoup de haine de la part de ceux qui étaient au dessus et à côté de moi), j'aspirais vivement à me transporter vers des monastères étrangers avec le consentement de mes parens. Quelques-uns des nôtres, en effet, après m'avoir vu autrefois bien inférieur à eux par l'âge aussi bien que dans les lettres, par la puissance comme par la connaissance, s'étant aperçus que, par le seul fait de cet extrême desir d'apprendre qui aiguisait en moi l'intelligence, et qui est la clef de toute science, j'étais parvenu à m'égaler à eux, et même, s'il est permis de le dire, à m'élever tout-à-fait au dessus d'eux; quelques-uns, dis-je, dans leur méchante indignation, furent animés contre moi d'une telle fureur qu'ils me fatiguaient sans cesse de leurs controverses et de leurs attaques ennemies, et me firent repentir bien souvent d'avoir connu et étudié les lettres. Ils me troublaient tellement dans mon ardeur, ils cherchaient tellement toutes les occasions de me susciter des querelles à l'occasion des lettres, en soulevant toutes sortes de difficultés, qu'ils semblaient n'avoir d'autre but que de me détourner de ce goût, et de mettre obstacle au développement de mon esprit. Mais, comme on voit, lorsqu'on jette de l'huile sur le feu dans l'espoir de l'éteindre, que la flamme s'élève et serpente plus vivement, de même plus on cherchait à m'enfermer comme dans un four et à m'opprimer à ce sujet, et plus ma volonté, échauffée de sa propre chaleur, se développait à son avantage. Les questions par lesquelles on croyait que je devais être étourdi, donnaient à mon intelligence une plus grande pénétration ; les objections par lesquelles on me suscitait des difficultés, étant long-temps retournées dans mon esprit et examinées avec le secours de divers écrits, me fournissaient un plus grand nombre d'explications et me donnaient plus de moyens de répondre. Et quoique par là je fusse d'autant plus vivement livré à leur haine, tu sais cependant, Seigneur, combien peu je les haïssais pour cela, ou même que je ne les haïssais pas du tout; et comme ils ne pouvaient me marquer à leur gré d'une tache honteuse, ils prétendaient alors, cherchant à me déchirer en tout point, que j'étais tout enorgueilli de ma petite science.

Donc, au milieu de tant de vexations, dont j'étais fort péniblement affecté, quoique de telles anxiétés eussent pour moi de très-grands avantages, mon cœur fatigué languissait en proie quelquefois à toutes sortes de pensées déchirantes; dans l'effroi que j'éprouvais, dans cette défaillance fréquente des forces de la raison, j'étais loin de penser à ce que l'adversité pouvait avoir d'utile pour moi, et je m'étais enfin très-fermement résolu à chercher les soulagemens que me suggérait l'infirmité de la chair. Lors donc que je me fus arrêté au projet de sortir de ce lieu, moins en cherchant à obtenir le consentement bénévole de l'abbé, qu'en m'appuyant sur les encouragemens et la coopération de mes parens; lorsque j'eus aussi obtenu l'assentiment de ma mère, qui croyait qu'un tel changement ne produirait que de bons effets (car le lieu où je desirais me retirer passait pour un lieu de bonne religion), voici la vision qui se présenta à ma mère pour lui rendre témoignage de mon bien et de mon mal.

Il sembla à ma mère qu'elle se trouvait dans l'église

de ce monastère, savoir du monastère de Flavigny, laquelle est appelée l'église du bienheureux Geremar. Comme elle l'examinait dans son intérieur, elle la vit entièrement déserte, et les moines qui y étaient, non seulement elle les vit portant des vêtemens déchirés, et complétement différens de ceux qui leur sont prescrits par les statuts de leur foi, mais de plus elle les vit tous également réduits à la taille d'une coudée, comme sont les hommes que l'on appelle vulgairement des nains. Mais comme là où est le trésor, là est aussi le cœur, là où est l'amour, là sont aussi les regards, ma mère me cherchant des yeux avec sollicitude, vit que je n'étais pas dans un meilleur état que les autres, ni pour la taille ni pour les vêtemens qui me couvraient. Tandis qu'elle était toute triste de la condition où je me trouvais réduit, et de celle de cette illustre église, voici, une femme d'une beauté et d'une majesté inexprimables s'avança au milieu de la basilique, et jusques à l'autel ; elle était suivie d'une autre femme jeune, dont la figure parut à ma mère parfaitement représenter l'office qu'elle remplissait auprès de celle qui la précédait. Comme donc ma mère avait une extrême curiosité de savoir quelle était cette dame, il lui fut dit que c'était la dame de Chartres. Tout aussitôt, et sur cette première donnée, elle comprit que c'était la bienheureuse mère de Dieu, dont le nom et celui de son fils sont honorés en cette ville des hommages du monde Latin presque tout entier. La dame donc étant arrivée vers l'autel, fléchit le genou pour faire sa prière, et l'autre noble dame qui semblait marcher après elle, et suivre tous ses pas, en fit autant, en se plaçant derrière elle. Puis la première se levant et étendant le bras, comme avec un profond sentiment d'indignation : « Cette église, dit-elle, que j'ai « instituée, pour quelle raison souffrirais-je qu'elle « fût abandonnée ? » Et tout à coup tournant vers moi un regard plein d'amour et de sérénité, et me désignant de sa main resplendissante : « Celui-là, dit- « elle encore, je l'ai amené ici, je l'ai fait moine, et « je ne souffrirai en aucune façon qu'il soit emmené « hors de ce lieu. » Après qu'elle eut dit ces mots, celle qui la suivait les répéta de la même manière. Elle avait dit dans sa puissance, et plus promptement que la parole, toute la désolation avait disparu, tout dans cette vaste enceinte de l'église était rétabli dans son état antérieur, et cet excessif rapetissement de toutes les tailles, non seulement des autres, mais encore de la mienne, s'était évanoui, par le commandement de la puissante dame, et tout était rentré dans la règle. Lorsque ma mère me rapporta dans sa sagesse prévoyante le détail de cette vision, accueillant ces paroles avec une grande componction de cœur, et en versant beaucoup de larmes, la licence de mes pensées vagabondes fut réprimée par l'espoir que m'offrait un songe si avantageux, tellement que dès lors je ne fus plus en aucun moment saisi du désir de chercher un autre monastère.

C'est ainsi et par d'autres choses semblables, ô Seigneur, que la mère du royaume des cieux, m'inspirant l'horreur de mes péchés, et des innombrables apostasies par lesquelles je me détournais de ton amour et de ton service, me prêtait son appui pour revenir à toi, répétant sans cesse à mon cœur que les très-vastes replis de ta clémence ne pouvaient jamais être fermés, quelque multipliés que fussent mes crimes. En outre, je me souviens toujours, ô céleste souveraine, que, lorsque j'étais encore tout enfant, aspirant à prendre cet habit, une certaine nuit je me trouvai en vision dans l'église qui est sous ton nom, et qu'il me sembla être enlevé hors de cette église par deux démons. Lorsqu'ils m'eurent transporté au faîte de l'église, ils prirent la fuite, et me laissèrent retomber sain et sauf dans l'enceinte intérieure. Je me rappelle cela très-fréquemment. Lorsque je m'arrête à considérer mon incorrigibilité, et qu'il m'arrive de retomber sans cesse dans les mêmes péchés, préférant même à ceux qui sont mauvais ceux qui sont pires encore, alors j'ai recours à toi, ô très-bonne souveraine, seulement pour échapper au danger du désespoir, mais non pour m'abuser par de trop grandes espérances, ou pour en concevoir la moindre confiance.

En effet, quoique je pèche toujours par la seule impulsion de la fragilité, et par l'aveuglement de l'orgueil, je ne perds cependant pas absolument tout espoir de me corriger; car « quand le juste tomberait « sept fois, il se relèverait[1]. » Si l'on propose aussi solennellement le nombre septénaire pour exprimer l'universalité, de quelque manière qu'un homme pèche et tombe, s'il a l'intention de se relever pour la justice, et quoiqu'il tombe par le fait de la chair, s'il déploie sincèrement la douleur d'un homme pénitent, il ne perd nullement pour cela le nom de juste. Pourquoi, en effet, élevons-nous nos voix vers Dieu « afin qu'il nous dégage des maux qui nous pres-

[1] Proverbes, chap. xxiv, v. 16.

« sent [1], » si ce n'est parce que la corruption de notre nature nous condamne, bon gré mal gré, à servir le péché ? « Je vois, » dit l'apôtre, « une autre loi « qui me rend captif sous la loi du péché, qui est « dans mes membres [2]; car je ne fais pas le bien que « je voudrais faire, mais je fais le mal que je ne vou- « drais pas faire [3]. » Or il y a un abîme pour certains maux : « Avec l'impiété vient aussi le mépris [4], » et cependant il y a aussi quelques autres abîmes du fond desquels on élève la voix vers Dieu, et celui qui l'implore ne doute point que ses cris ne soient exaucés. Il y a le mépris du désespoir par l'excès du péché, lequel est peut-être cet abîme dans lequel rien ne tient, où la misère n'a point de terme. Enfin il y a encore cet abîme, du fond duquel Jérémie est retiré, en rattachant ses vêtemens en lambeaux [5].....
Toutefois, là encore, il y a un fond : car bien que l'ame soit plongée dans d'énormes péchés, il lui reste cependant encore quelque peu de raison pour s'arrê- ter, et pour n'être pas entraînée dans des précipices infinis, sans faire quelque retour sur ses iniquités.

[1] Psaume 24, v. 17.
[2] Épître de saint Paul aux Romains, chap. VII, v. 23.
[3] Même épître, chap. VII, v. 19. — [4] Proverbes, chap. XVIII, v. 3.
[5] Il y a ici une lacune.

CHAPITRE XVII.

Cependant comme j'avais adonné mon esprit sans aucune retenue à la passion de faire des vers, tellement que je préférais cette vanité ridicule à tous les livres des divines Écritures, déjà j'en étais venu, dans l'entraînement de ma légèreté, au point de prétendre à imiter les poésies d'Ovide et celles des Bucoliques, et à reproduire les délicatesses de l'amour dans les créations de mon imagination, et dans les écrits que je composais. Mon ame, oubliant la rigidité à laquelle elle était tenue de se soumettre, et rejetant la pudeur de la profession religieuse d'un moine, se nourrissait tellement des séductions de ces licences empoisonnées, que je ne m'occupais sans cesse qu'à chercher s'il était possible de transporter dans la poésie ce qui se disait dans nos assemblées, ne m'arrêtant nullement à considérer combien la règle imposée à un ordre sacré était offensée par de tels exercices qui me préoccupaient uniquement. Ainsi donc j'étais entraîné en tous sens par cette passion, me trouvant enlacé non seulement dans les séductions des douces paroles que j'avais empruntées aux poëtes, mais dans celles aussi que j'avais moi-même imaginées; et quelquefois en outre les agitations que me causaient ces paroles ou d'autres semblables excitaient dans ma chair des frémissemens immodérés. Et comme mon esprit sans cesse mis en mouvement et oubliant toute retenue, était constamment préoccupé de telles pensées, il ne pouvait sortir de mes livres des sons autres que ceux que de semblables méditations devaient suggérer.

Il en résulta que cette passion ayant ainsi fermenté dans mon intérieur, quelquefois j'étais entraîné à des paroles obscènes, et quelquefois je composais de petits écrits où il n'y avait ni sagesse ni retenue, où même ne se trouvait aucun sentiment honnête. Ces choses étant parvenues à la connaissance de mon maître, il en fut lui-même très-péniblement affecté, et il arriva qu'il s'endormit sur l'irritation que lui avait causée un tel chagrin. Lui donc s'étant assoupi, voici quelle vision lui apparut. Il vit un vieillard, ayant une belle chevelure blanche, celui-là même, si j'ose le dire ainsi, qui dans le principe m'avait conduit vers lui et m'avait promis que son affection m'appartiendrait toujours, lequel vieillard lui dit d'un ton très-sévère : « Je veux que tu me
« rendes raison des écrits qui ont été composés; car
« la main qui les a faits n'est pas la main de celui-là
« même qui les a écrits. » Mon maître m'ayant rapporté cette vision, lui et moi nous tombâmes parfaitement d'accord pour interpréter de la même manière cette vision. Mettant en toi notre espérance, ô Seigneur, nous nous affligeâmes avec joie d'une part, en voyant un témoignage de ta colère dans cette correction toute paternelle, d'autre part en ayant la confiance que cette vision nous annonçait qu'il surviendrait quelque bon changement dans mes dispositions à la frivolité. En effet, quand le vieillard avait dit que la main qui avait écrit n'était pas celle de

celui qui avait écrit, il est hors de doute que cela dénotait que cette main ne persisterait pas dans une conduite si honteuse. Ce fut ma main en effet (et il n'en fut point comme de ces paroles du sage : « Au « moindre changement les méchans ne sont plus [1]), » celle qui avait été la mienne lorsque je m'en servais pour le vice, qui, lorsque je m'adonnai au culte de la vertu, devint tout-à-fait inhabile à reproduire des choses aussi indignes d'elle. Tu sais cependant, Seigneur, et je confesse qu'à cette même époque, ni la crainte de toi, ni la pudeur, ni la gloire d'une vision si sainte, ne purent me ramener à plus de pureté. Avec la même irrévérence qui me possédait intérieurement, je continuai à ne point m'abstenir de la frivolité de ces écrits badins. Je composais en cachette des poésies du même genre, je n'osais les livrer à personne, ou tout au plus et seulement les présentais-je à mes semblables; plus souvent encore, cachant le nom de l'auteur, je les récitais à ceux que je pouvais rencontrer, je me réjouissais d'entendre louer par ceux qui partageaient mes sentimens ce qu'il m'eût semblé tout-à-fait inconvenant d'avouer comme étant de moi; et comme il n'en résultait aucune louange qui pût être rapportée à son auteur, il ne me restait plus qu'à jouir du fruit, ou plutôt de la honte du péché. Mais, ô mon père, tu as puni ces choses quand tu l'as voulu. En effet, des infortunes s'élevèrent contre moi à l'occasion de ces œuvres. tu ceignis mon ame livrée à ces divagations d'une grande ceinture d'adversité et tu accablas mon corps sous l'infirmité de la chair. Alors enfin le glaive par-

[1] Proverbes, chap. xii, v. 7.

vint jusqu'à mon ame, car le malheur frappe l'homme dans son intelligence.

Lors donc que la peine du péché eut donné de l'intelligence à mon entendement, alors enfin je renonçai par ennui à des occupations stériles ; et comme cependant je ne pouvais supporter l'oisiveté, je rejetai, comme contraint par la nécessité, toutes ces vaines imaginations, et m'adonnant aux choses spirituelles, j'arrivai ainsi à des exercices plus avantageux. Je commençai donc, quoiqu'il fût déjà tard, à aspirer avec ardeur à ce que m'avaient souvent recommandé un grand nombre d'excellens docteurs, c'est à savoir à m'attacher aux commentaires des Ecritures, et surtout à étudier sans cesse les écrits de Grégoire, dans lesquels on trouve plus qu'en tous autres la clef de cette science, et à rechercher dans les paroles des prophètes ou les livres des Évangiles, selon la méthode employée par les anciens écrivains, d'abord le sens allégorique ou moral, et en outre le sens mystique. Celui qui m'encouragea le plus dans ces travaux fut Anselme, abbé du Bec, devenu plus tard archevêque de Cantorbéry, originaire des pays situés au-delà des Alpes et de la cité d'Aost, homme incomparable par sa science et par la grande sainteté de sa vie. Tandis qu'il était prieur dans le susdit monastère, il m'admit à faire sa connaissance, et comme j'étais encore fort enfant et dans toute la délicatesse du premier âge et du premier développement d'esprit, il s'attacha avec une extrême bienveillance à m'apprendre comment je devais diriger en moi l'homme intérieur et consulter les préceptes de la raison pour le gouvernement de mon petit corps.

Avant donc qu'il fût devenu abbé et lorsqu'il fut chef d'une abbaye, comme il venait familièrement au monastère de Flavigny, dans lequel j'étais placé, à raison de la considération qu'on avait pour sa religion et sa science, il me communiquait avec une telle assiduité les bienfaits de son érudition, et travaillait avec tant d'ardeur à me l'inculquer, qu'il semblait que je fusse le principal et même l'unique sujet des visites qu'il nous faisait fréquemment.

Cet homme donc m'enseignant à distinguer dans l'esprit de l'homme trois ou quatre facultés, et à considérer les faits de tout mystère intérieur sous les divers rapports de la sensibilité, de la volonté, de la raison et de l'intelligence, me démontrait, après avoir établi ces divisions dans ce que la plupart des hommes nous considérions comme une seule et même chose, que les deux premières facultés ne sont nullement les mêmes et que cependant, si l'on y réunit la troisième et la quatrième, il est certain, par des argumens évidens, qu'elles forment à elles toutes un ensemble unique. Après qu'il m'eut expliqué en ce sens quelques chapitres de l'Evangile, il me montra d'abord de la manière la plus claire la différence qui existe entre la volonté et la sensibilité; ces preuves, il est certain qu'il ne les tirait point de son propre fonds, mais plutôt de quelques ouvrages qu'il avait à sa disposition, dans lesquels seulement ces idées étaient exposées moins nettement. Je me mis ensuite moi-même à employer sa méthode, aussi bien qu'il me fut possible, pour des interprétations du même genre et à rechercher de tous côtés et avec une grande ardeur d'esprit les sens divers des écritures, là où se trouvait quelque moralité cachée.

Il arriva que je me rendis avec mon abbé dans un certain monastère de notre province. Comme il était fort instruit en fait de religion, je cherchai à l'engager à se rendre à l'assemblée du chapitre et à y prononcer un sermon; mais il rejeta sur moi-même ce que je lui demandais, et me supplia et m'ordonna même de remplir sa place dans cette occasion. On célèbre en ce lieu le jour de la naissance de Marie Madelaine. C'est pourquoi, prenant le texte de mon sermon dans le livre de la Sagesse, je me bornai à citer le passage suivant pour la dissertation que l'on me demandait : « La malignité ne peut pré-
« valoir contre la sagesse.... La sagesse atteint avec
« force depuis une extrémité jusqu'à l'autre ; elle
« dispose tout avec douceur[1]. » Après que j'eus exposé ces paroles dans mon discours aussi bien qu'il me fut possible, et comme mes auditeurs furent satisfaits de ce que j'avais dit sur ce sujet, le prieur de cette église, non moins zélé pour les lettres sacrées que pour l'avancement de la science, me demanda familièrement d'écrire pour lui quelque chose, dans quoi il pût trouver des sujets pour faire quelque sermon. Comme je savais que mon abbé, en présence duquel j'avais prononcé mon discours, verrait avec peine que j'écrivisse, j'allai le trouver avec précaution et je le priai, comme de la part de son ami et comme d'ailleurs m'en souciant assez peu moi-même, qu'il me permît de faire ce que je lui demandais, par égard pour cet homme, pour lequel il faisait profession d'avoir de l'amitié. Comptant donc

---

[1] Sagesse, chap. vii, v. 30, et chap. viii, v. 1.

que je parlerais très-brièvement, il y consentit, et aussitôt que j'eus enlevé cette parole de sa bouche, je commençai à m'occuper de ce que j'avais résolu de faire.

Or, j'avais le projet de traiter dans un commentaire moral le commencement de la Genèse, savoir la création en six jours. En avant de ce commentaire je plaçai une dissertation peu longue, telle qu'il convient pour un sermon. Après cela, parcourant sous le point de vue moral les œuvres des six jours, j'y consignai, quoique dans un langage insuffisant sans doute, tout ce qui se trouvait dans mon esprit. Dès que mon abbé m'eut vu faire des notes sur un chapitre de l'histoire sacrée, il regarda ce travail de mauvais œil ; et comme il m'invita avec beaucoup d'humeur à renoncer à cette entreprise, voyant qu'elle ne faisait que susciter en lui des méfiances, je pris mes précautions pour échapper non seulement à sa vue, mais à la vue de tous ceux qui pourraient lui en faire quelque rapport, et j'achevai tout mon travail secrètement. Je ne composais ni n'écrivais ce petit ouvrage, et d'autres encore, sur des tablettes, mais je méditais sur tout ce que j'avais à écrire et je le consignais sans avoir rien à y changer, sur des pages détachées. Du temps donc de cet abbé, mes travaux demeurèrent ensevelis dans le plus profond secret. Après la mort de l'abbé, saisissant l'occasion de la vacance du siége de notre monastère, je me mis enfin à écrire sur des tablettes, et en peu de temps j'eus achevé mon entreprise. Ce travail, contenu dans dix livres et considéré sous le rapport des quatre facultés de l'homme telles que je les ai indiquées ci-dessus, je l'exécutai en m'attachant surtout à faire ressortir le point de vue moral, et je le poursuivis ainsi du commencement jusqu'à la fin, sans faire absolument aucun changement dans l'ordre des phrases. J'ignore si j'ai été utile à quelqu'un par ce petit ouvrage, mais je ne mets point en doute qu'il n'ait plu beaucoup à la plupart des hommes lettrés. Ce qu'il y a de certain, c'est qu'il m'a été extrêmement profitable à moi-même, en me donnant les moyens de me délivrer de l'oisiveté du vice.

J'ai écrit depuis un petit livre divisé par chapitres sur les diverses interprétations des livres des Evangiles et des Prophètes, et j'y ai inséré quelques observations sur le livre des Nombres et sur ceux de Josué et des Juges; mais j'ai suspendu jusqu'à présent pour terminer ce travail, parce qu'après que j'aurai fini celui dont je m'occupe dans ce moment, j'ai le projet, avec l'aide de Dieu et s'il me prête vie, de m'exercer quelquefois sur des sujets du même genre. Quant à ce que j'ai écrit sur la Genèse, si je me suis appliqué avant tout à saisir le point de vue moral, ce n'est pas qu'il n'y eût aussi beaucoup d'observations à faire sur le sens allégorique, si je m'y attachais également, mais c'est qu'à mon avis il est beaucoup plus utile de faire ressortir le sens moral que le sens allégorique, en ce temps où la foi qui nous est venue de Dieu est encore entière, mais où les mœurs des hommes sont chargées de toutes sortes de vices, et parce que d'ailleurs je n'avais ni la possibilité ni la volonté d'étendre indéfiniment ce travail.

CHAPITRE XVIII.

Ma mère, cependant, ravie de mes heureux progrès quant à la science, ne cessait d'être tourmentée, redoutant pour moi les égaremens de l'âge des voluptés : c'est pourquoi elle me demandait sans cesse de suivre son exemple, elle à qui Dieu avait donné une si grande beauté et qui cependant dédaignait tout ce qui était loué en elle, comme si elle n'eût pas même su qu'elle fût belle, et honorait son veuvage comme si elle eût eu toujours horreur des devoirs conjugaux et n'eût pu jamais tolérer ses obligations envers la couche nuptiale. Tu sais cependant, Seigneur, quelle fidélité, quel amour elle conserva toujours à son époux défunt; par combien de sacrifices, de prières, de larmes et de grandes aumônes, elle travaillait tous les jours et sans relâche pour la délivrance de son ame, qu'elle savait embarrassée dans les liens du péché. A cette occasion, il arrivait, par une merveilleuse dispensation de Dieu, que les douleurs que cette ame avait à supporter dans son purgatoire, étaient représentées à ma mère dans de très-fréquentes visions et avec les détails les plus minutieux. Il n'est pas douteux que ces sortes de visions ne viennent de Dieu. En effet, si l'on ne cherche point à se donner une mauvaise sécurité en prenant à faux les apparences de cette belle lumière, mais si plutôt ces images de douleur et de châtiment ne font qu'exciter à la prière et aux aumônes, si l'on s'acquitte soigneusement des offices réclamés par les morts, et même par les anges qui prennent soin des morts, cela seul prouve que de telles visions viennent de Dieu, car les démons ne demandent jamais rien qui puisse servir au salut de personne. Ainsi l'ame excellente de cette femme se calmait par cette apparition, et en voyant les tourmens qu'endurait celui qui avait été autrefois son époux, elle s'animait de plus en plus pour obtenir le succès de ses constantes intercessions.

Entre autres occasions, une certaine nuit de dimanche, après Matines, du temps de l'été, ma mère ayant reposé ses membres sur un banc excessivement étroit, fut bientôt accablée par le sommeil, et il lui sembla qu'elle sentait son ame sortir de son corps. Après donc que son ame eut été conduite comme à travers une certaine galerie, elle en sortit enfin et se trouva transportée vers le bord d'un certain puits. Lorsqu'elle s'en fut bien rapprochée, voilà qu'il sort du fond de ce puits des ombres d'hommes, dont la chevelure paraissait rongée de teigne, et qui veulent la saisir de leurs mains et l'entraîner dans le gouffre. Mais voici, une voix, se faisant entendre derrière cette femme toute tremblante et misérablement agitée par une telle attaque, et s'adressant à ces hommes, leur crie : « Gardez-vous de « toucher à cette femme. » Chassées par cette voix, les ombres se replongèrent dans le puits. J'avais oublié de dire que tandis que ma mère s'avançait le long de la galerie, sentant qu'elle avait dépouillé le corps humain, son ame ne demandait autre chose à Dieu, sinon qu'il lui fût permis de rentrer dans son corps. Ainsi délivrée de ceux qui habitaient dans le puits, elle s'arrêta sur le bord, et tout à coup elle vit apparaître mon père devant elle, avec la figure qu'il avait dans la jeunesse : l'ayant regardé bien attentivement, elle lui demanda d'une voix suppliante s'il était en effet celui-là même qui s'appelait Everard (car c'est ainsi qu'il avait été nommé jadis), et celui-ci lui dit que non.

Il n'est pas étonnant que l'esprit ait nié d'être signalé par le nom qu'il portait jadis, quand il était homme; car un esprit ne doit faire à un esprit d'autre réponse que celle qui convient aux choses spirituelles. Or, il serait complétement absurde de croire que les esprits puissent avoir réciproquement connaissance de leurs noms, puisque, dans ce cas, nous ne devrions, dans la vie à venir, connaître que ceux qui ont été des nôtres. D'ailleurs il n'est nullement nécessaire que les esprits aient des noms, eux pour qui toute vision, toute science même de vision est intérieure. Comme donc celui qui apparaissait à ma mère eut nié qu'il s'appelât ainsi qu'elle disait, et comme cependant ma mère n'en avait pas moins le sentiment que c'était lui-même, elle lui demanda ensuite en quel lieu il séjournait : alors il lui indiqua une place non loin de celle où ils étaient, comme étant le lieu de sa résidence. Elle lui demanda de plus comment il se trouvait. Lui, alors, découvrant son bras et son flanc, les lui montra l'un et l'autre tellement meurtris, tellement déchirés de nombreuses blessures, que celle qui le vit en éprouva une grande horreur et un violent ébranlement dans tout son corps.

A cela vint s'ajouter l'apparition d'un certain petit enfant, qui poussait de tels cris que celle qui le vit en ressentit aussi une vive angoisse. Émue par ces accens, elle dit à l'autre : « Comment, Seigneur, « peux-tu supporter les hurlemens de cet enfant ? — « Que je le veuille ou non, répondit-il, je les sup- « porte. » Or, les pleurs de cet enfant et les blessures au bras et dans le flanc . . . . . [1] cette explication.

Comme mon père, dans les années de sa jeunesse, avait renoncé, par les maléfices de quelques personnes, à ses légitimes communications avec ma mère, quelques mauvais conseillers, s'emparant de son esprit encore jeune, essayèrent de l'engager, par leur maligne influence, à se lier avec d'autres femmes. Se livrant trop légèrement, mon père forma en effet une mauvaise liaison avec une certaine femme (je ne sais qui elle était) dont il eut un enfant, lequel mourut le jour même de sa naissance, et sans avoir reçu le baptême. Ainsi ces blessures que mon père avait dans le flanc désignaient le mépris qu'il avait eu pour la foi conjugale; et les cris perçans de cette voix importune indiquaient la perdition de cet enfant si misérablement mis au monde. Tels étaient, ô Dieu dont la bonté est inépuisable, tels étaient les actes de ta justice sur l'ame de ton pécheur, d'après le témoignage sincère d'une personne vivante. . . . . Mais revenons à notre récit de la vision.

Lorsque ma mère lui eut demandé si la prière, les aumônes et le sacrifice lui donnaient quelque soulagement (car elle avait la conscience qu'elle en

---

[1] Il manque ici un mot, probablement *exigent*.

faisait très-souvent pour lui), et comme celui-ci lui eut répondu par un signe affirmatif, il ajouta : « Mais il y a une certaine Léodegarde qui habite parmi vous. » Alors ma mère comprit qu'il la lui avait ainsi nommée, dans l'intention que ma mère demandât à cette même femme quel souvenir elle avait conservé de lui. Or, cette Léodegarde était une femme très-pauvre d'esprit, et qui vivait très-simplement en Dieu seul, sans s'occuper des affaires du siècle. Cependant ma mère, mettant fin à son entretien avec mon père, tourna ses regards vers le puits sur lequel était une planche : sur cette planche elle vit un certain Renaud, chevalier, qui n'avait pas peu de considération parmi les siens, et qui, ce jour-là même, qui était, comme je l'ai déjà dit, un dimanche, fut traîtreusement mis à mort à Beauvais, après son dîner, par les gens de la ville. Cet homme, donc, était sur cette planche : ayant fléchi les deux genoux, et baissant la tête en face d'un tas de bois, il attisait un feu, en soufflant de ses deux joues qui soufflaient en même temps. Ces choses se passaient le matin à la vue de ma mère, et cet homme, qui devait se rendre vers les feux qu'il avait allumés par sa conduite, mourut à midi. Sur la même planche ma mère vit en outre un certain frère à moi, qui aidait à cet autre homme, mais qui s'en alla long-temps après, et qui jurait, par le terrible sacrement du corps et du sang du Seigneur (en quoi l'on ne fait pas mieux que si l'on se parjure, ou si l'on invoque le saint nom du Seigneur et les saints mystères pour une chose futile), que cet homme avait bien mérité d'être en un tel lieu et d'y recevoir un tel châtiment.

Dans le cours de cette même vision, ma mère vit encore cette vieille femme avec laquelle j'ai déjà dit qu'elle avait vécu au commencement de sa conversion : cette femme avait toujours, il est vrai, le corps tout couvert au dehors d'un grand nombre de croix, mais en même temps, à ce qu'on assurait, elle savait peu se défendre des prétentions d'un vain orgueil : ma mère, dis-je, la vit sous l'apparence d'une ombre, emportée par deux esprits très-noirs. Tandis que cette vieille femme était en vie, et qu'elle et ma mère habitaient toutes deux ensemble, comme elles s'entretenaient souvent de la situation de leur ame et de ce qui leur arriverait après leur mort, elles s'étaient promis un jour l'une à l'autre que celle des deux qui mourrait la première viendrait, avec la grâce de Dieu, apparaître à celle qui aurait survécu, et lui révéler quelle serait alors sa condition, soit bonne, soit mauvaise. Elles confirmèrent en outre cette promesse par leurs prières, demandant à Dieu, par d'assidues instances, qu'après la mort de l'une d'elles il fût permis à l'autre de dévoiler en vision à sa compagne l'état de bonheur ou de malheur dans lequel elle se trouverait. Cette vieille femme, avant de mourir, s'était vue aussi en vision dépouillée de son corps, se rendant, avec d'autres femmes semblables à elle, vers un certain temple, et il lui avait paru que, tandis qu'elle marchait, on lui enlevait une croix de dessus les épaules. Arrivée au temple avec l'escorte qui la suivait, les portes se fermèrent devant elle, et elle fut obligée de demeurer en dehors. Enfin, lorsqu'elle fut morte, elle apparut, infectée d'une extrême puanteur, à une autre femme, qu'elle remercia très-vivement de ce que ses prières l'avaient délivrée de sa puanteur et de ses douleurs. En outre; cette même femme, pendant qu'elle était mourante, vit se présenter devant elle, au pied de son petit lit, un démon d'une taille horrible et d'un aspect effrayant. Cependant, à force de le supplier, par tous les sacremens divins, de se retirer loin d'elle, en l'abandonnant à sa confusion, et de ne lui rien demander de ce qui lui appartenait, elle l'éloigna enfin par de terribles exorcismes.

Ma mère donc, en conséquence de cette vision, comparant la vérité à la vérité, et comprenant, d'après la prédiction bientôt accomplie sur ce chevalier qui fut tué peu après, et qu'elle avait vu par avance recevant son châtiment dans l'enfer; comprenant, dis-je, ce que voulaient dire les cris de cet enfant, dont elle n'avait point ignoré l'existence, et n'ayant aucun doute sur aucun de ces points, s'appliqua toute entière à porter quelque secours à mon père. Opposant donc le semblable au semblable, peu de mois après, elle choisit un tout petit enfant, privé de ses parens, qu'elle résolut de prendre et d'élever auprès d'elle. Mais le diable, détestant ses pieuses intentions, non moins que cette action, témoignage de sa fidélité, tandis que l'enfant demeurait fort calme durant toute la journée, et passait son temps tour à tour à jouer ou à dormir, tourmentait ma mère et toutes ses servantes pendant la nuit par les cris douloureux de cet enfant encore au berceau, tellement qu'à peine était-il possible à qui que ce fût de prendre un moment de sommeil dans la même chambre. J'ai entendu dire qu'il y avait eu des nourrices payées au poids de l'or par ma mère, qui, durant toute la longueur de la nuit, ne cessaient d'agiter les jouets de cet enfant toujours agité non de lui-même, mais par le démon qui agissait en lui, sans que toutes leurs adresses féminines pussent réussir à détourner celui qui le tourmentait ainsi.

Cette pieuse femme était donc en proie à de très-vives douleurs, ne pouvant parvenir par aucun moyen à faire cesser ces cris, et à calmer les angoisses de ces nuits agitées ; sa tête fatiguée et presque épuisée ne pouvait trouver un seul moment de sommeil, tant que les fureurs qui agitaient l'enfant ne pouvaient être chassées au dehors, tant que son ennemi était présent, jetant le trouble tout autour de lui. Et, quoiqu'elle passât de la sorte ses nuits sans goûter le sommeil, jamais elle ne fut trouvée négligente pour les offices divins, qui sont célébrés pendant la nuit. Comme elle savait que ces tourmens serviraient à faire cesser les tourmens qu'endurait son époux, selon ce qu'elle avait vu dans sa vision, elle les supportait volontiers : en quoi il lui semblait, ce qui, en effet, était vrai, qu'en prenant ainsi compassion de celui qui souffrait, elle soulageait elle-même ses souffrances. Jamais non plus elle ne chassa l'enfant de sa maison, jamais elle ne se montra moins empressée à le soigner : au contraire, elle s'appliquait d'autant plus à supporter avec fermeté d'ame tout ce qui pouvait en ce point lui donner du désagrément, qu'elle reconnaissait que le diable s'animait plus affreusement contre elle pour la détourner de ce soin. En effet, plus elle se sentait vivement pressée de l'aiguillon du diable par l'état d'irritation de l'enfant, et plus elle croyait fermement réussir à calmer les cris affreux qui retentissaient auprès de l'ame de son époux.

CHAPITRE XIX.

Seigneur Dieu, tu montras encore beaucoup d'autres choses à ta servante; tu montras aussi à celui que tu m'avais donné spécialement pour maître certaines choses, dont le récit, si je le faisais, pourrait être attribué à un mouvement de vanité, et dans lesquelles brillaient de bonnes espérances, dont j'attends encore aujourd'hui l'accomplissement, sous la protection de ta très-indulgente mère, dans les bras de laquelle j'ai été jeté dès le sein de ma mère, tandis que d'autres choses qui leur ont été annoncées aussi, lorsque j'étais à peine enfant, à présent que j'avance de plus en plus dans la vie, je les vois merveilleusement s'accomplir. Enfin l'ardeur de ma cupidité s'échauffa au plus haut degré; et comme tu avais mis dans mon cœur l'aiguillon de quelque petite science, comme de plus tu avais rendu ma personne assez propre aux choses du siècle par l'avantage d'une naissance assez distinguée, mon cœur me suggérait mal à propos, et mes autres parens, qui en cela cependant n'étaient pas bons pour moi, m'insinuaient aussi qu'il serait convenable que je cherchasse à m'avancer en ce monde dans la route des honneurs. Mais je reconnais, Seigneur, que tu as défendu dans ta loi de monter à ton autel par de tels degrés, enseignant que c'est par là que peut être révélée la turpitude du chef d'un ordre sacré. Car ceux qui se sont élevés au gouvernement des ames par les voies détestables de la supériorité extérieure, en tombent d'autant plus honteusement qu'ils n'ont point marché selon l'égalité, mais se sont laissé tenter par leur orgueil. Au milieu de ces prétentions ambitieuses de mes parens, mes oreilles étaient sans cesse frappées du retentissement de ces dignités auxquelles ils voulaient m'élever ; beaucoup de gens m'accablaient de leurs adulations, et cherchaient par leurs intrigues à sonder le fond de mon cœur, afin d'accomplir leur office de rapporteurs auprès de ceux qui se portaient méchamment pour mes rivaux ; d'autres pensant me plaire en aspirant pour moi aux honneurs, se disaient en même temps que ce qui ferait mon bien tournerait aussi à leur profit, et c'est pourquoi ils cherchaient toujours dans mon avancement de meilleures chances pour eux.

Mais moi, comme tu le sais, ô mon Créateur, ne m'arrêtant qu'à tes seules inspirations, je me résolus, par la crainte que j'avais de toi, à dédaigner d'adresser quelque demande aux hommes, et même à ne point vouloir entrer en conférence, ni donner quelque consentement à un homme qui m'en ferait la proposition, pour ces honneurs ecclésiastiques, qui ne doivent être qu'un don de toi seul. Et tu sais, Seigneur, qu'à cet égard je ne veux absolument rien, et n'ai jamais rien voulu que ce que je pourrai recevoir, ou ce que j'ai reçu de toi. Car je veux entièrement, en ce point, être ce que tu m'auras fait toi-même, et non ce que je me serai fait ; autrement

« Israël ne se réjouirait pas en son Créateur [1]. » O mon Dieu, de combien de contrariétés, de combien de haines n'étais-je pas accablé à cette époque! Mon cœur aspirait très-vivement, mais en secret, aux choses auxquelles on cherchait ainsi à me pousser; mais quoique je fusse dévoré intérieurement de cette ambition, jamais cependant ce feu ne monta jusques à ma langue : j'étais agité, sans doute, mais je ne parlais point. Tu sais, ô Jésus, qu'une fois enlacé dans les liens du péché, je mandai à quelqu'un qui s'occupait de ces projets, mais qui y travaillait sans que je l'y eusse engagé, qu'il eût à terminer promptement ce qu'il faisait; tu sais, dis-je, à quel point je fus affligé d'avoir tenu un tel propos. En effet, quoique j'aie pu succomber très-souvent au péché et de beaucoup d'autres manières, toujours cependant j'ai redouté de pécher contre l'esprit; car il n'y a qu'un seul esprit, et une seule manière de le servir. Toute division en Dieu et dans l'Eglise ne vient pas certainement de celui qui a dit : « Afin « qu'ils soient un, comme nous [2]; » et encore : « Il « y a bien diversité des dons, mais il n'y a qu'un « seul Esprit [3] qui distribue toutes choses à chacun « en particulier, comme il lui plaît [4]. Ton trône de« meure au siècle des siècles [5] » (et non tes trônes). Ainsi donc les choses qui sont unes devant Dieu deviennent multiples et diverses par le fait de la perversité humaine.

[1] Psaume 149, v. 2.
[2] Évangile selon saint Jean, chap. XVII, v. 11.
[3] Ire. Épître de saint Paul aux Corinthiens, chap. XII, v. 4.
[4] *Ibid.*, chap. XII, v. 11.
[5] Épître de saint Paul aux Hébreux, chap. I, v. 8.

Considérant ces choses, et n'ignorant point l'unité de la tête et du corps, je n'ai rien voulu usurper sur le corps ; car tout ce qui vient s'ingérer d'ailleurs ne peut être nullement d'accord avec la tête, et il n'est pas douteux que ce que la tête ignore n'est point censé être dans le corps. Car ceux qui auront dit : « N'avons-« nous pas prophétisé en ton nom? N'avons-nous pas « chassé les démons en ton nom[1] ? » sont très-certainement des apostats, et pour ainsi dire ne sont pas les membres du même corps ; c'est pourquoi ils reçoivent cette réponse : « Je ne vous ai jamais connus[2]. » C'est comme si la tête disait : « Je ne sens pas ces hommes « en moi, parce qu'ils ne vivent pas d'après moi. » Ainsi donc mon espérance, quoique futile, soulageait mes ennuis, et je te suppliais, ô Dieu, que si jamais ce que l'on négociait pour moi venait à se réaliser, cela ne se fît que par ta seule puissance, et j'étais affligé d'entendre dire aux autres que mes parens recherchaient de telles choses pour moi, tandis que d'autres étaient élus par la pure efficace de Dieu, et sans aucune intervention de la chair. En effet, mes parens même, se livrant à de tels soins, bien moins pour moi que pour eux-mêmes, ne traitaient nullement avec moi pour toute cette affaire, car ils ne voulaient point échauffer à ce sujet ma jeune imagination. Enfin Dieu ne voulant pas souffrir que je fusse plus long-temps joué, inspira à ceux qui travaillaient pour moi la pensée de se tourner vers d'autres soins pour le salut de leur ame ; et les moines de certaines abbayes, qui unissaient leurs efforts à ceux de mes pa-

[1] Évangile selon saint Matthieu, chap. VII, v. 22.
[2] *Ibid.*, chap. VII, v. 23.

rens pour amener mon élection, se trouvèrent forcés de se diriger vers d'autres vues.

O Dieu, je te rends grâces de ce qu'à cette époque ma jeune ambition se calma entièrement, et de ce que dès lors il me plut de ne plus aspirer à aucune dignité terrestre. En ce temps, en effet, tu me frappas de tes verges, ô Père ! ô Dieu ! qui réprimas ma cupidité et ma légèreté, tu me jetas dans l'affliction, tu me ramenas à la connaissance, tu me fis rentrer en moi-même, afin que mon cœur, jusque-là ballotté en tout sens, ne se laissât plus emporter au dehors, mais qu'il aspirât, uniquement et de toute son énergie, à l'humilité et à la sincérité des pensées. Alors, en effet, je commençai à avoir quelque expérience et à me retirer dans une précieuse solitude de cœur, à laquelle tu as coutume de t'associer, ô Seigneur, vers la mère du céleste séjour, Marie mère de Dieu, pour lui offrir l'hommage de toute la ferveur de mon ame. Je me délectai donc avec la plus grande effusion à être humble de cœur, je pris une extrême horreur pour un rang plus élevé et pour l'ombre même d'un nom grand dans le monde. Alors seulement, pour la première fois, j'appris à connaître ce qu'il y a de douce saveur dans l'unité de la volonté et de la pureté, et dans la ferme résolution de se vouer à une pauvreté éternelle. Dirai-je, ô Dieu, combien fut éphémère ce paradis, combien passager ce repos, combien dura peu ce vague sentiment d'une si grande douceur?

A peine avais-je joui durant quelques mois de ces précieux avant-goûts, à peine ton esprit saint, qui m'avait conduit dans la terre de justice, s'était-il reposé quelque peu sur ma raison illuminée par lui, voilà qu'il sembla que tu eusses dit : « Quand tu as voulu, j'ai « voulu ; maintenant tu ne veux plus et cela te déplaît ; « reçois donc ceci, que tu le veuilles ou non. » Alors survint une élection, qui m'arriva de la part d'hommes fort éloignés, et qui m'étaient entièrement inconnus. Et encore quelle élection ? En vérité, me reconnaîtrai-je pour parfait, parce que, quoique plus souillé et même beaucoup plus noir que tous ceux qui me montraient tant de respect, j'ai été appelé à te rendre témoignage ? Le peu de connaissance que j'avais obtenu dans les lettres, ce qu'il y avait, disait-on, de poli à l'extérieur dans ma personne et dans ma science, fut ce qui frappa mes électeurs d'aveuglement. Dieu de bonté, qu'eussent-ils dit, s'ils eussent vu alors mon intérieur ? Que penseraient-ils maintenant s'ils pouvaient reconnaître quel je suis, moi qui les gouverne? Tu sais, toi qui l'as ordonné ainsi, j'ignore par quel effet de ta volonté, tu sais combien je m'indigne contre moi-même, combien j'ai en horreur de me voir si mal à propos le chef d'hommes meilleurs et plus honorables que moi ; car tu sais, toi qui sondes les cœurs et les reins, que je ne prétendais nullement à une telle chose; que cependant je ne voulais ni la refuser ni la rejeter lâchement, et que je te suppliais du fond de mon cœur de m'affranchir d'une si grande entreprise ; de telle sorte que je n'eusse point à porter un fardeau si redoutable, qu'en effet je redoutais infiniment, et qu'en même temps je ne fusse point jugé trop faible en refusant de m'y soumettre.

Tu n'ignoras point, ô mon Dieu, comment ma mère vit avec chagrin et douleur cette élection, qui semblait aux autres un honneur et n'était pour elle que le sujet d'une insupportable affliction. Elle eût voulu qu'il ne fût rien arrivé de semblable, redoutant pour moi les dangers d'une jeunesse encore peu éclairée, attendu surtout que j'étais complétement ignorant des affaires du dehors, n'ayant jamais pris aucun soin de m'en instruire, et m'étant jusqu'alors uniquement adonné à l'étude des lettres. Ma mère cependant, de même que tous ceux qui me voyaient familièrement, n'avait cessé de répéter à mes oreilles que je ne serais pas long-temps sans quelque promotion du même genre. Tu sais en outre, ô Seigneur, avec quelle sagacité de vue ma mère parlait toujours du bien et du mal qui me surviendrait, si j'étais porté en avant en quelque lieu que ce fût; et maintenant je fais l'expérience des choses qu'elle annonçait, et elles ne sont plus ignorées ni de moi, ni des autres. Elle prévoyait ainsi, par de très-fréquentes visions qui se présentaient à elle tantôt sous ma figure, tantôt sous la forme d'autres personnes, les choses qui devaient arriver bien long-temps après : quelques-unes de ces choses, je les vois maintenant, à n'en pouvoir douter, ou déjà accomplies ou s'accomplissant ; pour les autres j'attends encore avec non moins de confiance qu'elles s'accomplissent, et je crois devoir, avec raison, différer de les rapporter.

O Dieu, à entendre les représentations par lesquelles ma mère t'invitait à détourner mon ame de l'ambition, m'annonçant de la manière la plus formelle les calamités dont j'ai fait l'expérience, déplorant toujours ma jeunesse fragile, cherchant à mettre un frein aux divagations d'un esprit emporté par la mobilité de ses pensées, à l'entendre discourir sur de pareils sujets, on eût dit non une femme illettrée, comme elle l'était, mais plutôt un évêque très-éloquent.

Or, le monastère, au gouvernement duquel je fus appelé par cette élection, s'appelle Nogent, et est situé dans le diocèse de Laon, et tellement à l'extrémité de son ressort, qu'une petite rivière, laquelle même est quelquefois à sec, et que l'on nomme l'Aigle, le sépare, à une très-petite distance, du territoire du diocèse de Soissons : si Dieu veut bien me prêter son assistance, j'espère que je pourrai dans le cours de cet ouvrage écrire un petit traité sur les antiquités de ce diocèse de Laon.

CHAPITRE XX.

Mais comme j'ai été élevé, ainsi que je l'ai rapporté, dans l'église de Flavigny, sous la protection de Dieu mon père et sous le patronage du bienheureux Géremar, fondateur de cette maison, je crois devoir transmettre à la mémoire des hommes certains faits que j'ai entendu raconter, ou que j'ai vu se passer dans ce même lieu. Lorsque la susdite église eut été relevée après que les Danois l'eurent détruite, un certain moine qui remplissait les fonctions de prieur et se nommait Suger, homme de bonne conduite, était couché, atteint d'une maladie mortelle. Or il était, si je ne me trompe, frère de cette vieille femme qui a vécu avec ma mère, au commencement de sa conversion. Pendant que cet homme était ainsi couché, le diable se présenta devant lui, tenant un livre à la main, et lui dit : « Prends et lis ce livre, Ju-« piter te l'envoie. » Et comme le moine témoignait une horreur extrême, en entendant prononcer ce nom exécrable, le diable ajouta : « Tu chéris cette mai-« son?—Je la chéris, reprit le moine. —Sache donc, « répliqua le diable, que toute sévérité religieuse y pé-« rira et qu'elle sera dans quelque temps jetée dans le « plus grand désordre. » Le moine ayant répondu par des reproches convenables au Satan qui lui adressait de telles paroles, l'ennemi se retira; mais le moine, après avoir raconté ce qu'il avait vu, tomba dans un tel accès de folie qu'on fut obligé de l'enchaîner. Avant d'expirer cependant, il recouvra sa raison et mourut ce même jour, après une bonne confession. Or, comme nous connaissons le diable pour menteur, croyons que le père du mensonge n'a dit ceci que par un effet de l'envie qui le dévore toujours; et que Dieu veuille empêcher que ces paroles se vérifient! Depuis lors, en effet, les affaires de cette église ont été en bon état et elles continuent jusqu'à ce moment de bien aller.

CHAPITRE XXI.

Du temps que je vivais en ce lieu j'y vis un homme, devenu moine de chevalier, qui était, à ce qu'on croyait, simple de mœurs, déjà avancé en âge et qui ayant été envoyé par son abbé dans le pays du Vexin dont il était originaire, pour veiller à la garde d'une église, résolut, avec l'autorisation de son prieur, de faire réparer la chaussée d'un chemin public, laquelle avait été toute dégradée. En conséquence il fit faire cet ouvrage avec le produit des dons des fidèles, et le travail terminé, le moine retint pour lui quelque argent, reste de celui qu'on lui avait donné. Cependant il fut saisi d'une maladie mortelle, et il ne parla point en confession de ce qu'il recélait ainsi méchamment. On le transporta au monastère dont il était moine; il ne se confessa ni à l'abbé, ni au prieur, quoiqu'il éprouvât de cruelles souffrances, avant-coureurs de la mort : mais il confia cette même somme d'argent à un certain domestique qui servait les malades.

Au milieu du silence de la nuit, son mal ayant fort augmenté, il perdit toute connaissance, fut étendu comme mort sur la terre, et nous, appelés alors par le son de la cloche, nous vînmes réciter les psaumes, les prières, et faire les cérémonies convenables pour ceux qui vont mourir. Cela fait, et l'homme ayant été, selon l'usage des monastères, recouvert du cilice, nous le quittâmes, respirant à peine, et, comme il paraissait dans les dernières angoisses de la mort, nul de nous ne comptait sur sa vie; tous au contraire nous pensions qu'il recevrait bientôt le dernier sacrement, comme un homme qui se meurt. Cependant, aussitôt après notre départ, il respira de nouveau, et appelant alors le prieur, car l'abbé était absent, il lui déclara la fraude qu'il avait commise et le nom de celui à qui il avait remis l'argent volé. Il dit, et après avoir reçu du prieur l'absolution, et poussé de profonds sanglots, il expira. Mon maître, celui dont j'ai parlé très-souvent, était prieur à cette époque. Telles sont les grandes miséricordes du Seigneur, qui, lorsque nous ne sommes pas entièrement détruits, délivre celui qu'il veut de l'abîme le plus profond.

Cet homme donc étant sorti de ce monde, l'affaire de l'argent retomba tout entière sur le domestique. Celui-ci avait caché cette somme dans la paille du berceau de sa petite fille, encore tout-à-fait enfant. La nuit, quand on mettait l'enfant dans son lit, voilà, les démons lui sautaient comme de petits chiens sur le côté, sur le derrière, la poussant de côté et d'autre, quelquefois même la pinçant et provoquant ainsi ses pleurs et ses cris; et quand quelqu'un venait demander à cette enfant pourquoi elle pleurait, elle répondait qu'elle était dévorée par de petits chiens. Alors sa mère, qui avait été au service de ma mère, et pendant quelque temps servante, accourut vers celle qui avait été sa maîtresse, c'est-à-dire ma mère, lui dit que cet argent du crime avait été déposé chez elle, et raconta en outre le malheur de sa petite-fille, qui se disait dévorée par de petits chiens. Ma mère lui dit alors : « Sache que ce sont les « démons qui se réjouissent à cause de cet argent du « diable, et qui tourmentent ta fille, comme s'ils re- « connaissaient leur bien. » Ayant appris cela, le mari de cette femme, mis au supplice, pour ainsi dire, par tous les tourmens qu'il endurait, rendit, quoique fort contre son gré, ce qu'on lui redemandait, soit qu'il y fût forcé, soit qu'on l'y eût invité en secret, soit qu'on l'eût accablé de supplications, et il ne cacha point que les démons l'avaient horriblement tracassé à ce sujet.

Après avoir rapporté comment Dieu prend en compassion celui à qui il veut faire grâce, nous pourrons voir, par ce que nous allons raconter maintenant, comment il endurcit celui qu'il veut endurcir. O jugemens étonnans de Dieu! car celui dont nous avons d'abord parlé avait passé toute sa vie au milieu des exercices des chevaliers et des honteuses débauches des femmes de mauvaise vie; et au contraire celui dont je vais parler maintenant avait bien été quelque peu négligent de lui-même, mais d'ailleurs il ne s'était fait connaître par aucune grossière malhonnêteté. Certes, ce vice de la passion de l'argent est d'autant plus pernicieux pour les moines, qu'il est moins naturel en eux: aussi pourrait-on avec peine désigner un autre crime que le diable provoque avec plus d'empressement par ses perfides suggestions.

CHAPITRE XXII.

Un autre de nos moines, qui avait reçu l'ordre de prêtrise, et auquel on ne pouvait reprocher qu'un peu de légèreté dans la passion qu'il avait de monter à cheval, avait reçu deux sous d'une certaine dame noble, et bientôt après, attaqué d'une dysenterie, il s'était arrêté à Saint-Quentin de Beauvais. Dès qu'on l'eut appris à Flavigny[1], cet homme fut rapporté dans son église par l'ordre de l'abbé.

[1] Ou Flay.

Comme il mangeait énormément et rendait tout aussitôt ce qu'il avait pris, quelque chose que ce fût, il arriva que son abbé, qui devait aller en voyage, se rendit auprès de lui pour l'entretenir, craignant qu'il ne mourût pendant son absence. Au moment de l'arrivée de l'abbé, le moine s'était retiré, pour satisfaire à un besoin. L'abbé l'ayant vu sur sa chaise percée qu'il ne pouvait quitter, la figure horriblement décomposée, ils se regardèrent d'abord l'un l'autre ; puis l'abbé n'osa aborder le moine dans une telle situation, et le malheureux n'eut ni la permission, ni la possibilité de se confesser et de recevoir l'absolution de son crime. L'abbé se retira, et le moine passa du lieu où il était dans son petit lit, comme pour se reposer ; mais à peine y fut-il rentré et étendu sur le dos, qu'il fut étouffé par le diable. Vous eussiez vu son menton et sa gorge effroyablement collés sur sa poitrine, comme s'ils y eussent été fixés par l'effet d'une violente pression. Il mourut donc sans s'être confessé, sans avoir reçu l'extrême-onction, sans avoir fait de déclaration sur ce malheureux petit pécule. Lorsqu'on dépouilla son cadavre pour le laver, on lui trouva sous l'aisselle une bourse suspendue à son épaule. Celui qui avait fait cette découverte, transporté de fureur, jeta la bourse par terre, et battant des mains courut aussitôt vers les moines, pour leur rapporter ce fait extraordinaire, car il était inouï parmi les moines qu'aucun des leurs fût jamais mort en un tel état.

On envoya donc un exprès à l'abbé qui était allé à deux milles au-delà de Beauvais, dans une maison de campagne à lui appartenant, et qui venait de se mettre à dîner. Un premier messager qui lui avait déjà été expédié avait appris à l'abbé la mort du moine ; mais ne sachant rien de l'affaire des deux sous, le messager n'en avait rien dit. Le second qui arriva auprès de l'abbé, envoyé par les frères, lui demanda ce qu'il fallait faire, et s'il serait permis d'ensevelir avec les autres celui qui s'était si misérablement séparé de leur communion. L'abbé, après avoir tenu conseil avec des hommes sages, prescrivit de lui donner la sépulture dans les champs, sans lui accorder ni les prières ni le chant des psaumes, et de déposer sur sa poitrine l'argent trouvé. Toutefois les prières particulières des frères ne lui manquèrent point, et même ils s'y portèrent avec d'autant plus de ferveur qu'ils savaient qu'il en avait un plus grand besoin. La mort subite de ce moine rendit les autres plus circonspects, au sujet de l'argent de leurs épargnes. Voyons maintenant comme ils furent frappés de verges en d'autres circonstances, et pour d'autres faits.

CHAPITRE XXIII.

A peine quelques semaines s'étaient écoulées, la veille de la fête des martyrs Gervais et Protais, on entendit un petit coup de tonnerre, et sans que l'on vît briller de nouveaux éclairs, de sombres nuages parurent dans l'air chargé de tempêtes. Lorsque nous nous levâmes de grand matin, la cloche venait de sonner depuis peu d'instans la première heure du jour. Nous nous rendîmes à l'église avec une promptitude inaccoutumée, et, après une très-courte prière, nous avions dit : *Deus in adjutorium meum intende*, « Dieu, viens à mon aide, » et nous nous disposions à continuer, lorsque la foudre tombant avec un grand fracas pénétra dans l'église de la manière que je vais décrire. D'abord la foudre brisa ou brûla le coq qui s'élevait au dessus de la tour, la croix et la flèche qui la portait, ébranla la poutre sur laquelle ces divers objets étaient appuyés, et renversant et brûlant à moitié les lattes qui entouraient la clef de la porte, elle entra dans la tour par cette porte vitrée placée du côté de l'occident. Là elle brisa, mais sans la brûler, l'image posée debout, et représentant le Seigneur crucifié, brisant la tête de manière à la faire tomber en pièces, et transperçant le flanc droit; puis elle brûla et mutila le côté et le bras droit de la croix et de l'image, tellement que personne ne put rien retrouver de tout le bras, si ce n'est le pouce de la main.

Lorsque le pasteur est frappé, les brebis sont dispersées, et tombent percées de coups ou frappées de mort. De même, vers le côté droit, la flamme glissant le long de la voûte, sous laquelle était placée l'image qu'elle venait de briser, traça sur le ciment de cette voûte un double sillon de couleur noire, et pénétrant alors dans le chœur, elle alla frapper deux moines qui se tenaient debout des deux côtés de la voûte, et les priva de vie en un clin-d'œil. De l'autre côté sur la gauche, la foudre, en tombant, enleva, comme avec un rasoir, tout l'enduit du ciment, et, semblable à un rocher roulant, elle écrasa un moine qui était aussi debout de ce même côté : ni sur les deux premiers moines, ni sur celui-ci on ne vit apparaître aucune trace extérieure de lésion ; seulement ce dernier eut les yeux retournés, et tombant de sa hauteur il ne fut plus que poussière. Ce qu'il y eut de bien étonnant, c'est que ceux qui furent tués demeurèrent à leur place assis, tandis que nous autres frappés de stupeur par la violence de la foudre, et presque à demi morts, nous nous étions précipités par terre les uns sur les autres. Quelques uns de ceux qui étaient ainsi tombés perdirent toute sensibilité physique de la ceinture jusques en bas; il y en eut qui furent blessés à tel point que, craignant qu'ils ne mourussent, nous nous hâtâmes de les oindre de l'huile sainte. Chez quelques-uns la foudre s'insinua sous leurs vêtemens, brûla tous les poils de leur corps et même ceux qui croissent sous les aisselles, puis perçant les chaussons et les semelles, elle sortit par l'extrémité de leurs pieds.

On ne saurait exprimer avec quelle sévérité la rigueur céleste se déploya en ce moment, ni décrire tous les tours et les détours qu'elle traça dans sa marche rapide, ni dire tout ce qu'elle frappa, tout ce qu'elle brûla, tout ce qu'elle brisa. Personne de notre temps n'a entendu dire qu'il soit arrivé rien de semblable en France. J'ai vu, j'en prends Dieu à témoin, une heure environ après cet événement, l'image de la bienheureuse mère de Dieu, qui était placée en dessous du crucifix, présenter un visage tellement agité, et si différent de la sérénité habituelle de ses traits, qu'elle semblait devenue toute autre. Je ne pouvais même en croire mes yeux, mais j'ai appris que d'autres avaient fait la même remarque. Après que nous fûmes revenus de la profonde stupeur dans laquelle nous avait plongés cette catastrophe, fesant notre confession, nous commençâmes à méditer avec une profonde tristesse sur ce que nous avions souffert à raison de nos péchés, et qui est bien au dessus de tout ce qu'un homme peut dire. Ainsi placés par la main de Dieu en présence de nous-mêmes, nous apprîmes, par les reproches de notre conscience, combien nous avions souffert justement, et alors aussi nous vîmes la sérénité reparaître sur la figure de la sainte mère de Dieu. Or, la douleur et la honte, qui avaient été quelque temps en nous, y avaient vaincu tout sentiment de foi.

Peu d'années après, et lorsque déjà le souvenir de cet événement était presque entièrement sorti des esprits, Dieu renouvela ses avertissemens de la même manière, si ce n'est que, cette fois, il ne blessa personne.

Une nuit, un paon s'était perché pour dormir presque au sommet de la cheminée d'une certaine chambre, tellement que, tandis qu'il était accablé par le sommeil, tout son corps posait sur le tuyau. C'était le jour de la fête de Saint-Jacques l'apôtre, et un jour de dimanche, pendant la nuit; un coup de tonnerre retentit avec un grand fracas, et la foudre tomba sur cette cheminée : tout ce qui était à son extrémité croula en même temps; le paon qui s'y était posé demeura sans mouvement; un moine encore enfant, et qui dormait en dessous de la cheminée, ne fut pas même éveillé; un domestique fut frappé de stupeur dans la tête et dans tous les membres, et rudement étonné d'un tel événement. Selon l'opinion de Saint-Augustin, si Dieu frappe sans résultat sur les montagnes et les objets insensibles, c'est pour nous faire reconnaître que, s'il s'en prend ainsi aux choses qui ne pèchent point, c'est pour dénoncer aux pécheurs le grand péril qui les attend au jour du jugement, renouvelant ainsi pour nous l'exemple de ce grand serpent qui frappe la terre de sa queue, pour mettre un terme aux importunités de son petit.

En rapportant le premier de ces deux événemens, j'ai omis de dire quelle avait été la conduite de ces trois hommes qui furent frappés de mort. Deux d'entre eux étaient moines, et huit mois s'étaient à peine écoulés depuis leur conversion; l'un d'eux, sous une apparence de gravité, était peu propre à son nouvel état; l'autre, sous un air de légèreté, n'avait en lui, du moins à notre connaissance, rien qui pût exciter la haine. Ces deux hommes, la veille de leur mort, avaient donné chacun des témoignages de leur caractère, selon les différences que nous venons d'indiquer; et le matin même que ces choses arrivèrent, celui qui avait extérieurement l'apparence de légèreté, ayant entendu le bruit du tonnerre, se mit en train de dire des plaisanteries, et étant entré dans l'église en même temps, il fut frappé du coup dont il s'était moqué. Le troisième, nommé Robert, que l'on surnommait *la colombe,* selon le monde, à cause de son extrême simplicité, était jeune encore et ses joues se couvraient à peine d'un léger duvet. Il était connu avantageusement en toutes choses, et se montrait tellement empressé et actif pour tous les services de l'église et les fonctions de frère, qu'on le voyait presque tous les jours le suppléant de quelqu'un. Il avait aussi étudié la grammaire avec succès. Celui-là donc, à cette heure matinale qui préparait sa destruction, étant venu selon son usage m'inviter, pendant que je me levais, à venir prendre ma place, m'annonça qu'il éprouvait de grandes douleurs dans toutes les parties de son corps; puis il tourna ses regards vers cette atmosphère agitée d'où bientôt après la mort vint tomber sur lui. Ainsi donc, avant que leur ruine fût accomplie, le cœur des deux premiers était rempli d'orgueil, et sans doute, comme nous le croyons, ils devaient trouver bientôt après, dans le jugement de Dieu, une sentence bien plus rigoureuse. Dans Robert au contraire l'humilité l'emportait sur l'orgueil; aussi nul ne douta qu'il n'eût tout aussitôt accès auprès de la bonté divine. Bientôt après en effet un homme eut une révélation, dans laquelle il vit ces trois moines se rendant également à Rome auprès de saint Pierre; les deux premiers étaient comme des ombres, et à peine pouvait-on les apercevoir; mais le troisième était vêtu de blanc et s'avançait, plein de mouvement et de vie, avec son activité accoutumée.

Quelques années après, et lorsque déjà les moines avaient oublié ces choses et s'engourdissaient dans la sécurité, survint une troisième correction. A cette époque j'avais quitté cette église. Un matin donc, pendant que l'air était ébranlé par une tempête, les moines s'étaient avancés en procession vers le grand autel pour chanter les litanies. Tout à coup la flamme du ciel tomba, et se condensant sur le sommet de l'autel, ainsi que l'ont attesté ceux qui en furent témoins, elle enveloppa tout le tour de l'autel d'une noire vapeur, semblable à une vapeur de soufre. Un certain moine prêtre eut les yeux tout-à-fait éblouis; deux enfans prosternés, et dont la tête appuyait sur le pied de l'autel (l'un d'eux, Juif de naissance, s'était converti et était alors fidèle en toute sincérité de cœur), furent enlevés de l'autel et transportés au loin, et dans ce mouvement rapide, qu'ils ne sentirent point eux-mêmes, ils se trouvèrent placés les pieds vers l'autel, la tête contre la paroi qui masque l'enceinte du chœur. La foudre enfonçant certaines portions du tabernacle placé derrière l'autel, pénétra dans l'intérieur, et ne fit que détruire une chasuble qui était considérée comme très-précieuse, ne touchant pas d'ailleurs à la plus grande partie des trésors de l'église enfermés dans ce même lieu. Voici la cause merveilleuse de ce fait.

Le roi des Anglais, homme complétement mauvais et ennemi des églises, que l'on avait surnommé le Roux, comme il l'était en effet, et que Dieu fit périr à la chasse par la flèche de l'homme avec lequel il entretenait une liaison monstrueuse, avait fait demander positivement cette chasuble. Comme ce roi ne voulait pas épuiser son trésor particulier, il chargea un moine de lui négocier cette affaire, et l'envoya vers l'abbé du monastère de Beaumont, prescrivant à celui-ci de donner à ce moine quinze marcs d'argent. L'abbé s'y étant refusé, la chasuble fut enlevée au monastère, par la violence du roi, et bientôt après ce même abbé en vint, bon gré mal gré, à la racheter pour quinze marcs. Ainsi, cette chasuble rendue sacrilége, en outre acquise frauduleusement par des sacriléges, et non moins frauduleusement rachetée par composition, se trouva tout entière couverte de malédiction, tant par le fait de la première négociation que par celui de l'achat et de la composition consentie pour son rachat, et elle fut reconnue en effet n'avoir pas la moitié de sa valeur, lorsqu'après cet événement elle fut envoyée dans le pays et y eut été examinée. Alors aussi on découvrit qu'il y avait eu beaucoup de fraude de la part de l'acheteur lors de la composition. Ainsi cet ornement de l'église fut à bon droit condamné, tandis que tous les autres demeurèrent parfaitement intacts, et quoique celui qui en avait trafiqué parût demeurer lui-même exempt de toute peine semblable.

Avant cet événement, un moine qui portait une conscience agitée de remords eut la vision que je vais rapporter. Il lui sembla voir l'image du Seigneur crucifié descendre de la croix; ses mains, son flanc, ses pieds étaient dégouttans de sang. Alors l'image s'étant avancée au milieu du chœur, le moine crut lui entendre prononcer ces paroles : « Si vous « ne vous êtes confessés, vous mourrez. » Se réveillant aussitôt, le moine eut horreur de lui-même; mais, avant qu'il se fût confessé, il se trouva, comme tous les autres, exposé aux mêmes périls, et lorsqu'il se confessa, il fournit des indices bien expressifs de la justice d'un tel jugement. A raison de ces dangers, et le jour même où ces premiers événemens se passèrent, on fonda à perpétuité dans cette église un jeûne annuel et d'abondantes distributions d'aumônes. On fonda, de plus, pour tous les jours, une messe à la bienheureuse Marie, et en outre, pour tous les dimanches, une messe de la Nativité du Seigneur, devant l'autel de saint Michel.

Hâtons-nous maintenant de passer à d'autres sujets.

CHAPITRE XXIV.

CETTE même année, et même seulement quatre mois après le premier des événemens que je viens de rapporter, un certain moine, qui avait reçu l'ordre de prêtrise et avait été auparavant chapelain de ma mère, lorsqu'elle vivait dans le monde, homme qui alors, mais seulement alors, était religieux en apparence, et qui depuis s'était adonné à des vices énormes, qui l'entraînaient irrésistiblement, sans qu'aucun motif humain fût assez puissant pour l'en détourner; ce moine, dis-je, tomba malade. Conduit en deux jours à la mort qu'il n'attendait point, il se prit à jeter de tous côtés des regards de désespoir. Ceux qui connaissaient sa situation lui ayant demandé alors ce qu'il voyait, il leur répondit qu'il voyait sa maison remplie d'hommes sauvages. Eux alors, comprenant bien que ces êtres qu'il voyait ainsi n'étaient autres que des démons, essayèrent de l'engager à se signer, à mettre son espoir en la bienheureuse mère de Dieu et à l'invoquer. « J'aurais espoir et confiance en elle, leur dit-il alors, « si ces *barons* n'étaient là à m'oppresser. » Chose étonnante qu'il leur donnât ainsi ce nom de *barons*, qui dans son étymologie grecque signifie *pesans, lourds*. Combien en effet étaient fâcheux et lourds ceux qui ne pouvaient être écartés ni par la pénitence, ni par les invocations! Les autres lui demandèrent alors ce qui le faisait le plus souffrir;

il leur répondit qu'il sentait comme une immense et longue barre de fer rougie jusques au blanc, qui lui brûlait le gosier et l'estomac. Enfin au milieu d'une nuit tellement calme que l'on n'entendait pas même le plus léger souffle de vent, les fenêtres de la maison s'ouvrirent contre les murailles et battirent violemment, comme si une foule de gens entraient en même temps dans l'appartement. Les deux moines qui veillaient auprès du malade, tandis que les autres frères dormaient dans la même maison, ayant le sentiment qu'une telle chose n'annonçait rien de bon, étaient eux-mêmes dans une grande agitation, et le moine ayant à peine prononcé les paroles que nous venons de rapporter, rendit le dernier soupir. C'était un homme adonné à toutes sortes de turpitudes, en sorte qu'il trouva une mort digne de sa vie.

On faisait dans le cimetière de la même église des préparatifs pour la sépulture d'un certain moine mort tout récemment. Celui qui était chargé de ce service ne se souvint pas qu'il avait lui-même creusé une tombe à la même place. Il se mit donc à fossoyer, et lorsqu'il fut arrivé au plus profond, il découvrit la planche que l'on a coutume de mettre sur un sarcophage ; puis ayant écarté cette planche, il vit paraître un sépulcre à peu près vide, si ce n'est cependant qu'il trouva ce qu'on appelle vulgairement un capuchon, une tête renfermée dans ce capuchon, et des pantoufles à demi-remplies de foin (ce qu'on avait fait jadis au moment de la sépulture, afin que les pantoufles demeurassent mieux attachées aux pieds), le tout placé à l'extrémité inférieure du sarcophage, tandis que dans le milieu il n'y avait rien. Quelques autres moines ayant vu aussi cela et nous l'ayant rapporté, nous admirâmes les jugemens incompréhensibles de Dieu, en vertu desquels nous voyons arriver de certaines choses d'une manière si mystérieuse et si étrange. Ce qu'il y a en cela de vraiment digne de notre étonnement, c'est que la tête eût été laissée, tandis que le reste du corps avait été enlevé de sa place et transporté où il avait plu à Dieu.

Un autre fait à peu près semblable m'a été raconté par l'archevêque Manassé de précieuse mémoire, lequel est mort avec une très-grande foi il y a quelques années, et les moines du bienheureux Remi dans la ville de Rheims m'ont encore plus formellement confirmé ce récit.

Un certain Artaud, archevêque de cette ville, avait été jadis enseveli aux pieds du bienheureux Remi. Comme on se trouva, à la suite d'un long temps, dans la nécessité de faire quelque changement dans les bâtimens, on rencontra et l'on ouvrit le sépulcre de l'archevêque; mais on n'y trouva absolument aucune partie de son corps et l'on ne vit paraître de ses vêtemens qu'une seule chasuble, laquelle très-certainement n'avait pas séjourné avec le corps, puisqu'elle était parfaitement conservée; et il n'est pas douteux que si le corps eût pourri en cette place, la pourriture eût aussi consumé la chasuble. Ainsi de notre temps nous voyons se renouveler, tels qu'ils sont rapportés dans le bienheureux Grégoire, ces jugemens de Dieu sur les cadavres des coupables, que l'on a ensevelis en terre sainte, lorsqu'ils n'y avaient aucun droit.

Il y avait dans le monastère de filles, établi à Caen,

et qui fut fondé par Mathilde, reine des Anglais, laquelle était l'épouse du roi Guillaume, comte de Normandie, qui lui-même avait subjugué les Anglais; il y avait, dis-je, dans ce monastère une certaine femme, qui s'était retirée là, à la suite de quelques péchés très-honteux, et que l'on n'avait jamais pu contraindre à se confesser, quelque instance qu'on lui eût faite. Il arriva à cette femme de mourir dans la même obstination, et en mourant elle ne dit absolument rien qui pût lui être profitable. Comme donc l'une des sœurs dormait une nuit dans la cellule où cette femme était morte, elle vit en songe un feu très-violent se déclarer dans la cheminée de la maison, et cette femme placée au milieu du feu et non seulement se brûlant, mais frappée de deux côtés à la fois par deux esprits malins, qui la battaient à coups de marteaux. Tandis que la sœur considérait ainsi les grands tourmens qu'endurait cette malheureuse femme, il lui sembla qu'une étincelle échappée sous les coups de l'un des marteaux venait tomber sur son œil ; la brûlure qu'elle crut sentir par l'effet de ce petit charbon la fit réveiller, et il en résulta que ce qu'elle avait vu en esprit, elle le souffrit en effet en son corps, et que la vérité de sa vision fut attestée par le témoignage véridique d'une blessure.

CHAPITRE XXV.

Il y avait à Flavigny,[1] un certain moine qui s'appelait Osmond, et qui, après avoir fait beaucoup de dons au monastère pendant qu'il était simple clerc, s'y consacra enfin tout entier. Ayant pris l'habit de moine, il se repentit de ce bon commencement, et eut un extrême regret de ce qu'il avait fait. Mais bientôt, châtié de Dieu qui le frappa d'une maladie dans son corps, il en fut touché, fit dès lors des choses plus convenables au salut et vécut dans les ordres sacrés, non plus comme par nécessité, mais avec bonne volonté. Osmond, plus colère qu'il n'était raisonnable, et devenu sacristain de l'église, chassa un jour de cette église, plus durement qu'il n'aurait dû le faire, un très-pauvre homme qui lui demandait l'aumône avec importunité. Ceci s'était passé pendant le jour : la nuit suivante, comme cet homme était sorti pour aller ouvrir les portes et annoncer vigiles, voilà que le diable se présente à sa rencontre sous la figure du pauvre homme que le moine avait frappé la veille mal à propos; puis le diable s'avance vers le moine, levant un bâton comme pour le frapper. Le moine avait ouvert la porte de la cloison qui sépare le peuple du clergé, et s'avançait pour aller ouvrir les autres portes par lesquelles on entre dans l'église, quand tout à coup les portes extérieures étant encore fermées, et à la sortie de la première, vers le milieu de la basilique, le diable

[1] Ou Flay.

s'élança, feignant de vouloir le frapper. Le moine, effrayé d'abord, se retira, croyant voir devant lui celui que la veille il avait maltraité; mais il rentra en lui-même, et réfléchissant que les portes extérieures étaient fermées, il crut enfin que c'était le diable qui par cette apparition venait lui reprocher sa conduite envers le pauvre homme.

Dans le temps d'hiver, lorsqu'Osmond se levait pour satisfaire aux besoins de la nature, il évitait dans sa paresse de prendre ses vêtemens ordinaires et ne mettait que son capuchon, en sorte que dans l'intervalle il était souvent saisi d'un froid mortel. Peu de temps après, les extrémités de son corps s'enflèrent au point de le mettre en danger, et alors le seul nom de la mort lui était insupportable, plus même qu'il ne convenait. Et comme il ne cessait, dans le sentiment de sa profonde douleur, de s'écrier, Hélas! il arriva ainsi à son heure dernière. Ayant reçu alors la communion, il la garda en son corps par la grâce de Dieu, et quoiqu'il rendît tous les autres alimens par des vomissemens; puis il commença à faire effort pour rendre l'ame. Pendant que ces choses se passaient vers la première heure de la nuit, le gardien de l'église, homme excellent, étant allé se coucher, entendit dans le cimetière des frères, situé tout près de lui, une troupe innombrable de démons qui venaient d'y entrer. Tandis qu'il conservait la libre disposition de son intelligence pour tout entendre, et qu'il était en même temps comme placé sous le joug d'une sorte de puissance spirituelle qui l'empêchait de faire aucun mouvement et de parler, les démons entrèrent dans l'église, et passant devant son lit, se glissèrent ensuite entre le chœur et l'autel ; ils se dirigèrent vers la maison dans laquelle le mourant était couché. Tandis que celui qui sentait mentalement que toutes ces choses se passaient suppliait Dieu de sauver le mourant en esprit et de l'arracher aux démons, car il n'ignorait point que leur armée s'était ainsi rassemblée à l'occasion d'une mort, les démons arrivèrent à la cellule de l'agonisant ; les frères qui se trouvaient auprès de celui-ci frappèrent aussitôt sur la table selon l'usage pour convoquer l'assemblée des autres frères ; et tandis que ceux-ci se dirigeaient vers la cellule, le mourant rendit l'ame, sans plus de retard. Si j'ai rapporté cette histoire, ce n'est point que je croie que ce mort ait passé aussitôt dans cette assemblée des malins esprits, mais plutôt pour inviter tous les autres à reconnaître avec moi que, si le prince du monde aborda ainsi le Fils de Dieu, sur lequel il n'avait pourtant aucune prise, et s'il s'avança vers lui, combien n'est-il pas plus certain que les tentations insensées du diable, dont les mouvemens sont si rapides, peuvent se diriger vers nous, qu'il possède presque tout entiers ?

J'ai vu en ce même lieu une femme qui s'irritait d'une manière horrible contre son fils, encore tout enfant : entre autres malédictions qu'elle lançait sur cette innocente créature, un jour il arriva qu'elle maudit d'une bouche criminelle le baptême dont il avait été lavé. Tout aussitôt cette femme saisie par le démon se mit à délirer de la manière la plus insensée, et à dire et à faire des choses détestables. On la conduisit à l'église, on la présenta aux frères ; elle rentra dans son bon sens, à force de prières et d'exorcismes, et elle apprit ainsi, par les tourmens dont la frappa le Seigneur, à ne pas maudire les sacremens.

J'ai vu aussi en ce même lieu une jeune fille possédée, qui fut conduite devant le tombeau de Gérémar le confesseur. Elle y demeura quelques jours; puis un jour ses parens la traînèrent en face de l'autel. Comme elle était là, tournant la tête vers le chœur, elle vit derrière elle de petits moines, encore enfans, et dit : « Comme ils sont beaux, ô mon Dieu, « ces jeunes gens! mais il en est un parmi eux qui ne « devrait point arriver avec eux. » Entendant ces mots, nous fûmes grandement surpris, ne comprenant pas le sens de telles paroles. Mais aussitôt l'un de ces enfans s'échappa par la fuite, et comme il mourut en fuyant, et pendant qu'il abandonnait la profession religieuse, il nous fit connaître ainsi la perversité de sa vie.

CHAPITRE XXVI.

Puisque nous avons commencé à parler des démons, nous jugeons convenable d'ajouter ici certains détails, qui nous serviront de leçon pour nous montrer comment nous pourrons éviter et leurs prédictions et les conseils de ceux qui s'entretiennent avec eux. Car les démons n'admettent personne au secret de leurs maléfices, que d'abord ils ne le dépouillent, par un détestable sacrilége, de l'honneur qui lui appartient en sa qualité de chrétien.

Un certain moine qui avait été élevé dès le commencement de sa vie dans un noble monastère, et avait même appris quelque peu de grammaire, ayant été placé par son abbé dans une cellule attenante à l'église, tomba malade pendant qu'il y habitait, et en prit occasion de s'entretenir au sujet de son mal avec un certain Juif, qui connaissait la médecine. Prenant confiance, des deux côtés, dans la familiarité qui s'établit entre eux, ils commencèrent à se révéler mutuellement leurs secrets. Le moine, plein de curiosité pour les mauvais artifices, voyant que le Juif s'entendait en maléfices, insista vivement auprès de lui. Le Juif se rendit à ses sollicitations et lui promit d'être son entremetteur auprès du diable. Ils convinrent du lieu et du jour de la conférence. Enfin, par l'entremise du Juif, le moine se trouve en présence du diable et lui demande de vouloir l'initier à la connaissance de sa doctrine. Le prince scélérat lui répond que cela ne se peut faire s'il ne renie la foi chrétienne et ne lui offre un sacrifice. « Et quel sacrifice, de« mande le moine ? — Le sacrifice de ce qu'il y a de « plus délicieux dans l'homme. — Quoi donc ? — Tu « feras, dit le diable, une libation de ton sperme, et « lorsque tu le répandras devant moi, tu en goûteras « le premier, ainsi que doit faire le sacrificateur. » O crime ! ô honte ! Et celui de qui l'on exigeait une telle chose était prêtre ! Et ton antique ennemi, ô Seigneur, fit cette offense sacrilége pour insulter à ton ordre et à ton hostie sacrée ! Ne demeure plus en silence, ô Dieu ! ne retiens plus ta vengeance. Que dirai-je ? Comment dirai-je ? Le misérable que tu avais abandonné, et plût au ciel que tu l'eusses abandonné à temps ! le misérable fit ce qu'on lui demandait. Ce fut donc par cette horrible libation qu'il fit profession de renoncer à sa foi. Un seul fait nous apprendra maintenant quelles connaissances il acquit à la suite de cette exécrable convention.

Ce moine avait coutume de s'entretenir souvent avec une certaine religieuse d'une famille qui lui était connue. Or, il n'avait dans la cellule qu'il habitait qu'un autre moine pour compagnon, et celui-ci faisait les affaires du dehors, tandis que l'autre s'occupait des minuties de la maison. Un certain jour donc, ce dernier était assis dans sa maison avec la religieuse, tandis que son compagnon revenait de faire ses affaires. Ils l'aperçurent de loin ; mais la femme, ne pouvant passer d'un autre côté, était forcée en sortant de se croiser avec le moine qui rentrait. Le nouvel enchanteur, voyant donc cette femme toute tremblante, lui dit : « Va toujours en avant à la rencontre de celui qui « vient, ne regarde ni à droite ni à gauche, et ne « crains rien. » La femme le crut et se mit à marcher. Lui alors s'arrêta sur le seuil de la porte, et faisant les sortiléges qu'il avait appris, il métamorphosa la femme en un chien d'une énorme grosseur. Lorsque la femme se fut approchée du moine qui entrait dans sa maison, celui-ci se mit à dire : « Oh ! oh ! d'où « vient donc un si gros chien ? » Mais elle, extrêmement effrayée, passa rapidement et apprit, mais seulement par les paroles qu'elle venait d'entendre, sous quelle nouvelle apparence elle parvenait à s'échapper. Le moine enfin, arrivé à sa maison, demanda à l'autre d'où était donc sorti un chien d'une si extraordinaire grosseur ? « C'est le chien de notre voisin,

« reprit l'autre; est-ce que tu ne le connais pas en-
« core? » — Et celui qui l'interrogeait se tut, croyant
qu'il disait vrai. — Ce moine donc, ayant vécu long-
temps sans Dieu, fut enfin frappé, par la bonté de
Dieu, d'une grave maladie et confessa, bon gré mal
gré, ce qu'il avait fait. La chose fut alors portée au
jugement d'hommes sages, et entre autres d'Anselme,
qui est devenu dans la suite archevêque de Cantorbéry, et qui était alors abbé du Bec; et de leur avis, et
plus particulièrement de l'avis de ce dernier, ce très-
impur profanateur fut privé du secours des mystères
divins. Sous le coup même de cette privation, jamais
le moine ne put renoncer dans son esprit à croire
qu'il serait quelque jour évêque; les démons lui
avaient donné cette espérance et il l'avait acceptée
avec confiance. Mais les démons, toujours menteurs,
le furent encore en ceci; car, peu d'années après, cet
homme mourut, non seulement n'étant point devenu
évêque, mais ayant même cessé d'être prêtre pour
toute éternité.

Je vais dire maintenant en quelques mots quels
furent les commencemens d'un certain homme, qui
finit toutefois d'une meilleure fin.

Un certain clerc vivait dans le pays de Beauvais
du métier d'écrivain, et je le connaissais, car il avait
été employé à Flavigny dans ce genre de travail. Dans
la suite, il eut un certain entretien au château de
Breteuil, avec un autre clerc sorcier, et voici ce que
celui-ci lui dit : « Si j'y trouvais quelque profit je
« t'enseignerais quelque chose, par quoi tu recevrais
« tous les jours beaucoup d'argent, si tu le prati-
« quais, sans qu'il fût besoin d'aucun travail de

« l'homme. » — L'autre lui ayant demandé ce qu'il faudrait faire, le sorcier lui répondit : « Il faudrait « faire un sacrifice au citoyen de l'enfer, c'est-à-dire, « au diable. — Et quelle victime offrir, reprit l'autre ? « — Un coq, lui dit le sorcier ; mais tel que l'œuf « dont il serait sorti ait été certainement pondu par « la poule un jour de lundi, pendant le mois de mars. « Après donc que tu auras rôti ce coq, à l'entrée « même de la nuit, tu le prendras avec toi, tout rôti « et encore dans sa broche, et tu te rendras avec moi « au plus prochain vivier. Là, quoi que tu puisses « voir, entendre ou sentir, garde-toi surtout d'in-« voquer ni Dieu, ni la bienheureuse Marie, ni au-« cun Saint. — Je ferai, reprit l'autre, cette chose « si étonnante. » Ils se rendirent donc de nuit au lieu désigné, portant avec eux la victime digne d'un tel Dieu. Lorsque le sorcier eut évoqué le démon en l'appelant par son nom, et tandis que son méchant disciple tenait le coq, il s'éleva tout à coup un tourbillon, et le démon apparut. Il prit pour lui le coq, et celui qui se laissait conduire, rempli d'épouvante, poussa une forte exclamation et invoqua sainte Marie. En entendant prononcer le nom de cette puissante souveraine, le sorcier s'enfuit avec son coq, et non seulement il se sauva, mais le lendemain un pêcheur le trouva caché dans une île au milieu du vivier. O nom royal et doux pour ceux qui t'appartiennent, autant que redoutable pour les malins esprits ! Le sorcier fut vivement irrité contre le clerc, qui, au milieu d'une aussi grande affaire, avait invoqué une si grande femme. Mais ce dernier, poussé par le repentir, se rendit auprès de Lysiard, archidiacre de Beauvais, et mon oncle, homme lettré autant que sage, propre à guérir de tels maux et renommé même pour cela. Le clerc, ayant confessé ce qu'il avait fait, se soumit, en témoignage de pénitence, aux prières et aux jeûnes qui lui furent ordonnés par Lysiard.

Qu'il suffise de ce que je viens de rapporter sur tout ce que j'ai vu ou entendu dire dans le monastère de Flavigny. Et maintenant, comme j'ai déjà parlé plus haut de ce que fut mon élection, je m'occuperai dès le commencement du livre suivant à dire quel était et à quelles règles était soumis le monastère dans lequel je fus transféré par la volonté de Dieu; puis je parlerai des antiquités de ce pays.

LIVRE SECOND.

Où sont rapportés l'origine et les progrès de l'abbaye de la bienheureuse Marie de Nogent.

CHAPITRE PREMIER.

Ce lieu donc est appelé Nogent. Nouveau en tant que servant à la résidence des moines d'un monastère, il est depuis très-long-temps habité quant aux affaires du monde. Quand même cette assertion ne serait confirmée par aucune tradition écrite, il suffirait, sans doute, pour en montrer la vérité, des nombreux sépulcres d'étrangers qui y ont été découverts, et qui ne sont pas, à ce que nous pensons, des sépulcres de Chrétiens. En effet, l'antiquité a rassemblé une si grande quantité de sarcophages tout autour de la basilique et sur l'emplacement même de cette basilique, qu'une si grande abondance de cadavres suffit bien pour constater la célébrité d'un lieu qui était tellement recherché. Mais les sépulcres n'y sont pas disposés dans l'ordre que nous suivons pour les nôtres. Au lieu de cela, ils sont rangés en cercle et en forme de chœur, de telle sorte qu'un sépulcre est entouré de beaucoup d'autres ; de plus on trouve dans ces sépulcres certains vases, dont les temps chrétiens n'ont jamais eu connaissance. Nous ne pouvons donc croire autre chose si ce n'est que c'étaient des sépulcres de Gentils, ou du moins de très-antiques sépulcres de Chrétiens, faits à la manière de ceux des Gentils. On trouva de plus dans la même église certains écrits composés en vers, auxquels je ne reconnaîtrais aucune autorité, si je ne voyais encore aujourd'hui certaines choses qui donnent une grande force à leurs témoignages. Voici donc l'histoire que l'on trouve rapportée dans ces écrits.

On y lit qu'avant l'assomption dans les cieux du Verbe incarné, vivait un certain roi chez les Anglais, lesquels sont appelés dans l'antiquité Bretons et non Anglais, car ce dernier nom est plus récent, et leur est venu d'un certain pays des Saxons, qui plus tard conquirent et usurpèrent ce territoire. Il y avait donc dans la Bretagne, qui était une île de l'Océan, un roi extrêmement adonné à l'étude de la poésie et de la philosophie, et en outre occupé, par suite de la bonté naturelle de son cœur, de toutes sortes d'œuvres de miséricorde. Comme il se montrait fort généreux pour tous les indigens, non par amour pour Dieu qu'il ne connaissait point encore, mais par l'impulsion des sentimens d'humanité qui abondaient en lui, il était bien juste qu'à l'avantage d'un si bon naturel se joignît en lui le don d'une intelligence supérieure. Il se mit donc à rechercher dans de très-savantes méditations ce qu'il pouvait découvrir de véritable divinité au milieu de tous ces dieux qui remplissaient sa religion. Il se demandait alors quelle harmonie pouvait exister, pour le gouvernement du ciel et de la terre, entre ces dieux, en qui il était certain que l'on ne trouvait que haine et impureté, lorsqu'ils vivaient en état de mariage; qui, dans les terres de leur domination, se laissaient emporter aux plus cruelles inimitiés, armant les fils contre les pères, les pères contre les fils, jusqu'à se chasser mutuellement, ou même se frapper de mort; et voyant que l'on disait de tous ces dieux des choses pires même qu'on n'en peut dire des mortels, ce roi en vint à penser que ce serait l'excès de la démence d'attribuer à de tels êtres le gouvernement de la terre, et bien plus encore celui du ciel. Qui oserait, en effet, confier le soin des affaires d'en haut à ceux dont autrefois la misérable puissance n'avait pu posséder les plus petites portions de la terre, quelles qu'elles fussent, sans y commettre les plus honteuses actions?

Ayant roulé de telles pensées et d'autres semblables dans son esprit, et chassant de son cœur les images de ces divinités dont il parvint à reconnaître le néant, cet homme arriva enfin à adorer un seul être incompréhensible, qu'il faut servir sans vouloir lui imposer de forme, qui seul gouverne toutes choses dans une belle harmonie, et dont il connut enfin les qualités invisibles par l'intelligence des choses qui sont visibles. Tandis qu'il hésitait au milieu de ces excellens argumens, embarrassé encore par quelques doutes, Dieu qui fournit les meilleurs témoignages à ceux qui sont remplis de bonne volonté, envoya à cet homme une voix céleste, qui vint le solliciter de se rendre à Jérusalem, pour y apprendre ce qu'il convient de penser sur Dieu, comment le Fils de Dieu, procédant de Dieu, s'était conduit parmi les hommes pour l'amour des hommes, ce qu'il avait souffert, ce qui était arrivé, quels vicaires il avait laissés après lui prêchant par leur exemple la sainteté de son nom, et pour y trouver, après qu'il se serait transporté en ces lieux, les témoins de tant de mystères, savoir, la mère du Seigneur et toute la compagnie des apôtres.

Le roi des Bretons renonçant alors à ses biens et à son royaume, et suivant l'oracle, qui l'appelait à la foi, résolut donc de se mettre en voyage pour aller reconnaître par expérience les choses qui lui étaient annoncées. En conséquence, abandonnant sa patrie, après avoir fait préparer une flotte, et traversant le bras de mer voisin, il franchit ensuite un grand nombre de bourgs et de villes, et arriva sur les limites de la province de Laon. Il se trouva alors dans la campagne du pays de Nogent, dont nous avons parlé ci-dessus, pour y recevoir l'hospitalité. Or, ce lieu est situé au dessous du château que l'on appelle Coucy, château nouveau et fondé, à ce qu'on rapporte, par les paysans de ce territoire, hommes riches et superbes, pour se défendre des incursions des étrangers. Ce château donc n'est nullement antique. Le lieu dont nous parlons était, à l'époque de ce roi, tout entouré de forêts très-riches en gibier, et la rivière de l'Aigle, dont nous avons déjà fait mention, était pour lui beaucoup plus utile qu'elle n'est en elle-même considérable. Elle est, en effet, plus poissonneuse que les fleuves les plus renommés, et, en outre, elle ne demeure nullement renfermée, comme les autres fleuves, dans le creux de son lit; au contraire, ses eaux se répandent en abondance au dehors, et forment des espèces de viviers. Les coteaux des montagnes qui s'élèvent de chaque côté, sont couverts de vignobles; le sol produit également les fruits de Bacchus et ceux de Cérès; la terre fertile mérite d'être vantée pour toutes les bonnes choses qu'elle fournit, et les eaux du petit fleuve fécondent et rendent infiniment agréables les prairies qui s'étendent en long et en large auprès de ses rives.

Or, les anciennes traditions rapportent et donnent même pour certain qu'il y eut jadis en ce lieu un temple très-antique, qui n'était point consacré au nom ou en l'honneur d'un Dieu quelconque existant alors, mais qui était dédié à cette femme non encore née, de laquelle devait naître le Dieu se faisant homme. Ce temple donc était dédié à la mère future du Dieu qui devait naître au monde. Ceci ne paraît nullement absurde à tout homme sage, car ceux qui avaient adoré à Athènes le Dieu inconnu ne savaient certainement pas qu'il naîtrait d'une femme, comme les autres dieux vulgaires, dont ils pouvaient nommer les mères. Et si déjà l'on consacrait une chapelle à celui qui était à naître, sa mère, de même que les mères des autres dieux, n'était certainement pas privée d'un semblable honneur. Ainsi donc, ce qui là n'est point incroyable pour celui qui devait naître, a pu être fait ici également pour celle qui devait enfanter le Dieu. Le roi des Bretons, étant donc arrivé au lieu dont je viens de parler, et retenu par les charmes de cette belle campagne, résolut de s'arrêter pour se donner quelque repos ainsi qu'aux siens, après les fatigues du voyage, et permit que les animaux de sa suite, également fatigués, allassent se délasser pendant huit jours dans les gras pâturages des environs.

Etant ensuite parti de ce lieu, après avoir franchi

les vastes espaces de la terre et de la mer, il arriva enfin sous les murs de Jérusalem. Là le Sauveur avait souffert tout récemment, il était ressuscité des morts, et monté aux cieux ; il avait naguère envoyé l'Esprit saint, et le roi trouva la ville livrée à toutes sortes de contestations, les uns niant ce qui s'était passé, les autres affirmant la vérité de tous ces événemens. Le roi n'eut aucune difficulté à trouver ceux qu'il cherchait, et comme la chose faisait partout un très-grand bruit, il découvrit fort aisément ceux qui étaient chargés de promulguer la loi nouvelle. En effet, ils ne se tenaient plus, comme ils avaient fait jusqu'alors, renfermés dans leurs maisons; nulle crainte de quelque sédition de la part des Juifs ne les empêchait de rendre témoignage à leur Seigneur ; on les voyait, au contraire, brillant au milieu du peuple, afin de donner, en se produisant en public, plus d'autorité à leurs paroles. Mais pourquoi m'arrêter ainsi? On trouvait sans cesse Pierre, avec ses onze compagnons, au milieu de la foule du peuple, suivis déjà d'une très-grande affluence de disciples, images vivantes de notre foi et de notre gloire, et Marie, présente elle-même, rendait aussi témoignage de la divinité de la chair. Alors le roi des Bretons, qui devait bien offrir à Dieu les prémices de son cœur, abordant les apôtres ainsi que la Vierge mère, leur exposa en ces termes les motifs de son voyage.

« Vous me voyez, pères et seigneurs, arrivant des
« contrées les plus reculées de la terre pour vous
« écouter. J'ai, jusques à présent, régné sur les
« Bretons, comme héritier légitime de mes ancêtres.

« Après avoir jusqu'à ce jour suivi la religion que
« les hommes, dans leurs vieilles erreurs, ont re-
« gardée comme digne de leurs respects, je m'en
« suis enfin détaché par les raisons que voici. Ayant
« considéré que ceux que l'antiquité a honorés, en
« en faisant des dieux, avaient été les plus per-
« vers des mortels, et ayant remarqué qu'à la suite
« de leurs inconcevables souillures ils ont perdu
« toute leur force, selon les lois de la nature, j'ai
« reconnu par des probabilités fondées en raison,
« que les hommes, que l'opinion seule avait placés
« dans les cieux, lorsque vivant sous le ciel ils n'a-
« vaient pas même possédé les choses de la terre,
« ne pouvaient nullement avoir créé le ciel et la terre
« et les choses qui sont en eux, eux de qui il est
« certain qu'ils ont été nourris et élevés en ce monde
« sous la douce influence du ciel et de l'air, et par
« la fécondité de la terre. Ainsi donc, ayant perdu
« toute confiance en leur divinité, mon esprit s'est
« enfin fermement persuadé que ces êtres ayant
« perdu leur autorité divine, l'on ne peut et l'on ne
« doit croire qu'à la puissance créatrice et à la pro-
« vidence d'un seul Dieu, par qui seul sont toutes
« choses et qui en conséquence, les contenant toutes
« en lui, les dirige aussi uniquement. Dès que mon
« esprit a été fortement attaché à l'idée d'un seul
« Dieu, et que les idoles et les figures des idoles
« sont devenues pour moi l'objet d'un éternel dégoût,
« mon cœur étant comme purifié de ce bourbier in-
« fect de l'idolâtrie, aussitôt la pureté de toute la
« véritable religion est venue des célestes demeures
« briller devant mes yeux. En effet, une voix divine

« m'a ordonné de venir en ce lieu, où elle m'a pro-
« mis qu'en vertu des dispensations du fils de Dieu,
« qui a récemment souffert, vous me livreriez la
« vérité d'une croyance unique. Je vous supplie donc,
« au nom de celle que je vois maintenant devant moi
« et qui a enfanté la lumière qui m'a été annoncée
« par avance, au nom des fonctions que vous rem-
« plissez, je vous supplie de me faire connaître les
« mystères de cette nouvelle régénération. »

Pierre et l'heureuse assemblée qui sous les yeux de Marie glorifiait la céleste Trinité, ayant entendu ces paroles, tous adorèrent la gloire magnifique de Dieu, fils de l'homme, qui ayant tout récemment apporté le salut au milieu de la terre, alors même que les prédicateurs de la grâce ne s'étaient point encore répandus en tous lieux, avait déjà si subitement envoyé, aux extrémités des pays occidentaux, les paroles de la nouvelle vie. Ils donnèrent donc à cet homme la règle de sa foi; il fut en conséquence régénéré par les eaux du baptême, et reçut aux mêmes lieux le nom de Quilius. S'étant ainsi fortifié, à l'école de si grands maîtres, dans l'intelligence du sacrement qui lui avait été administré, au moment de se séparer d'eux pour retourner dans son pays, il leur demanda, d'un cœur rempli de foi, de lui donner des gages de reliques sacrées, savoir des choses qu'il savait avoir été en contact avec le corps du Sauveur. Ainsi donc il les pria de lui accorder, et obtint d'eux, en effet, des reliques des liens par lesquels il savait que le Seigneur avait été attaché à la colonne, des verges dont une main impie s'était servie pour meurtrir ses membres bienheureux, de la couronne d'épines qui avait ceint sa tête sacrée, du bois même de la croix sur laquelle il avait été attaché, de la chemise dans laquelle la mère de Dieu avait, dit-on, enveloppé le Seigneur aussitôt après sa naissance, et enfin de tous les vêtemens des apôtres eux-mêmes.

Ayant renfermé toutes ces choses dans un petit coffre, et s'étant remis en voyage, le roi traversa toutes les contrées intermédiaires, et arriva de nouveau dans cette campagne de Nogent, où il s'était arrêté, pendant son premier voyage, pour se reposer. Là, saisi tout à coup d'une maladie inattendue, il se mit au lit et il lui fut révélé en songe qu'il trouverait en ce lieu la fin de sa vie temporelle. On lui dit en outre que ses membres n'auraient de sépulture qu'en ce lieu, et qu'il devait faire enfermer sous le même gazon les reliques qu'il avait reçues des saints apôtres et apportées de Jérusalem. Cet homme alors s'étant réveillé, et sur la nouvelle qui lui était annoncée de sa mort prochaine, ayant dirigé toutes ses pensées vers ce seul objet, s'occupa des dernières dispositions à prendre pour le soin de son cadavre, dans l'espoir de la gloire qui l'attendait bientôt après. Il mourut en effet en ce lieu, et restitua dans son intégrité le dépôt qu'il avait reçu à celui qui le lui avait confié; et le lieu où la poussière de son corps trouva le repos de la tombe fut aussi celui où trouva place auprès de lui le coffre qui contenait les reliques. Dans la suite des temps, cette cassette ayant été retirée de là par un effet de la volonté de Dieu, et l'ouvrage antique ayant été recouvert, par les soins de je ne sais quels fidèles, de lames d'or précieux, c'est ainsi que ces reliques sont parvenues à la vue de notre temps, et rendent par là un nouveau témoignage des choses qui nous ont été rapportées sur l'antiquité. Voici maintenant quelle fut, selon ce qu'on assure, l'origine du monastère dont il est ici question.

CHAPITRE II.

A l'aide de la loi chrétienne qui se propageait rapidement, l'église fondée en ce même lieu, sous l'invocation de la mère de Dieu, brillait d'un grand éclat. Placée en effet en dessous de ce château de Coucy, dont nous avons déjà parlé, environnée de métairies très-antiques et très-riches, elle était en outre en grande vénération dans quelques châteaux des environs, d'où l'on y accourait en foule. On rapporte même que, tandis qu'elle n'avait encore qu'une petite existence, elle était fréquemment illustrée par des apparitions divines, et honorée très-souvent par des miracles; et certes ce n'était point sans motifs, puisqu'elle était alors injustement placée parmi les hommes dans une humble condition. Cependant, la seigneurie du château même s'étant étendue en tous sens sous le gouvernement florissant de ses princes et d'autres seigneurs qui possédaient à la fois une grande libéralité et beaucoup de richesses, on jugea convenable, d'après l'avis de personnes remplies de dévotion, et en raison de l'illustration de ce lieu, dont la réputation de sainteté répandait de toutes parts de suaves parfums, on jugea, dis-je, convenable de confier cette église à des moines, pour y entretenir la régularité du service divin. Comme en un tel commencement il n'y avait pas d'espoir d'un accroissement rapide, car il ne semblait pas que les revenus appropriés à ce lieu pussent fournir à l'entretien de plus de six moines, quelques personnes sans expérience et sans connaissance se mirent d'abord à faire faire quelques travaux à l'église, soit pour son agrandissement, soit pour les nouveaux arrangemens. Mais il n'y eut ni chef, ni homme doué de quelque intelligence pour diriger ces constructions, en sorte que ce qui fut fait d'abord ne le fut que par petites parties détachées. Et comme cependant il y avait en ce siècle plus de ressources qu'il n'y en a dans le nôtre, la petite bourse qui dans le principe avait commencé à se remplir par des dons, par les largesses des seigneurs et par celles des étrangers, s'étant accrue de plus en plus par les bienfaits des seigneurs du château de Coucy, on prit, de l'avis des frères qui desservaient l'église, et de ses patrons, la résolution, très-avantageuse pour elle, de mettre à la tête de ce petit monastère, l'homme qui était alors abbé de Saint-Remi, et qui depuis long-temps aussi gouvernait le monastère de Homblières [1], savoir, le très-magnifique Henri. Cet homme, qui n'était distingué ni par sa science, ni par sa naissance, avait une grande habileté pour la direction des affaires extérieures, et il s'appliqua pareillement avec une extrême sollicitude à établir une bonne règle dans l'intérieur de la maison. Gouvernant alors ces trois monastères, l'excédant des revenus des deux plus riches

---

[1] Près de Saint-Quentin.

lui servait à pourvoir aux besoins du troisième, qui commençait à peine à se former. Entre autres diverses libéralités qu'il accomplit envers cette église, il lui rendit de très-grands services lors de sa consécration, laquelle fut faite par Hélinand, évêque de Laon, homme très-riche et fort zélé pour les fondations d'églises, et pour tous les ornemens dont elles ont besoin. Cet évêque fit lui-même beaucoup de bien à notre église, lui accordant des priviléges, l'affranchissant de presque toutes les redevances, et lui offrant de très-beaux présens.

Mais comme déjà l'abbé dont j'ai parlé ci-dessus était chargé d'années et n'avait plus le libre usage de ses yeux, il se restreignit aux deux abbayes les plus riches, au gouvernement desquelles il pouvait suffire plus aisément, et résolut de se démettre de la troisième, qui ne pouvait être administrée sans une activité très-laborieuse. Comme donc il desirait la confier à un certain moine son neveu, il provoqua à ce sujet la délibération des frères de cette église, mais il ne put l'obtenir, et leur élection tomba sur un certain homme, alors jeune encore, nommé Godefroi, originaire de ce pays, qui avait été moine au Mont-Saint-Quentin, près de Péronne, et qui lui-même ne vit pas cette élection sans chagrin. Lors donc que le vieillard très-habile vit que les vœux des électeurs se portaient d'un autre côté, il abandonna le lieu qu'il avait gouverné très-dignement et enrichi avec une extrême bonté, et en fit la cession régulière à celui que les frères avaient élu.

Celui-ci donc ayant été élu et promu à la direction de cette église, se conduisit avec une grande sagesse; et comme en outre les hommes du peuple, aussi bien que les grands, avaient et la volonté et la possibilité d'enrichir les églises, dans le temps qui suivit, celle-ci vit s'accroître rapidement sa fortune, tant en terres qu'en revenus. L'abbé avait su se très-bien conduire, selon les rangs divers des personnes du dehors, se montrant toujours à elles affable et généreux; et quant à la poursuite des procès, il avait également donné tous ses soins à se bien instruire de ce genre d'affaires. A la vérité, les hommes de ce temps, dont j'ai déjà parlé au commencement de cet ouvrage, ayant le cœur très-généreux pour l'institution de nouveaux monastères, et leur donnant sans cesse beaucoup de terres et d'argent, dépensaient leur fortune en de pareilles œuvres, avec plus de joie que n'en ressentent aujourd'hui leurs enfans à nous donner de bonnes paroles. Et comme le zèle de la religion s'était ralenti plus qu'il n'eût été convenable dans tous les monastères environnans, comme cet abbé au contraire et tous les siens s'y livraient avec ardeur, de même que la plus petite lumière brille avec éclat au milieu des ténèbres, de même l'abbé trouva dans la sagesse dont il fit preuve, et dans l'empressement de tous les siens à se soumettre à ses commandemens, l'occasion la plus favorable d'illustrer son nom, autant qu'avait été illustré celui du précédent abbé.

Il défendit donc qu'on fît ou qu'on tolérât dans cette église aucun acte de simonie, et rejetant toute espèce de trafic, il ne voulut admettre que les dons de la grâce, enveloppant dans une même exécration et le fait et l'apparence même de tout gain honteux.

Comme donc cet homme se fit, pour les affaires du dehors, la réputation d'être plus habile que la plupart des autres abbés, et devint par conséquent plus connu dans les villes et dans les campagnes, il fut d'abord question de le nommer à de plus riches abbayes, et ensuite de lui conférer un évêché. A cette époque, celui d'Amiens était vacant depuis près de deux ans: l'abbé lui-même s'était fait solliciteur pour un certain archidiacre de cette ville, qui paraissait avoir quelque faveur auprès du clergé et du peuple. Ainsi donc, tandis qu'il sollicitait pour un autre, il fut lui-même appelé, tant à cause de son habileté pour les choses du siècle, qu'en raison de l'habit régulier qu'il portait, et il fut ensuite transféré de son couvent de Nogent au siége d'Amiens, par l'influence de Richard, auparavant évêque d'Albano, et alors légat du siége apostolique en France, lequel avait en ce moment rassemblé un concile dans la ville de Troyes.

Ainsi donc, tandis qu'il se faisait le plus grand honneur, dans le monastère de Nogent, par sa bonne conduite et ses succès, et gagnait la considération générale, à tel point que les évêques mêmes, ses supérieurs, le redoutaient infiniment, et avaient pour lui une vénération toute particulière; pour tout dire en un seul mot, tandis qu'il était estimé en tous lieux comme le flambeau de la religion, l'abbé passa tout à coup dans une situation nouvelle, et Dieu seul sait s'il l'avait desirée ou redoutée. Mais j'ai appris que l'héritage, auquel on aspire avec ardeur dès le principe, doit être privé bientôt de bénédiction. Après un début infiniment digne d'éloges, en sorte que, pendant quelques années, la renommée ne cessa de vanter son nom, bientôt, comme on put le voir, toute cette chaleur de gloire qui semblait avoir porté l'homme au plus haut degré, non seulement se ralentit, mais se refroidit tout-à-fait. Lorsque, le premier jour de son entrée dans la ville, il monta en chaire pour adresser la parole au peuple, il protesta qu'il rechercherait les choses les plus difficiles, comme un homme qui ne voulait point qu'on pût lui appliquer dans ses imperfections ces paroles du poète :

Parturiunt montes, nascetur ridiculus mus.

Cette déclaration pénétra profondément dans tous les esprits, qui s'appliquèrent dès lors à épier attentivement toutes ses actions. Mais de jour en jour sa position devint plus défavorable, et il alla sans cesse, demeurant en arrière des promesses qu'il avait faites. Je m'arrête maintenant sur ce sujet, parce que je trouverai peut-être dans la suite une occasion........[1].

CHAPITRE III.

Il arriva donc, comme je l'ai rapporté ci-dessus, que je fus appelé par l'élection à ce lieu que l'abbé Godefroi avait quitté, qu'il avait lui-même administré avec autant de sagesse que de succès, et dans lequel, s'il eût voulu se contenter de ce qu'il possédait, il eût pu vivre doucement, heureux et libre, et sans avoir à rendre compte à personne. Je ne sais

[1] La fin de la phrase manque.

si mon élection fut faite par la volonté de Dieu, ou si seulement il la toléra; mais ce que je puis affirmer en toute sécurité, c'est que cette place ne fut point recherchée pour moi par ambition, ni de mon aveu, ni par les sollicitations de mes parens. En cela donc la chose se passa parfaitement bien : mais en ceci, savoir, que je n'étais connu d'aucun de ces moines, et que je n'en connaissais non plus aucun, que celui qui lira ce qui va suivre juge si c'était aussi utile et aussi bien qu'il eût été possible. En effet, il ne me paraît pas certain qu'en arrivant ainsi auprès des moines, moi leur étant inconnu, eux m'étant aussi inconnus, nous n'eussions pas pu concevoir réciproquement à ce sujet quelque secret sentiment de haine. Quelques personnes du moins le pensaient ainsi. Mais ce qui est arrivé d'autres fois, ou ce qui peut arriver de semblable, je n'ai absolument aucun motif de penser que cela soit arrivé en cette occasion. Nul ne doute, en effet, que l'habitude et la familiarité produisent ordinairement l'audace, et que l'audace tourne très-facilement en témérité, et il est certain que les hommes témoignent toujours plus de respect à ceux qu'ils connaissent moins. Cependant, dès que je fus entré en ce lieu, les moines, loin de me fermer l'accès de leurs consciences, m'ouvrirent, au contraire, leurs cœurs dans une confession tellement sincère, et, en faisant ainsi, ils s'unirent tellement à moi, que moi qui croyais avoir vu des moines en d'autres lieux, je reconnus qu'en ce sujet du moins, ils ne pouvaient nullement être comparés à ceux-ci.

Tu sais, ô Dieu très-clément, que je n'ai point entrepris ce petit ouvrage dans un sentiment d'orgueil.

mais que j'ai voulu confesser mes souillures, et, en effet, je les confesserais au plus grand jour, si je ne craignais de corrompre, par le récit de mes horribles actions, le cœur d'un grand nombre de ceux qui me liraient. Je confesse donc mes souillures, mais bien plus justement encore tes miséricordes, lesquelles ont correspondu non point à mon iniquité, mais plutôt à ta grâce inépuisable. Et s'il m'arrive d'avoir à parler de quelqu'un, je raconterai les faits et leurs conséquences, pour faire ressortir tes jugemens, car tu sais que dans ces discours qui t'appartiennent et te sont consacrés, je n'admets jamais avec plaisir les paroles de la médisance ou de la haine. Comme donc j'ai résolu de rapporter mes succès aussi bien que mes infortunes, dont le récit servira peut-être à l'instruction de quelques-uns, le jour même de mon entrée dans le monastère, un certain moine qui avait étudié les livres divins, et qui desirait, à ce que je présume, lire dans mon avenir, au moment où il se préparait à partir avec la procession pour se porter à ma rencontre, plaça à dessein sur l'autel le livre de l'Evangile, dans l'intention de trouver un pronostic sur mon compte, selon que le hasard guiderait mes yeux sur tel ou tel chapitre.

Or, ce livre était écrit à la main, non par pages, mais par colonnes. Le moine arrêta ses regards sur le milieu d'une troisième colonne, où il trouva le passage suivant : « L'œil est la chandelle du corps[1]. » Puis il ordonna au diacre, qui devait me présenter le livre de l'Evangile, d'avoir soin, après que j'aurais baisé l'image d'argent qui était appliquée sur

---

[1] Évangile selon saint Luc, chap. 11, v. 34.

la couverture, de tenir la main sur le passage qu'il lui avait indiqué, et de regarder ensuite attentivement, aussitôt qu'il aurait ouvert le livre devant moi, sur quelle partie de la même page mes regards se fixeraient. Le diacre donc ouvrit le livre, après que j'eus, selon l'usage, imprimé mes lèvres sur la couverture, et tandis qu'il observait avec curiosité où se porteraient mes regards, mon œil et mon esprit ne se dirigèrent ni vers le haut ni vers le bas de la page, mais précisément sur le verset qui avait été désigné d'avance. Le moine, qui avait cherché à fixer par là ses conjectures, voyant que mon action avait concordé sans préméditation avec ses intentions, vint à moi quelques jours après, et me raconta ce qu'il avait fait, et comment mon premier mouvement s'était merveilleusement rencontré avec le sien. O Dieu, qui allumes le flambeau de tous ceux qui croient en toi, tu sais quelle lumière de bonnes intentions tu m'as accordée, et combien, au milieu de toutes les contrariétés qu'ils m'ont fait éprouver, j'ai toujours conservé de bonne volonté pour ces moines! Et quoique, par mon fait et en ce qui me concerne, mon cœur soit souillé et misérable, tu n'ignores point cependant combien mon ame est appliquée au salut des miens, de ceux que tu as placés sous moi. En effet, plus je m'arrête à réfléchir sur ma perversité, et plus je me réjouis des bonnes œuvres que je vois en eux; car je sais que je serai d'autant plus assuré devant le trône de la grâce, que je me serai montré plus reconnaissant pour les efforts des hommes de bonne volonté.

Ayant donc été reçu par eux et introduit dans l'as-

semblée du chapitre (c'était le jour de dimanche le plus rapproché de la Nativité, celui où on lit Isaïe), je prononçai un discours sur un texte du prophète, et voici ce que je dis: « Isaïe le prophète a dit ce
« que vous venez d'entendre : — Si quelqu'un prend
« son propre frère, né dans la maison de son père,
« et lui dit: Vous êtes riche en vêtemens, soyez no-
« tre prince, et soutenez de votre main Israël qui me-
« nace ruine : il répondra alors : Je n'y puis remédier ;
« il n'y a point de pain ni de vêtement dans ma mai-
« son; ne m'établissez point prince du peuple. En
« effet, Jérusalem est tombée, et Juda est ruiné [1]. »

« C'est ici l'homme qui ne s'est point montré faible
« contre les tentations du diable. Celui-là prend son
« propre frère, lorsqu'il s'adresse à quelqu'un qui est
« né de Dieu comme lui. Celui-ci donc doit être
« aussi de la maison de son père, parce que celui que
« l'on prend pour les fonctions pastorales ne doit pas
« être trouvé ignorant des mystères de la maison de
« Dieu. Celui en effet qui ne connaît pas les sacre-
« mens de l'Eglise n'est pas digne d'administrer une
« église, car l'esclave ne peut être jugé propre à être
« l'écrivain pour le royaume des cieux, ni savant et
« fidèle pour garder les mystères, ni sage pour les
« administrer. Comment présiderait à l'Eglise celui
« qui ne connaît pas l'Eglise? Qu'il soit donc de la
« maison. Que signifie la richesse des vêtemens, si ce
« n'est la bonne pratique des œuvres extérieures? On
« demande donc d'être prince à celui qui est riche
« en vêtemens, c'est-à-dire qu'il arrive souvent que
« l'on appelle à gouverner celui qui se montre plus

[1] Isaïe, chap. III, v. 6, 7 et 8.

« pur dans son maintien, dans ses paroles, dans sa
« conduite. On lui demande de soutenir Israël qui
« menace ruine, parce que tout ce qui se trouve de
« dommage dans les sujets doit retomber à la charge
« de celui qui les gouverne. C'est comme si le pro-
« phète avait dit : Il semble, au premier coup d'œil,
« que tu te conduis bien ; fais attention cependant à
« ce qu'il doit y avoir en toi de vertu qui te distingue
« entre les autres ; car sache qu'il faut que tu sou-
« tiennes tous ceux qui menacent ruine. Devenu par
« là plus prudent, l'autre répond : Je n'y puis remé-
« dier, de manière à prévenir les ruines que tant de
« maux ont entassées ; vous ne voyez que le vêtement
« extérieur qui n'est pas le dedans de la maison, car
« l'état de l'ame n'est pas tel que celui du corps. Ainsi
« donc il confesse qu'il n'y peut remédier, car il est
« difficile de discerner au flambeau de l'intelligence
« l'origine et la tendance de tout vice, ou de toute
« vertu. Il est possible que cela provienne en lui de
« son indigence, car il n'y a pas de pain dans sa mai-
« son, de ce pain quotidien que maintenant nous de-
« mandons sans cesse à Dieu, savoir ce qui donne la
« force à cette nourriture divine qui se répand spiri-
« tuellement en nous, ou ce qui maintient dans l'hom-
« me intérieur cette charité sans laquelle on ne gou-
« verne jamais bien.

« Il refuse donc à bon droit d'être prince, celui qui
« n'a pas le cœur assez pénétré des lumières d'en haut
« pour y trouver une force suffisante. Car Jérusalem
« est tombée, c'est-à-dire que l'expérience nous prou-
« ve que toute paix du cœur est détruite, et Juda est
« ruiné, c'est-à-dire que, lorsqu'après la perte de la

« paix du cœur, la confession même des péchés (et
« c'est ici le comble des maux) vient à décheoir, et
« à faire désespérer de tout, c'est une bien légitime
« raison de refuser les fonctions de pasteur ; car,
« lorsque le cœur est agité par les vices qui l'assiè-
« gent, et se trouve trop honteusement absorbé, s'il
« arrive que, misérablement aveuglé par eux, il ne
« les déteste pas même en confession, et n'est plus
« en état de se diriger, c'est avec raison que les au-
« tres éloignent le pasteur, avec plus de raison en-
« core que le pasteur s'éloigne lui-même du gouver-
« nement des autres. » Après avoir dit ces choses dans
mon exposition, j'y ajoutai de plus amples exhortations, et j'appuyai ensuite mes paroles sur l'autorité
et les citations des Ecritures.

CHAPITRE IV.

Mais, comme j'ai cessé depuis long-temps de parler
de ma mère, le seul bien précieux que j'aie possédé
entre tous les autres biens temporels, il est convenable que je dise en peu de mots comment se termina,
par une fin meilleure encore, sa vie déjà si bonne.
Tandis que la force inébranlable de son ame surmon-
tait, ainsi qu'elle le confessait elle-même, le poids
assez considérable de ses années, tandis qu'à mesure
que son petit corps s'affaiblissait, son esprit ne se ra-
lentissait nullement dans l'exercice de la prière, tandis que privée de sommeil par la faiblesse de son
estomac, elle ne cessait pendant la nuit d'élever sa

voix vers le Seigneur Jésus, vaincue enfin par le mal, elle se mit au lit. Moi et mon frère nous étions alors à Nogent. C'était, si je ne me trompe, deux ans avant notre retour à Flay (chose dont j'ai fait mention en un autre passage), entreprise véritablement inconsidérée, mais qui tourna bien plus heureusement qu'on n'aurait pu le croire, par la grâce de celui qui change nos fautes en bien. Dieu ménagea en cela la tendresse de ma mère, afin que ce cœur qui l'aimait si vivement ne fût point, sans l'avoir mérité, percé de douleur par ce retour inconvenant.

Mon maître donc étant assis auprès du lit de mort de ma mère, et versant d'abondantes larmes, lui dit : « Voici, tes fils mes seigneurs sont éloignés, et peut-« être éprouveras-tu du chagrin, et eux-mêmes en « éprouveront-ils encore plus, si tu viens à mourir « en leur absence. » Mais elle, tournant ses regards vers lui : « Quand même, dit-elle, ils demeureraient « comme autrefois dans une chambre contiguë à celle-« ci, Dieu sait que je ne voudrais voir assister à ma « mort ni eux, ni aucun de mes parens. Car c'est lui « seul que je desire de toutes les forces de mon ame, « et je souhaite que lui seul veuille être ici présent ! » Elle dit, et la nuit même et à l'heure même auxquelles on rapporte et l'on célèbre l'apparition de l'ange Gabriel envoyé par Dieu à la Vierge, elle se rendit dans le sein de sa souveraine maîtresse, qu'elle avait si ardemment desirée dans les transports de son amour, pour être, je l'espère, accueillie par elle avec quelque gratitude.

Peu d'années avant sa mort, ma mère s'était prise à desirer vivement de se couvrir du voile sacré. J'avais d'abord réussi à lui faire ajourner ce projet, en lui représentant, selon le sens de ces paroles, « qu'aucun « pontife ne permette aux veuves de prendre le « voile; » qu'il était suffisant pour elle de mener la vie la plus pure, sans recourir à l'habit extérieur. Anselme, abbé du Bec et qui est devenu plus tard archevêque de Cantorbéry, homme vraiment admirable, dont j'ai déjà parlé, le lui avait dès longtemps défendu. Mais elle s'échauffa de plus en plus sur ce projet et nul raisonnement ne put l'y faire renoncer. Enfin elle triompha, et comme, en prenant le voile, elle s'expliqua complétement sur ce sujet avec un homme très-vénérable, Jean, abbé du même lieu, elle lui rapporta comment Dieu l'avait encouragée à accomplir ce dessein.

Elle lui dit donc qu'elle avait vu dans une vision une dame d'une grande beauté et d'un air fort imposant, tout enveloppée de très-beaux ornemens, qui lui avait présenté un manteau d'un grand prix, comme pour lui recommander de le garder en dépôt, jusqu'à ce que l'occasion se manifestât d'en faire la restitution. Nous avons tous accueilli ce récit avec empressement, surtout parce que nous avons reconnu que sa dévotion était sans cesse encouragée par des manifestations divines. Ainsi, après avoir, pendant trois ans environ, conservé ce voile aussi intact qu'il lui fut possible, elle le rapporta à sa souveraine qui le lui avait confié, le jour même où celle-ci avait reçu, si heureusement et avec tant de joie, le message de l'annonciation qui préludait au salut. Je recommande à tous les fidèles qui liront ceci celle qui très-certainement n'a jamais exclu aucun fidèle de ses fréquentes prières. Je puis dire, comme en présence de Dieu, car mon cœur me rend témoignage de ma véracité, que je n'ai absolument rien inventé dans ce récit, au sujet de ma mère. Maintenant, puisque je suis ainsi revenu à parler de l'église de Flay, je crois devoir m'y arrêter encore un peu, avant de marquer de nouveau l'empreinte de mes pas sur le sable de l'église de Laon.

CHAPITRE V.

Il y a dans ce monastère même un certain moine, d'origine hébraïque. Voici comment cet homme fut retiré de ses superstitions, à l'époque où la renommée de la première expédition de Jérusalem se répandit dans tout le monde latin.

Un certain jour, des hommes de Rouen qui avaient pris la croix et fait vœu de suivre cette expédition, se lamentaient entre eux, disant : « Nous desirons aller « combattre les ennemis de Dieu dans l'Orient, après « avoir traversé de vastes contrées intermédiaires, et « cependant nous avons sous les yeux des Juifs, race « plus ennemie de Dieu que ne l'est aucune autre. « C'est prendre l'affaire tout à rebours. » A ces mots, ils courent aux armes, et, chassant les Juifs dans une certaine église, je ne sais s'ils le firent de vive force, ou s'ils les y attirèrent par artifice, ils les frappent du glaive, sans égard ni pour l'âge ni pour le sexe ; de telle sorte cependant que ceux qui voulurent se soumettre à la loi chrétienne échappèrent au fer suspendu sur leur tête. Au milieu de ce massacre, un certain homme noble vit un petit enfant dont il eut pitié, et l'ayant enlevé il le porta auprès de sa mère.

Or, celle-ci, qui n'était pas une femme de médiocre condition, avait été autrefois mariée au comte d'Auge. Le château d'Auge, situé en dessous de l'abbaye de Saint-Michel, sur les bords de la mer, est le lieu que l'on appelle vulgairement Tresport. Cette femme illustre accueillit l'enfant avec reconnaissance, le traita avec une extrême bonté, et lui demanda à lui-même s'il voulait être soumis à la loi des Chrétiens. L'enfant ne s'y refusa point, car il se croyait destiné au genre de mort dont il avait vu frapper tous ses co-religionnaires; l'on fit faire aussitôt toutes les dispositions nécessaires pour la cérémonie du baptême et l'on se prépara à le lui conférer. Après les prières consacrées on lui administra le sacrement, et lorsqu'on en fut venu au moment où l'on allume la lampe pour faire couler dans l'eau la cire brûlante, une goutte qui tomba seule, et en très-petite quantité, parut former avec une telle exactitude la figure d'une croix, que la main d'un homme ne pourrait certainement y réussir aussi bien avec aussi peu de matière. Cette comtesse que je connaissais particulièrement, et avec laquelle j'étais en une telle familiarité qu'elle m'appelait toujours son fils, et le prêtre lui-même m'ont raconté ces détails, non sans qu'ils aient excité en nous une grande admiration pour le nom de Dieu. Toutefois je n'eusse pas attaché beaucoup d'importance à cet événement s'il n'eût été pour moi le présage certain des grands succès de ce petit enfant. Or, la comtesse dont je parle s'appelait Hélisende, et son fils qui arracha cet enfant au massacre, et le présenta sur les fonts baptismaux, se nommait Guillaume, en sorte que l'enfant reçut aussi ce nom.

Lorsqu'il fut devenu un peu plus grand, on le fit passer de l'étude de l'hébreu, dans laquelle on l'avait d'abord un peu instruit, à celle de la langue latine. Et comme on craignait que ses parens ne cherchassent à le faire rentrer dans ses anciennes erreurs, on le plaça au couvent de Flavigny. Car déjà ses parens avaient fait plusieurs tentatives à ce sujet, mais ils n'avaient pu réussir auprès de l'enfant. Consacré donc à la vie de moine, il se montrait tellement doux, conformément à la loi chrétienne, il s'imprégnait avec une telle ardeur d'esprit de tout ce qui se rapportait à la science divine, il supportait avec tant d'égalité d'humeur tout ce qu'on lui imposait par voie de discipline, que cette victoire remportée sur sa mauvaise nature, et l'honneur d'avoir ainsi changé si promptement toutes ses habitudes, lui valurent de la part de tous de grands témoignages de respect. Le surveillant chargé du soin de son enfance lui enseigna secrètement la grammaire, et cet homme extrêmement religieux, considérant que ce petit jeune homme avait grand besoin de bien connaître notre loi, s'appliqua avec un plein succès à lui donner de la science.

Son esprit, naturellement pénétrant, se développe tellement de jour en jour, qu'en ce lieu où l'on voit briller un grand nombre d'hommes lettrés, nul ne peut être cité pour avoir une intelligence plus éclairée que la sienne. Comme il est grand par ses sentimens, et par conséquent exempt de toute envie et de toute médisance, il est toujours content, et de plus il a un respect tout particulier pour la chasteté. C'est à lui que j'ai adressé, pour fortifier encore mieux sa foi, un certain petit écrit que j'avais composé environ quatre ans auparavant contre le comte de Soissons, à la fois partisan du judaïsme et hérétique; et j'entends dire qu'il goûte tellement cet écrit, qu'il travaille dans sa pieuse ardeur à composer quelque chose du même genre, avec les argumens de la foi. Ainsi donc cette croix, que l'on vit à son baptême, n'apparut point par un simple hasard, mais fut à bon droit envoyée par le ciel même, pour annoncer qu'un homme de la race Juive montrerait une sincérité de foi, bien rare de notre temps.

Un autre homme, noble de naissance, riche à Beauvais et à Noyon, d'un âge avancé et d'un corps déjà usé, qui avait une femme très-forte et propre à l'état du mariage, ce qui est mortellement pernicieux pour des hommes tels que celui-là, renonça aussi au mariage et au siècle, et alla se faire moine en ce même lieu. Cet homme répandant presque sans cesse d'abondantes larmes, étant toujours en prière, ne manquant jamais à entendre la parole de Dieu, se montrait à nous tous digne de respect. Pendant que la cour de l'abbaye siégeait, selon son usage, cet homme ayant appris que l'on avait défendu, dans l'assemblée du chapitre, qu'aucun des moines cloîtrés se hasardât à entrer, sans une raison suffisante, dans l'infirmerie où il habitait, garda soigneusement le souvenir de cette décision. Mais voilà qu'un certain matin, lorsqu'il était encore à demi assoupi et couché dans son lit les yeux fermés, deux démons prenant la figure de ces religieux que l'on appelle vulgairement *déonandes*[1], vinrent s'asseoir sur le banc qui supportait son petit lit. Le vieillard se réveillant détourna les yeux vers le chevet de son lit, fort étonné que deux hommes inconnus vinssent s'asseoir aussi familièrement près de lui. L'un de ceux-ci, celui qui était assis en avant, avait la tête découverte, la barbe mal peignée et frisée; il était roux, et comme l'ont les vagabonds de cette espèce, il marchait pieds nus, et à chacun de ses pieds, les intervalles qui séparent les doigts étaient remplis de boue, comme s'il eût marché tout récemment. L'autre s'était tellement bien caché derrière le premier, qu'il n'y avait pas moyen de voir son visage, et il était de la tête aux pieds enveloppé sous un manteau noir.

Voyant ainsi devant lui deux personnes entièrement inconnues, le vieillard leur adressa ces paroles avec une grande colère : « Puisque vous êtes des laïques « et des inconnus, d'où vous vient cet excès de té- « mérité de vous présenter à une telle heure et en « un lieu où même aucun moine cloîtré n'ose venir « sans quelque motif? » L'un d'eux alors répondit : « J'ai entendu dire, seigneur, qu'il y a dans ce mo- « nastère des hommes remplis de religion, et je suis « venu ici pour m'instruire auprès d'eux : je vous prie « de ne pas vous fâcher. — Non, reprit l'autre, on « n'apprend point ici la religion, on n'y reçoit point « les ordres; si tu veux t'instruire, va auprès de « ceux qui sont dans le couvent, et tu y trouveras la « sévérité de la discipline et les enseignemens de la

---

[1] *Deonandi* ou *donati*; ce mot désigne, à ce qu'il paraît, des laïques qui se donnaient, corps et biens, à un monastère.

« sainteté. Sortez donc de ce lieu, car ce qui est dé-
« fendu même aux moines, seigneurs de ce monastère,
« doit à bien plus forte raison vous être complète-
« ment interdit. »

Comme l'autre voulait répondre encore et demeurer toujours là, le vieillard frémissant de rage et leur
parlant d'une voix tonnante les força enfin à sortir.
Ils s'avancèrent donc vers la porte, et s'arrêtèrent de
nouveau. Celui qui portait la parole, tournant alors
ses regards vers le vieillard, lui dit : « Vous me faites
« sortir d'ici mal à propos ; si vous eussiez voulu me
« garder avec vous, il y a un de vos cliens qui s'est
« rendu coupable d'un vol, et s'il osait le nier, je
« tomberais à coups de poing sur lui, et il en ré-
« sulterait pour vous un très-grand profit. » En entendant ces mots le vieillard sourit. « Maintenant,
« reprit-il, tu mets en évidence par tes paroles ce
« que tu peux être ; naguère tu disais être venu ici
« pour l'amour de la religion, et maintenant tu te dis
« prêt à faire le coup de poing ; donc, et à raison
« d'un tel mensonge, tu ne mérites pas d'être écouté
« ni retenu davantage. » Et le vieillard, extrêmement
irrité que l'on eût pu admettre de pareils hommes
dans le couvent, se leva, et, s'avançant vers le porti-
que de la maison, y trouva les autres frères malades
qui habitaient comme lui dans l'infirmerie, et se plaignit très-vivement à eux qu'ils eussent laissé entrer
des étrangers d'une telle espèce. Ceux-ci fort étonnés,
et croyant qu'il était en délire, affirmèrent qu'ils n'a-
vaient vu personne. Le vieillard alors leur rapporta
quels étaient ces hommes, comment ils s'étaient conduits, ce qu'ils lui avaient dit, et, leur désignant le

moment où il les avait vus, il apprit ainsi, tant par son propre témoignage que par celui de tous les autres, qu'il avait été le jouet des démons. Car il y a certains démons qui ne sont occupés qu'à se moquer, tandis que d'autres ont l'ame cruelle et ne songent qu'à faire du mal, ainsi qu'on pourra le voir par deux exemples que je vais citer ici, quoiqu'ils me fassent sortir de mon sujet.

CHAPITRE VI.

Il y avait au château de Chauny, dans la famille de Josselin, seigneur de ce château, un certain serviteur dont la charge était de veiller pendant la nuit à la garde de la maison. Une fois, vers l'heure du soir, lorsque déjà le jour commençait à être aveugle, cet homme se trouvant de l'autre côté de la rivière, et craignant de manquer le souper, criait pour qu'on vînt de l'autre rive le chercher en bateau. Comme personne ne l'entendait, transporté de fureur, il se mit à dire : « Qui que vous soyez, démons, « s'il le faut, pourquoi ne venez-vous pas me faire « passer? » Tout aussitôt, en effet, le diable se présenta : « Monte, lui dit-il, je te porterai. » Le malheureux monte donc, pour tomber beaucoup plus mal. Le diable l'enlevant alors le transporta à la même heure en Italie, au dessus du faubourg d'une ville qui s'appelle Sutri, et le déposa là avec tant de bénignité qu'il lui cassa la cuisse. Or cette ville est située à peu près à une journée de marche de Rome.

La veille même, le seigneur de cet homme, qui était allé visiter la ville des Apôtres, était reparti de Rome, et avait couché à Sutri. Il se leva donc avant qu'il fît jour, comme font les voyageurs pendant les mois d'hiver, et étant sorti de la ville avec les siens, parvenu dans la campagne, il entendit non loin de la grande route la voix d'un homme qui se lamentait. On appelle, on trouve, et le serviteur reconnaît la voix de son seigneur dès qu'il l'a entendue. Interrogé comment il se trouvait en ce lieu, il répond qu'il était à Chauny, et dit comment le diable l'ayant emporté, il a été précipité sur cette place. Le seigneur, frappé d'un bien grand étonnement, fit transporter cet homme dans la ville voisine, lui donna de son argent pour qu'il se fît guérir, et retourna ensuite à Chauny. Cet homme donc apprit par ce qu'il eut à souffrir, et put enseigner aux autres, que c'est Dieu et non les démons qu'il faut invoquer dans le besoin.

Il y avait pareillement à Saint-Médard un homme qui remplissait dans l'abbaye les mêmes fonctions que celui dont je viens de parler. Après avoir, selon son usage, passé une petite partie de la nuit au dessus de la porte de la tour, du côté du vivier, chantant, jouant du sistre ou du cornet, cet homme enfin était descendu pour se promener au bord de l'eau. Tandis qu'il était là, il vit apparaître trois figures de femmes, dont l'une dit, et il l'entendit lui même : « Entrons « dans celui-ci. » Une autre lui répondit : « Il est pau-« vre, il ne pourrait nous bien traiter. La troisième leur dit alors : « Il y a ici un certain clerc Hugues, « gros et gras, riche en toutes choses, qui nous nour-« rira bien ; c'est à lui qu'il faut nous attaquer. »

Alors les fantômes ayant disparu, l'homme se recueillit en lui même, et comprit que c'étaient là les trois espèces de fièvres les plus renommées, qui le dédaignaient dans leur absurde avidité comme pauvre, et qui voulaient entrer chez celui qu'on aurait grande peine à épuiser dans sa chair, aussi bien que dans sa fortune. Alors, et sans attendre le jour, cet homme retourna sur ses pas, et abordant les moines qu'il rencontre les premiers, il leur raconte ce qu'il a vu et entendu, et les prie d'envoyer auprès de Hugues, pour savoir comment il se porte. On y alla en effet, et on le trouva en proie aux ardeurs dévorantes de la fièvre. D'après ce que nous venons de rapporter, on présume que ces sortes de maladies sont, par un jugement de Dieu, données aux hommes par les démons. Ainsi on lit dans l'Évangile qu'il y avait une « femme pos-
« sédée depuis dix-huit ans par un esprit, et qui était
« courbée, en sorte qu'elle ne pouvait se redresser [1]. »
Ainsi il est également dit que, lorsqu'un homme est en proie à l'épilepsie, ce qui est le mal caduc, « quand
« l'esprit immonde l'agite partout où il le saisit, et le
« fait écumer, grincer des dents, et devenir tout sec,
« cette espèce de démon ne peut sortir que par la
« prière et par le jeûne [2]. » Enfin Job était, au dehors comme au dedans, dans son corps comme dans sa substance, incessamment en proie aux fureurs des démons.

Qui pourrait s'arrêter après avoir commencé un écrit? Je veux donc ajouter encore un quatrième fait, qui se présente à ma mémoire.

[1] Évangile selon saint Luc, chap. XIII, v. 11.
[2] Évangile selon saint Marc, chap. IX, v. 18 et 29.

Un certain clerc, qui a fourni en notre temps un bien terrible exemple, homme médiocrement lettré, mais qui connaissait la peinture, résidait à Rheims. Cet homme frappé de crainte, après avoir auparavant fait toutes sortes de sottises, se fit chanoine régulier à Châlons-sur-Marne, dans l'église de tous les Saints. Il y vécut quelque temps; mais de jour en jour sa première ferveur se ralentit, ses précédentes ardeurs se rallumèrent, il abandonna la règle à laquelle il s'était soumis, se rendit de nouveau à Rheims et s'y maria. Après avoir eu quelques enfans de sa femme, il fut frappé de maladie par le Ciel, en punition de ses péchés. Toutefois, avant que le mal l'eût forcé à se mettre au lit, il avait résolu de partir à la suite de l'expédition de Jérusalem, qui à cette époque faisait grand bruit en tous lieux.

Lors donc qu'il eut été long-temps et gravement malade, ses souffrances augmentant sans cesse, il rentra en lui-même, et ayant adressé ses sollicitations à l'abbé de Saint-Nicaise, qui était en ce temps Jean, il le pria de venir le voir, lui promit de renoncer au monde et lui demanda de le faire revêtir de l'habit sacré. L'abbé, plein de prudence et se méfiant d'une légèreté qu'il avait déjà éprouvée, différa d'abord, et refusant de donner à cet homme l'habit qu'il demandait, il se borna à faire transférer le malade dans l'intérieur de son monastère. Celui-ci, reconnaissant que son mal allait toujours empirant, alla trouver l'abbé et à force de lamentations lui arracha, pour ainsi dire bon gré mal gré, l'habit monastique. Plus joyeux dès qu'il eut obtenu ce qu'il desirait si vivement, en très-peu de temps il parut se trouver plus tran-

quille et mieux que de coutume. Alors saisi tout à coup de je ne sais quel mouvement d'instinct en quelque sorte divin, il se présenta devant l'abbé et lui dit : « Mon père, commande aux tiens qu'ils veil-
« lent bien soigneusement sur moi, car tu peux tenir
« pour très-certain que dans quelques jours le juge-
« ment de Dieu pèsera sur moi. Sans doute toi et les
« tiens vous aurez à souffrir beaucoup d'importunités
« de ma part, mais sachant que ce ne sera pas long,
« je vous prie de ne pas en être trop tourmentés. »
Ayant entendu ces mots, l'abbé ordonna de lui donner des gardiens, qui ne fussent point poltrons et se
montrassent vigilans. Aussitôt, en effet, des essaims
innombrables de démons s'élancèrent sur lui de tous
côtés, le déchirant, le traînant sur le pavé, faisant
effort dans leurs transports furieux pour lui arracher
même l'habit sacré qui le couvrait, et lui pendant ce
temps retenait son capuchon avec ses dents et serrait
fortement ses bras pour n'être pas déchiré en morceaux. C'était principalement pendant la nuit qu'il
était en proie à cette horrible calamité et poussait
des hurlemens de détresse; dans le jour les démons
se retiraient quelquefois et lui laissaient un peu de
repos. Dans cet état on pouvait lui demander comment il se trouvait au milieu de ces luttes orageuses,
et il disait alors beaucoup de choses sur les ames des
hommes qu'il avait connus lui-même, ou que ceux
qui étaient auprès de lui lui représentaient, comme
s'il les eût eus devant les yeux.

Une certaine femme veuve, qui éprouvait beaucoup de crainte pour l'ame de son mari défunt et cependant ne priait pas pour lui, ayant entendu raconter

ces détails, alla consulter cet homme et lui demanda s'il lui était permis de prier pour son époux, et si lui-même savait ce que faisait ce dernier. Mais lui, « Pourquoi pas? » répondit-il : « Prie pour lui en « toute sécurité, puisqu'il est mort il y a peu de « temps. » Après avoir été ainsi horriblement tourmenté pendant quelques jours, il retrouva enfin un repos parfait. Je dis qu'il avait été horriblement tourmenté, car quoiqu'il eût quelquefois un moment de répit dans ses souffrances, bientôt après cependant il voyait des bandes de démons sortir de derrière les murailles, de dessous terre, de tous côtés, et s'élancer sur lui pour le déchirer. Enfin les malins esprits s'étant retirés de lui, et la clémence divine s'étant montrée plus indulgente dans ses jugemens, cet homme ayant appelé l'abbé lui parla en ces termes : « Voici, Seigneur, Dieu m'a payé le prix de mes « péchés. Sache donc qu'à la suite de cette épreuve « ma fin est très-prochaine. Ainsi donne-moi l'abso« lution pour mes erreurs autant qu'il est en ton pou« voir, et pour mettre le comble à mon repos, ac« corde-moi l'onction de l'huile sainte. » L'abbé, en effet, accomplit ce qu'il demandait, avec promptitude et toute dévotion ; et l'homme ayant reçu ces dons avec douceur et reconnaissance, purgé de toute souillure par le châtiment qu'il avait enduré dans la vie présente, libre et joyeux, passa par la mort à une autre vie.

FIN DU LIVRE SECOND.

TABLE DES MATIERES

CONTENUES

DANS CE VOLUME.

Histoire des Croisades, par Guibert de Nogent. . Pag. j
Notice sur Guibert de Nogent. . . . . iij
Lettre de Guibert à Lysiard, évêque de Soissons. . . 1
Préface de l'Auteur. 3
Histoire des Croisades. — Livre Ier. 11
                        Livre II. 40
                        Livre III. 78
                        Livre IV. 112
                        Livre V. 154
                        Livre VI. 195
                        Livre VII. 236

Vie de Guibert de Nogent, par lui-même. 339
Livre Ier. Chapitre premier. 341
      Chap. II. 345
      Chap. III. 350
      Chap. IV. 355
      Chap. V. 358
      Chap. VI. 363
      Chap. VII. 366
      Chap. VIII. 370
      Chap. IX. 372
      Chap. X. 376
      Chap. XI. 378
      Chap. XII. 385

LIVRE Ier. CHAP. XIII. . . . . Pag. 395
    CHAP. XIV. 400
    CHAP. XV. 406
    CHAP. XVI. 416
    CHAP. XVII. 424
    CHAP. XVIII. 432
    CHAP. XIX. 440
    CHAP. XX. 447
    CHAP. XXI. 448
    CHAP. XXII. 451
    CHAP. XXIII. 453
    CHAP. XXIV. 461
    CHAP. XXV. 465
    CHAP. XXVI. 468
LIVRE IIe. Où sont rapportés l'origine et les progrès de l'abbaye de la bienheureuse Marie de Nogent. . . . 474
    CHAPITRE PREMIER.. . . . . *ibid.*
    CHAP. II. 483
    CHAP. III. 488
    CHAP. IV. 494
    CHAP. V. 497
    CHAP. VI. 503

FIN DE LA TABLE.

NOUVELLES PUBLICATIONS.

Les Vies des Hommes illustres de Plutarque, traduites du grec, par Ricard, revues par J. V. Leclerc, professeur de l'Université; imprimées par Firmin-Didot, en un volume in-8., sur papier cavalier-vélin superfin d'Annonay satiné.

Ce volume sera publié en six livraisons; la 1re livraison est en vente. Prix. 5 fr.

Lettres écrites des bords du Gange, ou Tableau politique et moral des usages et coutumes des Bengalis, et autres peuples de l'Inde, et particulièrement des habitans de Calcutta, par F. Deville, capitaine de vaisseau.

Deux vol. in-18, grand-raisin vél. d'Annonay, satiné. Prix. 12 fr.

Histoire des Révolutions politiques et littéraires du XVIIIe. siècle, par M. Schlosser, Professeur d'Histoire à l'Université de Heidelberg; traduit de l'allemand par W. Suckau. 2 vol. in-8. 13 fr.

— *Le même ouvrage*, orné d'une belle carte, gravée par *Colin*, et indiquant les changemens notables survenus dans la circonscription des États de l'Europe durant le XVIIIe. siècle. 15 fr.

Manuscrits de l'ancienne abbaye de Saint-Julien a Brioude, retrouvés et traduits au XIXe. siècle par un amateur d'Antiquités françaises, et publiés par A. Trognon, professeur d'Histoire à l'Académie de Paris; 1 vol. in-8°. 7 fr.

— Papier vélin. 14 fr.

— *Le même ouvrage*, 2 vol. in-12. 6 fr.

Le dernier écrit de Condorcet, ou *Avis d'un Père proscrit à sa Fille*; in-8°. 1 fr. 25 c.

Cette brochure que le *Globe*, le *Journal des Débats*, le *Courrier* et le *Constitutionnel*, ont considérée comme un vrai Code de morale, a été écrite par le malheureux Condorcet quelques heures avant sa mort. Proscrit, sans asile et sans pain, il vivait alors depuis plusieurs jours au fond d'une carrière abandonnée à Fontenay-aux-Roses, près Paris.

www.ingramcontent.com/pod-product-compliance
Lightning Source LLC
Chambersburg PA
CBHW051124230426
43670CB00007B/665